查账实务大全

查证方法、实施方案、案例精解

王 婷 姚 敏◎编著

中国铁道出版社有限公司
CHINA RAILWAY PUBLISHING HOUSE CO., LTD.

内 容 简 介

本书的作者长期从事审计、会计工作，拥有丰富的实际工作经验。写作本书的目的在于为广大从事查账工作的专业人士，提供一本解决实际工作问题、提高工作效率、提升工作质量的实务操作手册。

本书视野广阔，调理清晰，系统介绍了20多种账务错弊查证方法；60多个查账实施方案；300多个查账案例精讲。通过本书的阅读，可以使读者的查账知识条理化、系统化、实操化。

本书是从事企业财务、审计、法务、纪检、监事等工作的人士必备读物。

图书在版编目（CIP）数据

查账实务大全：查证方法、实施方案、案例精解/王婷，姚敏编著. —北京：中国铁道出版社有限公司，2019.6（2021.11重印）
ISBN 978-7-113-25644-9

Ⅰ.①查… Ⅱ.①王… ②姚… Ⅲ.①会计检查 Ⅳ.①F231.6

中国版本图书馆CIP数据核字(2019)第049526号

书　　名：查账实务大全：查证方法、实施方案、案例精解
作　　者：王　婷　姚　敏

策　　划：王　佩　　读者热线：（010）51873022　　邮箱：505733396@qq.com
封面设计：MXK DESIGN STUDIO
责任印制：赵星辰

出版发行：中国铁道出版社有限公司（100054，北京市西城区右安门西街8号）
印　　刷：北京建宏印刷有限公司
版　　次：2019年6月第1版　2021年11月第6次印刷
开　　本：787 mm×1 092 mm　1/16　印张：29　字数：639千
书　　号：ISBN 978-7-113-25644-9
定　　价：99.00元

前 言

查账与专项审计是一门实用性强、专业理论知识要求较高的学科，在内容上充分考虑了与基础会计、企业会计等课程的衔接及相关知识的延伸。本书体系主要包括两个方面：一是以会计科目为体系的会计查账；二是以常见会计错弊为基础的专项审计。两部分内容中都详细分析了各种会计错弊的原因、表现形态以及防范技巧，归纳总结了防范财务漏洞和会计错弊的有效措施和工作方法。

本书首先对会计科目体系的查账实务进行讲解，主要包括以下三个方面内容：一是介绍常见的错弊，如存货中常见的错弊、固定资产中常见的错弊等；二是介绍主要的查账方法与步骤，主要包括对于内部控制制度的检测，总分类账与明细分类账核对，原始凭证审查，个别错弊的具体审查等；三是记录查账工作底稿，简洁明了又系统地将会计查账工作内容与结果进行记录。

本书突出实用性，注重实际操作能力的培养，强调例证选用的充分性；在文字的表达上，力求做到通俗易懂、简洁明了。显著特点是注重行动导向教学，具体采用案例进行编写，让读者身临其境，用其已学过的专业知识来进行判断，从案例中发现错弊，进而提升自己的专业水平和查账技巧。同时，通过表格形象地介绍了查账的方法、程序，让枯燥的学习具有趣味性和挑战性，将被动学习转变为主动学习。

本书的创新之处在于，不仅以会计科目为引导，对每一个会计科目存在的假账形态及其防范策略都列举了具体案例，这些案例多为实际工作中常见的错弊，具有一定的普遍性、典型性和较强的实务性，便于读者查阅和使用。而且还针对会计查账与审计实务中发现的常见问题，总结出几个方面对其进行专项审计，主要包括对于账外资产、虚列与隐瞒收入费用、财政收入与支出、税收、专项资金、建设项目、发票以及反洗钱等方面的专项审计，该部分专项审计的内容包括了针对具体专项问题的审计识别方法与审计对策，对于实务工作中有针对性地进行审计，具有借鉴意义。

全书共16章内容，分为四个主要部分：第一部分包括第1、2两章，主要对于会计查账的流程及方法进行概述；第二部分包括第3~7章，主要以会计科目为线索，对于具体的资产、负债、所有者权益、成本及损益的各主要会计科目的查账方法进行详述；第三部分为第8章，从财务报表层次进行会计查账，包括了对于资产负债表、利润表以及现金流量表的分析与审查方法；第四部分包括第9~16章，针对可能存在问题的会计错弊进行有针对性的专项审计，包括小金库审计、虚列与隐瞒收入费用以及反洗钱审计的识别与审计方法等内容。

本书无论在编写内容上还是在编写形式上均做了新的尝试，但由于作者的水平和实践经验有限，书中难免存在疏漏之处，恳请读者批评指正。

目 录

第一章

关于查账的基础知识

第一节　何为查账

“查账”顾名思义即“检查账目”，其含义是指有关人员根据相关的国家政策、法律、法规、规定以及企业自身的制度规范，利用一定技术方法、经验和技巧，对企事业单位的账证及有关资料进行检查，查核其会计资料所反映的经济活动是否真实、合法，有无经济违法行为，经济管理活动是否存在漏洞的一项检查活动。

查账与审计的关系十分密切，在对二者不是很了解的情况下，很多人会将“审计”与“查账”混为一谈，认为“查账”就是“审计”。其实不然，查账是审计的重要手段，审计是查账技术得以发挥作用的重要领域。很多审计项目都是通过查账手段发现线索，使问题得以揭露的。因此从该意义上来讲，审计离不开查账，但是二者又有区别。

首先，查账与审计的主体不同。审计的主体是独立的专业人员，他必须是超然的第三者，与委托人和审计对象无任何利害关系，具有独立性和权威性；而查账则不同，它可以由企业的会计人员、稽核人员，或财政、税务、银行等经济监督机构人员执行，他们受所从事的专业性质的限制，不能像审计人员那样超脱，因而独立性较差。

其次，查账与审计的范围不同。审计是对被审计单位经济活动的全面审查，不仅包括会计的账簿、凭证，还包括企业的内部控制制度的制定、人员分工情况等；而查账仅限于会计的账簿、凭证，范围要比审计窄。

最后，查账与审计的作用不同。审计不仅仅反映经济活动的真实性、合法性、有效性与可行性，而且还对被审查单位经济活动和经济效益进行鉴证；通过查账可以查证被审计单位会计资料的真实性、合法性，促进被查单位建立完善的内控机制，加强会计基础工作，维护财经纪律。

从以上可以看出，查账与审计是两个不同的概念，二者既相互联系又相互区别，通过对二者进行比较分析来加深对“查账”这一概念的正确理解。

第二节　查账的意义

一、对审计人员的意义

在上文中提到，查账是审计的重要手段，审计是查账技术得以发挥作用的重要领域。因此，对专业审计人员来讲，查账是其必备的专业技术和看家本领，他们必须全面了解查账工作的特点，熟练掌握各种查账方法和技巧，并结合多年的实践经验才能顺利有效地完成审计工作。除此之外，查账有利于提高审计人员业务素质与对政策的掌握程度，因为审计人员只有具备了应有的专业素质以及熟练掌握各项法规、政策、规章制度才能在审计过程中发现被审计单位的错弊。通过查账，发现问题，予以更正，促进其提高政策水平和业务核算水平，提高其综合素质，增强法制观念，防止和杜绝会计错弊行为的再次发生。

二、对企业管理人员的意义

对企业管理人员来说，查账能够及时掌握企事业单位经济活动和资金运转情况，判断企业财务成果是否真实、合理，发现其经营管理中存在的问题，评价其经营管理和利用资源的状况。一方面激励企业管理人员有针对性地改善其经营管理，建立健全各项规章制度，提高经济效益；另一方面，确保企业能够为各投资人、债权人以及宏观调控部门提供真实可靠的经济信息。

三、对全体社会的意义

从全社会的宏观角度来看，查账能够查明企事业单位对国家有关法令、制度、财经纪律的遵守和执行情况，使国家的方针、政策得以贯彻执行，降低偷漏税行为的发生频率，保障国家的收入来源，维护政府功能的正常运转。查账通过揭露经济活动中各种违反财经纪律、行贿受贿、贪污盗窃等犯罪行为，打击经济犯罪，净化社会风气，维护正常经济秩序，促进经济的健康发展。

第三节 查账依据和查账证据

一、查账依据

查账依据是查账人员用以判别被查内容合法性、合理性、真实性、正确性、有效性的标准。

例如，查账人员在对某工业企业固定资产折旧的账务处理审查时，发现企业固定资产的全部折旧费均计入“管理费用”账户，这种处理是否正确呢？用以判别的标准是《企业会计准则》，这就是查账依据。

查账依据主要有以下几方面的内容：

1. 国家有关财经法律法规、制度等

这主要指由国家立法机构、政府部门依据权限制定颁布的各种财经法律法规、制度。它具有强制性，各单位在经济活动和会计核算中必须遵守，也是查账人员的主要查账依据。

（1）法律是指由国家最高权力机关——全国人民代表大会及其常务委员会，按照立法程序制定和颁布的行为规则。会计查账中涉及的法律主要有宪法、会计法、审计法、公司法、税法、经济合同法、票据法等。这些是最高层次的查账依据。

（2）法规是指由国家最高行政机关——国务院制定并发布，或者国务院有关部门拟定并经国务院批准发布的法律规范。会计查账中涉及的主要有：企业财务会计报告条例、企业会计准则等。

（3）制度主要指由政府主管部门制定颁布的用于规范具体操作的各种规章和规范性文件。如：企业会计准则、企业会计制度、金融企业会计制度、小企业会计制度、会计基础工作规范、会计档案管理办法、现金管理暂行条例等。

2. 企事业单位内部的计划、预算、制度等

此类查账依据是指，企事业单位内部根据国家法律法规、制度的规定，结合单位内部经济发展及经营管理的需要而制定的用于规范和促进经济活动的各种计划、预算、制度等。如企业单位的生产经营计划、资金计划、成本计划、内部财务管理制度、会计核算制度、岗位责任制度等。

查账人员在运用查账依据时，应注意以下问题：

（1）查账依据的层次性。不同的查账依据由于其制定单位、权限和管辖范围等不同，具有不同的层次性。层次越高其内容原则性越强，适用范围越广，越能得到社会公认。

查账依据可以分为以下层次：

第一，国家最高权力机关和国务院颁布的法律等。

第二，国务院各部门颁布的各种政策、规章制度等。

第三，地方和各级人民政府制定颁布的政策、批示等。

第四，被审查单位上级主管部门制定的规章制度及下达的计划、指标等。

第五，被审查单位内部制订的各种计划、预算、制度等。

查账人员应尽可能搜集和运用与被审查单位有关的具体法规制度，如果发生低层次的规定与高层次的规定相抵触时，则应以高层次的规定为准，以作出正确的判断和评价。

（2）查账依据的时效性。查账依据都是在一定时期、一定条件下制定的，随着社会经济的发展，科学技术的进步，原有查账依据会不断修改、完善，也会出现一些新的查账依据。查账人员应以经济活动发生时期的法律、法规、制度来衡量经济活动及其会计资料。

（3）查账依据的地域性。由于我国各地区、各部门的实际情况和发展水平不同，其适用的查账依据也有差异，查账人员应采用适合本地区、本部门实际情况和发展水平的查账依据。

二、查账证据

1. 查账证据的含义

没有证据就没有发言权。查账人员对被审查单位的会计资料及相关资料进行审查，要作出客观公正的结论，必须有足够的、充分的查账证据为根据。

查账证据就是查账人员在查账过程中获取的用以说明被查事项真相，作为查账结论根据的证明材料。

2. 查账证据的种类

查账证据主要包括：实物证据、书面证据、口头证据等。

（1）实物证据就是以实物的外部形态和内在性能来证明审查事项的证据。实物证据主要通过观察或盘点取得，用以证明实物资产是否存在的有力证据，如材料、库存商品、固定资产等。但应特别注意的是，取得的实物证据其所有权是否归属于被审查单位。

（2）书面证据就是以书面形式存在的，并以其记载的内容来证明查账事项的证据。如被审查事项有关的会计凭证、账簿、报表、合同、协议、文件、报告、函件等。书面证据的种类很多，是查账人员在查账过程中搜集得最多的查账证据，它是查账证据的主要部分。书面证据大多在查账之前就已经形成，并主要存在于被审查单位，比较容易获得，也容易被伪造或篡改。因此，要加强对书面证据的鉴别和整理归类。

（3）口头证据就是以视听资料，证人证词，有关人员的陈述、意见、说明、答复等形式存在的，以知情人陈述的事实来证明审查事项的证据。由于口头证据往往夹杂着个人的观点和意见，因而证明力较差，但它可以为查账人员提供一些有用的线索，并在一定程度上起佐证作用。

第四节　查账的操作流程

一、查账的基本工作流程

1. 准备阶段应做的工作

（1）确定查账的目的和任务，拟订查账工作方案。在查账之前，查账人员必须明确其所面临的工作形势、查账的工作性质，以及委托人所要求的目标，明确为实现该目标所涉及的工作深度和广度，进而完成查账工作的心理准备。

（2）选派查账人员并适当分工，严格遵守保密制度。查账小组人员的配备要综合考虑其年龄结构、能力结构、工作特长、性别结构等因素，各成员应当能够综合解决诸多专业问题，形成整体合力。

（3）搜集有关资料。在检查前，查账人员应当根据查账目标和要求搜集被查单位的财务资料、生产经营资料、行业信息等相关资料，对被查单位的各个方面有一个适当的了解，找出其薄弱环节和漏洞，确定查账的重点。

（4）制定查账计划。在确定查账重点的基础上，根据查账任务和要求，对查账实施的步骤、分工、协作、重点、时间安排等做出具体计划方案。科学合理的查账可以使查账人员提高工作效率，围绕重点内容开展工作，避免重复劳动或无效劳动。

2. 实施阶段应做的工作

（1）查账人员到达被查单位后，向当事人及有关人员说明查账的目的、任务等有关事项，并索取有关账簿，凭证，报表及合同书面资料。

（2）根据掌握的情况，拟定需要进行检查的有关资料。

（3）对发现的问题，一定要认真查清，详细准确地记录，掌握必要的证明材料。对确有必要进行外部调查的事项，对与被查单位有联系的单位和个人查询，进行延伸查账，认证有关问题的准确性。

（4）按类别和性质对有关资料、数据进行整理、归类、分析、实事求是地认定问题的性质。

3. 完成阶段应做的工作

（1）综合整理资料，分析存在的问题。由查账小组负责人或小组成员根据掌握的资料和实施阶段搜集的证据，对收集来的资料进行整理分类，分析其中存在的问题，并提出处理意见。

（2）查账人员集体会审，形成查账结果初步报告。整理完查账资料后，查账人员应将所有问题的性质、现状、处理意见集中起来进行研究，在查账小组内部形成共识。此时可邀请单位主管领导、部门负责人、政策咨询人员参加，以确保处理意见准确合理。

（3）征求被查单位对初步报告的意见。查账小组内部统一意见后，应征求被查单位对查账工作和处理结果的意见，对提出的有异议的问题，应与被查单位仔细核对，逐项落实定案。应允许被查单位保留意见并做出相应记录。

（4）查账小组与被查单位统一意见后，应出具查账报告并向委托人和有关领导与部门递交。查账报告应包含的主要内容有：被查单位的基本情况、查账的目的、要求与范围、查账的情况和方法、查出的问题和性质、最终处理意见、对被查单位经济活动的评价与建议等。

二、查账时检查的主要对象

查账时检查的主要对象包括：原始凭证、记账凭证、账簿以及财务报表。原始凭证如发票、火车票、收据、收料单、领料单、产品入库单等；记账凭证有收款凭证、付款凭证及转账凭证；账簿包括现金日记账、银行存款日记账、总分类账、明细分类账等；财务报表如资产负债表、利润表、现金流量表等。

1. 检查总账

总账又称总分类账，是按照会计科目设置的，根据不同的企业和行业来确定分类科目和总账或总分类账。总账或总分类账能够全面地、总括地反映企业的资金活动情况，用来考察、核对各种明细账、现金日记账、银行存款日记账所提供的数据。通过查总账所达到的目的是掌握该企业设置了哪些会计科目，为下一步的查账打下了良好的基础。

在总账里的扉页都是“经管人员一览表”，记录了单位名称、账簿名称、账簿页数、使用日期、接管、移交情况等。找到发生业务的会计科目，根据该会计科目找全该会计科目的明细账：现金明细账、银行存款明细账、各类收入明细账，各类支出明细账、应付款明细账、应收款明细账、固定资产明细账等。

2. 检查利润表

利润表是总括反映企业在一定期间财务成果的会计报表。通过查利润表所达到的目的是核实该企业利润表中的销售收入年末累计数字与总账的销售科目数字是否一致，严防企业设假账和两套账，保证会计报表的真实可靠。

3. 检查银行对账单

银行对账单是银行对企业所发生的收入、支出情况而编制的借方、贷方的一种记账方式。查询银行对账单的目的是核实企业银行存款日记账、现金日记账是否与银行对账单一致，对银行对账单中的贷方、借方大款项金额做重点检查，看企业是否另设财务账簿，会计凭证，独立装订成册，严防企业利用一个银行账户设多种渠道。

现金日记账、银行存款日记账是我们查账的重点，因为从这两个日记账里能够清析地看清企业资金的流动方向，并通过对相关原始凭证（如银行对账单和现金支票及相关发票、税票等）的查阅发现疑问，从而进行下一步的查账。

4. 查询发票存根

查询发票存根所达到的目的是要企业提供发票的领购簿，按领购簿上的发票顺序进行排列，检查发票存根是否大头小尾，上下联金额是否一致，从中发现其他违法经营活动。

5. 检查企业的仓库保管账

仓库保管账是反映一个企业原材料、物资购入、销售出库情况的一种记录。对一种产品，多种规格、进货、出库时间，仓库保管账都记载的清清楚楚，并按品种、规格，依据发票的号码、时间登记入账，为我们的案件查处和计算违法所得打下了良好基础，仓库保管账由企业的供销部门的仓库保管员负责保管。

6. 检查会计凭证时应注意的问题

账本索要齐核对后，就索要会计凭证，这是查账的关键。一般业务多的企业，会计凭证多，企业可能会故意留下几本凭证，若不细心就发现不了，就需要办案人员有足够的耐心和细心。每本凭证上都标明了每月的共几本凭证，发现第几号的没拿来必须向企业索要，并细心查看这本凭证。有问题的凭证，财会人员是最清楚的。查找问题，核对凭证和账本的数量和书写是否一致，如果不一致要向企业询问和索要。

三、查账的基本方法

查账的基本方法大致可划分为两类：即查核书面资料的方法和验证账实的方法，在查账过程中可结合使用。

1. 查核书面资料的方法

查核书面资料是指通过对凭证、账簿、报表以及其他各种书面资料的复核和核对，借以验证账证、账表、账账是否相符，审查其反映的经济活动是否合法。

（1）按检查的顺序分为顺查法和逆查法。

a. 顺查法是按照一笔交易在会计记录中的顺流程序核查，以确定交易处理是否完整的过程。顺查法的检查过程为：第一，逐笔审查经济业务原始凭证记录的合法性、真实性；第二，审查每笔经济业务记账凭证记录的账务处理、对应关系，以及金额计算的正确性；第三，审查各种账簿记录是否正确一致；第四，审查会计报表与有关报表的一致性。

顺查法从会计凭证入手，顺着记账顺序依次核对，比较容易弄清楚问题、查明原因，而且顺查法由于对每一会计资料都要进行检查，不会有所遗漏，可以保证查账的完整性。但是由于顺查法必须对每张凭证、账簿进行逐一审查，在实际执行时难免耗时耗力，比较适合业务量较少的小型企业。一般在内部控制制度不健全、存在少计漏计嫌疑的情况下采用。

b. 逆查法是按照一笔交易在会计记录中的逆流程序核查，以确定入账的交易是否正确的过程。逆查法的检查流程为：第一，对财务报表进行分析；第二，核对账簿；第三，核对记账凭证；第四，核对原始凭证。

逆查法从报表分析开始，从大处着手，由表及里，一步一步追溯到会计凭证、检查会计报表中各项指标及其所反映的经济活动的正确性与合法性。采用这种方法，对原始凭证和记账凭证通常不全部加以检查，只有对某笔账目与经济业务认为有进一步了解的必要时，才查看其原始凭证与相关记录，以查明真相。

（2）按检查的范围分为抽查法和全查法。

a. 抽查法是从全部会计资料中抽取部分资料进行审查的方法，即有目的地对几个账户，几个品种或特定时间的有关会计资料作重点检查。

b. 全查法是对全部经济活动的资料全面审查的方法。该法一般适用于较小单位或问题较多单位的账务检查。

2. 验证账实的方法

（1）盘存法。

盘存法是用以考核实物资产与账户余额是否相符，借以证实账户余额是否真实、准确。该法适用于对原材料、燃料等重点物资的检查，从而发现“账外之账”“账外之物”等情况。

（2）询证法。

询证法是对有疑点的往来账目采用查证的方法，包括查询和函证两种。查询是指发现账目疑点，有目的地向有关人员了解情况；函证是为弄清某项业务而发函查对的方法。

（3）调节法。

调节法是对银行存款账的验证方法，通过验证银行存款日记账看其是否准确、真实。

（4）鉴定法。

鉴定法是对需要专业技术部门化验鉴定证实书面资料真伪的手段。

（5）分析法。

分析法是通过对会计资料的比较、分析，发现线索或疑点，进一步开展检查的查账方法。按其分析对象的不同，分析法可分为账户分析法和指标分析法两种。

账户分析法指根据会计原理和会计制度，对账户对应关系及其发生额和余额进行分析，以发现错弊和异常现象，为进一步查账提供线索的方法。账户分析法的特点是一般只就账面情况进行分析，不涉及会计凭证，只有在发现问题时，才会对会计凭证进行审查。例如，可以通过对往来账户的账户名称、入账时间、账龄、发生额及余额等进行综合分析，可以揭示账户设置及其反映经济业务内容的真实性，判断其是否存在不合理的占用，不合法的隐匿等情况；通过对较为稳定的费用项目的各期发生额进行比较，可以发现波动较大的异常情况；通过对账户对应关系的分析，可以发现账户用错或从中作弊的情况。

指标分析法指查账人员运用一些指标数值进行对比分析，从中揭示差异、发现疑点。根据运用数值方式的不同，指标分析法又可分为比较分析法和比率分析法。比较分析法是将主要经济指标在本期实际与预算之间、不同时期之间、不同单位之间进行对比分析，观察变化趋势从而分析是否符合客观实际与变化规律，从中发现疑点。比率分析法是指通过计算、比较经济指标的比率，确定相对差异解释矛盾的一种分析方法。在运用比率分析法时，应当把有关比率有机联系起来，并结合其他分析方法，综合观察分析以寻找问题的所在。

四、错弊线索的发现

1. 举报

接到举报时，表明被查单位存在错弊的可能性非常大，应当对被举报的人或事项重点关注，并进行调查取证，查证是否存在问题。

2. 奇异账项的搜寻

（1）数字奇异：数字正负，数值的大小，数字的准确度。

（2）奇异时间：异常时间，如应收、应付长期滞留。

（3）奇异地点：如舍近求远，以及物款流向是否合理。

（4）奇异的往来单位：如化工厂和面粉厂的业务往来。

第五节　查账工作底稿

一、查账工作底稿的概念

查账工作底稿是指查账人员在查账过程中所形成的查账记录和获取的资料。如查账人员在查账准备阶段所作的查账工作计划、方案；在查账实施阶段对各审查项目进行审查编制的各种审查表，以及在各阶段中获取的被审查单位的制度、决议、文件及有关的会计资料等。

查账工作底稿对于查账人员顺利完成查账任务、明确责任、保证查账报告质量都有着重要意义。

二、查账工作底稿的种类和格式

查账工作底稿分为搜集类和编制类两种类型。

1. 搜集类工作底稿

搜集类工作底稿是指查账人员在查账过程中从被审查单位及相关单位或个人获取的各种资料。如查账人员从被审单位获取的未审会计报表、文件、制度、材料明细清单，从相关单位、个人取得的询证回函等。这种类型的工作底稿种类繁多，一般来说，既零星又分散，没有统一的要求和格式。

搜集类工作底稿主要是为编制类工作底稿的编制作准备和提供资料，并经过鉴定、综合后，作为编制类工作底稿的附件。

搜集类工作底稿主要有：

（1）相关法律法规、制度、决议、文件。

（2）被审查单位的凭证、账簿、报表。

（3）被审查单位在资金筹集、供应、生产、销售、分配等业务过程中的相关资料，如计划、预算、合同等。

（4）被审查单位的其他资料，如被审查单位基本情况表等。

2. 编制类工作底稿

编制类工作底稿，是指查账人员在查账工作过程中形成的各种工作记录。包括在查账准备阶段的查账任务通知、查账计划表等；在查账实施阶段具体执行查账计划所形成的各种工作记录等。

编制类工作底稿主要包括：

（1）查账计划表。基本格式见表1-1。

表1-1　查账计划表

审字第　号

被审查单位名称		
审查方式		
编制依据		
查账内容及范围		
计划工作时间：×天　（×年×月×日至×月×日）		
查账人员	负责人：　职务或职称：	
	成员：	
审批	单位：	
	负责人：	
具体实施步骤： 内容　时间　人员　要求 1. 2. ⋮ ⋮		

查账负责人：　　　　编制人：

（2）内部控制制度调查表。查账人员对被审查单位内部控制制度的审查，主要是通过审阅被审查单位的规章制度、组织机构设置，或通过现场询问有关人员，以及实地观察，了解掌握被审查单位的详细情况。其工作底稿可以采用文字描述或调查表等方式。调查表的基本格式如表1-2所示。

表1-2　内部控制制度调查表

被调查单位名称：

调查内容：

调查时间：

被调查人：　　　　编号：

调查问题	程序执行			备注
	是	否	不适用	
1. 是否建立和执行了请购审批制度？				
2. 是否建立和执行了采购与验收制度？				
3. 材料采购是否按采购计划进行？				

续表

调查问题	程序执行			备注
	是	否	不适用	
4. 采购材料有无舍近求远，质次价高？				
5. 有无盲目采购，造成材料长期积压？				
6. 材料入库是否有严格的验收制度？				
7. 采购员与验收员有无明确的分工和相互监督制度？				
8. 材料验收是否严格检验其数量和质量？				
9. 材料入库凭证手续是否完备？				
10. 材料入库是否已正确入账？				
11. 是否建立和执行了付款控制制度？				
⋮ ⋮				

编制人：　　　　　　　　　　复核人：
日期：　　　　　　　　　　　日期：

（3）项目审查工作底稿。项目审查工作底稿，是按查账工作的各个审查项目分别编制的工作底稿。如：现金项目、银行存款项目、应收账款项目、主营业务收入项目等。它记录各项目审查的步骤、内容、方法、发现的问题，以及查账人员所作的判断和审查结论。其基本格式如表 1－3 所示。

表 1－3　项目审查工作底稿

编号：

被审查单位名称：
审查项目名称：
会计期间或截止日：

	签名	日期
编制人		
复核人		

审查内容及说明	金额
审查程序实施记录：	未审金额：（账簿或报表数）
	调整金额及原因：
资料来源说明：	审定后金额：
审查结论：	

（4）查账分析工作底稿。查账分析工作底稿，是指对审查项目内容或指标数据的变化是否正常进行分析所编制的工作底稿。其目的是确定项目内容或指标数据变化的性质和程度，以便作出恰当的判断，为进一步审查指明方向。如主营业务收入分析工作底稿、主营业务成本分析工作底稿等。其基本格式如表 1－4 所示。

表1－4　查账分析工作底稿

编号：

	签名	日期
编制人		
复核人		

被审查单位名称：
审查项目名称：
会计期间或截止日：

项目	××年		××年		××年		项目分析说明：
	金额	占全年%	金额	占全年%	金额	占全年%	
1月							
2月							
⋮							
12月							
合计							

（5）查账试算工作底稿。查账试算工作底稿是用来反映本期各被审项目未审前金额、审查调整或重分类的金额和调整后金额及其平衡关系的工作底稿。其基本格式如表1－5所示。

表1－5　查账试算工作底稿

编号：

	签名	日期
编制人		
复核人		

被审查单位名称：
会计期间或截止日：

序号	项目名称	本期余额		调整或重分类分录		调整后余额	
		借方	贷方	借方	贷方	借方	贷方
合计							

三、查账工作底稿的形成要求

查账工作底稿是查账人员进行查账工作的主要记录。查账工作底稿一方面证明了查账人员在查账过程中所做的各项工作，另一方面又是衡量和检查查账人员能力和技术水平高低的依据。

1. 编制类工作底稿的要求

对查账人员在查账过程中编制的工作底稿应做到：①资料真实，内容完整；②重点突出，繁简得当；③结论明确，要素齐全；④格式合理，记录清晰。

2. 搜集类工作底稿的要求

对查账人员在查账过程中从被审查单位、其他单位个人处搜集的工作底稿应做到：①注明资料的来源；②审查资料的真实性、完整性；③查账人员应审阅或核对后作出相应的文字记录并签名。

第二章

查账方法与内部控制制度

第一节　查账方法

查账方法是查账人员在查账过程中，为检查和分析查账对象而采用的各种技术手段的总称。查账人员要做到高质量、高效率地完成查账任务，就必须熟练地掌握各种查账方法，针对查账对象灵活地加以运用。

常用查账方法分为基本方法和技术方法。

一、查账的基本方法

查账的基本方法是按查账工作的先后顺序和查账工作的范围或详简程度划分的方法。基本方法主要有顺查法、逆查法、详查法，抽查法等。

1. 顺查法

顺查法是指按照经济业务在会计记录中的先后顺序流程进行审查的一种方法。基本做法是：

（1）审查分析原始凭证，核对原始凭证与记账凭证是否相符；

（2）审查记账凭证与账簿记录是否相符；

（3）审查总账与明细账、总账与日记账是否相符、总账的试算平衡；

（4）审查账簿记录与会计报表是否相符；

（5）审查会计账簿记录与相关财产物资、债权债务是否相符。顺查法检查程序如

图 2－1 所示。

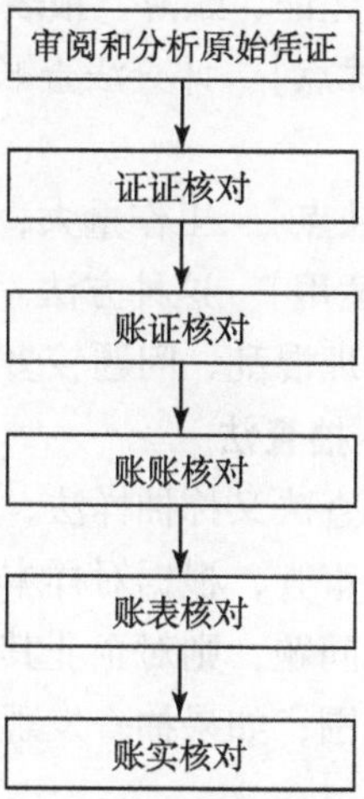

图 2－1　顺查法的检查程序

［优点］　顺查法从被查账对象会计凭证入手，顺着会计核算的顺序依次审查，比较容易弄清问题，查明原因，不会遗漏，可以保证查账的完整性。

［缺点］　该方法不易抓住重点，耗时费力费成本。

［适用］　这种方法适用于经济业务简单、会计资料不多的单位或者已知问题较多的被查对象。

2. 逆查法

逆查法又称倒查法，是指按照经济业务在会计记录中的逆程序进行审查的一种方法。基本做法是：

（1）从审阅会计报表入手，从中发现错弊与疑点，从而确定下一步审查的目标和重点；

（2）根据重点和线索，追查账簿，再进一步追查记账凭证和原始凭证；

（3）查明事件的真相和原因。逆查法检查程序如图 2－2 所示。

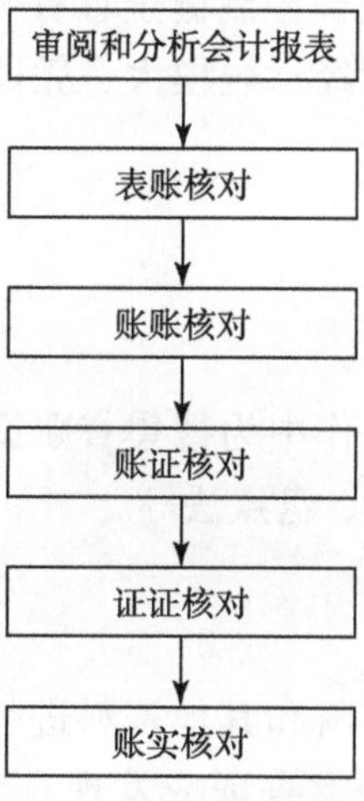

图 2－2　逆查法的检查程序

逆查法从分析被查对象总体（会计报表）开始，从大处着手，由表及里，由点及面，一步一步追溯到原始凭证或事实真相。采用这种方法会计凭证通常不进行全部检查，只在对某笔账目和经济业务被认为有进一步审查的必要时，才查看相关账簿记录和会计凭证。

［优点］　易于抓住重点进行深入审查，且省时省力。

［缺点］　不够全面系统，容易疏漏问题。

［适用］　本方法适用于规模较大、业务量繁多的大型企业或者内部控制制度健全、执行严格的被查对象。

3. 详查法

详查法是指对被查对象一定时期内的全部会计资料及其所反映的经济活动，即对所有的凭证、账簿、报表等会计资料进行全面、细致、彻底检查的一种方法。

［优点］ 详查法查账详尽，不易遗漏问题，可以最大限度地查清错弊，保证查账质量。

［缺点］ 工作量大，费时费力费成本。

［适用］ 这种方法一般适用于规模小、业务量不多、会计资料少的小型单位或者已知管理混乱、问题较多，存在弄虚作假、营私舞弊等严重违反财经纪律的被查对象。

4. 抽查法

抽查法又称抽样法，是指从被审查单位审查期内的全部会计资料中抽取一部分样本进行审查，根据对样本审查的结论推断总体有无错弊的一种方法。经过抽查如果没有发现问题，则对企业其他资料可不再进行审查；如果在抽查中发现问题，应扩大抽查的范围；如果抽查发现较多或者发现严重问题，则改抽查法为详查法，彻底查清全部问题。

［优点］ 抽查法效率高，费用低，可收到事半功倍的效果。

［缺点］ 如果所选样本不具有代表性，抽查结果不能代表总体，容易做出错误的结论。

［适用］ 抽查法适用于企业内部控制健全且有效实施、会计基础工作较好、组织工作和管理工作较健全的企业或者经营规模大、凭证多，实行详细审查确有困难的被查对象。

二、查账的技术方法

查账的技术方法是指在查账工作中为搜集查账证据而采用的技术手段。技术方法主要有：审阅法、核对法、查询法、盘点法等。

（一）审阅法

审阅法是指查账人员对会计资料和其他资料进行详细的阅读和审查。通过审阅被查对象的会计凭证、账簿、报表等，查证或发现有无涂改、计算错误、收支不合理、不合法等会计疑点和错弊。对会计资料审阅是最基本的查账方法，如果不仔细地审阅就不能发现问题。会计资料审阅的要点如下：

1. 原始凭证审阅

必须对原始凭证进行认真、仔细的审阅，因为经济舞弊往往是从原始凭证上做手脚开始的，审阅时的任何疏忽都可能放过差错与错弊。

在对原始凭证进行审阅时，应注意以下几点：

（1）是否以白条充作原始凭证；

（2）是否有开出凭证单位的单位公章、经手人签章；

（3）原始凭证中的所有项目，如接受凭证单位的名称、经济业务内容、日期、数量、单价、金额大小写、合计等是否填写齐全，数字计算是否正确，字迹有无涂改现象；

（4）若是报销凭证，报销手续是否齐全；

（5）所记载的经济业务是否合理、合法。

2. 记账凭证审阅

对记账凭证的审阅主要是审阅记账凭证是否附有合法的原始凭证和记账凭证编制的正确、完整性。

（1）记账凭证上注明的附件张数是否与所附原始凭证张数相符；

（2）记账凭证的内容是否与原始凭证的内容相符；

（3）记账凭证的填制手续是否完备，有无制证人、复核人和主管人员的签章；

（4）记账凭证上所编制的会计分录应用的账户及其对应关系是否正确等。

3. 会计账簿审阅

对会计账簿审阅重点应放在各类明细账和现金、银行存款日记账中。

（1）各类明细账户的设置是否符合会计制度的规定，是否适应企业管理和核算的需要；

（2）现金、银行存款日记账，债权、债务明细账记账是否按日期先后顺序登记；

（3）各类账户是否按规定的时期结账，结账时期有否推迟或提早；

（4）发生错账，是否按规定的错账更正办法更正；

（5）账簿记录是否符合记账规则，有无涂改或刮擦的情况；

（6）账簿的启用、期初和期末余额的结转、承前页和转下页的数字是否一致。

4. 报表的审阅

（1）报表项目是否填列齐全、账表数字是否相符、报表之间的勾稽关系是否正确；

（2）前后各期的数字有无异常变化。

5. 其他资料的审阅

企业的经营活动中，除会计资料外还涉及其他资料，如验资报告、投资合同、借款合同、收发货记录、计划、统计、费用预算、消耗定额、费用开支标准等，查账人员在查账时也要对这些相关资料进行审阅。

（二）核对法

核对法是指将会计记录及其他有关记录中相关的两个或两个以上的数据进行对照比较，检查其内容、金额是否一致的方法。通过核对法可以验证各会计资料之间衔接是否正确，为发现会计差错和舞弊提供线索。核对法在查账中应用非常广泛。

核对法的具体内容如下：

（1）证证核对。核对原始凭证同相关原始凭证（如购货发票与货物验收单）的内容、数量是否相符，核对记账凭证与所附原始凭证的内容、金额等是否相符。

（2）账证核对。核对记账凭证与明细账、日记账上记录的经济事项、发生日期、会计科目、数量、金额等是否相符，核对记账凭证、科目汇总表或汇总记账凭证与总账是否相符。

（3）账账核对。核对总分类账与日记账、总分类账与所属各明细分类账期初余额、本期发生额及期末余额是否相符。

（4）账表核对。核对总分类账、明细分类账与会计报表相关项目的有关数字是否相符。

（5）表表核对。核对不同报表中的相同项目或有勾稽关系项目的金额是否相符。

（三）查询法

查询法是指查账人员通过询问的方式，取得必要的资料或证实某些问题的一种方法。查询法分为口头查询和书面查询。

1. 口头查询

口头查询是指查账人员向有关人员当面了解情况，核实问题，取得证据。口头查询是向被查账单位或部门的有关人员、其他与被查账单位相关的人员了解情况。采用这一方法有利于查账人员了解被查账单位的经营活动，发现和分析例外情况、异常情况、重要变动情况。成功的口头查询有赖于以下几个因素：口头查询时要针对查询的内容拟好询问提纲，不要对被询问者的回答造成障碍；要准确地记录被访问者的回答；询问结束后，要由被询问人在记录上签字作为证据，必要时应寻找佐证加以核实。

2. 书面查询

书面查询也称为“函证”，是指向有关单位和人员发函询问，以证实有关事项的真实情况。函询法多用于核实被审查单位或部门与外单位的债权债务、往来款项以及银行存款余额等。函证时，应注意设计好查询函的问题及回答方式，以便于对方回函，争取被询问单位的积极配合。

书面函证在小型企业实际运用中可能会遇到以下两个问题：第一，从询证函的发出到查账结束日仍未收到回函。因此，查账人员应尽早发出询证函或以电话、传真询证等方式替代。第二，回函率偏低，对于未回函的往来户，查账人员一般来不及追加函证，应考虑采用其他方法替代，或在查账报告中作相关披露，如对未回函的账龄较长的大额应收款进行披露。

（四）盘点法

盘点法也称“盘存法”，是指根据账簿记录对库存现金、财产物资、有价证券等进行实物清点，以确定被查对象是否确实存在的一种方法。盘点法是最有说服力的方法，也是查账工作中最费力的方法。

盘点法分为直接盘点法和监督盘点法两种。直接盘点法是查账人员亲自到现场盘点实物；监督盘点法是查账人员不直接亲自盘点，而是由被审查单位的经管人员及有关专业人员进行盘点，审查人员在场观察监督。在查账工作中可根据实际情况选择盘点方法。查账时实物盘点要选择好盘存的时间，如对现金的盘存最好不要放在发放工资的时候进行。

盘点的目是证明账面资产是否存在、是否完整，并为资产的计价和表外信息提供证据。

上述查账的四种方法，在查账工作中各有其特点，各种方法不是孤立使用，往往是相互联系配合使用的。如在对存货审查时，贵重物品一般采用详查法对其进行全面盘点，量大、价值低的物品采用抽查法。在对应收账款查账时，对金额较大的明细账户采用详查法逐一函证，对其他的明细账户则采用抽查函证。又如在进行财务报表审查时，通常从报表审阅开始逆查，根据从报表中发现的问题或疑点再结合其他方法深入追查原因。当发现账账、账证有问题时进一步采用核对法；当发现债权债务有问题时一般进一步采用查询法；当发现很多或者很严重的问题，有时会将逆查法改为顺查法。因此了解各种查账方法的特点和要求，根据不同的查账对象和查账目的选择适当的查账方法，是提高查账工作质量和效率的前提。

第二节 内部控制制度

某公司采用计算机处理购货业务。某日，采购员沈新输入了购料订单一份，而在计算机系统的主文件中却找不到供应商的名称。这表明该笔购货业务所选择的供应商未经过审批，计算机拒绝了这笔业务，并打印出例外情况报告。然后，负责采购货物的主管人员张健检查了这张购货订单，根据实际情况经过调查审核，做出接受该订单并将该供应商列入供应商目录中。

此例说明，随意修改购货订单或向未经核准的供应商购货的情况会立即被验测出来，并予以纠正。这就是内部控制“授权批准控制”所起的直接作用。

查账为什么要关注被查企业的内部控制制度？内部控制制度与查账有什么关系呢？这是因为，被查企业经济活动经常会出现错弊，但如果企业通过内部控制制度防范、发现、纠正错误与舞弊的可能性越大，查账人员通过查账未能发现错误与舞弊的风险就越小。所以内部控制制度有无、好坏与查账工作风险有直接的因果关系。

一、内部控制制度的含义和内容

1. 内部控制制度的含义

内部控制是指在一个单位内部，为了保证业务活动的有效进行、保护财产的安全和完整，防止、发现、纠正错误与舞弊，保证会计资料的真实、完整而制定和实施的政策和程序。内部控制实际上是一种企业、单位自我检查、自我调整和自我制约的系统。

内部控制制度是为了实现管理目标而作出的相互制约、相互协调的方法、措施和程序的总称。内部控制制度包括企业各级管理层指挥生产经营活动的方式和方法的制度规定；企业内部对会计核算、审查、分析、报告的制度规定；对企业生产经营的计划、控制、分析及对各部门规章制度执行情况的评价。内部控制制度的范围应涉及企业的各项经济业务。范围扩展得越大，控制越严密，内部控制所起的作用也就越大。

每一企业单位都必须根据国家法律法规，结合部门或系统的要求，建立适合本单位业务特点和管理要求的内部控制制度，单位负责人对本单位内部控制制度的建立健全和有效实施负责。内部控制主要是企业管理层的责任，但企业中的每一位成员都应共同来承担这一责任。

2. 内部控制制度的内容

内部控制主要包括对货币资金、筹资、采购和付款、成本费用、销售和收款、工程项目、对外投资等经济业务活动的控制。

（1）企业应当对货币资金收支和保管业务建立严格的授权批准程序，办理货币资金业务的不相容岗位必须分离，相关机构和人员应当相互制约，加强款项收付管理，确保货币资金的安全。

（2）企业应加强对筹资业务的管理，合理确定筹资规模和筹资结构，选择恰当的筹资方式，严格控制财务风险，降低资金成本，确保资金的合理使用。

（3）企业应当合理设置采购与付款业务的机构和岗位，建立和完善采购与付款的控制程序，强化对请购、审批、采购、验收、付款等环节的控制，做到比质比价采购、采购决策透明，堵塞采购环节的漏洞。

（4）企业应当建立成本费用控制系统，做好成本费用的各项基础工作，制定成本费用标准，分解成本费用指标，控制成本费用差异，考核成本费用指标的完成情况，落实奖惩措施，降低成本费用，提高经济效益。

（5）企业应当制定恰当的销售政策，明确定价原则、信用标准和条件、收款方式以及设置销售业务的机构和人员及职责权限，强化对商品发出和货款收回的管理，避免或减少坏账损失。

（6）企业应当建立规范的工程决策程序，明确相关机构和人员的职责权限，建立工程项目投资决策的责任制度，加强工程项目的预算、决算、招投标、评标、工程质量监督等环节的管理，防范工程发包、承包、施工、验收等过程中的舞弊行为。

（7）企业应当建立科学的对外投资决策程序，实行重大投资决策的责任制度，加强投资项目立项、评估、决策、实施、投资处置等环节的管理，严格控制投资风险。

（8）企业应当严格控制担保行为，建立担保决策和责任制度，明确担保原则、担保标准和条件、担保责任等相关内容，加强对担保合同订立的管理，及时了解和掌握被担保人的经营和财务状况，防范潜在风险，避免或减少可能发生的损失。

3. 内部控制方式

企业的内部控制方式主要包括八项内容：不相容职务分离控制、授权批准控制、预算控制、财产保全控制、信息质量控制、文件记录控制、人员素质控制和内部审计控制。

（1）不相容职务分离控制。是指对处理某种经济业务所涉及的职责分派给不同的人员，使每个人都对其他人员的工作形成自动检查。不相容职务分离的主要目的是预防和及时发现职工在履行职责过程中产生错误或舞弊的行为。

如果一位负有多项职责的人员在其正常的工作过程中会发生错误或舞弊，并且相关控制制度又难以发现，那么就可以肯定他所兼任的职务是不相容的。对于不相容职务必须进行分离，包括在组织机构之间的分离和内部有关人员之间的分离。

在会计工作中，不相容职务分离控制的要求有：会计与出纳；出纳与会计档案保管；出纳与收入、费用、债权债务账目记录的审批与执行；记录总账与明细账工作；保管与记账，应实行分离；单位的印鉴要分人保管；空白支票和收款收据与印章要分人管理，并建立领用登记制度，不允许一个人既管空白支票和空白收款收据，又管印章，以防止收到现金不入账的现象发生；对银行存款的核对和调整由独立于银行存款收支业务的人员进行。

【提示】不相容职务是指办理某一事项的各环节由一个人或一个部门经办，容易造成失误或掩盖贪污舞弊的职务。

（2）授权批准控制。是指企业内部职工在处理经济业务时，必须经过授权批准，必须有授权才能执行。授权批准按其形式可分为一般授权和特殊授权。

一般授权是指对办理常规业务活动的授权。这类授权一般以管理部门的文件形式出现，规定一般性交易活动办理的条件、范围和对该交易的责任关系。一般性授权适用于经常发生的业务。

特殊授权是对办理例外业务和管理当局认为个别必须经批准的情况，如对外投资、资产处置、资产重组、收购兼并、担保抵押等以及超过一般授权范围的业务活动的授权。

【提示】审批人应当根据业务授权批准制度的规定，在授权范围内进行审批，不得超越权限审批。不经合法授权，任何人不能审批。经办人应当在职责范围内，按照审批人的批准意见办理业务；对于审批人超越权限审批的业务，经办人有权拒绝办理，并及时向审批人的上级授权部门报告。

（3）预算控制。是以制定全面预算为手段对企业财务收支和现金流量进行的控制。要求单位加强预算编制、执行、分析、考核等环节的管理，明确预算项目，建立预算标准，规范预算的编制、审定、下达和执行程序，及时分析和控制预算差异，采取改进措施，确保预算的执行。

【提示】预算内资金实行责任人限额审批，限额以上资金实行集体审批。严格控制无预算的资金支出。

（4）财产保全控制。这是最传统的财务控制方法。实物控制要求单位限制未经授权的人员对财产的直接接触；由不担任保管和不担任记录工作的人定期盘点清查；严格限制接近会计记录与业务记录的人员，对重要的数据做备份等方法记录保护财产；通过财产保险、财产记录监控等措施，确保各种财产的安全完整。

【提示】限制接近指严格限制无关人员对实物资产的直接接触。限制接近的对象包括现金、其他易变现的资产（如股票、债券等有价证券、存货）以及重要的票据（如支票）个人的印章等。

（5）信息质量控制。是指对企业经济活动中记账、算账、报账等进行控制。信息质量控制要求企业在经济业务发生以后，必须按照一定的程序记入会计信息系统，而在记录经济业务时，必须采取一系列措施和办法，以保证会计信息的真实、及时和完整。

（6）文件记录控制。是指企业在经营过程中，对于整体的规划、实施的方针、有关的要求、注意的事项、奖惩的办法等制成书面文件，下发给各级管理或工作人员，并依据书面文件进行检查和督促。文件记录控制能使管理或工作人员更好地明确责任、照章办事。

（7）人员素质控制。是指通过相应的措施和办法使人员的积极性得以充分发挥，技能得以充分展现，避免用人不当，影响经营目标的实现。人员的素质包括思想品德、职业道德、业务素质和专业技能等方面的内容。

（8）内部审计控制。是指通过内部审计，促使企业的各项控制得以实现。内部审计是对会计资料的监督、审查，它不仅是内部控制的重要手段，也是保证会计资料真实、完整的重要措施。

二、内部控制制度的审查和评价

（一）内部控制制度的审查

1. 内部控制制度的审查内容

（1）分析企业设置的内部控制制度能不能防止、发现和纠正会计错误与舞弊；

（2）审查企业内部控制制度是否实际充分有效发挥、发挥效果如何。

在审查中应查清三个问题：这项控制是怎样应用的？是否在年度内始终如一地得到应用？由谁来应用？

2. 内部控制制度的审查步骤

第一步，调查了解企业的内部控制情况，并作出相应的记录；第二步，实施一定的测试，证实内部控制设计和执行的效果；第三步，评价内部控制的强弱。

3. 内部控制制度的审查方法

内部控制制度的审查方法有调查表法、文字表述法和流程图法。

（1）调查表法。

调查表亦即调查问卷，即将与内部控制相关的事务设计成调查表格，交由被审查单位有关人员填写，或由查账人员根据调查的结果自行填写。调查表需要预先编制，格式固定。调查表的内容非常广泛，可以包括被审查对象的制度规定、工作的具体方法和要求、实际的执行情况等。调查表的设计通常只需用“是”“否”或简单的话语进行回答，避免繁琐。

调查表的格式如表2－1所示。

表2－1　××公司“现金收入业务”内部控制调查表

调查提纲	是	否	不适用	备注
1. 现金出纳和库存现金日记账是否由专人负责？				
2. 现金日记账和库存现金是否每日清点核对？				
3. 现金日记账与库存现金发生差异后，是否经领导批准后才能处理？				
4. 现金收支是否每日记账？				
5. 现金支出是否都经过审批？				

续表

调查提纲	是	否	不适用	备注
6. 库存现金超过限额部分是否当日解缴银行?				
7. 有无控制现金坐支措施?				
8. 领用现金是否经过批准?				
9. 有无防止白条抵库的措施?				
10. 收入现金凭证正副联是否复写?				
11. 现金日记账是否定期与库存现金总账核对?				

(2) 文字表述法。

文字表述法是查账人员用文字和表格的方式对被查对象内部控制情况的书面叙述。文字表述一般按不同的业务循环环节，分别写明各个岗位所完成的各种工作，办理业务时所经历的各种手续及各项工作的负责人、经办人和由他们登记或编写的记录、文件、凭证等。

文字表述法比较灵活，可以对被查对象内部控制的各个环节作出比较深入和具体的描述，不受任何限制，但有时很难用简明易懂的语言来详细说明各个细节。比如：

××公司《现金收入业务内部控制书面报告》

一切现金收入都是由出纳员张红负责，凡是交款人持现金向财务部门交款都交给出纳员张红，由其问清款项来源、事由并审核有关单据后，开具现金收款收据，给交款人作报销凭据，并将现金放入现金保险箱。当天下班前对库存现金进行清点，填写库存现金日报表，并附上收据交会计人员王强编制现金收入凭证。同时出纳人员张红将超过库存限额数部分填制“现金交款单”送存银行，将“现金交款单”回单交会计人员王强编制凭证。每月末将当月现金日记账和现金总账进行核对。

(3) 流程图法。

流程图法是采用特定的符号，辅之以简要的文字或数字，以业务流程线连接，将某项业务的处理程序和内部控制制度反映出来。

采用流程图描述法，把文字叙述减少到最低程度，形象、直观、简练，便于对内部控制制度进行了解和评价。但是绘制流程图有一定的技术难度，特别是比较复杂的业务，需要有较高的绘制技术。

4. 内部控制制度审查的目的

主要是通过审查、发现内部控制制度存在的缺陷或弱项，查找失控或不足点，帮助企业改善经营管理，提高经济效益。同时，通过对内部控制制度的审查，查账人员根据对其信赖的程度来确定查账工作量，能够有效地降低查账风险。也就是说，通过内部控制制度的审查，能够为查账工作提供查账思路、查账工作重点、查账范围和方法，提高查账效率。

（二）内部控制制度的评价

1. 内部控制制度评价的内容

查账人员经过对企业内部控制制度的了解、测试后，应对被审查单位的内部控制制度作出恰当的评价。评价主要从以下三个方面进行：

（1）内部控制制度的健全性。健全性是指根据本单位的实际情况，全面建立内部控制系统。在控制系统内，每个部门、每个人员的工作都在控制之中，各项经济业务的处理手续严密、环环紧扣，没有缺口和遗漏，控制措施和方法能够起到应有的控制作用。

（2）内部控制制度的合理性。合理性就是指控制的布局是否合理，是否存在多余的控制和不必要的控制，是否存在该控制的环节而未控制的情况。

（3）内部控制制度的有效性。有效性就是被审查单位的内部控制制度是否一贯执行、切实有效。企业建立了内部控制制度，并不等于在实际工作中就能达到预期的目的。如果有章不循，制度就形同虚设。

2. 内部控制制度审查评价结论

通过对内部控制制度的审查，查账人员应对被审查对象内部控制制度的建立、健全、有效作出以下结论：

（1）高度信赖。高度信赖是指被审查单位具有健全的内部控制，并且均能发挥作用，经济业务及会计处理所发生的错弊降低到最小程度。查账时若能较多地信赖和利用内部控制制度，就会相应减少对账簿、凭证、报表的审查工作，简化审查的程序，缩小审查的范围。

（2）中度信赖。中度信赖是指被审查单位内部控制较为良好，但也存在缺陷，可能影响到会计记录的真实性和可靠性，查账人员应区分不同情况，决定在多大程度上扩大审查范围、增加样本量、追加或补充必要的查账程序。

（3）低度信赖。低度信赖是指被审查单位内部控制明显失效，部分经济业务及其会计处理处于失控状态，经济业务的记录经常出现差错。查账人员应扩大审查范围，增加、完善、修正和补充原有审查程序，采用全面、详细审查的方法，以取得充分、适当的查账证据，形成查账意见。

对企业内部控制制度评价，实质上也是对被审查企业风险控制作出评价，也有利于查账策略的基本定位。因此不可忽视对内部控制制度的审查与评价。

第三章

资产核算的假账检查

资产是指企业过去的交易或事项形成的、由企业拥有或控制的、预期会给企业带来经济利益的资源，按流动性可分为流动性资产和非流动性资产。下文将按照资产类项目进行逐一介绍。

第一节　货币资金

货币资金是企业资产的重要组成部分，是企业所有资产中流动性最强的一种资产，任何企业进行生产经营活动都必须拥有一定数额的货币资金，持有货币资金是企业生产经营活动的基本条件，可能关乎企业的命脉。货币资金主要来源于资本的投入和营业收入，主要用于资产的取得和费用的结付。

较强的流动性一方面使货币资金成为最方便快捷的资产，另一方面也导致其成为控制风险最高的一类资产，很多舞弊、违法犯罪行为的发生都与货币资金有密切关系，因而在查找假账时应当对货币资金给予较高的重视，并作为重点检查项目。

根据货币资金的存放地点及用途的不同，货币资金分为库存现金、银行存款及其他货币资金三部分，在下文中将依次介绍。

一、库存现金

（一）概念

库存现金包括企业的人民币现金和外币现金，在所有资产中流动性最强，是企业为了满足经营过程中零星支付需要而保留的现金，对于促进企业经济活动的开展起着非常重要的作用。尽管库存现金在企业资产总额中所占的比重不大，但企业发生的舞弊事件大多与现金有关，在查账时应当重视对库存现金的检查。库存现金由企业的出纳人员保管，用于企业的日常零星、小额开支。

（二）账务处理

（1）提存现金的账务处理。从银行提取现金，根据支票存根所记载的提取金额，借记“库存现金”科目，贷记“银行存款”科目；将现金存入银行，根据银行进账单第一联，借记“银行存款”科目，贷记“库存现金”科目。

（2）企业因职工出差等原因需要预先支付给员工现金的，按照支出凭证上的金额，借记“其他应收款——××（个人）”科目，贷记“库存现金”科目；待员工返回企业，按照出差所耗用的差旅费金额，借记“管理费用”科目，按照交回的剩余金额，借记“库存现金”科目，并按照出差前支付给员工的金额，贷记“其他应收款——××（个人）”科目。

（3）企业的库存现金应每日清点一次，在清点过程中可能出现库存现金实有数与账面数不一致的情况，即出现库存现金的溢余或短缺，此时应通过“待处理财产损溢”科目进行核算。如果是现金溢余，则借记“库存现金”科目，贷记“待处理财产损溢——待处理流动资产损溢”科目；如果是现金短缺，则应借记“待处理财产损溢——待处理流动资产损溢”科目，贷记“库存现金”科目。待查明原因后，还应根据实际情况作如下会计处理：

①若为现金溢余，属于应归还有关单位或人员的，应借记“待处理财产损溢——待处理流动资产损溢”科目，贷记“其他应付款”；属于无法查明原因的现金溢余，经批准处理后，借记“待处理财产损溢——待处理流动资产损溢”科目，贷记“营业外收入”科目。

②若为现金短缺，属于应由相关责任人赔偿的部分，借记“其他应收款——应收现金短缺款（××个人）”科目，贷记“待处理财产损溢——待处理流动资产损溢”科目；属于应由保险公司赔偿的部分，借记“其他应收款——应收保险赔偿款”科目，贷记“待处理财产损溢——待处理流动资产损溢”科目；属于无法查明原因的短缺部分，根据管理权限，经批准处理后，借记“管理费用——现金短缺”科目，贷记“待处理财产损溢——待处理流动资产损溢”科目。

（4）单独设置“备用金”科目的企业，由财务部门拨付给各单位备用金时，借记“备用金”科目，贷记“库存现金”科目。自备用金中支付零星支出，应根据相关的支付凭证，定期编制备用金报销清单，财务部门根据报销清单定期补足备用金，借记“管理费用”等科目，贷记“库存现金”科目。除了增加或减少拨入的备用金外，使用或报销有关备用金支出时不再通过“备用金”科目核算。

（5）企业因其他原因收付现金时，借记或贷记“库存现金”科目，同时贷记或借记其他相应的会计科目。

（三）现金业务审查的一般方法

审查现金业务错弊，要根据不同的情况采用不同的审查方法，一般可采用以下审查方法：

1. 审查现金收支的内部控制制度

审查现金业务的内部控制制度是为了评价企业现金业务的内部控制制度的可靠性和执行的效果，以便于审查人员确定现金业务审查的重点、范围和方法，获取现金审查的证据。

（1）了解被审查单位的现金出纳是否由专人负责。出纳人员除登记现金日记账、办理现金收付和保管现金外，不能兼管稽核、会计档案保管和收入、支出、费用、债权、债务账目的登记。

（2）抽查现金日记账和现金收付的凭证，检查被审查单位现金日记账是否根据审核无误的现金收付记账凭证和所附原始凭证逐日逐笔登记入账，并每日清点库存现金，账实相符。

（3）抽查现金收入的原始凭证和记账凭证，从时间上看现金收入是否当日送存银行，库存限额是否遵守银行规定。

（4）现金支出是否在规定范围使用，是否经过批准。

（5）是否以白条抵充库存现金。

（6）是否私设小金库，是否公款私存。

（7）现金存放是否安全。

（8）出纳办理现金收付款后是否在收付款凭证上加盖“收讫”“付讫”戳记。

（9）出纳人员收取现金后是否开具收款收据。

（10）是否建立库存现金的定期或不定期盘点制度等。

2. 现金总分类账与现金日记账核对

根据规定，企业应设置“库存现金”账户进行核算，并设置现金日记账进行序时核算。采用核对法将现金总分类账与现金日记账核对：

（1）审查现金总分类账余额与现金日记账余额是否一致。

（2）根据记账凭证逐笔登记总分类账时，核对现金总分类账与现金日记账登记是否相一致。大多数企业都采用汇总登记总分类账，要核对现金总分类账汇总登记日现金余额是否与当日现金日记账余额一致。

（3）现金总分类账的发生额与现金日记账发生额要核对相符。

记忆要点：

现金总分类账余额与现金日记账余额核对一致；

现金总分类账汇总登记日余额与现金日记账当日余额一致；

现金总分类账发生额与现金日记账发生额一致。

3. 现金日记账的审查

采用审阅法和复核法审查现金日记账。

（1）审查日期和凭证号数栏。查明是否以记账凭证为依据逐笔序时登记现金日记账并结出余额，有无日期和凭证号顺序颠倒的情况。

（2）审阅现金日记账的摘要栏、对方科目栏、金额栏。看其摘要是否清晰，经济业务内容是否合法、是否正常，账务处理是否正确，金额是否过大，是否超过规定的收付限额。

（3）审阅结存栏。看每日现金余额是否超过规定的限额。超过限额的现金应及时送存银行。同时注意审查是否有异常的红字余额，如有，应及时查明原因，作出调整处理。

（4）验算计算的正确性。抽取一段时间或审查期全部现金日记账记录，验算计算的正确性。注意是否有故意少记收入、多记支出贪污现金的情况。

4. 审查现金收付凭证

审查凭证时应注意：

（1）原始凭证的内容是否完整。包括签发单位名称、地址、接受凭证单位名称、签发日期、内容摘要等内容是否齐备，若有疑点应进一步查证。特别要注意凭证日期和接受凭证单位。日期是否有涂改、是否过长等。例如，查账人员在审查某企业现金付款原始凭证时，发现会计人员利用工作便利，将以前时期已入账的现金支付凭证涂改日期后又重复入账，贪污现金 3 000 元。

（2）原始凭证金额计算是否正确。包括凭证的数量、单价、金额、合计等方面是否正确、大小写金额是否相符。特别应注意自制收款原始凭证中的收款收据的领取和收回注销是否有规定手续，收据存根和记账联号码是否相连，有无缺号，作废的收据是否盖“作废”戳记，收据的日期与入账日期是否接近，收据的抬头、摘要、金额是否涂改过，字迹是否清楚，是否存在头尾不一致的情况。

（3）审查原始凭证本身是否合法、合规。审查时要注意正式发票是否印有税务监制的印章，签发单位印章是否真实，凭证上的文字有无涂改的痕迹等。

（4）审查原始凭证所反映的经济业务是否真实。注意有无弄虚作假、营私舞弊等情况。特别应注意，工资单和报销单等支款凭证的审查，防止虚报冒领。

（5）审查记账凭证的编制是否正确。审查时注意，记账凭证的内容是否与原始凭证的内容一致，记账凭证的附件张数及金额与原始凭证张数及金额是否相符，记账凭证使用的会计科目是否正确，记账凭证的其他内容是否完整。

5. 现金账户余额的审查

要证实现金账户余额的真实性和正确性，还要进一步采用现金日记账的发生额与现金收款凭证、现金付款凭证及所附原始凭证的发生额合计金额核对。实际工作中可以根据查账的目的和被审查单位管理及会计核算情况，抽查部分月份或部分时期或全部审查期的现金收付款业务凭证的发生额合计与现金日记账的发生额核对。具体做法是：

（1）将选定的审查期的现金收款凭证、现金付款凭证（包括记账凭证及所附原始凭证）单独抄列清单。

（2）审查所列清单的现金收款记账凭证与所附原始凭证相符，现金付款记账凭证与所附原始凭证相符。

（3）分别加计现金收款金额合计和现金付款金额合计。

（4）将现金收款金额合计和现金付款金额合计与现金日记账该审查期的收入合计和支出合计核对看其是否相符，确定余额的正确性。如核对不相符，可进一步逐笔核对，找出存在的问题。

6. 库存现金盘点

审查人员主要采用盘存法对现金进行盘点清查。现金盘点是防止现金舞弊的重要方法。库存现金清查的一般方法如下：

（1）审查人员应采用突击性方式对库存现金进行盘点，以防止出纳人员在查证之前采取措施掩盖贪污、挪用的事实或转移账外资金。审查的时间宜安排在营业起讫时间，尽量避免在现金收支的高峰期。

（2）当审查人员宣布盘点库存现金后，首先应由出纳员将现金全部放入保险柜暂作封存，同时要求出纳员将办妥现金收付手续尚未入账的现金收付凭证全部登记入账（增加审查该部分凭证的合法性、合理性、正确性），结出盘点当日或当时余额。其次应向有关人员询问除封存在保险柜中的现金外，是否还有现金存放在其他相关部门人员处，无论企业的现金存放在何处，都应同时进行全面的清盘。

（3）在库存现金盘点中，被审查单位负责人、会计主管人员、出纳人员、审查人员都必须始终在场，由出纳员自行进行现金盘点，审查人员和其他人员在旁监督。如果盘点出现库存现金短缺或溢余时，审查人员应要求再次清点或由审查人员当面复核，并要求被审查单位确认盘点数额。

【提示】一切未经批准的借条、收据都不能抵充库存现金，不能有白条抵库的情况。

（4）在盘点确认库存现金数额后，审查人员应当检查保险柜中存放的各种资料物品，发现可疑情况要立即询问清楚。由此也可以发现一些单位存在的账外账、小金库、公款私存及其他违法现象。

（5）编制库存现金盘点表。根据盘点结果由出纳员编制库存现金盘点表，如表3－1所示。

如果现金盘点日是在结账日之后，应根据结账日至盘点日之间的现金收支数利用以下调节公式计算出结账日数额，以验证结账日账面实存额与应存额是否相符。

结账日账面应存数＝盘点日账面应存数＋盘点日至结账日账面付出数－盘点日至结账日账面收入数

库存现金与现金日记账余额和现金总分类账余额核对相符后，再将库存现金余额与资产负债表中货币资金项目核对。方法是在假定银行存款和其他货币资金数额正确的情况下，加上库存现金账户余额，看是否与报表中货币资金项目数一致。

（四）违规操作检查重点

1. 对挪用现金的检查

针对出纳人员挪用现金的检查，应抽查核对库存现金日记账与总账金额是否一致，如果不一致应当采取进一步的检查措施。在监盘被查企业的库存现金时，如果发现以白条抵库或金额较大的盘亏现象，应当通过复查、核对与调查有关会计资料来查证其是否存在挪用现金的事实。

针对领导挪用现金的检查，应审阅“其他应收款”明细账中的相关记录，检查其中有无属于领导个人长期挂账的问题。如果存在这一现象，再抽调会计凭证进行账证核对，从而证实是否为挪用现金问题，必要时应当追踪被挪用现金的去向，并向相关人员进行询问查证。

2. 对现金收入不入账或少入账的检查

（1）对截留现金销售收入的检查方法。

在检查企业是否存在经办人员截留现金销售收入这一违规操作时，应当将销售收入明细账与库存商品、原材料等明细账加以核对，查找有无库存商品、原材料等明细账上有销售记录，而销售收入明细账中却无对应收入的情况，或者是前者大于后者的情况，如果存在此种现象，应当进行进一步的查证。

（2）对非法侵占出售其他财产的检查方法。

检查固定资产、低值易耗品等资产的明细账，并检查报废物资的残值处理记录，如果账上没有相关记录，则存在将残值存入“小金库”的可能性，应当以此为线索进行进一步的查证。

（3）对截留各种罚款收入的检查方法。

调查了解企业有无收取罚款而未开具收据的情况，还可以核对企业的罚没款收据的编号是否连续，来查证是否有以撕票或匿票的形式将罚没款存入“小金库”的问题。

3. 对虚列支出、虚报冒领的检查

在检查是否存在虚列支出的情况时，首先要审阅企业的成本、费用支出明细账以及会计凭证，审核凭证的合理、合法性，如存在涂改原始凭证、或报销凭证未经审核或有关签字模糊、报销事项不符合相关规定或无正当理由等，应进一步向有关人员或单位核实，如存在不符事项应当进一步调查是否存在虚报或虚列支出的情况。

核对被查企业工资结算单与职工名册，检查是否存在向非本单位人员发放薪酬的情况；核对工资结算单与考勤记录，检查是否存在虚列奖金津贴的现象；另外，还要检查代扣代发款项是否属实。必要时，还应当向被查企业的员工进行询问，检查是否存在利用工资结算之机虚列支出，套取现金的舞弊行为。

4. 对隐匿回扣、佣金等相关支出的检查

检查有关材料采购记录，分析被查企业在购买过程中是否存在舍近求远、或者采购价格明显高于市场均价等情况。如果存在这一现象，应当向相关人员询证，调查分析是否以此收取对方回扣或好处费，而将其存入“小金库”的情况。

审阅生产成本、制造费用、管理费用、销售费用、营业外支出等成本费用明细账，并结合现金日记账中的记录，检查有无直接列明回扣费或好处费的问题。

审阅主营业务收入、其他业务收入明细账以及现金日记账中的冲销记录，检查其是否存在以假退货方式支付回扣或好处费的问题。

（五）现金审查的主要工作底稿

现金审查的主要工作底稿包括查账人员在查账过程中所搜集的和自行编制的相关文字资料。

（1）被审查单位有关现金的内部控制制度。查账人员应取得被审查单位有关现金内部控制的文件资料，以及对这些文件资料进行检查、调查了解其执行情况的有关工作记录。

（2）现金总分类账、现金日记账审查中搜集和自行编制的工作底稿。

（3）现金收支凭证审查中搜集和自行编制的工作底稿。包括：重要业务的有关文件、资料、合同、计划等的原件或复印件，违法违规业务的原始凭证复印件，凭证审查中的有关工作记录等。

（4）库存现金盘点表。如表 3－1 所示。

表 3－1　库存现金盘点核对表

盘点日期 20××年××月××日

索引号：A1－2－2

被审计单位：A 公司　　　　页　次：

检查核对记录						实有现金盘点记录						
项目		行次	人民币	美元	__元	面额	人民币		美元		__元	
上一日账面库存余额		1					数量	金额	数量	金额	数量	金额
盘点日未记账传票收入金额		2				1 000						
盘点日未记账付款付出金额		3				500						
盘点日账面应有金额		4＝1＋2－3				100						
盘点实有现金数额		5				50						
盘点日应有与实际金额差异		6＝4－5				20						
差异原因分析						10						
						…						
						合计						
追溯至报表日账面结存额	报表日至盘点日现金付出总额（＋）	7				情况说明及审计意见：见索引 A1－2－2－1						
	报表日至盘点日现金收入总额（－）	8										
	报表日库存现金应有余额	9＝4＋7－8										
	报表日账面汇率											
	报表日余额折合本位币金额											
本位币合计												

盘点人（出纳）：××　　主管会计：××　　监盘人：××　　复核员：××

（5）现金审查的有关计划安排及相关的工作记录。现金审查中使用的相关审计程序示例如表 3－2 所示。

表 3－2　库存现金审计程序表

被审计单位：A 公司　审核员：××　日期：××　索引号：××

审 查 项 目：库存现金　会计期间：　复核员：××　日期：××　页　次：××

一、审计目标

①确定现金是否存在；②确定现金的收支记录是否完整；③确定库存现金的余额是否正确；④确定现金的披露是否恰当。

二、审计程序

序号	内容	执行情况说明	索引号
1	核对现金日记账与总账的余额是否相符		
2	会同被审计单位主管会计人员盘点库存现金，编制“库存现金盘点表”		
3	抽查大额现金收支的原始凭证		
4	抽查资产负债表日前后若干天的大额现金收支凭证		
5	如有外币，请检查非记账本位币折合记账本位币所采用的折算汇率是否正确		
6	验明现金的披露是否恰当		

三、调整事项说明及调整分录（注：分录请写到二级科目，并注明底稿索引；如篇幅不够，请另加页附后）

四、余额

期初余额				期末余额			
上年审定数（或未审数）		本期审定数		未审数		本期审定数	

五、审计结论

1. 本科目经审计后无调整事项，余额可以确认：	0
2. 本科目经审计调整后，审定数可以确认：	√
3. 因＿＿＿＿＿＿＿＿原因，本科目余额不能确认：	

（六）参考案例

案例 1：假借备用金挪用公款

情况：2019 年，查账人员在对 A 企业其他应收款账务进行检查时，发现“其他应收款”明细账中的一项记录的摘要为拨付备用金，而根据 A 企业的备用金管理规定来看，其采用的是定额备用金管理制度，即在拨付备用金时不会通过“其他应收款”来进行账务处理，因此针对这一违规操作，查账人员怀疑其中存在挪用现金的行为。

查证：为了证实这一怀疑，查账人员将该笔记账凭证（3月15日记字第22号）调出。该凭证中记录的备用金金额为20 000元，但是在后附的原始凭证上，借款单位为空白，领款人为单位的会计代领，于是查账人员向该会计进行询问查证。经询问该会计承认该笔款项是“暂借”企业的，经进一步了解得知该会计于前期了解到近期股市出现一片利好景象，于是就想到股市中获利一把，但迫于没有闲置资金，于是在利益的驱使下就想到“暂借”企业资金一用。此事项经查实后，该名会计表示愿意立即归还该笔款项并接受处罚。

账务调整：对上述违规操作应当进行如下账务调整：

借：库存现金　　21 000

　　贷：其他应收款　　20 000

　　　　营业外收入——罚款收入　　1 000

案例点拨：查账人员在查账时应当结合被查单位的相关规章制度进行，若发现存在一些不符合规定的账务处理时，就表明存在相关人员实施舞弊的嫌疑，应当对此予以重点关注并实施进一步的检查。

案例2：侵占财产清理收入

情况：2019年1月，查账人员在审查C企业现金日记账时，发现2018年11月11日19号现付字凭证摘要为“付拆除×型机器劳务费”，金额为900元，但是在现金日记账和银行存款日记账中却没有发现相应的清理收入。于是怀疑存在将清理收入转入“小金库”的行为。

查证：查账人员首先调出19号现付字凭证，发现其原始凭证为一张经领导批准的“支付给李某×型机器拆除费900元”的白条，会计分录为：

借：管理费用　　900

　　贷：库存现金　　900

进一步审查固定资产明细账，发现当月30号转字记账凭证摘要栏注明“报废×型设备”字样，随即调出30号凭证，其会计分录为：

借：累计折旧　　50 000

　　营业外支出　　50 000

　　贷：固定资产——×型设备　　100 000

查账人员经分析认为，报废一台价值10万元并且半成新的设备，必定有清理收入，于是决定进一步调查。经查询该设备的保管员，得知该设备已运往乙企业。经与乙企业核实，系从该公司以6万元现金购入的，有该公司领导王某的白条收据。在证据面前，财务经理被迫承认，并交出存折现金60 000元。

账务调整：对上述违规操作应当进行如下账务调整：

借：库存现金　　60 000

　　贷：以前年度损益调整　　60 000

借：以前年度损益调整　　15 000

贷：应交税费——应交所得税 15 000

借：以前年度损益调整 45 000

贷：盈余公积 4 500

利润分配——未分配利润 40 500

案例点拨：查账人员在检查时应当以联系的思维来看待一项交易处理，假账是不会孤立的存在的，发现疑点时，应当加以联系和思考，不轻易放过任何一个问题。

案例3：更换发票，贪污现金

情况：2018年12月，查账人员对一家高档家具经营企业B企业进行账务检查。在审阅现金日记账时发现8月21日付字41号凭证的摘要记录为“支付购买小叶紫檀木”，金额为800元。该笔账务处理不符合常理，因紫檀木为高档木材，价格高昂，该企业在购买时均是大额、批量购买并转账支付价款，为何此处会以现金支付购买价款，存在查账人员质疑的因素。因此，查账人员实施进一步查证，以查明是否存在贪污现金的行为。

查证：查账人员首先调出该笔凭证，其发票（号码为0865号）列明由王某从甲企业购入印度小叶紫檀木100kg，单价为4 000元/kg，总价款为400 000元，货款已付（签发转账支票399 000元，另付现金1 000元），货物已验收。为了进一步追查，查账人员到供货单位甲企业进行调查，甲企业会计资料显示：2018年8月21日向B企业销售小叶紫檀木100kg，其开具的销售发票号码为0688号，单价为3 990元/kg，总价款为399 000元，收到B企业开出的399 000元转账支票。由此查账人员发现，购销双方的发票号码、交易金额均不相同，进一步证明了王某存在贪污现金的行为。查账人员又进一步查找0865号发票，最后在甲企业的下属加工厂找到该发票，据有关人员回忆，0865号发票是王某自己开的，未开票前先把报销联撕去。

在事实面前王某如实交代了偷换发票、贪污企业现金的问题，并退回贪污款项并接受了处罚。

账务调整：对上述违规操作应当进行如下账务调整：

借：库存现金 1 500

贷：原材料 1 000

营业外收入——罚款收入 500

案例点拨：查账人员检查企业账目时，除了要结合被查单位的相关规定，还应当对交易事项、结算方式的合情、合理性进行分析，若某笔账务处理显示的交易事项等不符合常理，应当予以重点关注，不合常理的交易通常可能表明存在潜在的舞弊事项，应当进行实施进一步的调查求证，确定非常事项是否存在舞弊行为。

二、银行存款

（一）概念

银行存款是企业存放在银行或其他金融机构的货币资金。企业除在规定限额以内留存少量现金外，其余的货币资金必须全部存入银行，企业的一切货币收支，除了规定范围内使用现金结算外，都必须通过银行办理转账结算。合理使用银行存款能够提高资金使用效率，保证企业的资金安全，所以应当加强银行存款的管理。

（二）账务处理

（1）企业将现金存入银行或其他金融机构时，借记“银行存款”科目，贷记“库存现金”科目；从银行提取现金时，借记“库存现金”科目，贷记“银行存款”科目。

（2）企业因销售商品、提供劳务等已转账方式收取款项时，借记“银行存款”科目，贷记“主营业务收入”“其他业务收入”等科目。

（3）企业因其他原因使银行存款增加或减少时，借记或贷记“银行存款”科目，同时贷记或借记其他相应的会计科目。

（三）银行存款业务错弊审查的一般方法

1. 审查银行存款业务的内部控制制度

审查的内容包括以下几方面：

（1）企业是否根据不同的银行账号分别开设银行存款日记账；

（2）银行存款收支业务授权、经办、记录、审核职务是否分离；

（3）银行存款票据签发、保管、会计处理职务是否分离；

（4）银行存款日记账是否根据经审核合法的收付款凭证逐笔序时登记；

（5）重大开支项目是否经过核准、审批；

（6）银行支票是否按顺序签出，是否严格控制和保管空白支票；

（7）作废支票是否加盖“作废”戳记，并与存根一起保存；

（8）是否使用支票登记簿，支票是否由出纳和有关主管人员共同签发；

（9）签发支票的印鉴是否大小印章分别由专人保管；

（10）银行存款日记账与总分类账是否至少每月核对一次，银行存款日记账是否定期与银行对账单核对；

（11）是否定期由出纳以外的人员编制银行存款余额调节表调节未达账项。

2. 银行存款总分类账与银行存款日记账核对

（1）审查银行存款总分类账余额与银行存款日记账余额是否一致。

（2）在根据记账凭证逐笔登记总分类账时，要核对银行存款总分类账与银行存款日记账登记是否一致；在汇总登记总分类账时要核对银行存款总分类账汇总登记日的银行存款余额是否与银行存款日记账当日的余额一致。

（3）银行存款总分类账发生额与银行存款日记账发生额核对相符。

3. 银行存款日记账的审查

（1）审阅日期和凭证号数栏，查明是否以记账凭证为依据逐笔序时登记银行存款日记账，并结算出余额，有无日期和凭证号顺序颠倒的情况。

（2）审阅银行存款日记账的结算凭证栏、摘要栏、对方科目栏、金额栏。审查时应注意摘要栏说明是否清楚，对方科目是否正常，收付业务是否与本单位经营活动有关，金额是否有异常，有无一收一付或一收多付、多收一付数额相等而日期相差不多的收付事项，若有应进一步检查，确认是否有租借银行账号的情况。开具的提款支票是否符合现金结算范围，注意可能存在套取现金的情况。

（3）审阅结存栏。看结存是否有异常变动，是否出现不正常的红字余额。

（4）验算计算的正确性。抽取一段时期，或审查期全部银行存款日记账的记录，验算其发生额和余额计算的正确性。注意是否有故意少记收入、多记支出的情况。

4. 审查银行存款收付凭证

银行存款收付凭证的审查与现金收付凭证的审查基本一致。审查人员应根据银行存款内部控制制度的审查和银行存款日记账的审查情况，抽取部分银行存款收付凭证进行审查。

（1）银行存款收入凭证的审查要注意以下事项：

①银行存款收入事项是否符合国家规定、属于企业的正常经营业务内容并以合法凭证为依据。

②抽取部分现金业务收入凭证与银行送款回单联、银行存款日记账记录对照，判断现金收入是否及时如数送存银行，如果发现入账时少记收入，就有被挪用、坐支、延迟存款或贪污的可能。例如，可以抽取一日或几日现金收款的销售收入核对。

③审查部分收回货款业务的收款凭证与相关的应收账款明细账核对，如发现有张冠李戴，金额、日期相差甚远，要进一步查明是否存在循环入账、挪用现金等行为。同时应注意有无非法将银行账户借给其他单位和个人使用的情况。

（2）银行存款支出凭证审查时，应将支票的签发、使用作为重点。可以选定一定时期企业已使用的支票进行审查。

①支票是否由专人按顺序签发，已签发的支票存根号码是否连续，有无缺号，作废支票是否和存根联一起保存在支票本上，并有“作废”戳记。

②将支票本上已签发的支票号码、金额与相同月份的银行对账单上支票号码、金额逐一核对，确认已付讫的支票。对尚未付讫的支票，要编列清单，并查证由非出纳人员编制的该月份银行存款余额调节表，确认这些未兑现的支票是否已列入。然后在下月的银行对账单中继续跟踪审查其兑现情况。

③对于超过正常期限未付讫的支票，应进一步查明原因，对于银行存款余额调节表上漏记或少记的月末未兑支票应予以进一步审查，看是否有挪用等现象。

④要审查支票支付事项内容的正确性、合理性、合法性。注意与相关原始凭证和账簿记录核对。

5. 银行存款账户余额的审查

银行存款账户余额的审查其目的是要确认银行存款余额的真实性、正确性。审查方法如下：

（1）将企业银行存款日记账与银行存款对账单逐笔核对，确认每笔账项的正确性，列出未达账项。应注意：①只在一方的记录中一收一付的款项，有可能出现贪污、挪用、出借账户等现象；②上月的未达账项本月到账情况。

（2）将本期银行存款日记账收付发生额与银行存款收付凭证的发生额合计核对相符。可抽取一定时期银行存款收付凭证，加计收付发生额合计，再与银行存款日记账该期发生额合计核对。

（3）向开户银行询证期末银行存款余额。由企业按开户银行分别账号开出询证函，再由审查人员发出并收回，以保证询证结果的真实性。

6. 银行存款余额调节表的审查

银行存款余额调节表一般应由企业非出纳人员编制，也可由审查人员编制。其审查方法如下：

（1）审查银行存款余额调节表企业银行存款日记账余额和银行对账单余额，看其列示是否正确。

（2）将银行对账单记录与银行存款日记账记录逐笔核对，核实未达账项在调节表中的列示是否相符。任何漏记或多记调节项目都应引起审查人员的重视。

（3）复核加减调节数及调节后余额，验证调节后余额是否正确。

（4）逐笔查证未达账项，以确定其真实性。对银行的未达账项要审查企业的相关业务凭证，对企业的未达账项可采用询证等方式向银行查证。

相关链接：银行存款余额调节表的格式及编制方法

为了保证银行存款的安全和核算的正确，企业应按期对账。银行存款的对账包括三个方面：一是银行存款日记账与银行存款收、付款凭证相互核对，作到账证相符；二是银行存款日记账与银行存款总账相互核对，作到账账相符；三是在账账相符的基础上，银行存款日记账与银行对账单相互核对，作到账单相符。

一般来说，即使截止日期一致，银行存款日记账余额与银行对账单余额是不相等的，除记账错误外，未达账项的影响是主要原因。所谓未达账项，是指银行与企业之间，由于凭证传递上的时间差，一方已登记入账，而另一方尚未入账的收支项目。

银行存款的未达账项具体有四种情况：

（1）银行已入账但企业未入账的收入；

（2）银行已入账但企业未入账的支出；

（3）企业已入账但银行未入账的收入；

（4）企业已入账但银行未入账的支出。

对于未达账项，应编制“银行存款余额调节表”进行调节。调节后，若无记账差错，双方调整后的银行存款余额应该相等；调节后，双方余额如果仍不相符，说明记账有差错，需进一步查对，更正错误记录。调节公式如下：

银行存款日记账余额＋银行已收单位未收款项－银行已付单位未付款项

＝银行对账单余额＋单位已收银行未收款项－单位已付银行未付款项

调节后的银行存款余额，反映了企业可以动用的银行存款实有数额。需要注意的是，银行存款余额调节表是用来核对企业和银行的记账有无错误，不能作为记账的依据。对于未达账项，无须进行账面调整，待结算凭证收到后再进行账务处理。

银行存款余额调节表

户名：时代博胜（北京）电子商务有限公司			
账号：601522539			
开户行：中国民生银行股份有限公司北京万寿路支行			2018 年 11 月
项目（摘要）	金额（元）	项目（摘要）	金额（元）
企业银行存款日记账余额	557 663.34	银行对账单余额	579 063.34
加：银行已收、企业未收款	0.00	加：企业已收、银行未收款	0.00
减：银行已付、企业未付款	0.00	减：企业已付、银行未付款	21 400.00
		购买办公家具	16 400.00
		物流车辆加油卡	5 000.00
调节后的存款余额	557 663.34	调节后的存款余额	557 663.34

复核：潘功胜　　制表人：王胜　　制表时间：2018 年 12 月 03 日

（四）违规操作检查重点

1. 对出租、出借银行账户行为的检查

检查企业往来账项和银行存款日记账上记录的业务结算明细是否有正当、合理理由，检查其有无与不应或不经常发生业务往来关系的单位或个人发生了结算关系，如有疑点，应当调阅相关的会计凭证，在调查有关人员、单位及相关情况的基础上查证问题。

核对银行存款日记账与银行存款对账单，如发现银行对账单有“一收一付”的账目而银行存款日记账上却没有相应的记录，则可以到其开户行调查了解银行存款结算业务的具体内容，即与被查单位发生结算业务的单位或个人，然后再追踪调查了解该单位或个人，分析它们之间所发生的银行存款结算事项是否合理合法，查明是否存在出租、出借银行账户以转移资金、收取好处费的行为。

如果银行存款日记账与银行对账单上内容相一致，都有“一收一付”账目，可审阅缴款单或收款通知等原始凭证分析该笔款项的来源是否与被查企业有业务往来，是否有模糊不清的业务理由；对于付款事项，可审阅付款委托书回单，以及相应的采购物资的原始单据，分析此笔款项的去向，是否为上述收款事项的付款单位，是否为正常的合理的业务往来。将收款事项和付款事项联系起来进行分析检查，能够较容易地查清企业出租、出借银行账户的真伪。

2. 对利用“黑户”隐匿、截留收入、贪污款项行为的检查

“黑户”指在正常使用银行账户外，以某种名义在银行开立账户，主要用于收付非法款项或者作为企业的“小金库”。在对“黑户”的存在性进行调查时，可以检查销售收入明细账，查看是否存在退货业务记录，如果存在退货业务，可以与对方联系，确定退货金额；如果不存在，则查明退货款的入账户头是否为企业“黑户”。

3. 对“偷天换日”贪污收入的检查

检查与销售业务对应的往来账目，如应收账款、其他应收款、应付账款、其他应付款等明细账，调查与对方单位的业务往来是否属实；抽查一定的坏账损失核销业务，检查是否有对已收到欠款的假坏账进行贪污的行为。

4. 对通过假存或少存多记的方法使银行存款日记账与银行对账单余额表面相符的检查

核对银行存款日记账与银行对账单的各笔明细记录，检查二者是否一致。同时还应当审查相关记录的原始凭证，检查凭证内容、金额是否与账务记录一致。

（五）银行存款审查的主要工作底稿

银行存款审查的主要工作底稿包括：

（1）被审查单位有关银行存款的内部控制制度。包括有关制度、文件、图表等及查账人员对内部控制制度的建立和执行情况审查的工作记录。

（2）银行存款总分类账、日记账审查中搜集和编制的工作底稿。

（3）银行存款收支凭证审查中搜集和编制的工作底稿。

（4）银行对账单、银行存款余额调节表复印件。银行存款余额调节表见表 3－3。

表 3－3　银行存款余额调节表

截至 20××年 12 月 31 日

被审计单位：A 公司________　　　　索引号：A1－3－2－4

开户银行：××银行××支行　　币种：人民币　　账号：×××××

被审计单位提供		T/F	被审计单位提供		T/F
项目	审计前金额		项目	审计前金额	
企业银行存款日记账余额			银行对账单余额		
加：银行已收、企业未收款项			加：企业已收、银行未收款项		
其中：1.			其中：1.		
2.			2.		
3.			3.		
减：银行已付、企业未付款项			减：企业已付、银行未付款项		
其中：1. 12 月份水电费			其中：1.		
2.			2.		
3.			3.		
调节后余额			调节后余额		

注：1. 本表应按不同的银行存款账号及不同的货币种类分别编制。

2.“其中”栏内填制未达账项，应注明日期、日记账（或对账单）页次、事项。

3. 检查未达账项真实性，查验资产负债表日后的进账情况，索引号：A1－3－5

资料提供人：××　　审核员：××　　日期：20××. ××. ××　　复核员：××

日期：20××. ××. ××

（5）银行存款余额询证回函。

（6）银行存款审查有关计划安排及相关工作记录。

（六）参考案例

案例1：出租银行账户，收取好处费

情况：2018年12月，查账人员在审查D企业“银行存款日记账”时，发现9月10日第10号收款凭证的摘要记录“存入暂存款”，金额为80 000元。9月17日、19日分别在第20号和第26号凭证摘要处注明“提现”，金额各为4万元。查账人员怀疑该企业存在出租账户的行为。

查证：查账人员首先调阅9月10日第10号收款凭证，其分录为：

借：银行存款　　80 000

　　贷：其他应付款——丙企业　　80 000

所附原始凭证仅有一张“进账单”。调阅第20号和第26号凭证，支票用途分别为差旅费和备用金。依据这一线索，进一步查阅“现金日记账”，发现9月30日付款凭证第30号，摘要为“付暂存款”80 000元。调阅第30号付款凭证，其分录为：

借：其他应付款——丙企业　　80 000

　　贷：库存现金　　80 000

所附原始凭证为丙企业打的白条收据。查账人员调阅D企业的账簿记录，并未有80 000的收入。查账人员在丙企业有关人员的协助下，进一步查阅了商品销售明细账，发现丙企业在9月9日销售一批商品，价款为80 000元，与购货方联系，核定款项已付；与银行取得联系，款项已划到被审单位。

至此可以证实被查企业出租账户，非法套取现金8万元。查账人员查证后，又询问被查企业的会计、出纳和经办人员，他们终于说出事实真相，三人各得好处费5 000元，事后三人上交赃款并接受相应的处罚（每人处500元罚款）。

账务调整：对上述违规操作应当进行如下账务调整：

借：银行存款　　16 500

　　贷：营业外收入　　16 500

案例点拨：在查账时，对“暂存款”等类似的“一收一付”账目要予以重点关注，发现此类情况时，很可能表明被查单位存在出租、出借账户的行为，要进一步查明，证实情况是否存在。

案例2：利用黑户贪污税款

情况：2019年2月查账人员在检查E企业“银行存款日记账”时发现，2018年7月19号凭证摘要为“罚款支出”，金额为50 000元。该笔罚款支出金额较大，但在摘要中并没有做出详细的记录，查账人员怀疑其中有舞弊嫌疑，于是实施进一步调查。

查证：调出10月19号凭证，其分录为：

借：营业外支出　　50 000

　　贷：银行存款　　　　　　　　　　　　　　　　　　　　　　　　　50 000

查阅原始凭证为税务机关的罚款通知书，其中税款为45 000元，罚金为5 000元，查账人员进而审查“应交税费”明细账，发现该账户余额为0，纳税时间为7月10日，符合规定，为什么会罚款呢？查账人员进一步审查7月10日的付款凭证，其分录为：

借：应交税费——应交增值税　　　　　　　　　　　　　　　　50 000

　　贷：银行存款　　　　　　　　　　　　　　　　　　　　　　　　　50 000

所附单据为转账支票一张，纳税申报表一张，查证人员通过银行查明，该支票的收款人为X企业而非税务机关。

在事实面前，E企业的会计人员承认其利用出纳不熟悉相关业务，要求出纳开出一张空白支票，然后与X企业相关人员合谋，以支票换取现金，贪污全部税款编制假传票，贪污公款50 000元，再以未交税款的税单作假传票，最后通知税务机关主动划走税款和罚金。

账务调整：对上述违规操作应当进行如下账务调整：

借：银行存款　　　　　　　　　　　　　　　　　　　　　　　50 000

　　贷：以前年度损益调整　　　　　　　　　　　　　　　　　　　　50 000

借：以前年度损益调整　　　　　　　　　　　　　　　　　　　12 500

　　贷：应交税费——应交所得税　　　　　　　　　　　　　　　　　12 500

借：以前年度损益调整　　　　　　　　　　　　　　　　　　　37 500

　　贷：盈余公积　　　　　　　　　　　　　　　　　　　　　　　　　3 750

　　　　利润分配——未分配利润　　　　　　　　　　　　　　　　　33 750

案例点拨：在查账时，对一些金额较大而摘要却没有详细记录的异常事项要引起关注，很可能表明存在违规操作问题，应当向相关人员询问并查证问题是否存在。

案例3：假借坏账贪污收入款

情况：2019年1月，查账人员在审阅F企业“坏账准备”明细账时，发现该企业在2018年9月份核销的坏账损失明显高于往年同期的核销金额，其中有一笔核销金额为100 000元，金额较大，且经询问相关人员后也未得到合理满意的解释，于是查账人员决定对“应收账款”明细账进行检查。

查证：在检查“应收账款”明细账时，查到核销的应收账款是应收丁公司的销货款100 000元，于是查账人员决定与丁公司联系以查明相关事项。但是在联系时，发现丁公司并不存在，经追查F企业的财务负责人承认这笔款项实际是戊公司的货款。2018年7月对戊公司销售时，账务处理为：

借：应收账款——戊公司　　　　　　　　　　　　　　　　　　100 000

　　贷：主营业务收入　　　　　　　　　　　　　　　　　　　　　　100 000

该笔款项实际上已于2018年8月收到，但是财务负责人伙同销售经理将该笔款项全部贪污，而应收丁公司的货款实际为虚拟的购货方，于2018年9月核销：

借：坏账准备　　　　　　　　　　　　　　　　　　　　　　　100 000

　　贷：应收账款——丁公司　　　　　　　　　　　　　　　　　　　100 000

在事实面前，财务负责人和销售经理供认不讳，退回贪污的销货款并接受了处罚10 000元。

账务调整：对上述违规操作应当进行如下账务调整：

借：银行存款　　100 000

　　贷：坏账准备　　100 000

借：银行存款　　10 000

　　贷：营业外收入　　10 000

案例点拨：查账时，经常会用到比较数据来分析当期数据的异常或波动趋势是否合理。当发现存在异常的变动趋势时，查账人员应当对此给予重点关注和查证，询问相关人员出现异常波动的原因，并对其给出解释的正确性、合理性予以判断，不能完全依赖对方给出的理由。如果被查企业相关人员给出的解释不能令人满意或信服，则更加表明此处可能存在问题，查账人员应当采取进一步调查措施，证实舞弊问题是否存在。

案例4：利用假存银行存款贪污款项

情况：2018年12月查账人员在检查G企业2018年11月的“银行存款日记账”和“银行对账单”时发现，在“银行存款余额调节表”中银行存款调整后的余额与对账单调整后的余额相等，但是未达账项的单笔数额存在不一致，其中11月20号凭证（转支230）金额为26 650元，但是对账单支票号230号的金额为20 650元，银行存款日记账11月18号凭证存入现金6 000元，在对账单上却没有该笔存款记录。对此，查证人员怀疑存在假存银行存款的问题。

查证：查账人员首先调出18号凭证，其分录为：

借：银行存款　　6 000

　　贷：库存现金　　6 000

审查原始凭证时，发现“现金送存簿”没有加盖“现金收讫”字样，即实际上并没有将现金缴存银行，只是在账面上走了一下。然后再调出20号凭证，其分录为：

借：原材料　　26 650

　　贷：银行存款　　26 650

审查采购发票时，发现其金额为20 650元。

经查明，该企业财务人员利用虚存银行存款使银行存款日记账余额与对账单余额表面相符，从中贪污银行存款。

账务调整：对上述违规操作应当进行如下账务调整：

借：银行存款　　6 000

　　贷：原材料　　6 000

案例点拨：在核对“银行存款日记账”和“银行对账单”时，不能只核对调整后的金额，对其中的各项具体记录金额也应当进行核对落实，发现其中二者存在不一致的地方和可能表明存在贪污舞弊的嫌疑，应当重点关注和追查。

三、其他货币资金

（一）概念

其他货币资金是指企业除现金、银行存款以外的其他各种货币资金，主要包括银行汇票存款、银行本票存款、信用卡存款、信用证保证金存款和外埠存款等。加强对其他货币资金的检查，可以做到账实相符，防止挪用或其他违规行为的发生。

（二）账务处理

1. 银行汇票存款

企业填写“银行汇票申请书”，将款项交存银行时，借记“其他货币资金——银行汇票”科目，贷记“银行存款”科目；企业持银行汇票购货、收到有关发票账单时，借记“材料采购”或“原材料”“库存商品”“应交税费——应交增值税（进项税额）”等科目，贷记“其他货币资金——银行汇票”科目；采购完毕收回剩余款项时，借记“银行存款”科目，贷记“其他货币资金——银行汇票”科目。

2. 银行本票存款

企业填写“银行本票申请书”，将款项交存银行时，借记“其他货币资金——银行本票”科目，贷记“银行存款”科目；企业持银行本票购货、收到有关发票账单时，借记“材料采购”或“原材料”“库存商品”“应交税费——应交增值税（进项税额）”等科目，贷记“其他货币资金——银行本票”科目。

3. 信用卡存款

企业应填制“信用卡申请表”，连同支票和有关资料一并送存发卡银行，根据银行盖章退回的进账单第一联，借记“其他货币资金——信用卡”科目，贷记“银行存款”科目；企业用信用卡购物或支付有关费用，收到开户银行转来的信用卡存款的付款凭证及所附发票账单，借记“管理费用”等科目，贷记“其他货币资金——信用卡”科目；企业信用卡在使用过程中，需要向其账户续存资金的，应借记“其他货币资金——信用卡”科目，贷记“银行存款”科目；企业的持卡人如不需要继续使用信用卡时，应持信用卡主动到发卡银行办理销户，销卡时，信用卡余额转入企业基本存款户，不得提取现金，借记“银行存款”科目，贷记“其他货币资金——信用卡”科目。

4. 信用证保证金存款

将信用证保证金交存银行时，应根据银行盖章退回的“信用证申请书”回单，借记“其他货币资金——信用证保证金”科目，贷记“银行存款”科目；接到开证行通知，根据供货单位信用证结算凭证及所附发票账单，借记“材料采购”或“原材料”“库存商品”“应交税费——应交增值税（进项税额）”等科目，贷记“其他货币资金——信用证保证金”科目；将未用完的信用证保证金存款余额转回开户银行时，借记“银行存款”科目，贷记“其他货币资金——信用证保证金”科目。

5. 外埠存款

企业将款项汇往外地开立采购专用账户时，根据汇出款项凭证，编制付款凭证，进行账务处理，借记“其他货币资金——外埠存款”科目，贷记“银行存款”科目；收到采购人员转来供应单位发票账单等报销凭证时，借记“材料采购”或“原材料”“库存商品”“应交税费——应交增值税（进项税额）”等科目，贷记“其他货币资金——外埠存款”科目；采购完毕收回剩余款项时，根据银行的收账通知，借记“银行存款”科目，贷记“其他货币资金——外埠存款”科目。

6. 存出投资款

存出投资款是指企业已存入证券公司但尚未进行短期投资的现金。企业向证券公司划出的资金时，应按照实际划出的金额，借记“其他货币资金——存出投资款”科目，贷记“银行存款”科目；购买股票、债券等时，按实际发生的金额，借记“交易性金融资产”或“可供出售金融资产”科目，贷记“存出投资款”科目。

（三）其他货币资金审查的一般方法

企业的其他货币资金包括外埠存款、银行汇票存款、银行本票存款、信用卡存款、信用证保证金存款、存出投资款等。企业应设置“其他货币资金”账户进行核算，并按“其他货币资金”内容设置明细分类账进行明细核算。

其他货币资金审查的主要方法如下：

1.“其他货币资金”总分类账与该科目所属明细分类账核对

将“其他货币资金”总分类账余额与“其他货币资金”所属明细分类账余额合计核对看是否相等。审查“其他货币资金”各明细账余额合计计算是否正确。取得或编制其他货币资金明细清单，并与“其他货币资金”明细账核对相符。

2. 外埠存款的审查

（1）审查开立账户的合法性、合理性。要求企业提供相应书面文件，审查开立账户是否符合国家和企业的有关规定，是否经过适当的审批手续，是否专门为了采购业务的需要，有无代其他单位或个人办理结算事项。

（2）根据“其他货币资金——外埠存款”明细账抽查或详查外埠存款支付采购款项凭证，特别应注意审查是否有不正当的开支。

（3）通过询证方式审查外埠存款账户余额是否真实，是否确实属被审查单位所有。

（4）审核采购结算凭证，检查支付采购款项结算是否及时，审查采购业务完成后，是否及时将外埠存款余额转回结算户存款内。

3. 银行汇票存款的审查

（1）根据银行汇票存款明细账，抽查或详查取得银行汇票时的有关凭证，确认是否按规定向银行提交了“银行汇票委托书”，取得了相应金额的银行汇票，并已正确入账。审查被审查单位与收款单位有无业务往来，是否符合购销合同规定的结算方式。

（2）抽查或详查银行汇票的使用凭证，确认其使用是否符合规定用途，有无不正当的支出。确认是否已正确入账。

(3) 审查多余款或超过付款期的银行汇票，是否及时转回“银行存款”户内。有无长期挂账而挪用或侵占汇票存款的行为。

(4) 审查“银行汇票存款”明细账余额是否与银行对账单所列相应余额一致。

4. 银行本票存款的审查

其审查方法与银行汇票存款审查基本相同。

5. 信用卡存款的审查

(1) 根据“信用卡存款”明细账，抽查或详查信用卡取得是否经过适当的审批手续，是否符合相关规定，凭证手续是否完善，并已正确入账。

(2) 根据“信用卡存款”明细账，抽查或详查信用卡使用是否符合规定，开支是否合理，凭证手续是否完善，并已正确入账。

(3) 审查信用卡存款余额。将信用卡存款对账单余额与企业所持信用卡存款余额核对相符。

6. 存出投资款的审查

(1) 审查“存出投资款”明细账，抽查或详查有关存出投资款增加凭证，确认其是否经过适当的审批，凭证手续是否完善，并已正确入账。

(2) 审查“存出投资款”明细账，抽查或详查存出投资款使用是否合理，凭证手续是否完善，并已正确入账。

(3) 向有关证券公司函证其余额，与“存出投资款”明细账余额核对相符。

其他货币资金在资产负债表中列示的审查与现金审查相似，不再重复。

(四) 违规操作检查重点

1. 对利用银行汇票或银行本票存款的违规操作检查

检查银行汇票和银行本票申请书，查明被查企业与收款单位有无业务往来；检查购销合同规定的结算方式是否采用银行汇票或银行本票结算。在分析上述结算方式是否合理的基础上，分析“其他货币资金——银行汇票存款”“其他货币资金——银行本票存款”明细账，审查其是否及时办理结算，有无长期挂账而挪用或侵占款项的情况。核对银行存款和银行对账单，审查其款项是否与银行对账单相一致。若不一致，应分析是否为未达账项，若不是未达账项，应查明是否收到无效或过期票据。

2. 对利用外埠存款的违规操作检查

检查以外埠存款购进的全部商品、材料和其他物品，看其有无超出采购存款的用途；然后再审查“其他货币资金——外埠存款”明细账余额，查明其有无长期挂账的现象，若挂账时间过长，应进一步分析查证其有无挪用资金或者不及时办理结算的问题。

(五) 其他货币资金审查的主要工作底稿

(1) 其他货币资金总分类账与所属明细分类账核对所做的工作记录，其他货币资金明细清单。

（2）其他货币资金各明细分类账审查中搜集的有关文件资料、询证回函。

（3）其他货币资金各明细分类账审查中编制的审查工作底稿。

（4）其他货币资金审查的工作计划及相关工作记录。其他货币资金审查中可能使用的相关审计程序示例如表3-4。

表3-4　其他货币资金审计程序表

被审计单位：A公司　　审核员：××　日期：××　索引号：××

审 查 项 目：其他货币资金　　会计期间：______　复核员：××　日期：××　页次：××

一、审计目标

①确定其他货币资金是否存在；②确定其他货币资金的收支记录是否完整；③确定其他货币资金的余额是否正确；④确定其他货币资金的披露是否恰当。

二、审计程序

序号	内容	执行情况说明	索引号
1	获取或编制其他货币资金明细余额表，复核加计正确并与总账数和明细账合计数核对相符		
2	获取信用卡存款对账单及余额调节表，并与日记账核对		
3	向所有的外埠存款、银行汇票存款、银行本票存款、信用证保证金、存出投资款函证年末余额		
4	抽查大额外埠存款、银行汇票存款、银行本票存款、信用证保证金、存出投资款支出的原始凭证内容是否完整		
5	计算外埠存款、存出投资款占货币资金的比例，分析其安全性		
6	检查期末余额中有无长期未结清的款项，对于存在损失的应转入其他应收款并计提坏账准备		
7	对不符合现金及现金等价物的其他货币资金应予以列明		
8	验明其他货币资金的披露是否恰当		

三、调整事项说明及调整分录（注：分录请写到二级科目，并注明底稿索引；如篇幅不够，请另加页附后）

四、余额

期初余额				期末余额		
上年审定数（或未审数）		本期审定数		未审数		本期审定数

五、审计结论

1. 本科目经审计后无调整事项，余额可以确认：	0
2. 本科目经审计调整后，审定数可以确认：	√
3. 因______________原因，本科目余额不能确认：	

（六）参考案例

案例1：违规开设外埠存款账户进行投资

情况：查账人员2018年12月审查AB公司“其他货币资金——外埠存款”时发现，该公司3月12日20号凭证汇出汇款50万元，至今尚未报销。经核对AB公司的业务往来发现很少与汇款所在地有业务往来。查账人员怀疑可能存在挪用资金行为。

查证：查账人员首先要求AB公司提供外埠存款账户资料。在申请书上申请的理由为“为采购商品需要，在山东济南开设临时采购户”。在要求提供采购户对账单时，AB公司以尚未收到为名拒绝提供。查账人员调阅20号凭证，其分录为：

借：其他货币资金——外埠存款　　500 000

　　贷：银行存款　　500 000

其所附信汇凭证注明开户行：工商银行济南东城支行甲地办事处，收款单位为：Y公司销售部。查账人员决定前往该办事处取证。经与该办事处取得联系，核对对账单，发现其存款余额为100万元，收款单位和付款单位均为当地证券公司，其中有一笔提现8万元。

查账人员反复核对证实，甲地办事处为了吸收存款同意AB公司设立账户，并以外埠采购账户为名，实际上允许AB公司自由存取存款，违反结算纪律。AB公司的外埠存款实际上是为便于买卖有价证券而开设的，通过证券交易赚取收益，并不反映投资收益，以此交易收入作为公司“小金库”的资金来源。查账人员取证之后，向AB公司指出上述问题，AB公司供认不讳。

账务调整：对上述违规操作应当进行如下账务调整：

借：银行存款　　1 080 000

　　贷：其他货币资金　　1 000 000

　　　　营业外收入　　80 000

案例点拨：**在检查外埠资金存款时，应当关注是否存在长期挂账的款项，如果存在长期挂账的现象，极有可能表明存在利用外部资金挪用公司款项的违规操作，应当进行查证予以落实。**

案例2：结算不及时，贪污银行本票存款余额

情况：查账人员在审查G公司2018年“其他货币资金——银行本票存款”时，发现该账户余额为5 000元，保留期为6个月。查账人员根据银行本票的结算特点怀疑其中存在挪用公款、贪污舞弊的嫌疑。

查证：查账人员通过逐笔审查“其他货币资金——银行本票存款”账簿明细，发现2018年4月第28号凭证记录为：

借：其他货币资金——银行本票存款　　20 000

　　贷：银行存款　　20 000

4月第31号凭证的报销记录为：

借：原材料　15 000

　贷：其他货币资金——银行本票存款　15 000

两者正好相差5 000元，但是在后续记录中并没有查到这5 000元差额的去向，对此查账人员更加怀疑存在贪污银行本票存款余额的行为。该笔报销记录后附的原始凭证为周某经手的购货发票，收款单位是丙企业，经向丙公司询证后得知该公司已将5 000元的差额以现金退回，有周某的白条收据为证，注明“收到退回款5 000元”。

经查可以确定是周某贪污了银行本票存款余额5 000元，事后周某退回了贪污款并接受了相应的处罚。

账务调整：对上述违规操作应当进行如下账务调整：

借：银行存款　5 500

　贷：其他货币资金——银行本票存款　5 000

　　营业外收入——罚款收入　500

案例点拨：对长期挂账的其他货币资金应加以重点关注和检查。

第二节　交易性金融资产

一、概念

交易性金融资产主要是指企业为了近期内出售而持有的金融资产，如企业以赚取差价为目的从二级市场购入的股票、债券、基金等，主要特点是期限短、变现快，流动性较强。

二、账务处理

1. 取得时的账务处理

取得交易性金融资产时，按照取得时的公允价值作为其初始确认金额，借记“交易性金融资产——成本”科目。支付价款中包含了已宣告但尚未发放的现金股利或已到付息期但尚未领取的债券利息的，应当单独确认为应收项目，借记“应收股利”或“应收利息”科目。取得交易性金融资产所发生的相关交易费用应当在发生时计入投资收益。按照该笔交易的总价款，贷记“其他货币资金——存出投资款”。

2. 持有期间期末的账务处理

资产负债表日，交易性金融资产应当按照公允价值计量，公允价值与账面价值之间的差额计入当期损益，借记或贷记“交易性金融资产——公允价值变动”科目，对应的贷记或借记“公允价值变动损益”科目。

3. 处置时的账务处理

出售交易性金融资产时，应当将该金融资产出售时的公允价值与其账面余额之间的差额确认为投资收益，同时调整公允价值变动损益。

企业应按实际收到的金额，借记“银行存款”等科目，按该金融资产的账面余额，贷记“交易性金融资产——成本”科目，按其差额，贷记或借记“投资收益”科目。同时，将原计入该金融资产的公允价值变动转出，借记或贷记“公允价值变动损益”科目，贷记或借记“交易性金融资产——公允价值变动”科目。

三、交易性金融资产审查的一般方法

交易性金融资产业务错弊审查的一般方法如下：

1. 审查交易性金融资产的内部控制制度

企业的交易性金融资产业务一般不会很多，对其内部控制制度应作如下审查：

（1）交易性金融资产业务是否建立了明确的职责分工。业务的授权、批准、执行、记录、相关证券的保管是否都有专人负责，职责是否明确。

（2）是否建立了交易性金融资产有价证券的保管制度。

（3）是否建立了交易性金融资产的会计核算制度。

（4）是否建立了交易性金融资产有价证券的定期盘点核对制度。

2. 交易性金融资产总分类账与其所属明细分类账核对

采用核对法，将交易性金融资产总分类账与其所属明细分类账余额合计核对一致。取得或编制交易性金融资产明细清单，并与其明细分类账核对相符。

3. 审查交易性金融资产明细分类账

采用审阅法、核对法审查交易性金融资产各明细分类账。审查其日期、摘要、金额是否正常；注意摘要是否清晰，金额是否合理，投资是否超过了企业正常资金能力，金额计算是否正确。采用抽查法或详查法审查交易性金融资产取得、持有收益、期末（资产负债表日）调整及处置的有关凭证，确认凭证手续是否完善，金额是否准确，账务处理是否正确。特别应注意交易性金融资产取得时，实际支付的价款中包含的已宣告发放但尚未领取的现金股利或已到付款期但尚未领取的债券利息及持有期间的收益是否正确地记入了“应收股利”“应收利息”账户。

4. 审查交易性金融资产实有数

（1）盘点库存交易性金融资产有价证券。企业的有价证券，应如同现金一样进行盘点清查，应在证券保管人员、会计人员、有关领导向时在场的情况下进行。盘点时审查人员应监督或当场亲自对有价证券按明细清单逐项清点，并与明细清单核对相符。清点完毕应填制有价证券清查盘点表，各有关人员应签章以明确责任。

（2）询证外存证券。对盘点日存放在企业外部的交易性金融资产要通过询证方式予以确认；如有存放在银行、委托证券公司代保管的交易性金融资产，应通过发询证函的方式取得对方的确认。具体方法可参照应收账款的询证。同时注意交易性金融资产是否存在重大的变现限制。

5. 交易性金融资产期末（资产负债表日）公允价值确认的审查

企业的交易性金融资产在期末时，应取得其公允价值的可靠依据，才能进行确认调整。查账人员应审查其依据的合法性、正确性。一般应为活跃交易市场的收盘记录。

6. 审查交易性金融资产在资产负债表中的列示

资产负债表中的“交易性金融资产”项目金额应与“交易性金融资产”总分类账户余额核对相符。

四、违规操作检查重点

1. 入账成本有误

投资发生时，需关注含权因素（实际支付价款中包含的已宣告但尚未领取的现金股利）的会计处理是否正确。

2. 公允价值变动金额有误，即为调节利润人为地少计或多计公允价值变动金额

企业的交易性金融资产在期末时，应取得其公允价值的可靠依据，才能进行确认调整。检查时，查账人员可以通过复核期末交易性金融资产的公允价值来确定公允价值变动损益金额是否正确。一般应为活跃交易市场的收盘记录。

3. 交易性金融资产总分类账与其所属明细分类账核对

采用核对法，将交易性金融资产总分类账与其所属明细分类账余额合计核对一致。取得或编制交易性金融资产明细清单，并与其明细分类账核对相符。

4. 审查交易性金融资产明细分类账

采用审阅法、核对法审查交易性金融资产各明细分类账。审查其日期、摘要、金额是否正常；注意摘要是否清晰，金额是否合理，投资是否超过了企业正常资金能力，金额计算是否正确。采用抽查法或详查法审查交易性金融资产取得、持有收益、期末（资产负债表日）调整及处置的有关凭证，确认凭证手续是否完善，金额是否准确，账务处理是否正确。特别应注意交易性金融资产取得时，实际支付的价款中包含的已宣告发放但尚未领取的现金股利或已到付款期但尚未领取的债券利息及持有期间的收益是否正确地记入了“应收股利”“应收利息”账户。

5. 审查交易性金融资产实有数

（1）盘点库存交易性金融资产有价证券。企业的有价证券，应如同现金一样进行盘点清查，应在证券保管人员、会计人员、有关领导向时在场的情况下进行。盘点时审查人员应监督或当场亲自对有价证券按明细清单逐项清点，并与明细清单核对相符。清点完毕应填制有价证券清查盘点表，各有关人员应签章以明确责任。

（2）询证外存证券。对盘点日存放在企业外部的交易性金融资产要通过询证方式予以确认；如有存放在银行、委托证券公司代保管的交易性金融资产，应通过发询证函的方式取得对方的确认。具体方法可参照应收账款的询证。同时注意交易性金融资产是否存在重大的变现限制。

五、参考案例

案例：通过改变交易性金融资产的入账金额隐匿股利收入

情况：2019 年 2 月查账人员对甲公司 2018 年“交易性金融资产”账户进行检查。

甲公司2018年6月购入乙公司1 000 000股股票，买价为8.5元/股（包含0.5元的现金股利），甲公司在确认的交易性金融资产成本为8 500 000元，期末甲公司确认的公允价值变动损益为700 000元。由于该项交易性金融资产金额较大，查账人员欲对其进行复核，以确定是否存在错误之处。

查证：首先，甲公司交易性金融资产的入账成本有误，不应将购买价款中包含的已宣告但尚未领取的现金股利计入成本，应当将其计入“应收股利”中。其次，查证人员为了复核公允价值变动损益的金额是否正确，查询了2018年12月31日乙公司股票的市场价格，结果为8.7元/股。因此，期末甲公司应确认的公允价值变动损益=8 700 000－8 000 000=700 000（元），少确认金额=700 000－200 000=500 000（元）。由于甲公司将未领取的现金股利计入成本，导致少确认公允价值变动损益500 000元。为了进一步确定，甲公司是否存在隐匿收回的股利的行为，查账人员又检查了收回股利的凭证：

借：银行存款　　　　500 000

　　贷：投资收益　　　　500 000

该凭证说明甲公司不存在隐匿股利的行为，但是却导致多记投资收益500 000元，即虚增利润500 000元。

账务调整：

（1）调减交易性金融资产成本

借：以前年度损益调整　　　　500 000

　　贷：交易性金融资产——成本　　　　500 000

（2）调增“交易性金融资产——公允价值变动”

借：交易性金融资产——公允价值变动　　　　500 000

　　贷：以前年度损益调整　　　　500 000

（3）调整所得税项目

借：应交税费——应交所得税　　　　125 000

　　贷：递延所得税负债　　　　125 000

案例点拨：取得投资时的交易性金融资产入账金额有误可能会存在隐匿股利收入的情形，对此查账人员应当检查购买价款中包含的股利是否在后期收回。此外，还应当检查被投资单位期末股票的市场价值，复核公允价值变动损益的金额是否正确。

第三节　应收票据

一、概念

应收票据是指企业因销售商品、提供劳务等而收到的商业汇票。商业汇票是一种由出票人签发的，委托付款人在指定日期无条件支付确定金额给收款人或者持票人的票据。根据承兑人的不同，商业汇票分为商业承兑汇票和银行承兑汇票。商业承兑汇票是指由付款人签发并承兑，或由收款人签发交由付款人承兑的汇票。银行承兑汇票是指由在承兑银行开立存款账户的存款人（也是出票人）签发，由承兑银行承兑的票据。

二、账务处理

1. 取得应收票据和收回到期票款的账务处理

因企业销售商品、提供劳务等而收到开出、承兑的商业汇票时，借记“应收票据”科目，贷记“主营业务收入”“应交税费——应交增值税（销项税额）”等科目。因债务人抵偿前欠货款而取得的应收票据时，借记“应收票据”科目，贷记“应收账款”科目。

商业汇票到期收回款项时，应按实际收到的金额，借记“银行存款”科目，贷记“应收票据”科目。

2. 应收票据转让的账务处理

企业将持有的商业汇票背书转让以取得所需物资时，按应计入取得物资成本的金额，借记“材料采购”或“原材料”“库存商品”等科目，按专用发票上注明的可抵扣的增值税税额，借记“应交税费——应交增值税（进项税额）”科目，按商业汇票的票面金额，贷记“应收票据”科目，如有差额，借记或贷记“银行存款”等科目。

企业将票据贴现时，应按实际收到的金额，借记“银行存款”科目，按贴现息部分，借记“财务费用”科目，按应收票据的票面价值，贷记“应收票据”科目。贴现的商业承兑汇票到期，因承兑人账户不足支付，申请贴现的企业收到银行退回的应收票据、付款通知和拒绝付款理由书或付款人未付票款通知书时，按所附本息，借记“应收账款”科目，贷记“银行存款”科目；如果申请贴现企业的银行存款账户余额不足，银行做逾期贷款处理时，应按转作贷款的本息，借记“应收账款”科目，贷记“短期借款”科目。

3. 带息应收票据的账务处理

企业收到带息商业汇票，应于资产负债表日按商业汇票的票面金额和确定的利率计提票据利息，借记“应收票据”科目，贷记“财务费用”科目。

三、应收票据审查的一般方法

1. 应收票据内部控制制度的审查

（1）审查企业是否建立明确的应收票据业务的职责分工。应收票据的审批、收取、保管、贴现、到期收款、会计处理等是否有专人负责。

（2）是否严格控制应收票据业务。票据接受、贴现是否经过严格的审批，凭证手续是否完备。

（3）是否按规定设置“应收票据备查簿”，有无专人负责，并按要求进行登记。

（4）是否建立了应收票据实物和账簿的定期盘点核对制度，是否有效地执行。

2. 应收票据总分类账和应收票据备查簿核对

采用核对法将应收票据总分类账余额与应收票据备查簿余额进行核对，确认余额核对相符。应注意是否有总分类账记录而没有备查簿登记内容的情况，防止虚列应收票据总分类账。

3. 审查应收票据备查簿

（1）审查应收票据备查簿的记录。重点是出票日期、票面金额，确认是否有期初期末的转出转进情况，是否有过期而长期挂账的应收票据等。

（2）抽查或详查应收票据业务凭证。在应收票据业务不多时，可逐笔详查应收票据业务凭证，包括销货合同、销售发票、销货单、批准文件等原始凭证及记账凭证。对应收票据到期收款、贴现，或到期不能收款转为应收账款等业务凭证，应确认业务是否合法、凭证手续是否完备、记录是否正确，注意企业有无虚列应收票据业务。

4. 盘点应收票据实物

为验证应收票据是否确实存在，应采用实地盘点法，对企业全部应收票据实物进行盘点。其具体方法是：根据应收票据备查簿的记录按顺序对未到期应收票据实物逐项进行核对清查，应注意审查应收票据的填写是否规范完整，签章是否有异常等，并做好工作底稿。

5. 应收票据的询证

应收票据属于企业的一种债权凭证，证实其真实性、正确性的有效方法是取得债务人的确认。其询证方法与应收账款询证方法基本相同。

6. 应收票据利息的审查

根据规定，带息应收票据应于期末时，按应收票据的票面价值和确定的利率计提利息，计提的利息增加应收票据的账面余额，并冲减财务费用。

审查的方法是：

（1）抽查带息票据是否按期计提应计利息。

（2）审查应收票据利息计算是否正确。

$$应收票据利息=应收票据票面金额\times 利率\times 票据期限$$

（3）审查应收票据利息的账务处理是否正确。企业按期计提票据利息时借记“应收票据”科目，贷记“财务费用”科目。票据到期收回票据面值和利息时，借记“银行存款”科目，贷记“应收票据”科目。

注意：带息应收票据的利息无论是按期计提还是到期一次收回，账务处理上都应冲减“财务费用”。

7. 应收票据贴现的审查

应收票据贴现一般应审查以下内容：

（1）票据贴现应由除票据登记和保管外的会计机构负责人审批后才能进行。

（2）复算票据贴现金额计算是否正确。

（3）票据贴现金额是否及时足额入账。抽查或详查票据贴现的原始凭证和记账凭证，防止挪用和贪污票据贴现款。应注意不带息应收票据和带息应收票据贴现利息的账务处理是否正确。

应收票据的审查还应审查应收票据余额在资产负债表上的列示，其方法是审查应收票据账户余额是否与资产负债表上应收票据项目金额一致。

四、违规操作检查重点

（一）应收票据业务常见的违规操作形式

1.“应收票据”账户的核算内容不正确

具体表现为：①将企业收到的银行汇票、银行本票同银行承兑汇票混淆，也作为“应收票据”账户的核算内容；②按规定，贴现票据到期承兑人银行无款支付，贴现银行从企业账上扣除的款项，应转入“应收账款”账户核算，但企业仍然在“应收票据”账户上核算；③虚拟应收票据业务，利用“应收票据”作为调节当期收入的手段，以达到少纳税的目的；④将收到的商业汇票的到期利息，不按规定冲减财务费用，而是挂在应付款账上，以达到日后转移他用或化公为私的目的。

2. 应收票据回收不及时，长期挂账

实际工作中应收票据长期挂账，一方面可能是在企业对客户资信状况、偿债能力没有足够了解的情况下，就采取了商业承兑汇票结算方式，一旦对方到期不能付款，而且企业经办会计业务人员的素质差，没有及时将其转入“应收账款”账户，造成“应收票据”的长期挂账；另一方面，也有可能是经办人谋取私利，收取对方好处而故意到期不回收，长期挂账。

3.“应收票据”账户的设置不合理

主要形式有：有的企业对收到的商业汇票视同一般应收款业务，通过“应收账款”账户进行核算，而不设置“应收票据”账户进行专门核算，混淆了两种业务的性质；有些企业虽然设置了“应收票据”账户，但却未按规定设置“应收票据登记簿”，因而使商业汇票的出票日期、到期日期、贴现日期、付款人、承兑人等具体情况得不到充分的反映，造成应收票据的管理非常混乱。

（二）常用查账方法

1. 审查企业应收票据的内部控制制度

检查企业应收票据的内部控制制度的重点，应放在以下几个方面：

（1）是否建立明确的职责分工制度。应收票据的总账和明细账户的登记应由不同的职员分别登记，现金收款员不得从事应收票据的记账工作。

（2）是否严格控制应收票据业务，票据的接受、贴现和换新是否进行严格的审批。

（3）是否按规定设置“应收票据备查簿”，有无专人负责登记和注销，内容是否完整。

（4）应收票据账实是否有定期盘点核对制度，是否切实执行。

2. 实地检查法

全面盘点应收票据实物，并逐项与应收票据备查簿上结存的各种应收票据的余额进行核对。在此基础上，再将应收票据期末汇总余额与应收票据总账余额进行核对。除实际盘查库存票据外，还要按照应收票据的发生额，分析其对应账户，并追查应收票据的原始凭证。

3. 核对法

审查人员应将“应收票据”及对应账户的总账记录与明细账核对。如果存在虚拟应收票据业务，利用“应收票据”账户调节收入的情况，往往没有相应的明细账记录；必要时，再核对有关记账凭证和原始凭证，看其账证、证证是否相符。查询“应收票据”明细账及“应收票据备查簿”，核对应收票据的应收日期和金额与实际收款日期、金额是否相符，以查明“应收票据”是否存在长期挂账的问题。

4. 调查了解法

调查了解应收票据是否以合法的商品交易为基础，有无非商品交易形成的应收票据。有无到期或过期而未及时办理收款的票据，必要时应查阅有关会计凭证，询问有关当事人和承兑人、付款人以查清事实真相，是对方单位无力支付，还是经办人员责任心不强，为谋取私利故意到期不收回。对于内容、数额不实的票据和大额的票据，还要调查出票单位或个人的资金状况和抵押品市价，以判明其收回程度。

五、应收票据审查的主要工作底稿

（1）企业应收票据相关的内部控制制度。

（2）应收票据总分类账与明细分类账余额核对的相关工作记录。

（3）应收票据备查簿审查、凭证审查的相关工作记录。

（4）应收票据实物盘点清单。

（5）应收票据询证汇总表、询证回函。

（6）应收票据利息审查及贴现审查的相关工作记录。

（7）应收票据审查的工作计划及相关工作记录。应收票据审查中可能使用的相关审计程序示例如表3-5所示。

表3-5 应收票据审计程序表

被审计单位：A公司　　审核员：××　日期：××　索引号：××

审 查 项 目：应收票据　　会计期间：××　复核员：××　日期：××　页次：××

一、审计目标

①确定应收票据是否存在；②确定应收票据是否归被审计单位所有；③确定应收票据增减变动的记录是否完整；④确定应收票据是否有效，可否收回；⑤确定应收票据余额是否正确；⑥确定应收票据的披露是否恰当。

二、审计程序

序号	内容	执行情况说明	索引号
1	获取或编制应收票据明细表，复核加计正确并与总账数、报表数和明细账合计数核对是否相符		
2	监盘库存票据，并与应收票据登记簿的有关内容核对		

续表

序号	内容	执行情况说明	索引号
3	检查商业承兑汇票贴现是否按问题解答（四）财会〔2004〕3号作短期借款处理		
4	抽取部分票据，根据具体情况决定向出票人、承兑人或前手发函询证		
5	验明应收票据的利息收入是否均已正确入账		
6	获取并核对已贴现的应收票据明细表，检查其贴现额与利息额的计算是否准确，会计处理方法是否恰当		
7	检查已到期未收款的应收票据是否已转入应收账款		
8	检查有否有抵押的票据，并作出相应记录		
9	请客户协助在明细表上标出至审计日已兑现的应收票据，并查验期后收款凭证作出记录		
10	验明应收票据的披露是否恰当		

三、调整事项说明及调整分录（注：分录请写到二级科目，并注明底稿索引；如篇幅不够，请另加页附后）

四、余额

期初余额				期末余额			
上年审定数（或未审数）		本期审定数		未审数		本期审定数	

五、审计结论

1. 本科目经审计后无调整事项，余额可以确认：
2. 本科目经审计调整后，审定数可以确认：
3. 因____________________原因，本科目余额不能确认：

0
√

六、参考案例

案例1：带息票据不计息，偷逃税款

情况：2019年2月，查账人员对甲公司2018年应收票据账户进行审查时，发现有一张应收票据是7月1日出票，期限6个月，票面利率6%，面值116 000元，查账人员欲对此带息票据是否按规定计提了计息进行检查。

查证：查账人员调出该笔凭证，会计分录为：

借：应收票据　　116 000

　　贷：主营业务收入　　100 000

应交税费——应交增值税（销项税额）　　16 000

检查12月31日的账簿记录，发现该应收票据的账面余额仍为116 000元，说明该企业并没有按规定对带息票据计提利息，导致多记财务费用，少计利润已达到少交税款的目的。经查实后，该企业按规定冲减了财务费用，补提应交的所得税。

账务调整：对上述违规操作应当进行如下账务调整：

2018年少计提的票据利息＝116 000×6%/2＝3 480

借：应收票据　　3 480

　　贷：以前年度损益调整　　3 480

借：以前年度损益调整　　870

　　贷：应交税费——应交所得税　　870

借：以前年度损益调整　　2 610

　　贷：盈余公积　　261

　　　　利润分配——未分配利润　　2 349

案例点拨：当应收票据为计息票据时，查账人员应当关注其是否按规定计提了相应的利息，查明是否存在通过多记财务费用来少交税款的行为。

案例2：应收票据长期挂账

情况：2018年12月，查账人员在检查甲公司应收票据备查账簿时，发现一张面值为50 000元的商业承兑汇票，承兑人为乙公司，出票日期为2018年3月20日，但没有列明票据的收款日期和金额。由于商业汇票的付款期限最长不得超过六个月，查账人员怀疑存在应收票据长期挂账的情况。

查证：查账人员查阅了“应收票据”明细账及相关记账凭证和原始凭证，并与乙公司取得联系，得知乙公司已于2018年10月宣告破产进行清算，无力支付相关款项。经查明，该票据应于2018年9月20日到期，即使未收回也应转入“应收账款”，并应当在承兑人宣告破产时，计提坏账准备。应收票据长期挂账，使企业资产不实。

账务调整：对上述违规操作应当进行如下账务调整：

将应收票据转入应收账款

借：应收账款　　50 000

　　贷：应收票据　　50 000

计提坏账准备

借：资产减值损失　　50 000

　　贷：坏账准备　　50 000

案例点拨：对长期挂账的应收票据一定要追查，应收票据的长期挂账很有可能存在虚增资产的违规行为。

第四节 应收账款与坏账准备

一、应收账款

（一）概念

应收账款是指企业因销售商品、提供劳务等经营活动，应向购货单位或接受劳务单位收取的款项，主要包括企业销售商品或提供劳务等应向有关债务人收取的价款及代购货单位垫付的包装费、运杂费等。

（二）账务处理

（1）企业因销售商品、提供劳务等发生应收款项时，借记“应收账款”科目，贷记“主营业务收入”“应交税费——应交增值税（销项税额）”等科目；收到款项时，借记“银行存款”科目，贷记“应收账款”科目。

（2）企业销售商品、提供劳务时，给购买方提供商业折扣的，应当按照扣除折扣后的应收款项的金额，借记“应收账款”科目，贷记“主营业务收入”“应交税费——应交增值税（销项税额）”等科目；提供现金折扣的，应当按照折扣前的应收金额，借记“应收账款”科目，贷记“主营业务收入”“应交税费——应交增值税（销项税额）”等。如果购货方提前付款享受现金折扣时，按照现金折扣的金额，借记“财务费用”科目，贷记“应收账款”科目。

（3）应收账款的出售。企业以附追索权的方式出售应收账款时，按照出售应收账款收到的金额，借记“银行存款”科目，按支付的手续费借记“财务费用”科目，贷记“短期借款”科目；企业已无追索权方式出售应收账款时，借记“银行存款”“营业外支出”“坏账准备”科目，按应收账款的账面余额贷记“应收账款”。

（三）应收账款审查的一般方法

1. 审查销售环节的内部控制制度

此审查一般应包括以下方面的内容：

（1）审查销售环节是否建立明确的职责分工。包括接受客户订单、调查信用、批准信用、填制销货通知、发送商品、结算开单、办理销货退回、折扣折让、收取货款、会计记录、核对账目等都应有明确的职责分工。

（2）审查销货订单的承接、调查客户信用、批准信用是否有严格的程序、凭证手续是否完备。

（3）审查销货合同的签订、合同的执行。包括合同签订的手续是否完善，发货通知、发送商品、结算开单、会计记账等是否按职责分工进行，凭证手续是否完善。

（4）审查销货退回、折扣、折让是否经严格的审批，凭证、手续是否完善。

（5）审查货款的催收、收款、坏账的审批和注销是否有专人负责，凭证手续是否完善。

2. 应收账款总分类账与应收账款明细分类账核对

取得或编制应收账款明细清单，并逐项与应收账款明细账核对相符。将应收账款明细清单各明细账户余额合计金额与应收账款总分类账余额核对相符。注意应收账款总分类账余额与应收账款各明细分类账余额合计若不相等，必须查明原因，取得相关证据。

3. 应收账款明细分类账的审查

采用审阅法对应收账款明细分类账进行逐户审查，包括对日期、摘要、金额的审阅。特别要注意：①是否在月初和月未有大笔相同金额的转出和转入。若有，应重点审查，防止采用虚列收入调节利润的情况；②对摘要说明不清楚，金额较大的记录或异常的记录要加强审查。

根据应收账款明细分类账审查的情况抽查会计凭证，包括对记账凭证和原始凭证的合法性、合理性、正确性、完整性的详细审查。

4. 应收账款余额询证

应收账款余额询证是指直接向被审查单位的债务人发询证函，要求其核实被审查单位应收账款记录是否正确的一种审查方法。这是审查应收账款余额真实性、正确性的最重要的方法，它可以发现被审查单位及有关人员在销售业务中发生的差错或弄虚作假、营私舞弊行为。

询证函应由查账人员按照被审查单位提供的应收账款明细账户名称及地址填制（或由被审查单位填制再由查账人员逐一审核），由查账人员亲自寄发并收回。

相关链接：发放询证函的注意事项

应收账款余额询证是非常重要的。许多审计失败的案例证明了这一点。例如。在天津广夏（集团）有限公司的审计过程中，审查人员就没有按要求对应收账款进行询证，导致被审查单位虚列的大量应收账款未能被发现。

询证函必须由查账人员亲自寄发并收回，以免被审查单位弄虚作假。

1. 函证的范围和对象

函证范围的大小主要由以下因素决定：

（1）应收账款在全部资产中所占的比重大小。比重较大的，函证范围就要大些，反之则小些。

（2）被审查单位内部控制的强弱。内部控制制度健全并能有效执行的，可以减少函证量，反之则增加函证量。

（3）前期函证回函情况。回函有较大差异，或欠款纠纷较多的要增加函证量，反之可减少函证量。

一般情况下，查账人员应选择金额较大、账龄较长、与债务人发生纠纷的项目，以及与被审查单位关系密切的客户和非正常的项目作为函证对象。

2. 函证的方式

函证分为肯定式函证和否定式函证两种。

(1) 肯定式函证，也称积极式函证。指向债务单位发函后，要求其证实所函证的欠款是否正确，无论对错都要求复函的函证方式。

肯定式询证函参见如下格式：

询 证 函

编号：

(债务人名称)＿＿＿：

因查账所需，敬请核实下列截至×年×月×日贵公司所欠我公司的账款是否正确，金额为＿＿＿＿＿＿＿＿＿(具体清单附后)。核实后请填写下端空白，并将此信回寄至(查账单位名称)＿＿。

通讯地址：　　　　　　　　　　　联系电话：

邮　　编：　　　　　　　　　　　传　　真：

本函仅为复核账目之用，并非催款结算，若款项在上述日期之后已付清，仍请及时复函为盼。非常感谢你们的合作！

(被审查单位名称及签章)

×年×月×日

(查账单位名称)＿＿＿：

根据本公司账户记录，截至×年×月×日我公司××单位往来款项数额如下：

1. 数据无误。欠××单位款项金额为：

2. 数据不符。不符账项及金额如下：

①

②

(公司名称及签章)

×年×月×日

(2) 否定式函证，也称消极式函证，指向债务人发出询证函，只要求其在不同意函证余额时才予回函的函证方式。否定式询证函参见以下格式：

询 证 函

编号：

(债务人名称)＿＿＿：

因查账所需，敬请核实下列至×年×月×日止贵公司所欠我公司的账款是否正确，金额为＿＿＿＿＿＿＿＿＿(具体清单附后)。

核实后若与贵公司记录不符，请将差异数径直告诉：(查账单位名称)＿＿。

通讯地址：　　　　　　　　　　　联系电话：

邮　　编：　　　　　　　　　　　传　　真：

本函仅为复核账目之用，并非催款结算。非常感谢你们的合作！

(被审查单位名称及签章)

×年×月×日

否定式函证通常在下列情况下才使用：一是被审查单位内部控制制度健全且有效；二是估计的差错率较低；三是欠款余额小且债务人数量较多；四是查账人员有理由确信大多数被函证者能认真对待函证信，并对不正确余额能给予回函。

3. 询证结果的分析

查账人员在发出询证函后，需编制询证汇总表，注明被询证单位名称、询证编号、询证金额、发函日期、收回日期、金额认可情况、原因分析等内容，作为查账工作底稿。

（1）询证回函认可询证金额，一般而言，被审查单位原账面记录的应收账款余额是真实、正确的。将询证回函编入工作底稿，作为审查的证据。

（2）询证回函认可的金额小于询证金额，应查明原因，在排除双方记账错误的情况下，可能有两种情况：一是被审查单位虚列应收账款，目的是虚增销售收入，进而虚增利润。应进一步查实相应的销售合同、发票、发货单等。二是在询证函发出后，回函之前欠款单位已偿还部分货款。要核对企业现金日记账与银行存款日记账，查明该款项是否已收到。

（3）询证回函认可的金额大于询证金额，也应核实并查明原因，是否被审查单位存在人为调整期末余额的不正当行为。查明原因后，建议调整有关账户记录。

由于被审查单位的债务人可能与被审查单位串通提供虚假的询证回函，以欺骗查账人员，查账人员应保持适当的警惕性，必要时可增加审查程序。

应收账款的审查还应审查应收账款余额在资产负债表中的列示是否正确。

小企业资产负债表中“应收账款”项目，反映小企业因销售商品、产品和提供劳务等应向购买单位收取的各种款项，减去已计提的坏账准备后的净额。应审查报表项目金额是否等于企业应收账款所属明细分类账借方余额之和减去坏账准备账户中有关应收账款计提的坏账准备期末余额后的差额。

（四）违规操作检查重点

1. 针对通过应收账款虚增收入的检查

企业为了完成利润目标，通过虚构销售交易来确认收入、结转成本，这种情况一般会伴有在期末有大量集中的应收款项的确认。在检查此类违规操作时，应抽查“应收账款”明细账，向债务人寄发询证函，询证款项是否属实；另外，还可以审查后期应收账款的结转记录，检查应收账款结转是否收到对应款项，如果未收到款项，而是以冲销的方式进行结转的，应当对此重点关注并实施进一步的检查。

2. 针对应收账款入账金额不实的检查

企业提供现金折扣时，未按总价法的规定按照交易总金额对应收账款进行账务处理，而是按照扣除现金折扣后的金额入账，以此达到推迟纳税的目的。

检查此类违规操作时，应抽查有现金折扣的销售业务，审核其会计凭证，复核应收账款明细账，审查其入账价值是否正确。

3. 针对应收账款长期挂账，购销双方彼此渔利的检查

应收账款长期挂账的主要原因包括以下三个方面：一是企业根本没有建立专人专

款催收制度；二是存在款项收回后某些人员通过不正当手段私分的情况；三是销售企业的经销人员和财务人员为了从购货单位谋取利益而共谋，长期拖欠货款，造成企业应收账款长期挂账。

检查此类违规操作时，应当审查应收账款的明细账及会计凭证，查找有无长期挂账的款项。如果存在，应当进一步查明原因，是否存在利用应收账款实施舞弊的行为。

（五）应收账款审查的主要工作底稿

（1）企业销售环节的内部控制制度。

（2）应收账款总分类账与应收账款所属明细分类账核对的工作记录。

（3）应收账款明细分类账及相关凭证审查的工作记录。

（4）应收账款明细清单。

（5）应收账款询证汇总表。

（6）应收账款询证回函、回函分析和进一步审查的工作记录。

（7）应收账款审查的工作计划及其他相关工作记录。

（六）参考案例

案例1：利用应收账款虚增收入

情况：2019年2月，查账人员在检查甲公司2018年12月应收账款账户时，发现51号转账凭证的会计分录为：

借：应收账款　232 000

　贷：主营业务收入　200 000

　　应交税费——应交增值税（销项税额）　32 000

检查原始凭证发现此转账凭证后未附任何原始凭证，该笔业务交易金额较大，如此大额的交易却没有任何原始凭证是不符合常理的。据了解该公司管理层要求2018年要实现利润较同期增长5%，但是从查账人员对该公司所处行业的分析来看，该行业最近几年市场不景气，行业平均利润增长率约为2%。在行业增长率普遍较低的情况下，该公司要求的利润增长率显著高于行业平均水平，另外查账人员还统计了该公司前10个月的销售情况，发现这几个月的盈利状况并不乐观，远远不能实现管理层所要求的利润目标，由此查账人员怀疑该公司存在虚构收入来完成业绩要求的舞弊嫌疑。

查证：为了查实甲公司是否存在利用应收账款虚构收入的行为，查账人员重点调查了该公司11、12两个月份的销售记录，经统计仅这两个月的销售收入就高达1 000 000元，约占全年销售收入总额的40%，占比较大，但是该公司所经营的业务并不存在季节性经营的特点。面对查账人员的这些质疑，甲公司的财务负责人无法做出合理的解释，在压力面前不得不承认虚列收入、虚增利润的事实。

账务调整：对上述违规操作应当进行如下账务调整：

借：以前年度损益调整　200 000

　应交税费——应交增值税（销项税额）　32 000

　　贷：应收账款　　232 000
借：应交税费——应交所得税　　50 000
　　贷：以前年度损益调整　　50 000
借：盈余公积　　15 000
　　利润分配——未分配利润　　135 000
　　贷：以前年度损益调整　　150 000

案例点拨：在查证被查单位是否存在利用应收账款虚列收入的舞弊行为时，查账人员应当利用分析程序，分析应收账款在时间、金额等方面的合理性，检查销售记录是否附有原始凭据、后期是否有款项收回等。

案例2：虚构债务重组业务

情况：2018年12月，查账人员在检查甲公司2018年“营业外支出”明细账时，发现8月23号凭证摘要为债务重组损失，金额为100 000元，调阅该凭证，其分录为：

借：营业外支出　　100 000
　　贷：应收账款　　100 000

在先前的查账过程中，查账人员了解到该公司并没有对应收账款计提坏账准备，所以该笔款项是直接进入重组程序，这不符合应收账款减值的账务处理流程。

查证：查账人员检查所附的原始凭证为一张债务重组协议，协议注明因乙公司财务困难，经双方协商减少乙公司的100 000元债务。于是查账人员到乙公司调查了解，乙公司证实其存在财务困难，但双方并未达成债务重组协议。至此，可以证明甲公司利用虚假的债务重组，虚增营业外支出，偷漏所得税，并且为日后收回所欠货款挪用或贪污创造了机会。

账务调整：对上述违规操作应当进行如下账务调整：

借：应收账款　　100 000
　　贷：营业外支出　　100 000

案例点拨：查账时对一些不符合一般账务处理流程的事项应加以重点关注和进一步追查，不按正常程序处理的账目很有可能存在舞弊行为。

二、坏账准备

（一）概念

坏账准备是指按照企业的应收款项（含应收账款、其他应收款等）计提的，属于备抵账户。企业对坏账损失的核算，采用备抵法。在备抵法下，企业每期末要估计坏账损失，设置“坏账准备”账户。

（二）账务处理

（1）企业计提坏账准备时，按计提的坏账金额，借记“资产减值损失”科目，贷记“坏账准备”科目。

（2）企业冲销坏账时，借记“坏账准备”科目，贷记“应收账款”科目。

（3）已核销的坏账后来又收回的，借记“应收账款”科目，贷记“坏账准备”科目，同时借记“银行存款”科目，贷记“应收账款”科目。

（三）坏账准备审查的一般方法

1. 坏账准备总分类账与坏账准备明细分类账核对

将坏账准备总分类账的余额与坏账准备明细分类账余额（包括应收账款和其他应收款所提取的坏账准备）合计核对相符，取得或编制坏账准备明细清单，并与坏账准备各明细分类账核对相符。

2. 审查坏账准备明细账

（1）根据坏账准备明细账，采用复算法复算坏账准备计提数。坏账准备计提数根据下列公式计算：

当期应提取的坏账准备＝当期按应收款项计算应计提坏账准备金额±坏账准备账户的贷方（或借方）余额

当期按应收款项计算应计提坏账准备金额，由企业根据应收账款余额百分比法、账龄分析法、销货百分比法和个别认定法等方法确定。企业采用的方法一经选定后，不得随意变更。

审查人员应审查坏账准备计提凭证中选定的方法是否恰当、计算是否正确，再审查账务处理是否正确。

相关链接：当期应计提的坏账准备的具体计算

企业进行坏账核算时，首先应按期估计坏账损失。估计坏账损失的方法有应收款项余额百分比法、账龄分析法和销货百分比法等。

1. 应收款项余额百分比法

应收款项余额百分比法，是根据会计期末应收款项的余额和估计的坏账率，估计坏账损失，计提坏账准备的方法。按此计算的数额为下年度应保留的坏账准备金额，因此，实际提取数并不一定等于计算出的应提数，提取时需考虑提取前该账户的余额，但年末提取后该账户余额一定在贷方，即计算出的应保留坏账准备金数。

（1）如为借方余额，则表示原先提取的坏账准备金没能足额冲销已发生的坏账，需在提取时补提，实际提取数等于应提取数加上借方余额数。

（2）如为贷方余额，则需区分两种情况：

①原贷方余额大于应提数，表示原坏账准备金过多，应冲销多余数；

②原贷方余额小于应提数，则应补提不足部分。

2. 账龄分析法

账龄分析法，是根据应收款项账龄的长短来估计坏账的方法。账龄指的是顾客所欠账款的时间。采用这种方法，企业利用账龄分析表所提供的信息，确定坏账准备金额。确定的方法按各类账龄分别估计其可能成为坏账的部分。

3. 销货百分比法

销货百分比法，是以赊销金额的一定百分比作为估计坏账的方法。企业可以根据过去的经验和有关资料，估计坏账损失与赊销金额之间的比率，也可用其他更合理的方法进行估计。

企业应当设置“坏账准备”科目，核算应收款项的坏账准备计提、转销等情况。企业当期计提的坏账准备应当计入资产减值损失。“坏账准备”科目的贷方登记当期计提的坏账准备金额，借方登记实际发生的坏账损失金额和冲减的坏账准备金额，期末余额一般在贷方，反映企业已计提但尚未转销的坏账准备。

坏账准备可按以下公式计算：

当期应计提的坏账准备 = 当期按应收款项计算应提坏账准备金额 -（或 +）贷方（或借方）余额 -“坏账准备”科目的坏账准备应提坏账准备金额（或 +）贷方（或借方）余额

企业计提坏账准备时，按应减记的金额，借记“资产减值损失——计提的坏账准备”科目，贷记“坏账准备”科目。冲减多计提的坏账准备时，借记“坏账准备”科目，贷记“资产减值损失——计提的坏账准备”科目。

（2）审查坏账损失发生和坏账准备的转销。根据坏账准备明细账采用详查法审查坏账损失转销业务凭证。审查坏账损失确认是否合理，是否有确凿的证据，并经过适当的审批程序批准。账务处理是否正确。

（3）审查已转销的坏账又重新收回的业务。采用详查法审查其凭证手续是否完善，账务处理是否正确。

（四）违规操作检查重点

（1）坏账准备违规操作的形式有以下几点：

①不按规定采用备抵法计提坏账，而是在发生坏账时直接转销；

②随意变更坏账准备的计提范围和计提比例，以此来实现调节利润的目的；

③已核销的坏账后期又收回的，不进行相应的账务处理，而是将收到的款项放入“小金库”；

④对不能按期足额收回的款项不按照规定计提坏账准备，致使资产虚增、不实。

（2）坏账准备违规操作的查账方法：

①检查被查企业的坏账准备明细账，分析坏账准备的计提是否正确、合乎规定，有无多提或少提坏账准备，用来调节利润；

②审查“坏账准备”借方账户，即坏账准备的转销数，查明是否将不该转销的坏账予以转销，在之后收到款项时予以贪污；

③函证长期挂账的应收账款，询证有无实际上已经收回的款项，但仍挂在账上，将款项贪污的事项；

④审查有关坏账核销业务原始凭证，检查有无批准核销的文件。

（五）坏账准备审查的主要工作底稿

（1）企业坏账损失管理的有关制度规定。

（2）坏账准备总分类账与坏账准备明细分类账核对的工作记录。坏账准备明细清单。

（3）坏账准备明细账审查的工作记录。

（4）坏账准备审查的工作计划及相关工作记录。坏账准备审查中可能使用的相关审计程序示例如表3－6所示。

表3－6　坏账准备审计程序表

被审计单位：A公司　　审核员：××　日期：××　索引号：××

审 查 项 目：坏账准备　　会计期间：××　复核员：××　日期：××　页次：××

一、审计目标

①确定计提坏账准备比率是否恰当，坏账准备是否充分；②确定坏账准备增减变动的记录是否完整；③确定坏账准备余额是否正确；④确定坏账准备的披露是否恰当。

二、审计程序

序号	内容	执行情况说明	索引号
1	获取或编制坏账准备明细表，复核加计正确，并核对报表及明细账合计数是否相符		
2	检查计提坏账准备是否符合公司披露的会计政策，本期有无发生变更，审核其理由及影响		
3	按计提坏账准备的范围、标准复核已提坏账准备是否恰当，若有大额差异应进行调整		
4	对账龄长且久无回收记录的应收款查验其可回收性		
5	对采用个别计提法计提的特别坏账准备应审核计提依据，取得相关证据		
6	检查年度内确认坏账损失是否按规定权限审批，已作坏账损失处理后又收回的账款，所作会计处理是否符合现行规定		
7	检查向债务人询证回函的例外事项及存有争执的余额		
8	检查重分类调整转入的应收款项是否已按规定计提坏账准备		
9	检查坏账准备的结转或冲减是否有充分依据，是否符合现行会计制度规定，检查有无利用关联关系转移债务，重新计算账龄而冲回已提坏账准备以调节利润的现象		
10	验明坏账准备的披露是否恰当		

三、调整事项说明及调整分录（注：分录请写到二级科目，并注明底稿索引；如篇幅不够，请另加页附后）

续表

四、余额

期初余额				期末余额			
上年审定数（或未审数）		本期审定数		未审数		本期审定数	

五、审计结论

1. 本科目经审计后无调整事项，余额可以确认：	
2. 本科目经审计调整后，审定数可以确认：	√
3. 因____________________原因，本科目余额不能确认：	

（六）参考案例

案例1：将可收回的款项按坏账核销

情况：2018年12月，查账人员在检查甲企业2018年9月“应收账款——A公司”明细账时，发现该款项是在2018年6月2日形成的，确认为坏账核销的时间是9月23日，该款项从发生至核销的时间过短，查账人员怀疑存在提前转销坏账的嫌疑。

查证：查账人员调出该笔转销凭证，其分录为：

借：银行存款　　67 000

　　坏账准备　　50 000

　　贷：应收账款——A公司　　117 000

该笔分录所附的原始凭证只有一张银行进账单，并没有批准坏账核销的文件。于是查账人员向A公司进行询证，了解到A公司由于资金周转暂时出现困难，欠甲公司的50 000元货款将于半年后再归还。至此，事件原因已经查明，即被查企业违反了坏账确认的标准，将以后可以收回的欠款提前作了坏账核销处理，为以后贪污、挪用剩余款项提供可乘之机。

账务调整：对上述违规操作应当进行如下账务调整：

借：应收账款　　50 000

　　贷：坏账准备　　50 000

案例点拨：检查坏账准备是否存在违规处理时，应审查有关坏账核销业务的原始凭证，检查坏账核销是否经过了相应的批准手续，如果未经批准即将坏账核销，极有可能表明存在提前利用核销坏账，以备贪污后续款项的舞弊行为，查账人员应当进一步追查，了解事实真相。

案例2：违规多提坏账准备，调减利润

情况：甲公司采用余额百分比法计提坏账准备，坏账准备计提比例为10%，按年度计提。经审阅“坏账准备”明细账，2019年甲公司计提坏账准备31 000元，本年核

销坏账20 000元，坏账准备年末余额为50 000元。查账人员欲对甲公司是否通过多提或少提坏账准备来调节利润进行检查。

查证：查账人员通过审查甲公司相关账簿记录，发现应收账款期末余额为300 000元，其他应收款期末余额为10 000元，年初坏账准备为40 000元。根据甲公司的规定，期末坏账准备余额＝(300 000＋10 000)×10%＝31 000（元），年末应计提的坏账准备金额＝31 000＋20 000－40 000＝11 000（元），因此甲公司本期多计提坏账准备金额＝31 000－11 000＝20 000（元）。财务人员在计提坏账准备时，未考虑坏账准备的期初余额，未依规定按应收款项的余额计提，致使多提坏账，减少了当期利润，达到少交税款的目的。

账务调整：

(1) 如果是在年终结账前发现的，调整分录如下：

借：坏账准备　　20 000

　贷：资产减值损失　　20 000

(2) 如果是在年终结账后发现的，应作如下调整分录：

借：坏账准备　　20 000

　贷：以前年度损益调整　　20 000

借：以前年度损益调整　　5 000

　贷：应交税费——应交所得税　　5 000

借：以前年度损益调整　　15 000

　贷：利润分配——未分配利润　　13 500

　　盈余公积——法定盈余公积　　1 500

案例点拨：可以通过复核本期计提的坏账准备金额来检查是否存在通过多提或少提坏账来调节利润的情况。

第五节　预付账款

一、概念

预付账款是指企业按照购货合同规定预先支付给供货方的款项。预付款项应当按照实际预付的金额入账。企业预付货款后，有权要求按照购货合同规定发货。为加强对预付账款的管理，一般应单独设置会计科目进行核算，预付账款不多的企业也可以将预付的货款计入“应付账款”科目的借方，但在编制会计报表时，仍然要将“预付账款”和“应付账款”的金额分开列示。

二、账务处理

企业根据购货合同的规定向供应单位预付款项时，借记“预付账款”科目，贷记“银行存款”科目；企业收到所购物资，按应计入购入物资成本的金额，借记“材料采购”或“原材料”“库存商品”等科目，按相应的增值税进项税额，借记“应交税费——应交增值税（进项税额）”等科目，贷记“预付账款”科目；当预付货款小于采购货物所需支付的款项时，应将不足部分补付，借记“预付账款”科目，贷记“银行存款”科目；当预付货款大于采购货物所需支付的款项时，对收回的多余款项，应借记“银行存款”科目，贷记“预付账款”科目。

三、预付账款审查的一般方法

1. 审查企业预付账款内部控制制度

（1）企业是否建立了预付账款明确的职责分工。预付账款的批准、经办、记账是否有专人负责。

（2）预付账款的支付是否有严格的审批，是否按合同规定执行。

（3）是否建立了合同履行监督、货款催收制度。企业应有专人监督合同的履行，当发生问题时要及时催收货款。

（4）是否建立预付账款损失审批制度。对于确认无法收回的预付货款，要按规定的程序审批，及时处理。

2. 预付账款总分类账与预付账款明细分类账核对

采用核对法将预付账款总分类账与预付账款明细分类账的余额合计核对相符。取得或编制预付账款明细清单，并与预付账款明细账核对相符。

3. 审查预付账款明细分类账

采用审阅法对预付账款明细账逐个进行审查。注意日期是否过长，摘要是否清晰，金额是否正常，余额计算是否正确。

采用抽查法，抽取部分凭证逐项审查购销合同、付款凭证及手续是否完善，付款金额是否正确，账务处理是否正确。防止无合同或以虚假合同作弊，转移资金的情况。对预付账款的正常转销，要注意是否与收到货物或劳务相联系，相关发票账单是否合法、完整、正确，金额是否准确，是否有货物入库单，凭证手续是否完善，账务处理是否正确。对日期过长、长期挂账的预付账款，应查明原因，及时处理，防止舞弊行为。

4. 预付账款的询证

为了证实预付账款的真实正确性，应按预付账款债务单位进行询证。其询证方法与应收账款询证基本相同。

在设置“预付账款”账户的小企业，应在资产负债表中增列预付账款项目。预付账款报表项目应与预付账款所属明细账期末借方余额和应付账款所属明细账期末借方余额合计数相等。

（1）将已实现的收入款项记入预付账款，已达到推迟确认收入、缴纳税款的目的。检查此类违规操作时，应审阅“预付账款”明细账，从摘要、对应账户记录中发现线索，再进一步审阅原始凭证和记账凭证等相关资料。

（2）通过预付账款列支非法支出、预付账款长期挂账。检查时，审阅“预付账款”

明细账及相关凭证，如账龄过长，则有利用“预付账款”转移资金或进行其他舞弊行为的可能。

（3）利用预付账款为他人进行非法结算提供便利，并从中收取好处费。对此种违规操作进行检查时，应审查预付款项业务合同是否合法真实，有无以虚假或不合理合同串通舞弊，虚列预付账款。

四、预付账款审查的主要工作底稿

（1）企业预付账款相关内部控制制度。

（2）预付账款总分类账与预付账款明细分类账核对的相关工作记录。

（3）预付账款明细分类账审查的相关工作记录。

（4）预付账款明细清单。

（5）预付账款询证汇总表，询证回函及分析。

（6）预付账款审查的工作计划及相关工作记录。预付账款审查中可能使用的相关审计程序示例如表3－7所示。

表3－7　预付账款审计程序表

被审计单位：A公司　审核员：××　日期：××　索引号：××

审 查 项 目：预付账款　会计期间：××　复核员：××　日期：××　页次：××

一、审计目标

①确定预付账款是否存在；②确定预付账款是否归被审计单位所有；③确定预付账款增减变动的记录是否完整；④确定预付账款余额是否正确；⑤确定预付账款的披露是否恰当。

二、审计程序

序号	内容	执行情况说明	索引号
1	获取或编制预付账款明细表，复核加计正确并与总账数、报表数及明细账合计数核对是否相符		
2	比较期末余额和期初余额，若有重大波动应查明原因作出记录		
3	选择重要项目，抽查有关合同、协议、原始凭证或进行函证（包括重分类转入项目）		
4	未回函的，可再次复询，如不复询可采用替代方法进行检查		
5	了解预付账款惯例以及收回货物的平均天数，并分析其账龄，检查不符合预付账款性质的或因供货单位破产、撤销等原因无法再收回所购货物的是否已转入其他应收款		
6	查核有无将同一笔已付清的账款在预付账款和应付账款这两个科目同时挂账的情况		
7	请客户协助，在预付账款明细表上标出截止审计日已收到货物并已冲销预付账款的项目并检查有关凭证		
8	分析明细账余额，对于出现贷方余额的项目，应查明原因，必要时作重分类调整		

续表

序号	内容	执行情况说明	索引号
9	对于外币结算的预付账款，检查其采用的汇率是否正确		
10	对预付关联方的款项，了解交易目的和价格，检查交易合同，查验交易的合法性、真实性		
11	验明预付账款的披露是否恰当		

三、调整事项说明及调整分录（注：分录请写到二级科目，并注明底稿索引；如篇幅不够，请另加页附后）

四、余额

期初余额				期末余额			
上年审定数（或未审数）		本期审定数		未审数		本期审定数	

五、审计结论

1. 本科目经审计后无调整事项，余额可以确认：	0
2. 本科目经审计调整后，审定数可以确认：	√
3. 因____________________原因，本科目余额不能确认：	

五、参考案例

案例：利用预付账款隐匿收入

情况：2019 年 2 月，查账人员在审阅甲公司 2018 年“预付账款”明细账时，发现 2018 年 10 月 20 日的一笔记录为贷方 60 000 元，对方科目为“银行存款”，而不是“原材料”，调出该凭证，其分录为：

借：银行存款　　60 000

　　贷：预付账款——A 公司　　60 000

查证：该笔分录的含义应当是，预付的金额高于所购买货物的实际结算价格，销货方退回购货方多支付的价款。但是，通过审阅“预付账款”明细账并没有出现借方发生额，即甲公司并没有向 A 公司预先支付货款。经向 A 公司询证，证实甲公司的确未向 A 公司预付账款，该笔款项是其收购甲公司废旧物资时支付给甲公司的货款。在事实面前，甲公司财务人员承认了企业领导是为了少交税款而要求会计对这笔收入款予以隐匿截留。

账务调整：对上述违规操作应当进行如下账务调整：

借：预付账款——A 公司　　60 000

　　贷：以前年度损益调整　　60 000

借：以前年度损益调整　　15 000
　　贷：应交税费——应交所得税　　15 000
借：以前年度损益调整　　45 000
　　贷：盈余公积　　4 500
　　　　利润分配——未分配利润　　40 500

案例点拨：检查“预付账款”违规操作时，要审阅“预付账款”明细账、会计凭证，分析记账凭证中会计分录所表明的交易事项是否与企业实际发生的交易事项一致，是否存在不实反映真实交易情况的违规操作行为。

第六节　应收利息

一、概念

应收利息则是指企业因债权投资而应收取的利息。包括购入债券的价款中已到付息期但尚未领取的债券利息和分期付息到期还本的债券在持有期间产生的利息，不包括企业购入到期一次还本付息的长期债券应收取的利息（应通过金融资产科目下设二级科目“应计利息”核算）。

二、账务处理

（1）取得债券时，购买价款中包含已到付息期但尚未领取的债券利息时的账务处理：

①购入的债券作为“持有至到期投资”核算时
借：持有至到期投资——债券（面值）
　　应收利息
　　贷：银行存款
　　　　持有至到期投资——债券（利息调整）（也可能在借方）
②购入的债券作为“交易性金融资产”核算时
借：交易性金融资产
　　应收利息
　　贷：银行存款
③购入的债券作为“可供出售金融资产”核算时
借：可供出售金融资产——债券（面值）
　　　　　　　　　　——债券（利息调整）（也可能在贷方）
　　应收利息
　　贷：银行存款

（2）债券持有期间产生的利息的账务处理：

借：应收利息

　　持有至到期投资——债券（利息调整）（也可能在贷方）

　　贷：投资收益

三、违规操作检查重点

“应收利息”的违规操作主要表现为利息金额计算有误，以此来达到调节利润的目的。在检查时，主要是通过审阅债权合同中的相关规定，来复核被查企业利息计算是否正确。

四、参考案例

案例：多计利息，虚增利润

情况：2019年2月，查账人员在检查甲公司2018年“应收利息”账户时，发现2018年计提的利息金额要高于2017年，但是通过审阅2018年“持有至到期投资”账目发现2018年当年并没有购入新的债券。因此查账人员怀疑甲公司存在多计提“应收利息”的舞弊嫌疑。

查证：查账人员检查了甲公司购买债券的合同，合同表明该债券是2016年按面值1 000 000元发行的5年期分期付息到期还本的债权，年利率为6%，因此2018年当年应确认的利息金额 = 1 000 000 × 6% = 60 000（元）。但是甲公司账面上确认的利息费用为100 000元，多确认了40 000元。经进一步确认，在事实面前，甲公司财务人员承认为了提高利润而多计提利息收益的舞弊事实。

账务调整：

对多确认的利息应调减2018年的账务：

借：以前年度损益调整	40 000	
贷：应收利息		40 000
借：应交税费——应交所得税	10 000	
贷：以前年度损益调整		10 000
借：盈余公积	3 000	
利润分配——未分配利润	27 000	
贷：以前年度损益调整		30 000

案例点拨：检查“应收利息”时可以采用对比分析的方法，在债券投资没有增减变化的情况下，分析所确认的利息收入是否发生了异常变化。如果发现异常变化，应当根据债权合同重新计算应确认的利息金额，查证是否存在利息收入造假的情况。

第七节 应收股利

一、概念

应收股利是指企业因股权投资而应收取的现金股利以及应收其他单位的利润，包括企业股票实际支付的款项中所包括的已宣告发放但尚未领取的现金股利和企业对外投资应分得的现金股利或利润等，但不包括应收的股票股利。

二、账务处理

（1）企业购买股票，实际支付的价款中包含已宣告但尚未领取的现金股利时，账务处理为：

借：交易性金融资产/可供出售金融资产
　　应收股利
　　投资收益
　　贷：其他货币资金——存出投资款
　　　　银行存款

（2）交易性金融资产（或可供出售金融资产）持有期间，被投资单位宣告发放现金股利按应享有的份额：

借：应收股利
　　贷：投资收益

（3）企业对外进行长期股权投资，被投资单位宣告发放现金股利或分派利润时，账务处理为：

借：应收股利
　　贷：投资收益（成本法）
　　　　长期股权投资（权益法）

（4）实际收到现金股利或利润时：

借：银行存款
　　贷：应收股利

三、违规操作检查重点

（1）一般应收股利项目比较少，原则上应全部查证。

（2）对于重大的应收股利项目，检查应收股利计算的正确性时，查账人员应当获取相关的分配决议，查验应收股利入账依据是否充分、入账金额及账务处理是否正确，必要时，向被投资单位函证并记录。

（3）投资发生时，需关注含权因素（实际支付价款中包含的已宣告但尚未领取的现金股利）的会计处理是否正确。

（4）对挂账时间较长（半年以上）的应收股利，应予以重点关注，并取证判断是否能收回该股利，必要时可发函询证。

（5）对应收股利的减少金额应当进行查证，侧重于核对收到股利的单据是否齐全、完整。

四、参考案例

案例：多计应收股利，虚增利润

情况：2019 年 3 月，查账人员检查甲公司“应收股利”明细账，账面显示当年应收股利发生额为 150 000 元，由于金额较大，查账人员欲对该应收股利计算的正确性进行检查。

查证：甲公司 2017 年购买乙公司股票 1 000 000 股，列入可供出售金融资产进行核算。该笔应收股利发生在 2018 年 10 月，为了复核应收股利金额的正确性，查账人员查阅了乙公司的股利分配方案。该方案表明乙公司 2018 年 10 月份决定分配现金股利 0.1 元/股，甲公司应收股利金额 = 1 000 000 × 0.1 = 100 000（元），而实际甲公司却确认应收股利 150 000 元，多确认了 50 000 元。经查实，甲公司存在多记应收股利虚增当年利润的舞弊行为。

账务调整：甲公司多确认的应收股利应当冲回

借：以前年度损益调整	50 000	
贷：应收股利		50 000
借：应交税费——应交所得税	12 500	
贷：以前年度损益调整		12 500
借：盈余公积	3 750	
利润分配——未分配利润	33 750	
贷：以前年度损益调整		37 500

案例点拨：对金额比较重大的应收股利，应当获取相关的股利分配决议，以检查应收股利入账金额的准确性。

第八节　其他应收款

一、概念

其他应收款是指企业除应收票据、应收账款、预付账款等以外的其他各种应收及暂付款项。其主要内容包括：①应收的各种赔款、罚款，如因企业财产等遭受意外损失而应向有关保险公司收取的赔款等；②应收的出租包装物租金；③应向职工收取的各种垫付款项，如为职工垫付的水电费、应由职工负担的医药费、房租费等；④存出保证金，如租入包装物支付的押金；⑤其他各种应收、暂付款项。

二、账务处理

企业发生其他应收款时，借记“其他应收款”科目，贷记“库存现金”“银行存款”“营业外收入”等科目；收回或转销其他应收款时，借记“库存现金”“银行存款”“应付职工薪酬”等科目，贷记“其他应收款”科目。

三、其他应收款审查的一般方法

1. 审查其他应收款内部控制制度

（1）被审查单位是否建立了备用金领用和报销制度，备用金的限额确定是否合理、是否有效执行。

（2）职工各种借款、垫付款是否建立了严格的审批制度。

（3）是否建立包装物领用回收制度、出租包装物租金收取制度、租入包装物押金支付和收回制度。

（4）是否建立了其他应收款的定期清理核对和催收制度。

【提示】备用金是由财会部门根据企业内部有关部门和人员因日常开支需要而下拨的零用现金。在管理上分为定额备用金和非定额备用金两种。

2. 其他应收款总分类账与其他应收款明细分类账核对

将其他应收款总分类账的余额与其他应收款各明细分类账的余额合计核对相符。向被审查单位取得或编制其他应收款明细清单，并与其他应收款明细分类账核对相符。

3. 审查其他应收款明细分类账

（1）备用金的审查。对备用金的审查，首先，应审阅各明细账的日期、摘要、金额、余额是否正常。其次，进一步审查备用金的领用报销、保管和收回。在领用环节，应审查备用金设立是否必要，抽查相关凭证确认领用是否经过审批，领用手续是否完善，金额是否合理。在报销环节，抽查相关凭证确认备用金是否按规定用途使用，使用是否合理，是否经相关负责人审批。购买实物的应有经手人、验收人的签字，账务处理是否正确。在保管环节，检查备用金领用部门人员存放的备用金是否存在（可参照库存现金审查方法进行盘点），以防止被挪用。当有关部门人员不再使用备用金时，应将备用金及时收回。

（2）职工借支款及向职工的各种垫付款的审查。审阅相应的明细账，抽查相关凭证，审查借支、垫支款项是否合理，是否经过审批，手续、凭证是否完备。从借款日期和报账日期上检查报销收回是否及时，是否有长期占用公款的情况，从报销单据上检查内容是否合理合法，是否经有关负责人批准。检查账务处理是否正确。

（3）存出保证金的审查。存出保证金是指企业因业务上的需要而向其他单位支付的各种形式的押金，如租用包装物的押金等。应在审查明细账的基础上，检查相应原始凭证，确认存出保证金是否真实、合法。检查保证金是否及时清理收回。对于长期挂账的存出保证金要查明原因作出处理。

特别提示：对其他应收款明细账的审查应作全面详细的审阅。要注意摘要不清楚、金额较大及长期挂账的账项，该账户是不法分子转移、挪用、贪污资金的重要过渡账户。

4. 其他应收款余额的询证

其他应收款作为企业的一种债权，询证是查证其余额真实、正确的有效方法。

审查时可以采用以下方法：①对于本企业职工所欠款项可以集中统一询证或张榜公布方式询证；②对外单位或个人的欠款询证方法与应收账款询证方法基本相同。

其他应收款的审查还应审查其余额在资产负债表中列示。审查方法是，将其他应收款账户余额减去其他应收款计提的坏账准备后的余额与资产负债表中其他应收款项目金额核对相符。

四、违规操作检查重点

（1）利用其他应收款长期挂账，予以挪用、贪污。检查此类违规操作时，应审阅“其他应收款”明细账，对其他应收款进行账龄分析，询问有关人员其他应收款的用途及长期挂账的原因，查找有无舞弊的疑点。

（2）利用其他应收款隐匿收入、偷逃税款等。其具体表现为：将超出企业经营范围的业务收入反映在“其他应收款”账户，以逃税；利用“其他应收款”账户为其他单位和个人套取现金，在一定程度上为贪污、盗窃、损公肥私提供了方便；以“其他应收款”账户挪用或长期占用企业资金，如将企业资金用于投资或其他活动，账外经营获取利益，为“小金库”提供资金来源等。查找此类违规操作时，应查阅“其他应收款”明细账，在了解业务内容后，进一步审阅有关的凭证，看是否存在账证不符、账实不符、无原始凭证或利用虚假的原始凭证作账的现象。

五、其他应收款审查的主要工作底稿

（1）其他应收款的相关内部控制制度。

（2）其他应收款总分类账与明细分类账核对的工作记录。

（3）其他应收款明细账审查的工作记录。

（4）其他应收款明细清单。

（5）其他应收款询证的记录，询证回函及分析。

（6）其他应收款审查的工作计划及相关记录。其他应收款审查中可能使用的相关审计程序示例如表3－8所示。

表3－8 其他应收款审计程序表

被审计单位：A公司　　审核员：＿＿ 日期：＿＿ 索引号：＿＿

审 查 项 目：其他应收款　　会计期间：＿＿ 复核员：＿＿ 日期：＿＿ 页次：＿＿

一、审计目标

①确定其他应收款是否存在；②确定其他应收款是否归被审计单位所有；③确定其他应收款增减变动的记录是否完整；④确定其他应收款是否可收回；⑤确定其他应收款余额是否正确；⑥确定其他应收款在会计报表上的披露是否恰当。

二、审计程序

序号	内容	执行情况说明	索引号
1	获取或编制其他应收款明细表，复核加计正确并与总账数、报表数及明细账合计数核对是否相符		
2	查验其他应收款账龄分析是否正确		
3	对其他应收款余额作分析性复核，若有重大波动应查明原因并作出记录		
4	选择金额较大和异常的项目，检查原始凭证并发函询证（包括重分类转入的项目），对大额频繁往来客户发函询证时请公司提供对账的流水记录		
5	对发出询证函未能收回的，采用替代程序确认其入账依据是否充分		
6	对于长期未能收回的项目，应查明原因，确定是否可能发生坏账损失		
7	审查转作坏账损失的项目，是否符合规定并办妥审批手续		
8	涉及债务重组、资产置换的事项，审查有关协议等法律文件及手续是否齐备，账务处理是否正确		
9	对异常项目及关联方欠款即使回函相符，仍应取证并审核相关交易合同判断交易的合法性、真实性		
10	关注关联方归还大额欠款时公司有无相应资金流出		
11	检查内部往来是否核对相符，形成核对记录，标明核对责任人，作好必要的索引，说明对差异的处理结果及理由		
12	分析明细账余额，对于出现贷方余额的项目，应查明原因，必要时作重分类调整		
13	对于用非记账本位币结算的其他应收款，检查其采用的汇率及折算方法是否正确		
14	请客户协助，在其他应收款明细表上标明截止审计日已收回或转销的项目，并检查有关凭证		
15	检查其他应收款是否已被抵押、质押，并作出记录		
16	验明其他应收款的披露是否恰当		

三、调整事项说明及调整分录（注：分录请写到二级科目，并注明底稿索引；如篇幅不够，请另加页附后）

四、余额

期初余额			期末余额		
上年审定数（或未审数）		本期审定数	未审数		本期审定数	

五、审计结论

1. 本科目经审计后无调整事项，余额可以确认：	0
2. 本科目经审计调整后，审定数可以确认：	√
3. 因________________原因，本科目余额不能确认：	

六、参考案例

案例 1：其他应收款长期挂账

情况：2018 年 12 月，查账人员审核甲公司“长期应收款”明细账时，发现有一笔其他应收款在摘要栏注明“应收 2015 年 10 月王某赔款”，金额为 10 000 元。该事项发生在 3 年前，表明其他应收款长期挂账，查账人员决定对该笔款项进行审查。

查证：查账人员经查阅相关凭证及询问相关人员，得知王某原是甲公司的车间工作人员，2015 年因责任事故给甲公司造成损失，按照公司规定应当赔偿甲公司 10 000 元。但由于各种原因，赔款未能及时收回，如今王某已离开甲公司去向不明，所以，该笔款项实际上已成为一笔无法收回的坏账。该事项说明甲公司没有对其他应收款建立严格的管理制度，导致赔款无法收回。

账务调整：该笔其他应收款已经无法收回，应当确认坏账予以转销。

借：资产减值损失　　10 000

　　贷：应收账款　　10 000

案例点拨：对长期挂账的其他应收款应当重点关注并实施进一步追查。本例中，由于甲公司未严格管理其他应收款导致其长期挂账并且无法收回，属于内部管理制度存在缺陷，应当加以完善和改进。

案例 2：利用其他应收款套取现金

情况：2019 年 1 月，查账人员在检查甲公司 2018 年“其他应收款”明细账时，发现 9 月 6 日 10 号凭证摘要含糊不清，金额为 20 000 元，调出该凭证其分录为：

借：其他应付款　　20 000

　　贷：其他应收款　　20 000

该凭证后面没有附任何原始凭证，查账人员认为该业务存在疑点，决定予以追查。

查证：查账人员调查“其他应收款”的借方，查找到2018年9月2日4号凭证，其分录为：

借：其他应收款　　20 000

　　贷：现金　　20 000

摘要注明为“预借差旅费”，后附一张借款单据，但是从9月6日10号凭证来看该笔款项并没有用于支付差旅费。经调查，该笔款项实际上是交给需要换取现金的单位丙公司并按10%比例收取手续费2 000元，日后当丙公司将这笔款归还时，收到现金22 000元时，以套开方式开出发票给换现单位丙公司，将收到的20 000元作暂存款处理，2 000元的手续费则落入“小金库”中，分录为：

借：银行存款　　20 000

　　贷：其他应付款——丙公司　　20 000

然后，为了冲销账务就有了9月6日10号凭证的分录。

账务调整：甲公司违反规定帮助其他企业套取现金并收取手续费。应当追究有关责任人的责任并没收违法所得，账务调整分录为：

借：其他应收款——没收违法所得　　2 000

　　贷：以前年度损益调整　　2 000

借：以前年度损益调整　　500

　　贷：应交税费——应交所得税　　500

借：以前年度损益调整　　1 500

　　贷：盈余公积　　150

　　　　利润分配——未分配利润　　1 350

案例点拨：对一些异常或描述不清楚的账目要重点关注和追查，这些异常账务处理中很可能就包含舞弊因素。

第九节　存　　货

存货是指企业在日常活动中持有以备出售的产品或商品、处在生产过程中的在产品、在生产过程或提供劳务过程中耗用的材料或物料等，包括各类材料、在产品、半成品、产成品、商品以及包装物、低值易耗品、委托代销商品等。存货类科目主要有：原材料、在途物资、材料采购、材料成本差异；包装物、低值易耗品；自制半成品、委托加工材料；库存商品；存货跌价准备等，以下将逐一介绍。

一、原材料、在途物资、材料采购、材料成本差异

（一）概念

（1）原材料是指企业在生产过程中经过加工改变其形态或性质并构成产品主要实体的各种原料、主要材料和外购半成品，以及不构成产品实体但有助于产品形成的辅

助材料。原材料具体包括原料及主要材料、辅助材料、外购半成品（外购件）、修理用备件（备品备件）、包装材料、燃料等；“原材料”科目用来核算各种材料的实际成本或计划成本。

（2）“在途物资”科目核算企业采用实际成本（进价）进行材料、商品等物资的日常核算、货款已付尚未验收入库的各种物资（即在途物资）的采购成本，本科目应按供应单位和物资品种进行明细核算。

（3）“材料采购”科目用来核算企业采用计划成本法进行材料日常核算而购入的材料采购成本，该科目应当按照供应单位和物资品种进行明细核算。

（4）“材料成本差异”指材料的实际成本与计划成本间的差额，该科目用于核算企业各种材料的实际成本与计划成本的差异，借方登记实际成本大于计划成本的差异额（超支额）及发出材料应负担的节约差异，贷方登记实际成本小于计划成本的差异额（节约额）以及发出材料应负担的超支差异（节约用红字，超支用蓝字）。“材料成本差异”科目借方登记超支差异及发出材料应负担的节约差异，贷方登记节约差异及发出材料应负担的超支差异。

（二）账务处理

（1）企业购入并已验收入库的材料，按计划成本或实际成本，借记“原材料”，按实际成本，贷记“银行存款”“预付账款”“应付账款”“应付票据”“材料采购”或“在途物资”科目，按计划成本与实际成本的差异，借记或贷记“材料成本差异”科目。

（2）自制并已验收入库的材料，按计划成本或实际成本，借记“原材料”，按实际成本，贷记“生产成本”科目，按计划成本与实际成本的差异，借记或贷记“材料成本差异”科目；委托外单位加工完成并已验收入库的材料，按计划成本或实际成本，借记本科目，按实际成本，贷记“委托加工物资”科目，按计划成本与实际成本的差异，借记或贷记“材料成本差异”科目。

（3）生产经营领用材料，借记“生产成本”“制造费用”“销售费用”“管理费用”等科目，贷记“原材料”。

（4）投资者投入的原材料，借记“原材料”科目，贷记“实收资本”等科目，采用计划成本进行日常核算的企业，还应计算并结转材料成本差异。

（5）出售材料结转成本，借记“其他业务成本”科目，贷记“原材料”。发出委托外单位加工的材料，借记“委托加工物资”科目，贷记“原材料”。

（6）采用计划成本进行材料日常核算的，发出材料还应结转材料成本差异，将发出材料的计划成本调整为实际成本。

（三）存货审查的一般方法

1. 存货内部控制制度的审查

存货内部控制制度包括存货实物流转过程的内部控制制度和存货核算过程的内部控制制度。

（1）审查存货实物流转过程的内部控制制度，包括对存货采购、验收、储存、发出的内部控制制度的审查。

①审查存货的采购是否有专门机构和人员，有无实行严格的责任制度。采购是否按计划、经过批准进行，是否签订采购合同。

②审查进货、检验和验收制度是否健全有效。

③审查存货的发出是否有严格的手续。

④审查存货的保管制度是否恰当。

（2）审查存货核算过程的内部控制制度，包括对存货核算账簿体系、收发存记录、存货盘点、存货账目核对的内部控制制度的审查。

①审查存货核算的账簿体系设置是否正确、合理、有效。

②审查存货收、发、存会计记录是否有严格的程序。

③审查存货是否有定期或不定期的盘点制度，盘点结果是否及时进行账务处理。

④审查存货账目是否定期或不定期核对。

2. 原材料的审查

原材料是指企业库存的各种材料，包括原料及主要材料、辅助材料、外购半成品（外购件）、修理用备件（备品备件）、包装材料、燃料等。企业设置“原材料”账户核算，并按材料的保管地点（仓库），材料的类别、品种和规格设置明细账，进行明细核算。

（1）原材料总分类账与原材料明细分类账核对。采用核对法将原材料总分类账余额与原材料各明细分类账户余额合计核对一致。取得或编制原材料明细分类账户余额清单，并与原材料各明细分类账户逐一核对相符。

（2）审查原材料明细分类账。

①采用审阅法逐户审查原材料明细账。审查日期是否按材料收发日期顺序登记；摘要是否清晰；收入栏数量、单价、金额是否逐笔登记；付出栏数量是否逐笔登记，单价、金额的登记应根据采用的存货计价方法而确定。审查结存金额计算是否正确。

②采用抽查法审查材料收发凭证。根据企业内部控制制度的强弱和有效执行情况，抽查一定数量的材料收发凭证进行审查。一般应重点抽查月初、月末及摘要不清晰、金额异常的收发料凭证。对材料收入凭证的审查应将记账凭证与所附原始凭证进行核对，检查其内容、数量、单价、金额等项目是否一致。并检查材料收入业务是否合理、合法。特别要注意有关计划合同的签订和执行情况，采购价格是否合理，采购成本构成是否完整、正确；材料入库验收是否严密、手续是否完备，根据订购单、发票账单、验收单等检查入库材料的正确性，并确认账务处理是否正确。要注意无合同、以次充好、成本构成不合理造成多计成本和生产过程中多余材料、边角废料入库的情况。

对材料发出凭证的审查，应将记账凭证与原始凭证进行核对。首先，审查材料计价方法是否合理。在采用实际成本计价时要确定所采用的方法是否符合会计制度的规定和企业的实际情况，材料发出的计价方法是否相对稳定，有无随意变动情况。材料发出的计价方法的变动是否办理了相关手续，并在报表中进行了披露。其次，审查材料发出是否真实、合理，凭证手续是否完善，是否存在弄虚作假的情况。再次，审查发出材料金额计算是否正确，是否存在人为调节成本费用的现象。最后，审查发出材料的账务处理是否正确。

在采用计划成本计价时，应注意审查收入材料其材料成本差异的结转、发出材料应分摊的材料成本差异的计算和账务处理是否正确。

【提示】虚构存货是存货舞弊常用的手法之一，查账人员对每一笔较大金额的材料收入都应引起足够的重视，防止没有原始凭证或伪造原始凭证的材料虚增。

（3）材料盘点。查账人员主要采用盘存法对企业材料进行盘点，材料盘点是核实材料实存数的有效方法。审查人员应根据各项材料的重要性、数量多少、金额大小等因素，决定对各项材料是进行监督盘点，还是亲自盘点。一般来说，对于种类繁多、数量较大、金额不很大的材料可以进行监督盘点。审查人员应亲自到场，密切注意被审查单位人员的操作程序和盘点过程。对于贵重的、管理、核算簿弱和混乱的、金额较大的、有舞弊嫌疑的材料应亲自进行盘点。

盘点过程中应认真做好盘点记录，盘点结束要根据盘点记录和材料明细清单编制材料盘点表。被审查单位相关负责人、盘点人、实物保管员、审查人员都应在盘点表上签章，以明确责任。

审查人员在进行材料盘点时，还应查询有无产权属外单位的材料，并通过审阅合同、信函、记录、询证等方式予以证实。同时，对于属被审查单位所有，但存放在外单位的材料，审查人员应通过询函等方式予以证实。

3. 在途物资的审查

在途物资是指企业已付货款但尚未运抵验收入库的材料或商品。企业设置“在途物资”账户核算。并按供货单位分别材料商品类别设置明细分类账，进行明细核算。

“在途物资”账户的审查参照“原材料”账户的审查。所不同的是：

（1）“在途物资”账户仅核算企业已付款，但尚未运抵验收入库材料或商品的实际成本。其他情况的物资采购业务均不在该账户核算。

（2）该账户期末的余额反映企业购入但尚未运抵的材料或商品的实际成本。可通过审查其总分类账与明细分类账的余额，抽查或详查相关记账凭证和原始凭证确认其真实性、正确性。

（四）违规操作检查重点

1. 对采购过程中违规操作的检查

采购过程中违规操作的主要表现为：①交易双方互相勾结签订虚假买卖合同以骗取货款，或互相勾结抬高材料进价或以次充好，以少报多以及利用订货合同收取回扣，从中贪污；②伪造假发票虚列进货，以假发票报账，侵吞货款；③长期占用采购资金，挪用公款；④购货享受折扣和购货折让，购货退回不入账。

检查采购过程中违规操作时，应重点实施以下几种程序：①审阅采购业务合同是否真实、合法、合理；②审查请购单、采购单、发票、入库单等原始凭证，并与有关明细账核对，检查是否有异常情况；③重点审查预付账款业务的合同，检查是否有虚列的预付账款长期挂账、挪用公款现象。

2. 对材料入账成本违规操作的检查

入账成本违规操作的具体表现为：①未将采购费用、途中合理损耗列入材料采购成本；②将材料采购成本列入期间费用；③未将商业折扣和现金折扣的处理区分开来（取得现金折扣时应冲减财务费用；商业折扣在取得对方税务证明后冲减采购成本）。

检查材料入账成本是否正确时，应通过查阅“银行存款日记账”“管理费用”“销售费用”明细账摘要，并追查相关原始凭证，以查证材料入账成本是否正确。

3. 对材料发出计价及账务处理违规操作的检查

此类违规操作具体表现为：①对材料采用计划成本计价时，材料成本差异计算错误、领用材料应负担的成本差异错误、人为发出材料转出价值错误，以此达到调节利润的目的；②对材料采用实际成本计价时，选用的发出材料的计价方法不适合企业的实际情况、随意变更计价方法、对外投资和捐赠、出售材料账务处理不正确或少交增值税、将出售材料款存入小金库；③本期领用的未消耗材料不办理退库或假造退库手续，造成生产成本的虚增虚减，以此来达到调节利润的目的。

查找此类违规操作时，应当检查“原材料”“生产成本”“制造费用”“管理费用”“材料成本差异”“长期股权投资”“营业外支出”“其他业务成本”等明细账并核对相关记账凭证、原始凭证等以发现问题和疑点。

4. 对材料盘亏、盘盈违规操作的检查

材料盘亏、盘盈违规操作主要表现为：①对盘盈的材料不进行账务处理，而是将其出售并将所得价款放入“小金库”；②不对盘亏的材料进行账务处理，以减少损失或未将增值税进项税额转出，以达到少交增值税的目的；③多计或少计材料的盘亏或盘盈，以达到调节利润的目的。

检查材料盘亏、盘盈的违规操作时，应当比较材料的账面与实有的数量及价值，查证是否存在以上几种情况。如果存在材料盘亏，应当检查相应的账务处理，查看盘亏时是否将增值税进项税额转出。

5. 对退货、改变材料用途或发生非常损失时的违规操作的检查

改变材料用途或发生非常损失时，应当按规定将购买材料时的增值税进项税额予以转出，企业可能为了少交增值税而没有将其转出。查账时，应当检查“原材料”明细账，查找是否有退货、改变材料用途或发生非常损失的情况，如果有，还应该检查“应交税费——应交增值税”明细账，查证是否将相应的进项税额转出。

（五）存货审查的主要工作底稿

1. 存货盘点审计程序表

存货盘点审计程序表如表3－9所示。

表3－9　存货盘点审计程序表

被审计单位：A公司　　审核员：____ 日期：____ 索引号：____

审 查 项 目：存货－存货盘点　　会计期间：____ 复核员：____ 日期：____ 页次：____

序号	内容	执行情况说明	索引号
1	取得被审计单位存货盘点计划，了解盘点范围、方法、人员分工及时间安排并作出记录评价		
2	参与被审计单位存货盘点的：观察并监督盘点计划的执行，并作适当抽点形成书面记录		
3	应获取盘点日前后存货收发及移动的凭证号码，检查库存记录与会计记录期末截止是否正确		
4	盘点结束后，选择数额较大、收发频繁的存货项目与永续盘存记录进行核对		
5	如未参与年末盘点，应在审计外勤工作时对存货进行抽盘，并在获取资产负债表日至盘点日之间所有增减变动的会计记录基础上进行倒轧测试		
6	获取并检查被审计单位期末存货盘点明细表、汇总表		
7	检查有无代他人保存和来料加工的存货，有无未作账务处理而置于（或寄存）他处的存货，上述存货是否正确列示于存货盘点表中		
8	对于存放或寄销在外地的存货，应采用适当的抽查方法进行审验		
9	对商品房存货进行实地勘察、查验合同、了解进度，或向立项单位发函询证		
10	确定存货中属于残次、毁损、滞销积压的存货及其对当年损益的影响		
11	获取存货盘点盈亏调整和损失处理记录，检查重大存货盘亏和损失的原因，查验管理部门审批文件		
12	编制存货监盘小结		

2. 盘点结果汇总表

盘点结果汇总表如表3－10所示。

表3－10　盘点结果汇总表

盘点日：20××年××月××日

索引号：

存货名称和规格	单位	截止日存货结存数（仓库账面数）		截止日存货结存数（实际盘存数）		盘点差异	差异原因分析
		数量	索引	数量	索引		

续表

存货名称和规格	单位	截止日存货结存数（仓库账面数）		截止日存货结存数（实际盘存数）		盘点差异	差异原因分析
		数量	索引	数量	索引		
合计							

（六）参考案例

案例1：转移现金折扣藏入“小金库”

情况：2020年3月，查账人员在检查甲公司材料采购合同时，发现某一合同约定付款条件为：3/20，2/30，n/40，表明该项采购业务可能存在现金折扣，为查证该公司对现金折扣的账务处理是否正确，查账人员决定实施进一步检查。

查证：该项采购业务的记账凭证是2019年9月16日69号凭证，将其调出，会计分录为：

借：原材料　　2 000 000

　　应交税费——应交增值税（进项税额）　　260 000

　　贷：应付账款　　2 260 000

甲公司在2019年10月20日支付了该笔款项，分录为：

借：应付账款　　2 260 000

　　贷：银行存款　　2 260 000

甲公司付款期超过一个月，未能享受2%的折扣。但是在检查所附的原始凭证时，发现银行存款原始凭证为两张电汇单据，一张金额为2 280 000元，另一张为40 000元，收款单位相同，但是银行账号不同，查账人员由此怀疑甲公司将进货折扣放入了“小金库”。查账人员又进一步查阅汇款单，发现甲企业是将40 000元的现金折扣转入对方单位下属公司，后又以现金的形式提回，将其存入了“小金库”。

账务调整：甲公司违规将现金折扣存入“小金库”，对该违规操作应当进行如下账务调整：

借：银行存款　　40 000

　　贷：以前年度损益调整　　40 000

借：以前年度损益调整　　10 000

　　贷：应交税费——应交所得税　　10 000

借：以前年度损益调整　　30 000

　　贷：盈余公积　　3 000

　　　　利润分配——未分配利润　　27 000

案例点拨：在检查购货业务中的现金折扣时，应当关注购货企业对现金折扣的账务处理是否正确，以及是否存在隐匿现金折扣的违规操作事实。

案例2：少计材料采购成本

情况：2019 年 12 月，查账人员在检查甲公司 2019 年 10 月份“销售费用——其他”明细账时，发现 10 月 11 日 29 号摘要说明含糊不清，于是决定实施进一步检查。

查证：调出该凭证，其分录为：

借：销售费用——其他　　7 339.45

　　应交税费——应交增值税（进项税额）　　660.55

　　贷：银行存款　　8 000

审阅原始凭证时，发现所附的原始凭证为两张运费清单，其中铁路运费为 6 000 元、公路运费为 2 000 元，运费发票上显示甲公司为收货人而并非发货人，说明该笔运费是购货时发生的运费，而并非销货时发生的运费，因此该笔运费应当计入材料采购成本中。甲公司将应当计入材料成本的费用计入销售费用，一方面增加了当期费用、减少了当期利润，另一方面少计了材料成本，会影响以后成本、费用的核算，应当对此进行调整。

账务调整：

冲减多计的销售费用，增加材料采购成本：

借：原材料　　7 399.45

　　贷：销售费用　　7 399.45

如果该材料被出售，还应当在基础上编制以下分录：

借：其他业务成本　　7 399.45

　　贷：原材料　　7 399.45

如果未出售该材料，而是被领用继续生产，应当：

借：生产成本　　7 399.45

　　贷：原材料　　7 399.45

如果该产品已经完成生产入库，还应：

借：库存商品　　7 399.45

　　贷：原材料　　7 399.45

如果已经售出：

借：主营业务成本　　7 399.45

　　贷：库存商品　　7 399.45

案例点拨：本案例属于将材料采购成本列入销售费用的违规操作，检查时，应通过查阅“银行存款日记账”“销售费用”明细账摘要并追查相关原始凭证，以查证材料入账成本是否正确。

案例3：利用材料成本差异调节利润

情况：查账人员在2019年1月检查甲企业2018年12月生产成本明细账时，发现该月的生产成本明显高于前几个月，但查账人员了解到该公司并不存在季节性生产的问题而且材料采购成本也没有发生较大的变动。通过询问了解到该公司采用计划成本法对存货的发出计价进行核算，于是查账人员怀疑甲公司存在利用材料成本差异来调节生产成本，进而调节销售成本的嫌疑。

查证：查账人员首先调阅“材料采购”“原材料”“材料计划成本单价表”“材料成本差异”账户，发现该公司材料的实际成本低于计划成本。“材料成本差异”账户为贷方余额，其中11月结存差异为150 000元，本月收入材料成本差异为300 000元，月初结存材料计划成本为3 000 000元，本月收入材料计划成本为6 000 000元，当月发出材料计划成本5 000 000元。

12月材料成本差异率 = (−150 000 − 300 000)/(3 000 000 + 6 000 000) = −5%，应当结转的材料成本差异 = 5 000 000 × 5% = 250 000（元），而甲公司12月仅结转100 000元材料成本差异，少结转了150 000元，使营业成本虚增150 000元，从而减少当年利润，少缴所得税。

账务调整：

借：材料成本差异　　150 000

　　贷：以前年度损益调整　　150 000

借：以前年度损益调整　　37 500

　　贷：应交税费——应交所得税　　37 500

借：以前年度损益调整　　112 500

　　贷：盈余公积　　11 250

　　　　利润分配——未分配利润　　101 250

案例点拨：对采用计划成本法对存货发出计价进行核算的企业，查账人员应当关注是否存在利用“材料成本差异”来调节利润的情况。检查时，应当复核材料成本差异率、结转的差异是否正确。

案例4：退货时未结转相应的增值税进项税额

情况：2019年6月，查账人员审阅甲公司银行存款日记账时发现5月12日有一笔退货业务，其对方科目为“应付账款”与“原材料”。退货时，贷方出现“应付账款”科目，显得比较可疑，查账人员决定对此实施进一步追查。

查证：查账人员调出该笔凭证，其分录为：

借：银行存款　　45 200

　　贷：原材料　　40 000

　　　　应付账款　　5 200

后附的原始凭证为一张银行收账通知和一张红字发票，经查证，5 200元的应付账款实际上是退回材料的增值税进项税额，甲公司为了少交增值税而未将退货的进项税额予以转出，而是计入“应付账款”科目中。

账务调整：

借：应付账款　　5 200

　　贷：应交税费——应交增值税（进项税额转出）　　5 200

案例点拨：发生退货业务时，查账人员应当关注被查企业是否将退回货物的增值税进项税额予以一并结转。查找错误时可以检查“银行存款日记账”和“应交税费——应交增值税”明细账。

二、自制半成品、委托加工物资

（一）概念

半成品，是指经过一定生产过程并已检验合格交付半成品仓库保管，但尚未制造完工成为产成品，仍需进一步加工的中间产品。不包括从一个生产车间转给另一个生产车间继续加工的自制半成品以及不能单独计算成本的自制半成品，这类自制半成品属于在产品。

委托加工物资是指企业委托外单位加工成新的材料或包装物、低值易耗品等物资。委托加工物资的成本应当包括加工中实际耗用物资的成本、支付的加工费用及应负担的运杂费、支付的税金等。

（二）账务处理

1. 自制半成品的账务处理

（1）已经生产完成并已检验送交半成品库的自制半成品，应按实际成本，借记“自制半成品”科目，贷记“生产成本”科目。对于从一个车间转给另一个车间继续加工的自制半成品的成本，应在“生产成本”科目核算，不通过本科目核算。

（2）从半成品库领用自制半成品继续加工时，应按实际成本，借记“生产成本”科目，贷记“自制半成品”科目。

2. 委托加工物资的账务处理

（1）发给外单位加工的物资，按实际成本，借记“委托加工物资”科目，贷记“原材料”“库存商品”等科目；按计划成本或售价核算的，还应同时结转材料成本差异或商品进销差价，借记“委托加工物资”科目，贷记“产品成本差异”或“商品进销差价”科目；实际成本小于计划成本的差异，做相反的会计分录。

（2）支付加工费、运杂费等，借记“委托加工物资”等科目，贷记“银行存款”

等科目；需要缴纳消费税的委托加工物资，由受托方代收代缴的消费税，借记“委托加工物资”（收回后用于直接销售的）或“应交税费——应交消费税”科目（收回后用于继续加工的），贷记“应付账款”“银行存款”等科目。

（3）验收入库时借记“原材料”“库存商品”等科目，贷记“委托加工物资”科目。采用计划成本或售价核算的，按计划成本或售价，借记“原材料”或“库存商品”科目，按实际成本贷记“委托加工物资”科目，实际成本与计划成本或售价之间的差额，借记或贷记“材料成本差异”或贷记“商品进销差价”科目。

（三）委托加工物资审查的一般方法

企业应设置“委托加工物资”账户，核算企业委托加工的各种物资的实际成本。并按加工合同、委托加工单位等设置明细账，进行明细核算。

委托加工物资的审查方法是：

（1）委托加工物资总分类账与委托加工物资明细分类账核对。采用核对法，将委托加工物资总分类账余额与委托加工物资各明细分类账余额核对相符。取得或编制委托加工物资明细清单，并与各明细分类账户核对一致。

（2）审查委托加工物资明细账。采用审阅法审查委托加工物资各明细分类账，包括加工完工收回并已结清的账户。审阅各明细账的日期栏、摘要栏、金额栏。审查日期是否过长，摘要是否清晰，金额是否正常，余额计算是否正确。

抽查或详查会计凭证。对发出加工材料凭证，首先，审查是否有委托加工合同，加工物资是否为企业自身无力加工或加工不经济的物资，加工费用、交货时间等是否合理，防止内外勾结营私舞弊。其次，审查物资出库单，看发出加工材料的品种规格、质量、数量等是否与合同规定相符，是否有对方验收手续。再次，审查金额计算是否准确，账务处理是否正确。

对委托加工物资的其他加工成本的审查，应抽查或详查相关会计凭证，审查加工费计算是否合理，是否多计多付，支付结算是否恰当，超过现金支付范围的应使用支票等方式结算，运杂费是否过高，账务处理是否正确。对需要缴纳消费税的委托加工物资，由受托方代收代缴的消费税计算是否合理，账务处理是否正确。

对委托加工物资收回的审查，应抽查或详查相关会计凭证，收回的物资品种、规格、数量是否与发票标明的一致，质量是否经严格检验，是否符合合同规定要求。计价是否准确，凭证手续是否完善，账务处理是否正确。

同时还应注意是否有委托加工余料退回，是否存在将加工余料转移或私分的情况，收回多余材料凭证手续是否完善，账务处理是否正确。

（四）违规操作检查重点

（1）对虚列自制半成品成本的检查。

检查“自制半成品”“生产成本”总账、明细账及会计凭证，并对比分析年度内以及各年度之间自制半成品成本的变化，如果发现存在比较异常的变化，应当实施进一步追查。

（2）对委托加工物资成本、税费计算错误的检查。

检查加工费、增值税、消费税的计算是否正确；检查是否有加工周期过长，加工费、运费过高的现象。

（五）参考案例

案例1：虚增自制半成品成本

情况：查账人员在检查甲公司2018年10月“自制半成品明细账”时，发现当月的自制半成品成本明显高于以往月份，该公司不存在季节性生产的特点，因此查账人员怀疑甲公司存在虚增半成品成本的嫌疑，决定实施进一步追查。

查证：查账人员对半成品成本构成进行分析性复核，经过分析发现在半成品成本中，原材料所占的份额较以往偏高。于是查账人员调出最近一笔结转原材料成本较高的凭证，其分录为：

借：基本生产成本——A产品　　30 000

　　贷：原材料——B　　30 000

检查后附的原始凭证，发现与记账凭证不符。原始凭证为领料单，其上显示的领用部门有生产车间和基建部门：生产车间领用B材料18 000元、基建部门领用12 000元，此时可以确定甲公司将应当计入“在建工程”的成本转移计入“基本生产成本”账户，进而增加自制半成品成本，最终虚增营业成本，减少利润，少交所得税。随后，查账人员共查出转入“基本生产成本”的建设成本为35 000元。

账务调整：

经检查，上述半成品均已完成入库：

借：在建工程　　35 000

　　贷：库存商品　　35 000

案例点拨：**实施分析程序很容易发现是否存在异常的变化或趋势，发现异常情况时，应当进一步追查，查证是否存在舞弊问题。**

案例2：违规抵扣应计入成本的消费税

情况：2020年2月，查账人员对乙公司（鞭炮企业）2018年“委托加工物资明细账”进行检查，该公司委托外单位加工鞭炮收回后直接对外出售，该过程可能出现未将消费税计入成本的违规操作，于是查账人员与对此进行检查。

查证：查账人员翻阅委托加工的相关凭证，具体如下：

2019年7月6日14号凭证，发出待加工的A类鞭炮，分录为：

借：委托加工物资——A类鞭炮　　30 000

　　贷：原材料　　30 000

2019年7月26日60号凭证，支付加工费，其分录为：

借：委托加工物资——A类鞭炮　　5 000

　　应交税费——应交增值税（进项税额）　　650

贷：银行存款　　5 650

2018 年 8 月 1 日 2 号凭证，支付消费税，分录为：

借：应交税费——应交消费税　　6 176

贷：银行存款　　6 176

2018 年 8 月 1 日 3 号凭证，收回委托加工的材料，分录为：

借：库存商品　　35 000

贷：委托加工物资　　35 000

通过检查以上记账凭证可以看出，乙公司未将支付的消费税直接计入委托加工物资成本，而是将其计入应交消费税的借方留待抵扣，少交消费税。该笔业务违反了相关规定应当进行调整。随后经查找，该公司共少计委托加工物资成本 100 000 元。

账务调整：

借：库存商品　　6 176

贷：应交税费——应交消费税　　6 176

案例点拨：应交消费税的委托加工物资收回后，应当区分是需要进一步加工还是直接出售：如果是直接出售，前一环节的消费税应当计入成本中；如果是继续加工，支付的消费税可予以抵扣。在查找这一方面的错账时，查账人员应当关注是否存在不符合以上规定的情形。

三、周转材料

（一）概念

周转材料，是指企业能够多次使用、逐渐转移其价值但仍保持原有形态、不确认为固定资产的材料，如包装物和低值易耗品；企业（建造承包商）的钢模板、木模板、脚手架和其他周转材料等；在建筑工程施工中可多次利用的材料，如钢架杆、扣件、模板、支架等。

（二）账务处理

企业周转材料的计划成本或实际成本，包括包装物、低值易耗品等，通过“周转材料”科目进行核算。本科目可按周转材料的种类，分别“在库”“在用”和“摊销”进行明细核算。企业应当根据具体情况对周转材料采用一次转销法、五五摊销法和分次摊销法。

（1）企业购入、自制、委托外单位加工完成并已验收入库的周转材料等，比照“原材料”科目的相关规定进行处理：借记“周转材料”“应交税费——应交增值税（进项税额）”科目，贷记“银行存款”“应付账款”“预付账款”等科目。

（2）采用一次转销法的，领用时应按其账面价值，借记“管理费用”“其他业务成本”“生产成本”“销售费用”“工程施工”等科目，贷记“周转材料”科目。周转材料报废时，应按报废周转材料的残料价值，借记“原材料”等科目，贷记“管理费用”“生产成本”“销售费用”“工程施工”等科目。

（3）采用其他摊销法的，领用时应按其账面价值，借记“周转材料”科目（在用），贷记“周转材料”科目（在库）；摊销时应按摊销额，借记“其他业务成本”“管理费用”“生产成本”“销售费用”“工程施工”等科目，贷记“周转材料”科目（摊销）。周转材料报废时应补提摊销额，借记“其他业务成本”“管理费用”“生产成本”“销售费用”“工程施工”等科目，贷记“周转材料”科目（摊销）；同时，按报废周转材料的残料价值，借记“原材料”等科目，贷记“管理费用”“生产成本”“销售费用”“工程施工”等科目；并转销全部已提摊销额，借记“周转材料”科目（摊销），贷记“周转材料”科目（在用）。

（4）周转材料采用计划成本进行日常核算的，领用发出周转材料时，还应同时结转应分摊的成本差异。“周转材料”科目期末借方余额，反映企业在库周转材料的计划成本或实际成本以及在用周转材料的摊余价值。

（三）违规操作检查重点

（1）对周转材料摊销方法不正确的检查。检查时，应审阅“周转材料”明细账贷方记录以及“管理费用”“其他业务支出”“销售费用”“生产成本”等账户的明细账，查找是否存在一次摊销数量较多、金额较大的周转材料的情况。

（2）对出租、出借周转材料租金、押金的检查。检查租金、押金的金额是否与出租、出借的包装物数量存在一致的对应关系；检查周转材料的收回是否及时、是否存在押金长期挂账的现象。

（3）对周转材料与固定资产混淆的检查。检查固定资产明细账，审阅固定资产明细科目，查找是否存在将周转材料列为固定资产的情形。

（四）参考案例

案例1：私自出售周转材料贪污款项

情况：2018年6月，查账人员在盘点甲公司6月份的周转材料时盘亏20个不锈钢容器，查账人员询问盘亏的原因，仓库保管人员解释说是由于出租给乙企业，但是甲公司账簿上并没有收到租金和押金的记录。因此，查账人员怀疑仓库保管人员存在私自出售周转材料并贪污相应款项的嫌疑。

查证：查账人员向乙企业函证该出租事项，乙企业回复并没有租用甲公司的不锈钢容器。查账人员向仓库保管员质询，在证据面前，该保管员承认该批容器是长期放在仓库中无人问津，因此在整理仓库时将其与其他杂物一起出售，并贪污了出售款项，共5 000元。

账务调整：没收仓库保管员非法所得，并对其罚款500元：

借：其他应收款　　　　5 500
　贷：待处理财产损溢　　　　5 000
　　　营业外收入——罚款　　　　500

案例点拨：盘亏存货时，应当检查是否进行了相应的账务处理，如果没有在账面上反映盘亏，很有可能表明存在私自出售存货的嫌疑，应当实施进一步检查。

案例 2：混淆周转材料与固定资产

情况：2018 年 12 月查账人员在检查甲公司“固定资产”明细账时，发现该公司在 2018 年 5 月新增固定资产 3 000 元。查账人员查看固定资产卡片，卡片上注明该批固定资产名为办公椅，查账人员怀疑甲公司可能将低值易耗品列为固定资产。

查证：查账人员调出购买该项固定资产的记账凭证：

借：固定资产	3 000	
贷：银行存款		3 000

原始凭证为一张转账支票存根和一张购货发票，发票上注明所购商品为 10 把办公椅，每把办公椅 300 元。按照规定，该批椅子应当作为低值易耗品进行核算，不应当作为固定资产进行核算。通过进一步查找，这批椅子当年已计提了 150 元的折旧。甲公司为降低费用，违规将低值易耗品列为固定资产核算，应当予以调整。

账务调整：

借：周转材料——低值易耗品	3 000	
累计折旧	150	
管理费用	1 350	
贷：固定资产		3 000
周转材料——低值易耗品（摊销）		1 500

案例点拨：与固定资产相比，周转材料的价值比较低、使用年限也比较短，应当将二者区分开，不应当混淆。在检查固定资产账目时，查账人员应当关注是否存在将周转材料列为固定资产核算以减少成本、费用的违规操作行为。

四、库存商品

（一）概念

库存商品是指企业已完成全部生产过程并已验收入库、合乎标准规格和技术条件，可以按照合同规定的条件送交订货单位，或可以作为商品对外销售的产品以及外购或委托加工完成验收入库用于销售的各种商品。

（二）账务处理

（1）当库存商品生产完成并验收入库时，应按实际成本，借记“库存商品”科目，贷记“生产成本——基本生产成本”科目。

（2）企业销售商品、确认收入时，应结转其销售成本，借记“主营业务成本”等科目，贷记“库存商品”科目。

（三）库存商品审查的一般方法

企业设置“库存商品”账户核算库存各种商品的实际成本，包括库存的外购商品、自制商品产品等。并按库存商品的种类、品种和规格设置明细账，进行明细核算。库存商品审查的一般方法如下：

1. 库存商品总分类账与库存商品明细分类账核对

库存商品总分类账与库存商品明细账核对的方法与材料审查相同，不再重复。

2. 库存商品明细账的审查

库存商品明细账的审查与材料明细账审查基本相同，所不同的是：①对入库产成品要抽查入库产成品业务凭证，查明入库产成品的品种、数量是否真实、正确。核对每月产成品入库数与生产计划数、成本计算单的生产数是否相符。入库人员、质检人员、保管人员等是否签章。②从事商品流通的企业，对入库商品抽查凭证时要注意采购费用不计入购入商品成本，应于发生时确认为当期销售费用。在库存商品采用售价金额核算的企业，期末库存商品余额反映的是商品售价，扣除期末商品进销差价后的余额为期末结存库存商品的实际成本。

3. 商品进销差价的审查

商品进销差价是从事商品流通的企业商品采用售价核算的情况下其商品售价与进价之间的差额。企业设置“商品进销差价”账户核算。并按商品类别或实物负责人设置明细账，进行明细核算。其审查的一般方法如下：

（1）将商品进销差价总分类账余额与商品进销差价各明细分类账余额核对相符。取得或编制商品进销差价明细清单，并与商品进销差价明细账核对相符。

（2）审查商品进销差价明细账。抽查或详查商品入库相关的凭证，审查商品售价、商品进价及商品进销差价确定是否正确，凭证手续是否完善，账务处理是否正确。抽查或详查月终已销商品应分摊的进销差价的计算和结转的相关凭证，确认计算是否准确，账务处理是否正确。是否存在人为调整应分摊的商品进销差价，从而调节销售成本和期末结存商品成本的情况。

4. 库存商品盘点

库存商品盘点的方法与材料盘点方法相同，不再重复。

（四）违规操作检查重点

（1）对库存商品入库成本的检查。在检查库存商品的入账成本是否正确时，查账人员应当检查“库存商品”“生产成本”明细账及相关的原始凭证，查找是否存在多计或少计成本的问题。

（2）对库存商品出库成本的检查。检查“库存商品”“主营业务成本”明细账，并审核原始凭证，查找是否存在重复出库或虚假出库来结转主营业务成本的违规操作行为。

（五）参考案例

案例1：虚假出库伪造利润

情况：2019年12月查账人员在盘点甲公司库存商品时，发现A产品库存数量多于账面数量500kg，价值为150 000元。询问仓库保管人员，其声称该产品已出售给乙公司，这批产品是暂存在甲公司。查账人员进一步查阅了会计凭证，发现记账凭证后面没有附任何原始凭证，因此，查账人员怀疑甲公司存在虚假出库的嫌疑。

查证：调出该凭证，其分录为：

借：应收账款——乙公司　　226 000

　　贷：主营业务收入　　200 000

　　　　应交税费——应交增值税　　26 000

该笔记账凭证后未附原始凭证

借：主营业务成本　　150 000

　　贷：库存商品　　150 000

后附的原始凭证为出库单

查账人员向乙公司发函询证该笔交易，乙公司回复称并没有与甲公司发生该项交易。至此，可以证明甲公司存在虚假出库的行为，实际上并没有发生销售业务，也未转移存货，只是通过开出内部出库凭证来在账面上走了一下。

账务调整：

借：主营业务收入　　200 000

　　应交税费——应交增值税　　26 000

　　贷：应收账款——乙公司　　226 000

借：库存商品　　150 000

　　贷：主营业务成本　　150 000

案例点拨：对账实不符的库存商品应重点关注，查明原因，确定是否存在库存商品舞弊行为。

案例2：随意变换发出库存商品的计价方法

情况：2019年2月，查账人员在检查甲公司2018年度各月利润时，发现该公司12月的利润明显高于前几个月的利润。据了解，甲公司的生产经营并不存在季节性特征，进一步审阅发现各月的收入情况并不存在较大的波动，因此，查账人员怀疑甲公司存在调节成本的违规操作问题。

查证：查账人员询问甲公司会计主管，了解到该公司采用加权平均法对存货发出进行计价，但在查账人员对12月的库存商品的发出进行计价测试后发现实际上采用的是先进先出法，而并非加权平均法，与之前各期采用的计价方法不一致。在查阅生产成本明细账及库存商品借方记录，发现单位产品成本呈明显上升趋势，特别是在12月生产成本明显增大，经过进一步调查、核实，确定企业为了少转成本，在12月违规采用了与以前不一致的计价方法。通过改变库存商品发出计价方法，甲公司少结转成本300 000元。

账务调整：

借：以前年度损益调整　300 000

　　贷：库存商品　300 000

借：应交税费——应交所得税　75 000

　　贷：以前年度损益调整　75 000

借：盈余公积　7 500

　　利润分配——未分配利润　217 500

　　贷：以前年度损益调整　225 000

案例点拨：发现利润存在非常变动时，应当查找是否存在违规调节发出存货计价方法改变的情况，查证是否存在调节利润的情况。

五、存货跌价准备

（一）概念

存货跌价准备是指在中期期末或年底终了，如由于存货遭受毁损、全部或部分陈旧过时或销售价格低于成本等原因，使存货成本不可以收回的部分，应按单个存货项目的成本高于其可变现净值的差额提取，并计入存货跌价损失。

（二）账务处理

（1）提取存货跌价准备时，借记“资产减值损失”科目，贷记“存货跌价准备”科目。

（2）领用存货时，结转存货跌价准备：生产经营领用存货时，借记“生产成本”“存货跌价准备”科目，贷记“原材料”科目；销售存货时，借记“主营业务成本”“其他业务成本”“存货跌价准备”科目，贷记“库存商品”“原材料”科目。

（三）违规操作检查重点

对存货跌价准备的违规操作主要表现在企业随意计提存货跌价准备，以此达到调节利润的目的。检查时，查账人员应当首先了解企业的性质以及有关存货价格等的相关信息，认真审阅“存货跌价准备”“资产减值损失”以及各种存货的明细账，结合有关规定复核计算，确定企业计提的存货跌价准备是否适当。

（四）参考案例

案例：任意计提存货跌价准备，调节利润

情况：2019年3月，查账人员在检查甲公司“存货跌价准备”明细账时，发现该

公司下半年计提的存货跌价准备明显高于上半年计提的金额。但是经了解，该公司的存货的市场价格并没有发生较大的波动，因此查账人员怀疑甲公司存在多计提存货跌价准备的嫌疑。

查证：查账人员检查该公司的资产减值损失明细账，发现2018年12月计提存货跌价准备150万元，该企业每半年计提一次存货跌价准备，6月份存货跌价准备账面贷方余额100万元，12月存货账面成本3 000万元，可变现净值2 800万元，2018年末应当计提的存货跌价准备=(3 000－2 800)－100=100（万元），多计提50万元。

账务调整：

借：存货跌价准备	500 000	
贷：以前年度损益调整		500 000
借：以前年度损益调整	125 000	
贷：应交税费——应交所得税		125 000
借：以前年度损益调整	375 000	
贷：盈余公积		37 500
利润分配——未分配利润		337 500

案例点拨：查找"存货跌价准备"违规操作时，主要关注是否存在通过多计或少计存货跌价准备调节利润的情况，应当通过了解企业的性质、存货市场行情等情况来判断是否存在违规操作。

第十节　可供出售金融资产

一、概念

可供出售金融资产是指初始确认时即被指定为可供出售的非衍生金融资产，以及下列各类资产以外的金融资产：①贷款和应收款项；②持有至到期投资；③以公允价值计量且其变动计入当期损益的金融资产。

二、账务处理

（1）取得可供出售金融资产时：如果是股权投资，按公允价值及相关交易费用之和，借记"可供出售金融资产——成本"科目，按支付的价款中包含的已宣告但尚未领取的股利，借记"应收股利"科目，按支付的价款，贷记"银行存款"等科目；如果是债券投资，按债券面值，借记"可供出售金融资产——成本"科目，按支付的价款中包含的已宣告但尚未领取的利息，借记"应收利息"科目，债券溢价发行时，按溢价，借记"可供出售金融资产——利息调整"科目，若折价发行，该科目在贷方，按支付的价款，贷记"银行存款"等科目。

（2）资产负债表日，按公允价值调整可供出售金融资产的价值：公允价值高于账面价值时，按其差额，借记“可供出售金融资产——公允价值变动”科目，贷记“其他综合收益”科目，反之，则做相反的分录。

（3）可供出售金融资产发生减值时，原直接计入其他综合收益中的因公允价值下降形成的累计损失，应予以转出，借记“资产减值损失”科目，贷记“其他综合收益”“可供出售金融资产——公允价值变动”科目。

（4）处置可供出售金融资产时，按收到的价款，借记“银行存款”等科目，贷记“可供出售金融资产——成本”“可供出售金融资产——公允价值变动”科目，处置价款与账面价值的差额计入“投资收益”科目，将原计入其他综合收益的公允价值变动累计额对应处置的金额部分，转入“投资收益”科目。

三、违规操作检查重点

（1）入账成本有误。投资发生时，需关注含权因素（实际支付价款中包含的已宣告但尚未领取的现金股利或利息）的会计处理是否正确，是否存在将应收项目计入可供出售金融资产成本的违规操作行为。

（2）任意确认资产减值损失以调节利润。查账时，应当审阅“可供出售金融资产”“资产减值损失”“其他综合收益”明细账，并比较可供出售金融资产的账面价值与公允价值的大小，复核确认的资产减值损失金额是否正确。

四、参考案例

案例：不确认资产减值损失以避免调节利润下降

情况：2019 年 3 月，查账人员在检查甲公司 2018 年“其他综合收益”明细账时，发现该公司的其他综合收益账户主要是核算可供出售金融资产公允价值的变动，2018 年其他综合收益贷方发生额为 50 000 元，借方发生额为 200 000 元，该项金融资产的成本为 200 000 元，表明该项金融资产公允价值下跌严重，查账人员怀疑甲公司存在未确认资产减值损失以避免利润下滑的行为，因此，针对该项目展开调查。

查证：甲公司的可供出售金融资产是 2017 年 6 月从乙公司购入的股票，成本为 200 000 元，甲公司将其确认为可供出售金融资产进行核算。为查证甲公司是否存在少确认减值损失的情况，查账人员复核了乙公司 2018 年股票的价格变化。发现乙公司股价在 2017 年一直保持上升态势，但是因乙公司投资决策失误，导致自 2018 年 1 月开始该公司股价开始持续下滑，如果乙公司不采取有力措施其股票价格预计会持续下跌，该公司目前并没有出台相关措施来挽回相应损失。因此，从以上信息来看，甲公司应当对该项可供出售金融资产确认减值损失。

账务处理：

借：以前年度损益调整	200 000	
贷：其他综合收益		200 000

借：递延所得税资产　　　　50 000
　　贷：以前年度损益调整　　　　50 000
借：盈余公积　　　　15 000
　　利润分配——未分配利润　　　　135 000
　　贷：以前年度损益调整　　　　150 000

案例点拨：检查可供出售金融资产时，应当关注被查企业是否存在多计或少计减值损失或公允价值变动金额确认有误的情况。

第十一节　持有至到期投资

一、概念

持有至到期投资，是指到期日确定、回收金额固定或可确定，且企业有明确的意图和能力持有至到期的非衍生金融资产。持有至到期投资一般具有以下特征：到期日固定、回收金额固定或可确定；有明确意图持有至到期；有能力持有至到期。

二、账务处理

（1）持有至到期投资应当按照取得时的公允价值和相关交易费用之和作为初始确认金额。支付的价款中包含的已到付息期但尚未领取的债券利息，应单独确认为应收项目。

（2）企业取得持有至到期投资时，应按其面值，借记“持有至到期投资——成本”科目，按已到付息期但尚未领取的利息，借记“应收利息”科目，按实际支付的金额，贷记“银行存款”等科目，按其差额，借记或贷记“持有至到期投资——利息调整”科目。

（3）资产负债表日，持有至到期投资为分期付息、一次还本债券投资的，应按票面利率计算确认的应收未收利息，借记“应收利息”科目，按持有至到期投资摊余成本和实际利率计算确定的利息收入，贷记“投资收益”科目，按其差额，借记或贷记“持有至到期投资——利息调整”科目。

（4）资产负债表日，持有至到期投资为一次还本付息债券投资的，应按票面利率计算确定的应收未收利息，借记“持有至到期投资——应计利息”科目，持有至到期投资摊余成本和实际利率计算确定的利息收入，贷记“投资收益”科目，按其差额，借记或贷记“持有至到期投资——利息调整”科目。

（5）收到分期付息、一次还本持有至到期投资持有期间支付的利息，借记“银行存款”等科目，贷记“应收利息”科目。

三、持有至到期投资审查的一般方法

持有至到期投资业务审查的一般方法如下：

（1）审查持有至到期投资的内部控制制度。为了保证企业持有至到期投资业务的管理和核算正确、有效地进行，企业应建立相关的内部控制制度。其审查内容和方法参照交易性金融资产业务内部控制制度的审查。

（2）持有至到期投资总分类账与其所属明细账核对。采用核对法将持有至到期投资总分类账余额与所属明细分类账的余额合计核对一致。取得或编制持有至到期投资明细清单并与各明细账核对相符。

（3）审查持有至到期投资明细分类账。采用审阅法审查持有至到期投资各明细分类账户，审查摘要是否清晰、金额是否正常、余额计算是否正确。由于企业持有至到期投资业务一般不多，可采用详查法对相关业务凭证进行审查。

①对持有至到期投资取得，应审查是否经过审批，是否超过企业正常的资金能力，凭证手续是否完善，投资成本确定是否正确，账务处理是否正确。特别应注意支付的手续费应计入取得成本，取得时已到期尚未领取的利息应计入“应收利息”账户。

②审查持有至到期投资持有期间的利息是否按期正确地确认入账，账务处理是否正确。

③审查持有至到期投资处置时是否经过审批，手续凭证是否完善，账务处理是否正确。

（4）审查持有至到期投资的实有数。企业持有至到期投资一般表现为一定数量的有价证券。查账人员对其实有数的审查一般采用清查盘点和询证的方法。具体方法请参照交易性金融资产的审查。

（5）持有至到期投资减值的审查。根据规定，企业应当在资产负债表日对持有至到期投资的账面价值进行检查，有客观依据表明该投资发生减值的，应计提减值准备。

查账人员在审查时应注意以下方面：①取得表明持有至到期投资发生减值的证据，对其真实性、合法性、合理性进行判断；②审查计提的减值准备金额计算是否正确；③审查计提的相关账务处理是否正确；④审查已计提减值准备的持有至到期投资价值恢复后，是否按规定正确地进行了相关账务处理。

四、违规操作检查重点

1. 检查债券投资的完整性和准确性

为防止企业债券投资舞弊，具体的查账方法为：清点企业债券实有数，验证债券投资是否真实存在，检查债券投资的账簿记录是否和实际数额相符，应当对企业所有的债券进行清查盘点，逐项清查企业债券的种类、面值、期限、序号和各账簿之间、账实之间是否一致。

2. 检查持有至到期投资的计价错误

企业投资持有至到期投资时，可能会出现不按实际支付的价款计价，所含的利息未计入“应收利息”科目等现象，造成企业的持有至到期投资的账面记录不真实、不准确。

具体的查账方法为：对“持有至到期投资——成本”“持有至到期投资——利息调整”“应收利息”和“投资收益”等科目进行检查，如发现疑点，则进一步检查有关凭证。

3. 检查持有至到期投资的利息核算是否正确

复核持有至到期投资的利息计算、折价、溢价摊销是否正确，进而确定企业持有至到期投资的投资收益计算是否正确。

五、持有至到期投资审查的主要工作底稿

（1）被审查单位持有至到期投资的相关内部控制制度。

（2）持有至到期投资总分类账与各所属明细分类账核对的工作记录。持有至到期投资的明细清单。

（3）持有至到期投资明细分类账审查、凭证审查的工作记录及搜集的相关证据资料。

（4）持有至到期投资的有价证券盘点表、询证记录及回函。

（5）持有至到期投资审查的工作计划及相关工作记录。

六、参考案例

案例1：持有至到期投资计价错误

情况：某企业2019年1月1日购入了甲公司期限为3年的债券，债券面值为60 000元，实际支付价款为66 000元。查账人员在审核企业的“持有至到期投资”时发现该账户的入账价值和实际支付的价款之间有差额，怀疑其账务处理有错误。

查证：企业对于上述事项的账务处理为：

借：持有至到期投资——成本　　60 000
　　投资收益　　6 000
　　贷：银行存款　　66 000

账务调整：

借：持有至到期投资——损益调整　　6 000
　　贷：投资收益　　6 000

案例点拨：企业将该交易中的溢价6 000元作为投资收益，借记了“投资收益”科目，减少了企业的利润，账务处理是不正确的。企业在取得持有至到期投资时，应按照面值借记“持有至到期投资——成本”科目，按照实际支付的价款，贷记“银行存款”等科目，同时按照上述两个账户的差额，借记或贷记“持有至到期投资——利息调整”科目。

案例2：计息错误

情况：某企业2019年1月1日按面值购进某公司发行的4年期债券100 000元，年利率为10%，应计利息10 000元，查账人员审查某企业的“应收利息”账户时发现该企业2019年的利息数额较多，怀疑核算有误。

查证：该企业在计提利息时的会计分录为：

借：应收利息	20 000	
贷：投资收益		20 000

账务调整：

借：利润分配——未分配利润	7 500	
应交税费——应交所得税	2 500	
贷：应收利息		10 000

案例点拨：企业应计提的利息为10 000（100 000×10%）元，企业为完成当年利润而将下一年的利息一并提取，违反了相关的规定。因此，应当进行调账，调减应收利息10 000元的同时，调整“利润分配——未分配利润”账户的期末数额。

第十二节 长期股权投资

一、概念

“长期股权投资”科目是核算企业投出的期限在一年以上（不含一年）的各种股权性质的投资，包括购入的股票和企业股权投资等等。

二、账务处理

长期股权投资的核算有权益法和成本法两种。

1. 企业取得长期股权投资时的账务处理

（1）企业通过认购的方式获得股票，应当按照实际支付的价款，借记“长期股权投资”科目，贷记“银行存款”科目；实际支付的价款中包含已宣告但尚未领取的现金股利，则应当按照实际支付的价款减去已宣告但尚未领取的现金股利借记“长期股权投资”科目，同时按照现金股利借记“应收股利”科目，按实际支付的价款贷记“银行存款”科目。

（2）以其他方式取得长期股权投资的，应当按照实际支付的价款，借记“长期股权投资”科目，贷记“银行存款”科目。

（3）企业以应收债权换入长期股权投资的，应当以应收债权的账面价值加上相关税费，借记“长期股权投资”科目；按该应收债权已计提的坏账准备，借记“坏账准备”科目；按照应收债权的账面余额，贷记“应收账款”科目；按照应支付的相关税费，贷记“银行存款”“应交税费”等科目。

收到补价的，应当按照应收债权的账面价值加相关税费，减去收到的补价，借记“长期股权投资”科目；按收到的补价，借记“银行存款”科目；按照该应收债权已计提的坏账准备，借记“坏账准备”科目；按照该应收债权的账面余额，贷记“应收账款”等科目；按照应支付的相关税费，贷记“银行存款”“应交税费”等科目。

支付补价的，应当按照应收债权的账面价值加上相关税费和支付的补价，借记“长期股权投资”科目；按照该应收债权已计提的坏账准备，借记“坏账准备”科目；按照应收债权的账面余额，贷记“应收账款”科目；按照所支付的补价和相关税费，贷记“银行存款”“应交税费”等科目。

（4）以库存商品换入长期股权投资的，应当以换出资产的账面价值加上应交的相关税费，借记“长期股权投资”科目；按换出资产已计提的跌价准备，借记“存货跌价准备”科目；按换出资产的账面余额，贷记“库存商品”等科目；按换出资产应支付的相关税费，贷记“银行存款”“应交税费”等科目。

（5）以固定资产换入长期股权投资的，按固定资产的账面净值，借记“固定资产清理”科目，按换出资产已计提的折旧，借记“累计折旧”科目；按照换出资产已计提的减值准备，借记“固定资产减值准备”科目；按照换出资产的账面原价，贷记“固定资产”科目；按照“固定资产清理”科目的数额，借记“长期股权投资”科目，贷记“固定资产清理”科目；以固定资产换入长期股权投资所涉及的相关税费，通过“固定资产清理”科目核算。

（6）以无形资产换入长期股权投资，应当以换出的无形资产的账面价值加上相关的税费，借记“长期股权投资”科目；按换出无形资产已计提的减值准备，借记“无形资产减值准备”科目；按照无形资产的账面余额，贷记“无形资产”科目；按照应交的相关税费，贷记“银行存款”“应交税费”等科目。

2. 长期股权投资后续计量的成本法

（1）采用成本法进行后续计量的长期股权投资，除追加投资或收回投资外，长期股权投资的账面价值一般保持不变。

（2）企业应当在被投资单位宣布发放现金股利或利润时，按照企业享有的投资份额，借记“应收股利”科目，贷记“投资收益”科目；当企业受到被投资单位发放的现金股利或利润时，借记“银行存款”科目，贷记“应收股利”科目。

3. 长期股权投资后续计量的权益法

（1）采用权益法对长期股权投资进行后续计量的，按照初始投资成本进行计量，后续按照被投资单位所有者权益的变动额对投资的账面价值进行调整。

（2）初始投资成本大于企业享有的被投资单位可辨认净资产公允价值份额的，应当以初始投资成本的数额，借记“长期股权投资——成本”科目；初始投资成本小于企业享有的被投资单位可辨认净资产公允价值份额的，应当以企业享有的被投资单位可辨认净资产的公允价值数额借记“长期股权投资——成本”科目，其与初始投资成本之间的差额，应当贷记“营业外收入”科目。

（3）企业获得长期股权投资后，应当根据被投资单位的收益调整相应的账面价值。

若被投资单位获利，则企业应当按照被投资单位当年实现的净利润中企业应享有的部分，借记“长期股权投资——损益调整”科目，贷记“投资收益”科目；若被投资单位发生亏损，则做相反分录，直至将长期股权投资的账面价值减至零为止。

（4）被投资单位通过增资的方式扩大所有者权益的，企业应当按照持股比例计算的份额，借记“长期股权投资——其他权益变动”科目，贷记“资本公积——其他资本公积”科目。

（5）被投资单位宣告发放现金股利或利润，企业应当按照持股比例计算应享有的份额，借记“应收股利”科目，贷记“长期股权投资”科目。

4. 处置长期股权投资

（1）处置长期股权投资应当结转持有的长期股权投资的账面价值，处置长期股权投资所收到的价款与长期股权投资的账面价值之间的差额，确认为处置损益。

（2）采用权益法核算的长期股权投资，处置时应当将原计入资本公积的部分一并转出，从资本公积转入当期损益。

三、违规操作检查重点

1. 违反国家有关的法律、法规进行投资

表现为企业以专项储备等进行对外投资，或者对外投资总额超过净资产的50%。企业查账时应当检查“长期股权投资”账户及其总账、明细账和会计凭证，计算企业的投资比重，检查企业的投资是否符合相关的规定。

2. 长期股权投资的计价错误

表现为不按实际支付的价款计价；投资时取得的被投资单位已宣告但尚未分配的现金股利或利润没有在“应收股利”科目反映；两种后续计量方式随意转换等。企业可以通过检验“长期股权投资”科目的总账、明细账、会计凭证和原始凭证等核算长期股权投资的入账价值是否正确。

3. 投资收益反映不正确

检查长期股权投资的成本法和权益法核算是否正确；对“投资收益”等账户进行检查，如有疑点可以进一步检查相关的凭证；计算有关的相对指标，检查投资收益有无异常的变动。

四、参考案例

案例1：投资收益计算不正确

情况：某企业于2018年1月1日以银行存款购入甲公司10%的股份，实际支付110万元。甲公司2018年4月2日宣告分配2017年的现金股利30万元，2018年甲公司实现净利润40万元，2019年4月1日宣告分配现金股利60万元。查账人员对该企业的投资收益进行专项检查，怀疑其对投资收益的计量不正确，有虚增利润的现象。

查证：

该企业对以上业务的账务处理如下：

(1) 2018年1月1日购入甲公司股份

借：长期股权投资　　1 100 000

　　贷：银行存款　　1 100 000

(2) 2018年4月2日甲公司宣告分派2012年的现金股利30万元

借：应收股利　　30 000（30×10%）

　　贷：投资收益　　30 000

(3) 2019年4月1日宣告分派现金股利60万元

借：应收股利　　60 000（60×10%）

　　贷：投资收益　　60 000

账务调整：

(1) 调整2018年4月2日宣告分派的2017年现金股利30万元

借：以前年度损益调整　　30 000

　　贷：长期股权投资　　30 000

借：利润分配——未分配利润　　22 500

　　应交税费——应交所得税　　7 500

　　贷：以前年度损益调整　　30 000

(2) 调整2019年4月1日宣告分派的现金股利60万元

借：以前年度损益调整　　20 000（6－4）

　　贷：长期股权投资　　20 000

借：利润分配——未分配利润　　15 000

　　应交税费——应交所得税　　5 000

　　贷：以前年度损益调整　　20 000

案例点拨：

该企业持有甲公司10%的股权，应按照成本法对长期股权投资进行后续计量。

(1) 由于该企业取得甲公司的股份是2018年1月1日，所以2018年4月2日甲公司宣告分配2017年的现金股利，该公司不应计算确认长期股权投资的投资收益，而应当抵减长期股权投资的成本。

(2) 2019年4月1日甲公司宣告分派现金股利60万元，所分配的股利是2018年的经营收益，而甲公司2018年的净利润是40万元，所以该企业2019年4月1日应确认的投资收益应当是甲公司2018年的经营净利润，即该公司应当确认投资收益4万元（40×10%），差额2万元应当抵减该企业的投资成本。

案例2：非货币性资产交换换入长期股权投资

情况： 某公司2017年以一批闲置的原材料换入每股市价为9.5元的股票80 000股作为长期股权投资。该股票价格中包含了每股0.5元的已宣告但尚未发放的现金股利，股票过户时相关的税费共5 700元。换出材料的账面余额为650 000元，公允价值和计税价值均为660 000元，增值税税率为17%，已计提存货跌价准备2 000元。同时该公司收到对方支付的补价12 000元。

查证：查账人员于2019年在检查该企业营业外收入账户时发现异常，怀疑与该笔长期股权投资有关。该企业关于此笔长期股权投资的相关会计分录如下：

借：长期股权投资	754 118	
应收股利	40 000	
存货跌价准备	2 000	
银行存款	12 000	
贷：原材料		650 000
应交税费——应交增值税（销项税额）		112 200
银行存款		5 700
营业外收入		40 218

账务调整：

借：以前年度损益调整	28 218	
贷：长期股权投资		28 218
借：利润分配——未分配利润	21 163.5	
应交税费——应交所得税	7 054.5	
贷：以前年度损益调整		28 218

案例点拨：该企业以存货置换长期股权投资，相应的存货应当视同销售，长期股权投资应当以实际支付成本计价。正确的会计分录应为：

借：长期股权投资	725 900	
应收股利	40 000	
银行存款	12 000	
贷：银行存款		5 700
主营业务收入		660 000
应交税费——应交增值税（销项税额）		112 200
借：主营业务成本	648 000	
存货跌价准备	2 000	
贷：原材料		650 000

则该企业2017年长期股权投资事项的净收益为12 000元。

第十三节　投资性房地产

一、概念

投资性房地产是指为赚取租金或资本增值，或者两者兼有而持有的房地产。主要包括已出租的土地使用权、持有并准备增值后转让的土地使用权和已出租的建筑物。

投资性房地产应当能够单独计量和出售。

二、账务处理

1. 投资性房地产的取得

（1）外购投资性房地产的成本，包括购买价款、相关税费和可直接归属于该资产的其他支出。外购取得投资性房地产时，按照取得时的实际成本进行初始计量，借记“投资性房地产”科目（后续计量采用成本模式下）或“投资性房地产——成本”科目（后续计量采用公允价值模式下），贷记“银行存款”等科目。

（2）企业自行建造投资性房地产的成本，由建造该项房地产达到预定可使用状态前发生的必要支出构成，包括土地开发费、建筑成本、安装成本、应予以资本化的借款费用、支付的其他费用和分摊的间接费用等。建造过程中发生的非正常性损失，直接计入当期损益，不计入建造成本。建造完工达到预定可使用状态时，应当按照确定的成本，借记“投资性房地产”科目（后续计量采用成本模式下）或“投资性房地产——成本”科目（后续计量采用公允价值模式下），贷记“在建工程”等科目。

（3）企业将作为存货的房地产转换为投资性房地产的，应当按照该项存货在转换日的账面余额或公允价值，借记“投资性房地产”科目（后续计量采用成本模式下）或“投资性房地产——成本”科目（后续计量采用公允价值模式），按照其账面余额，贷记“开发产品”科目，按照其差额，贷记“资本公积——其他资本公积”科目（贷方差额情况下）或借记“公允价值变动损益”科目（借方余额情况下）。已计提存货跌价准备的，还应当同时结转存货跌价准备。

（4）企业将自用的建筑物等转换为投资性房地产的，应当按照其在转换日的原价、累计折旧等，分别转入“投资性房地产”“投资性房地产累计折旧”“投资性房地产减值准备”等科目；或者按其在转换日的公允价值，借记“投资性房地产——成本”科目，按照已计提的累计折旧等，借记“累计折旧”等科目，按其账面余额，贷记“固定资产”等科目，按其差额，贷记“资本公积——其他资本公积”科目（贷方余额情况下）或借记“公允价值变动损益”科目（借方余额情况下）。已计提固定资产减值准备的，还应同时结转固定资产减值准备。

2. 投资性房地产的后续计量

投资性房地产的后续计量有成本和公允价值两种模式，通常采用成本模式计量，满足特定条件时可以采用公允价值模式计量。但是，同一企业只能采用一种模式对所有投资性房地产进行后续计量，不得同时采用两种计量模式。

（1）采用成本模式进行后续计量的投资性房地产。

采用成本模式进行后续计量的投资性房地产，应当按照固定资产或无形资产的有关规定，按期（月）计提折旧或摊销，借记“其他业务成本”等科目，贷记“投资性房地产累计折旧（摊销）”科目。取得的租金收入，借记“银行存款”等科目，贷记“其他业务收入”等科目。投资性房地产存在减值迹象的，经减值测试后确定发生减值的，应当计提减值准备，借记“资产减值损失”科目，贷记“投资性房地产减值准备”科目。已经计提减值准备的投资性房地产，其减值损失在以后的会计期间不得转回。

（2）采用公允价值模式进行后续计量的投资性房地产。

企业有确凿证据表明其投资性房地产的公允价值能够持续可靠取得的，可以对投资性房地产采用公允价值模式进行后续计量。

投资性房地产采用公允价值模式进行后续计量的，不计提折旧或摊销，企业应当以资产负债表日的公允价值为基础，调整其账面价值。资产负债表日，投资性房地产的公允价值高于其账面余额的差额，借记“投资性房地产——公允价值变动”科目，贷记“公允价值变动损益”科目；公允价值低于其账面余额的差额作相反的账务处理。取得的租金收入，借记“银行存款”等科目，贷记“其他业务收入”等科目。

（3）投资性房地产后续计量模式的变更。

为保证会计信息的可比性，企业对投资性房地产的计量模式一经确定，不得随意变更。存在确凿证据表明投资性房地产的公允价值能够持续可靠取得、且能够满足采用公允价值模式条件的情况下，才允许企业对投资性房地产从成本模式计量变更为公允价值模式计量。成本模式转为公允价值模式的，应当作为会计政策变更处理，将计量模式变更时公允价值与账面价值的差额，调整期初留存收益。已采用公允价值模式计量的投资性房地产，不得从公允价值模式转为成本模式。

3. 投资性房地产的处置

（1）采用成本模式计量的投资性房地产的处置。企业出售、转让按成本模式进行后续计量的投资性房地产时，应当按实际收到的处置收入金额，借记“银行存款”等科目，贷记“其他业务收入”科目；按该项投资性房地产的账面价值，借记“其他业务成本”科目，按其账面余额，贷记“投资性房地产”科目；按照已计提的折旧或摊销，借记“投资性房地产累计折旧（摊销）”科目；原已计提减值准备的，借记“投资性房地产减值准备”科目。

（2）企业处置采用公允价值模式计量的投资性房地产，应当按实际收到的金额，借记“银行存款”等科目，贷记“其他业务收入”科目；按该项投资性房地产的账面余额，借记“其他业务成本”科目；按其成本，贷记“投资性房地产——成本”科目；按其累计公允价值变动，贷记或借记“投资性房地产——公允价值变动”科目。同时，按照原计入该项投资性房地产的公允价值变动，借记或贷记“公允价值变动损益”科目，贷记或借记“其他业务收入”科目。如果存在原转换日计入资本公积的金额，也一并结转。按照该项投资性房地产在转换日计入资本公积的金额，借记“资本公积——其他资本公积”科目，贷记“其他业务收入”科目。

三、违规操作检查

1. 投资性房地产后续计量方式错误

投资性房地产一般采用成本模式进行后续计量，只有当企业的投资性房地产符合特定要求时，才能够采用公允价值模式进行后续计量。同时，企业的投资性房地产只能采用一种模式进行计量，不能既采用成本模式，又采用公允价值模式进行计量。企业的投资性房地产采用成本模式进行计量的，如果后续符合特定条件的，可以将投资性房地产从成本模式改为公允价值模式，一经改变，不得再将投资性房地产从公允价值模式改为成本模式。实务操作中，企业对于投资性房地产的后续计量模式运用错误，随意变更计量模式等现象时有发生。

2. 后续计量模式转换时账务处理错误

企业投资性房地产从成本法转换为公允价值模式进行后续计量时，如果转换日投资性房地产的公允价值高于其账面价值，则应当将差额计入“资本公积——其他资本公积”科目；如果转换日投资性房地产的公允价值低于其账面价值，则应当将差额计入“公允价值变动损益”科目。实务中企业可能将溢价计入当期损益而非资本公积，从而提升当年的利润水平。

3. 投资性房地产的账务处理错误

采用成本模式进行后续计量的投资性房地产，比对固定资产和无形资产，应当对投资性房地产计提折旧和摊销，并在发生减值时确认减值损失；采用公允价值模式进行后续计量的投资性房地产，应当调整投资性房地产的公允价值，并确认公允价值变动损益。

四、参考案例

案例 1：后续计量模式转换处理错误

情况：2018 年 3 月 10 日，甲房地产开发公司与乙企业签订了租赁协议，将其开发的一栋写字楼出租给乙企业，租赁开始日为 2018 年 4 月 15 日。2018 年 4 月 15 日，该写字楼的账面余额为 45 000 万元，公允价值为 47 000 万元。2018 年 12 月 31 日，该项投资性房地产的公允价值为 48 000 万元。

查证：查账人员于 2019 年对甲房地产开发公司的账务进行检查，发现该公司 2018 年的净利润有大幅度的上升，怀疑与该笔投资性房地产事项有关。该公司对上述房地产事项的账务处理如下：

（1）2018 年 4 月 15 日

借：投资性房地产——成本	47 000	
贷：开发产品		45 000
营业外收入		2 000

（2）2018 年 12 月 31 日

借：投资性房地产——公允价值变动	1 000	
贷：公允价值变动损益		1 000

账务调整：

借：以前年度损益调整	2 000	
贷：资本公积——其他资本公积		2 000

借：利润分配——未分配利润　　1 500
　　应交税费——应交所得税　　500
　　贷：以前年度损益调整　　2 000

案例点拨：企业将存货转为投资性房地产，且该投资性房地产符合特定的条件，以公允价值进行后续计量的，投资性房地产的公允价值与存货账面价值之间的溢价应当计入“资本公积——其他资本公积”科目，而不应当计入当期损益。因此，本例中的2 000万元的差额应当计入“资本公积——其他资本公积”科目中。

案例2：投资性房地产处置账务处理错误

情况：甲公司为一家房地产开发企业，2017年3月10日，甲企业和乙企业签订了租赁协议，将其开发的一栋写字楼出租给乙企业使用，租赁开始日为2017年4月15日。2017年4月15日，该写字楼的账面余额为45 000万元，公允价值为47 000万元。2017年12月31日，该项投资性房地产的公允价值为48 000万元。2018年6月租赁期届满，企业收回该项投资性房地产，并以55 000万元出售，出售款项已收讫。甲企业采用公允价值模式对投资性房地产进行计量，不考虑相关税费。查账人员2019年检查了该企业的相关项目，发现了可疑的地方。

查证：查账人员查看甲企业的相关账户处理如下：

（1）2017年4月15日，存货转换为投资性房地产

借：投资性房地产——成本　　47 000
　　贷：开发产品　　45 000
　　　　资本公积——其他资本公积　　2 000

（2）2017年12月31日，调整投资性房地产的账面价值

借：投资性房地产——公允价值变动　　1 000
　　贷：公允价值变动损益　　1 000

（3）2018年6月，处置投资性房地产

借：银行存款　　55 000
　　贷：其他业务收入　　55 000
借：其他业务成本　　47 000
　　公允价值变动损益　　1 000
　　贷：投资性房地产——成本　　47 000
　　　　　　　　　　——公允价值变动　　1 000

账务调整：

借：资本公积——其他资本公积　　2 000
　　贷：以前年度损益调整　　2 000
借：以前年度损益调整　　2 000
　　贷：利润分配——未分配利润　　1 500
　　　　应交税费——应交所得税　　500

案例点拨：查账人员在检查甲企业的相关账务处理时发现，2017年甲企业将存货

转换为投资性房地产时将投资性房地产的账面价值和公允价值之间的差额加入了“资本公积——其他资本公积”科目中，因此在2018年处置投资性房地产时应当将原计入“资本公积——其他资本公积”科目的数额转到当期损益科目中，即2018年甲企业应当将2 000万元的资本公积转入“其他业务成本”科目中。采用公允价值模式进行计量的投资性房地产在处置时应当将前期计入“资本公积——其他资本公积”科目中的项目转入处置当期的当期损益科目中。

第十四节　固定资产与累计折旧

一、固定资产

（一）概念

固定资产是指同时具有以下特征的有形资产：①为生产商品、提供劳务、出租或经营管理而持有；②使用寿命超过一个会计年度。

（二）账务处理

1. 取得固定资产

（1）企业外购的固定资产，应按实际支付的购买价款、相关税费、使固定资产达到预定可使用状态前所发生的可归属于该项资产的运输费、装卸费、安装费和专业人员服务费等，作为固定资产的取得成本，借记“固定资产”科目，贷记“银行存款”等科目。若企业为增值税一般纳税人，则企业购进机器设备等固定资产的进项税额不纳入固定资产成本核算，可以在销项税额中抵扣。

购入需要安装的固定资产，应在购入的固定资产取得成本的基础上加上安装调试成本等，作为购入固定资产的成本，先通过“在建工程”科目核算，待安装完毕达到预定可使用状态时，再由“在建工程”科目转入“固定资产”科目。

（2）企业自行建造固定资产，应按建造该项资产达到预定可使用状态前所发生的必要支出，作为固定资产的成本。自建固定资产应先通过“在建工程”科目核算，工程达到预定可使用状态时，再从“在建工程”科目转入“固定资产”科目。企业自建固定资产，主要有自营和出包两种方式，由于采用的建设方式不同，其会计处理也不同。

自营工程，是指企业自行组织工程物资采购、自行组织施工人员施工的建筑工程和安装工程。购入工程物资时，借记“工程物资”科目，贷记“银行存款”等科目。领用工程物资时，借记“在建工程”科目，贷记“工程物资”科目。在建工程领用本企业原材料时，借记“在建工程”科目，贷记“原材料”等科目。在建工程领用本企业生产的商品时，借记“在建工程”科目，贷记“库存商品”“应交税费——应交增值税（销项税额）”等科目。自营工程发生的其他费用（如分配工程人员工资等），借记“在建工程”科目，贷记“银行存款”“应付职工薪酬”等科目。自营工程达到预定可使用状态时，按其成本，借记“固定资产”科目，贷记“在建工程”科目。

出包工程是指企业通过招标方式将工程项目发包给建造承包商，由建造承包商组织施工的建筑工程和安装工程。企业采用出包方式进行的固定资产工程，其工程的具体支出主要由建造承包商核算，在这种方式下，“在建工程”科目主要是企业与建造承包商办理工程价款的结算科目，企业支付给建造承包商的工程价款作为工程成本，通过“在建工程”科目核算。企业按合理估计的发包工程进度和合同规定向建造承包商结算的进度款，借记“在建工程”科目，贷记“银行存款”等科目；工程完成时，按合同规定补付的工程款，借记“在建工程”科目，贷记“银行存款”等科目；工程达到预定可使用状态时，按其成本，借记“固定资产”科目，贷记“在建工程”科目。

2. 固定资产的后续支出

固定资产的更新改造等后续支出，满足固定资产确认条件的，应当计入固定资产成本，如有被替换的部分，应同时将被替换部分的账面价值从该固定资产原账面价值中扣除；不满足固定资产确认条件的固定资产修理费用等，应当在发生时计入当期损益。

在对固定资产发生可资本化的后续支出后，企业应将该固定资产的原价、已计提的累计折旧和减值准备转销，将固定资产的账面价值转入在建工程。固定资产发生的可资本化的后续支出，通过“在建工程”科目核算。在固定资产发生的后续支出完工并达到预定可使用状态时，从“在建工程”科目转入“固定资产”科目。

企业生产车间（部门）和行政管理部门等发生的固定资产修理费用等后续支出，借记“管理费用”等科目，贷记“银行存款”等科目；企业发生的与专设销售机构相关的固定资产修理费用等后续支出，借记“销售费用”科目，贷记“银行存款”等科目。

3. 固定资产的处置

固定资产处置包括固定资产的出售、报废、毁损、对外投资、非货币性资产交换、债务重组等。处置固定资产应通过“固定资产清理”科目核算。具体包括以下几个环节：

（1）固定资产转入清理。企业因出售、报废、毁损、对外投资、非货币性资产交换、债务重组等转出的固定资产，按该项固定资产的账面价值，借记“固定资产清理”科目，按已计提的累计折旧，借记“累计折旧”科目，按已计提的减值准备，借记“固定资产减值准备”科目，按其账面原价，贷记“固定资产”科目。

（2）发生的清理费用等。固定资产清理过程中应支付的相关税费及其他费用，借记“固定资产清理”科目，贷记“银行存款”“应交税费——应交增值税（销项税额）”等科目。

（3）收回出售固定资产的价款、残料价值和变价收入等，借记“银行存款”“原材料”等科目，贷记“固定资产清理”科目。

（4）保险赔偿等的处理。应由保险公司或过失人赔偿的损失，借记“其他应收款”等科目，贷记“固定资产清理”科目。

（5）清理净损益的处理。固定资产清理完成后，属于生产经营期间正常的处理损失，借记“营业外支出——处置非流动资产损失”科目，贷记“固定资产清理”科目；属于自然灾害等非正常原因造成的损失，借记“营业外支出——非常损失”科目，贷记“固定资产清理”科目。如为贷方余额，借记“固定资产清理”科目，贷记“营业外收入”科目。

4. 固定资产清查

企业应定期或者至少于每年年末对固定资产进行清查盘点，以保证固定资产核算的真实性，充分挖掘企业现有固定资产的潜力。在固定资产清查过程中，如果发现盘盈、盘亏的固定资产，应填制固定资产盘盈盘亏报告表。清查固定资产的损溢，应及时查明原因，并按照规定程序报批处理。

（1）固定资产盘盈。

企业在财产清查中盘盈的固定资产，作为前期差错处理。企业在财产清查中盘盈的固定资产，在按管理权限报经批准处理前应先通过“以前年度损益调整”科目核算。盘盈的固定资产，应按重置成本确定其入账价值，借记“固定资产”科目，贷记“以前年度损益调整”科目。

（2）固定资产盘亏。

企业在财产清查中盘亏的固定资产，按盘亏固定资产的账面价值，借记“待处理财产损溢”科目，按已计提的累计折旧，借记“累计折旧”科目，按已计提的减值准备，借记“固定资产减值准备”科目，按固定资产的原价，贷记“固定资产”科目。按管理权限报经批准后处理时，按可收回的保险赔偿或过失人赔偿，借记“其他应收款”科目，按应计入营业外支出的金额，借记“营业外支出——盘亏损失”科目，贷记“待处理财产损溢”科目。

（三）固定资产审查的一般方法

1. 审查固定资产内部控制制度

查账人员可以采用问卷、调查了解等方法对企业以下固定资产业务主要内部控制制度进行审查：

（1）固定资产计划、预算制度。

（2）固定资产购建制度。

（3）固定资产使用、维修、保管制度。

（4）固定资产账簿核算制度。

（5）固定资产定期清查盘点制度。

2. 固定资产总分类账与固定资产明细分类账核对

采用核对法，将固定资产总分类账余额与固定资产登记簿、固定资产卡片的各类固定资产余额合计核对相符。如果不相符，应进一步审查从何时起不相符，并结合明细账及凭证的审查，查明不符的原因。取得或编制固定资产明细清单，并与各项固定资产核对一致。

3. 审查固定资产明细账

企业应设置固定资产登记簿，按固定资产类别设置账页，按固定资产增减变动的时间顺序根据有关凭证进行登记，并按每一固定资产项目设置固定资产卡片。

审查固定资产明细账应在审查固定资产登记簿的同时结合审查固定资产卡片。

企业固定资产增减业务一般不会太多，应采用审阅和详查法审查固定资产登记簿和固定资产增减业务凭证。审阅各类固定资产增减的日期、摘要、金额、复核余额计算是否正确；详查固定资产增减业务凭证。

(1) 增加的固定资产，根据不同来源其审查的侧重点不同。

①购进的固定资产，应审查采购计划及其审批手续，购进数量和质量是否符合购进计划的要求，购进固定资产的计价是否正确。审查人员应结合有关固定资产购进的原始发票、运杂费单证、安装费用支出凭证、验收记录等进行审查。

【提示】购进固定资产的进项增值税额应计入固定资产成本。

②建造的固定资产，应审查项目建设的合理、合法性，工程成本核算是否正确，工程决算编制是否合理，财产验收交付使用手续是否完善。

③投资转入的固定资产，应审查投资合同协议，投入资产是否为企业所需，质量是否完好，价值是否经过有关部门评估确认，价值是否合理，资产移交手续是否完备。

④融资租入固定资产，应审查租赁合同的合理、合法、正确性，租赁费用、租赁期、付款时间、付款方式等是否合理，资产移交的有关手续凭证是否完备。

⑤改建、扩建的固定资产，应审查改建、扩建有关审批手续，改建、扩建是否为企业所必需，改建、扩建中的收入、费用核算是否正确，工程竣工验收交付使用手续凭证是否完备。

【提示】各种方式增加的固定资产的成本应按照会计制度的规定对照检查。

(2) 减少的固定资产，应根据减少的原因，采用不同的审查方法。

①报废清理的固定资产，要审查报废手续是否齐全，报废原因是否正常，报废清理资产取得的变价收入、发生的清理支出是否合理，报废清理的账务处理是否正确。

注意：报废清理固定资产取得的变价收入，往往被挪用和私分或转入“小金库”；清理固定资产的净损益也常会被转入其他往来账户。

②出售和投出固定资产，应审查出售和投出的原因是否合理，有关手续凭证是否完备，作价是否合理，有无内外勾结损公肥私的情况，账务处理是否正确。

③对盘亏和毁损固定资产，应查明盘亏毁损原因，是否报经审批，检查毁损的有关报告、证据，检查毁损残值的处理是否合理、合法，毁损净损失的确定是否合理，账务处理是否正确。

4. 固定资产盘点

审查人员应根据固定资产明细清单，采用盘存法对固定资产进行实地清查盘点，以证实会计记录中的固定资产确实存在。同时也可以了解企业固定资产的使用、保管情况，以便向企业提供管理建议。

固定资产的盘点方法参照材料的盘点。

审查人员对固定资产的审查还应审查确认固定资产在资产负债表中的列示是否正确。资产负债表中固定资产原价项目反映企业期末各类固定资产的原始价值，应与“固定资产”账户期末借方余额审查相符。

（四）违规操作检查重点

1. 固定资产的增加业务不真实、不合法

企业外购设备时，以高于设备价格的转账付款，从而收取好处费；建造固定资产工程所耗材料、人工等挤占当期生产经营费用，从而达到减少利润，偷逃所得税的目的。查账人员可以通过查阅、核对、复核反映固定资产的增加业务的会计资料，分析有关情况并查证问题。

2. 固定资产的增加计价不正确

固定资产的计价方法错误，如对能确定原始价值的却采用重置价值；固定资产价值构成错误；任意变动固定资产账面价值，违反有关规定，任意调整、变动已入账的固定资产账面价值。查账人员可以通过审阅“固定资产”明细账中反映固定资产增加的业务内容，对照相应的会计凭证，如发现疑点应进一步查证。

3. 固定资产增加账务处理不正确

查账人员可以审阅“固定资产”明细账或审阅核对反映固定资产增加业务的会计凭证及其所附原始凭证。

4. 固定资产的减少业务不真实

企业会虚列固定资产盘亏、毁损、报废、投资投出，实则将固定资产私自出售，隐瞒收入。查账人员可以审查“固定资产”明细账及有关会计凭证发现其线索和疑点，然后再调查、询问有关单位或个人，在分析、了解有关情况基础上查证问题。

5. 固定资产出售业务错弊

固定资产出售的作价不合理，形式上出售，实际上赠送；对出售固定资产所得价款处理不正确；对固定资产出售过程中发生的费用处理不正确；固定资产净损益转入账户有错误。查账人员可以审阅“固定资产”明细账时如发现被查单位存在出售固定资产的情况，应将所出售资产的账面价值与实际售出的价值核对，如果发现疑点和问题，进一步查证。

6. 固定资产报废、毁损的业务处理发生错弊

对固定资产清理报废的残值收入处理不正确，将其计入结算类账，用于日后非法支出；发生的清理费挤入生产或经营费用；将本已清理完毕的固定资产清理净损失或净收益长期挂账不结转，以达到调节利润的目的，造成本年利润的虚增或虚减。查账人员可以审查“固定资产”明细账的减少业务如有报废、毁损的，应仔细查找其相关凭证，看账务处理是否正确。

7. 盘亏的固定资产业务错弊

未经审批将待处理固定资产损益直接转入当期损益，使企业无法控制流失资产，有关人员逃脱责任。查账人员可以进行实地盘点，对盘亏固定资产处理时的审批手续及账务处理进行检查。

（五）固定资产审查的主要工作底稿

（1）企业固定资产的相关内部管理制度。

（2）固定资产、固定资产清理、工程物资、在建工程总分类账与明细分类账核对的工作记录，固定资产、固定资产清理、工程物资、在建工程明细清单。

（3）固定资产、固定资产清理、工程物资及在建工程明细账、凭证审查的有关工作记录。

（4）累计折旧审查的有关工作记录。

（5）固定资产、工程物资、在建工程实地清查的工作记录，相关资料、图片等。

（6）固定资产、累计折旧、固定资产清理、工程物资、在建工程审查的工作计划及相关工作记录。固定资产审查中可能使用的相关审计程序示例如表3-11。

表3-11 固定资产审计程序表

被审计单位：A公司　　　　　　　　　　审核员：____ 日期：____ 索引号：____

审 查 项 目：固定资产　　　　　会计期间：____ 复核员：____ 日期：____ 页次：____

一、审计目标

①确定固定资产是否存在；②确定固定资产是否归被审计单位所有；③确定固定资产增减变动的记录是否完整；④确定固定资产的计价是否恰当；⑤确定固定资产的余额是否正确；⑥确定固定资产的披露是否恰当。

二、审计程序

序号	内容	执行情况说明	索引号
1	获取或编制固定资产增减变动分类汇总表，复核加计正确并与总账数、报表数和明细账合计数核对是否相符		
2	了解有关固定资产的请购、核算、批准、报废处置等增减及日常管理方面的内控情况，必要时实施符合性测试		
3	实地抽查重要的、新增的固定资产（如为初次审计，应作全面盘点），确定其是否实际存在		
4	查验有关所有权证明文件，确定固定资产是否归被审计单位所有		
5	检查本期增加的固定资产		
5-1	抽查新购入固定资产的购货合同、发票、保险单、运单等文件，测试其入账价值是否正确，授权批准手续是否齐备，会计处理是否正确		
5-2	检查在建工程转入固定资产的竣工决算报告、移交验收报告，与在建工程相关记录核对相符		
5-3	检查投资投入固定资产入账价值是否与投资合同规定作价一致，需经评估确认的，应检查是否已取得国有资产管理部门确认；固定资产交接手续是否齐全		
5-4	查明更新改造而增加的固定资产是否确实提高了固定资产的效用或延长了使用寿命，增加的原值是否真实，重新确定的剩余折旧年限是否恰当		

续表

序号	内容	执行情况说明	索引号
5－5	通过债务重组、非货币交易增加的固定资产，查验有关协议、产权过户手续是否完备，入账价值是否正确，并形成专门底稿		
5－6	融资租入固定资产的会计处理是否正确，入账价值是否正确		
6	检查本年度减少的固定资产是否经授权批准，是否正确及时进行账务处理		
7	复核固定资产保险范围、数额是否足够		
8	获取租入（含融资租入）、租出固定资产相关的证明文件，并检查其计价及账务处理是否正确		
9	结合银行借款的检查，了解固定资产是否存在抵押、担保情况，如有，应取证并提请作必要披露		
10	检查有无关联方之间固定资产购售活动，是否经授权，价格是否公允		
11	检查资本性支出与收益性支出的划分是否恰当		
12	检查固定资产购置时是否存在与资本性支出有关的财务承诺		
13	验明固定资产的披露是否恰当		

三、调整事项说明及调整分录（注：分录请写到二级科目，并注明底稿索引；如篇幅不够，请另加页附后）

四、余额

期初余额				期末余额			
上年审定数（或未审数）		本期审定数		未审数		本期审定数	

五、审计结论

1. 本科目经审计后无调整事项，余额可以确认：
2. 本科目经审计调整后，审定数可以确认：
3. 因____________________原因，本科目余额不能确认：

0
√

（六）参考案例

案例1：接受捐赠固定资产时的账务处理有误

情况：查账人员2019年对甲公司的“固定资产”账户检查时发现，2018年12月甲公司接受其他单位捐赠的设备一台，价值40 000元，预计使用4年，预计净残值为零。查账人员对以上接受捐赠的固定资产处理有异议，怀疑甲企业少计了2018年度的收益，降低了应纳税额。

查证：调出2018年12月18号凭证，其分录为：

借：固定资产　　40 000

　　贷：资本公积——其他资本公积　　40 000

账务调整：

借：资本公积——其他资本公积　　40 000

　　贷：以前年度损益调整　　40 000

借：以前年度损益调整　　40 000

　　贷：利润分配——未分配利润　　30 000

　　　　应交税费——应交所得税　　10 000

案例点拨：企业接受捐赠的固定资产，应当计入当期损益中，而不是计入“资本公积——其他资本公积”科目。所以当企业收到捐赠的固定资产时，应当借记“固定资产”科目，贷记“营业外收入”科目。

案例2：固定资产的计量错误

情况：查账人员2019年审阅甲公司固定资产增加业务时发现，该企业2017年6月建造完工的固定资产的成本决算表和预算表相差150 000元，而且在该工程建造期间发生的生产经营费用偏高。为此查账人员怀疑企业的在建工程的成本计量和建造期间的费用计量有误，因此对甲公司的相关账务进行了检查。

查证：查账人员翻阅2017年4、5、6月有关管理费用的明细账和会计凭证，发现甲公司的一笔安装固定资产的支出金额为50 000元，相关的分录为：

借：管理费用　　50 000

　　贷：银行存款　　50 000

账务调整：

借：固定资产　　50 000

　　贷：以前年度损益调整　　50 000

借：以前年度损益调整　　50 000

　　贷：利润分配——未分配利润　　37 500

　　　　应交税费——应交所得税　　12 500

案例点拨：企业自行建造固定资产的，如果所建造的固定资产需要安装的，则相应的安装费用应当计入该固定资产的成本中，而不是计入当期的费用中。本例中甲公司的在建工程的安装费用计入了管理费用，减少了当期的净利润，从而也降低了当期的应交税费，该账务处理是错误的。

二、累计折旧

（一）概念

企业应当在固定资产的使用寿命内，按照确定的方法对应计折旧额进行系统分摊。

根据固定资产的性质和使用情况，合理确定固定资产的使用寿命和预计净残值。固定资产的使用寿命、预计净残值一经确定，不得随意变更。

（二）账务处理

企业应当根据与固定资产有关的经济利益的预期实现方式，合理选择固定资产折旧方法。

1. 年限平均法

年限平均法的计算公式如下：

年折旧率＝(1－预计净残值率)÷预计使用寿命（年）

月折旧率＝年折旧率÷12

月折旧额＝固定资产原价×月折旧率

2. 工作量法

每工作小时折旧额＝(原值－预计净残值)/规定的总工作小时

＝[原值×(1－预计净残值率)]/规定的总工作小时

月折旧额＝月内实际完成的工作小时数×每工作小时折旧额

3. 双倍余额递减法

月折旧率＝年折旧率÷12

月折旧额＝每月月初固定资产账面净值×月折旧率

4. 年数总和法

月折旧率＝年折旧率÷12

月折旧额＝(固定资产原价－预计净残值)×月折旧率

固定资产应当按月计提折旧，计提的折旧应当记入“累计折旧”科目，并根据用途计入相关资产的成本或者当期损益。企业自行建造固定资产过程中使用的固定资产，其计提的折旧应计入在建工程成本；基本生产车间所使用的固定资产，其计提的折旧应计入制造费用；管理部门所使用的固定资产，其计提的折旧应计入管理费用；销售部门所使用的固定资产，其计提的折旧应计入销售费用；经营租出的固定资产，其应计提的折旧额应计入其他业务成本。企业计提固定资产折旧时，借记“制造费用”“销售费用”“管理费用”等科目，贷记“累计折旧”科目。

（三）固定资产折旧审查的一般方法

一般而言，企业的固定资产在生产经营中要产生实物磨损和价值损耗而最终报废。这种损耗是生产经营所必须的。固定资产的价值扣除其残值后的余额在预计使用年限中合理分配作为生产经营成本、费用的过程就是固定资产折旧。

企业应设置“累计折旧”账户对固定资产折旧进行核算。

固定资产在各期折旧的多少，不仅影响到企业期末固定资产净值的大小，同时也影响到企业各期成本、费用的多少，因而常常成为舞弊的对象。比如，不按折旧的计提范围计提折旧，选择的折旧年限不正确，选择的折旧方法不正确等。因此，固定资产折旧的审查也是查账人员审查的一个重要内容。

1. 对固定资产折旧计提范围的审查

根据规定，除下列情况外，企业应对所有固定资产计提折旧：①已提足折旧仍继续使用的固定资产；②按照规定单独估价作为固定资产入账的土地。已达到预定可使用状态的固定资产，如果尚未竣工决算的，应按估计价值暂估入账，并计提折旧；待办理了竣工决算手续后，再按照实际成本调整原来的暂估价，同时调整原已计提的折旧额。

审查人员应根据固定资产登记簿和固定资产卡片，审查确定已提足折旧仍在继续使用的固定资产原价、已按照规定单独估价作为固定资产入账的土地的原价、调查了解并审查已达到预定可使用状态尚未办理竣工决算的固定资产估价入账的价值，从而确定企业固定资产折旧的计提范围。同时还要审查增减固定资产计提的折旧是否合理：当月增加的固定资产当月不提折旧，从下月起计提折旧；当月减少的固定资产，当月照提折旧，从下月起不提折旧。将折旧计提范围内的固定资产原值与折旧计算表核对，看其是否一致。

2. 固定资产折旧方法的审查

采用询问法和复算法，审查固定资产折旧计算表，确认企业选择的折旧方法是否正确、是否存在随意变更折旧方法的情况。企业可选用的折旧方法包括：年限平均法、工作量法、年数总和法、双倍余额递减法等。

3. 固定资产折旧额计算的审查

查账人员首先复算各类固定资产的折旧计算表。根据各类（或分项）固定资产应提折旧的范围和选定的折旧方法复算各类（或分项）固定资产折旧额计算是否正确。然后审查折旧汇总表，复算汇总金额计算是否正确。

4. 折旧账务处理的审查

审阅计提折旧的记账凭证，确认计提折旧的账务处理是否正确。审查中要注意，应计入“制造费用”“管理费用”“其他业务支出”等账户的金额是否都正确计入。同时还要审查折旧费用是否已正确登记入账。

审查人员应审查累计折旧期末余额在资产负债表中的列示。

资产负债表中的累计折旧项目金额应与“累计折旧”账户期末贷方余额核对一致。

（四）违规操作检查重点

1. 计提折旧的范围不正确

核对“固定资产折旧计算表”与“固定资产”明细账，注意被查企业折旧额的变化与固定资产的增减业务。

2. 折旧方法的选用不合适

通常技术进步快的企业的固定资产的折旧应当采用加速折旧法；企业不同期间的工作量相差较大的，应当采用工作量法对固定资产计提折旧。企业可以审阅被审企业固定资产折旧计算表和固定资产卡片、固定资产登记簿等会计资料，了解并确定企业所采用的具体折旧方法。

3. 折旧年限的确定不符合规定

企业应当根据自身特点，明确固定资产计提折旧的年限。查账人员可以对照分析折旧年限与企业财务制度规定的该固定资产的折旧年限，检查其是否相符。

4. 随意变动折旧方法和折旧年限

为了虚增或虚减当期利润，从而多提或少提折旧，如确需变更折旧方法和折旧年限应经企业管理机构批准后，报送有关各方备案，并在报表附注中予以说明。查账人员可以采用分析性复核法，计算本年折旧与固定资产总额比率，并与上年比较，如果折旧出现大的波动，再进一步审查、复核“固定资产折旧计算表”“固定资产卡片”或“固定资产登记簿”；重点核对固定资产增减业务的当月与下月计算的折旧额是否正确。

（五）参考案例

案例1：计提固定资产折旧起点错误

情况：某企业2018年6月1日购入一台管理用固定资产，取得的增值税专用发票上注明的设备买价为80 000元，支付的运输费用为2 000元。该固定资产的使用年限为10年，预计净残值为10 000元。

查证：查账人员2019年5月对该企业的固定资产的累计折旧进行检查，发现该企业在2018年6月对上述固定资产计提折旧600元，相关的会计分录如下：

借：管理费用	600	
贷：累计折旧		600

账务调整：

借：累计折旧	600	
贷：以前年度损益调整		600
借：以前年度损益调整	600	
贷：利润分配——未分配利润		450
应交税费——应交所得税		150

案例点拨：企业固定资产计提折旧的时间原则是“当期新增的固定资产，当期不计提折旧，从下月起计提折旧；当期减少的固定资产，当期仍然计提折旧，从下月起不再计提折旧”。该企业2018年6月1日购入固定资产，所以应当从2018年7月开始对该固定资产计提折旧。

案例2：随意计提折旧以调整当期利润

情况：甲公司固定资产分类表中有1辆汽车用于出租，原值250 000元，已使用2年，已提折旧50 000元，于2018年1月用于出租，预计还可使用8年，预计净残值为零，于是从2018年起未提折旧，也未在备查簿中登记其修理费用支出状况。

查证：查账人员在2019年6月末对某公司固定资产折旧审查时，发现累计折旧出现波动，怀疑折旧计提有误。

账务调整：

调整2018年应计提的折旧

借：以前年度损益调整　　25 000

　　贷：累计折旧　　25 000

借：利润分配——未分配利润　　18 750

　　应交税费——应交所得税　　6 250

　　贷：以前年度损益调整　　25 000

调整2019年应计提的折旧

借：其他业务支出　　12 500

　　贷：累计折旧　　12 500

案例点拨：企业经营出租固定资产，虽然资产的使用权不在企业，但是企业仍然应当对固定资产计提折旧。如果企业对经营出租的固定资产未计提折旧，就会导致少计费用，虚增利润。

三、固定资产减值准备

（一）概念

固定资产的初始入账价值是历史成本，由于固定资产使用年限较长，市场条件和经营环境的变化、科学技术的进步以及企业经营管理不善等原因，都可能导致固定资产创造未来经济利益的能力大大下降。因此，固定资产的真实价值有可能低于账面价值，在期末必须对固定资产减值损失进行确认。

（二）账务处理

固定资产在资产负债表日存在可能发生减值的迹象时，其可收回金额低于账面价值的，企业应当将该固定资产的账面价值减记至可收回金额，减记的金额确认为减值损失，计入当期损益，同时计提相应的资产减值准备，借记“资产减值损失——计提的固定资产减值准备”科目，贷记“固定资产减值准备”科目。固定资产减值损失一经确认，在以后会计期间不得转回。

（三）违规操作检查重点

（1）没有定期检查固定资产的状况，未及时确认固定资产减值损失。

企业必须在每期末对所持有的固定资产的持有状况进行检查，如果所持有的固定资产符合规定发生减值迹象，则应当确认固定资产的减值准备，计入当期损益。

（2）处置固定资产时未将原确认的固定资产减值准备转出。

企业在处置固定资产的同时，应当将已确认的固定资产减值准备转出。

（四）参考案例

案例1：未及时确认固定资产减值

情况：A公司在2018年末所持有的固定资产中，发现一固定资产的账面价值为60

万元，由于技术进步等原因，预计可收回金额为38万元。

查证：2019年查账人员检查了该企业的固定资产的情况，发现企业未对上述固定资产进行减值测试，确认减值准备。

账务调整：

借：以前年度损益调整　　220 000

　　贷：固定资产减值准备　　220 000

借：利润分配——未分配利润　　165 000

　　应交税费——应交所得税　　55 000

　　贷：以前年度损益调整　　220 000

案例点拨：实务中，企业可能会出于虚增利润的目的，不确认或者少确认固定资产的减值损失。我国相关法律规定，企业应当在每期末对所持有的固定资产进行减值测试，发生减值的应当确认减值准备，并计入当期损益。本例中，A公司为了提高企业的利润，没有确认固定资产的减值损失，是不符合相关规定的。

案例2：处置固定资产时未将减值准备转出

情况：某公司2018年末持有的一固定资产的账面价值为80万元，由于技术进步等原因，预计可收回金额为50万元。企业于2018年末确认了固定资产减值准备。2019年3月该公司出售固定资产，现金已经收讫。

查证：查账人员于2019年4月对该企业的固定资产以往的账务处理进行检查，发现出售固定资产的相关损益存在问题，怀疑和该固定资产的减值损失有关，因此查账人员仔细检查了固定资产的相关凭证和账务处理分录，发现该公司2019年4月出售固定资产时，未将该固定资产已经确认的减值损失转出。

账务调整：

该企业2018年确认固定资产减值准备的分录为：

借：资产减值损失　　300 000

　　贷：固定资产减值准备　　300 000

2019年的调整分录为：

借：固定资产减值准备　　300 000

　　贷：营业外收入——处置固定资产收益　　300 000

案例点拨：企业处置所持有的固定资产时，如果该固定资产已经确认了减值准备，则应当在处置时将固定资产减值准备转出。

四、固定资产清理

（一）概念

“固定资产清理”科目核算企业的固定资产因报废、毁损、出售转入清理的固定资产净值以及在清理过程中发生的清理费用和清理收入。

（二）账务处理

（1）出售、报废和毁损的固定资产转入清理时，按固定资产账面价值，借记“固定资产清理”科目；按已提折旧，借记“累计折旧”科目；按已计提的减值准备，借记“固定资产减值准备”科目；按固定资产原价，贷记“固定资产”科目。

清理过程中发生的费用以及应交的税金，借记“固定资产清理”科目，贷记“银行存款”“应交税费——应交增值税”等科目；收回出售固定资产的价款、残料价值和变价收入等，借记“银行存款”“原材料”等科目，贷记“固定资产清理”科目；应当由保险公司或过失人赔偿的损失，借记“其他应收款”等科目，贷记“固定资产清理”科目。

固定资产清理后的净收益，属于筹建期间的，冲减长期待摊费用，借记“固定资产清理”科目，贷记“长期待摊费用”科目；属于生产经营期间的，计入损益，借记“固定资产清理”科目，贷记“营业外收入——处置固定资产净收益”科目。

固定资产清理后的净损失，属于筹建期间的，计入长期待摊费用，借记“长期待摊费用”科目，贷记“固定资产清理”科目；属于生产经营期间的由于自然灾害等非正常原因造成的损失，借记“营业外支出——非常损失”科目，贷记“固定资产清理”科目；属于生产经营期间正常的处理损失，借记“营业外支出——处置固定资产净损失”科目，贷记“固定资产清理”科目。

（2）企业以固定资产清偿债务或以固定资产换入其他资产的，也应在“固定资产清理”科目中核算。

（3）“固定资产清理”科目应按清理的固定资产设置明细账，进行明细核算。

（4）“固定资产清理”科目期末余额，反映尚未清理完毕的固定资产的价值以及清理净收入（清理收入减去清理费用）。

（三）固定资产清理审查的一般方法

1. 固定资产清理总分类账与固定资产清理明细分类账核对

采用核对法将固定资产清理总分类账余额与固定资产清理各明细分类账余额合计核对一致。取得或编制固定资产清理明细账余额清单，并与固定资产清理明细分类账核对相符。

2. 审查固定资产清理明细分类账

采用审阅和查询法审查固定资产清理各明细分类账，向企业有关人员调查了解固定资产清理的有关情况，必要时可向外单位有关部门人员进行查询。在企业固定资产清理业务不多时，应根据明细分类账详查各项固定资产清理业务凭证。引起企业固定资产清理发生的主要原因是出售、报废和毁损而减少固定资产。

（1）对出售固定资产，检查是否确属企业闲置的、不需用的固定资产，其作价是否合理，有无内外勾结转移资产的情况，检查有关收入是否已入账，发生的清理费用是否合理，账务处理是否正确。

（2）对报废、毁损的固定资产要检查其是否已经技术部门鉴定确认不能继续使用，并已办理必要的手续，经过必要的审批。注意提前报废固定资产的去向，防止违反规定的舞弊行为。对毁损的固定资产，要检查是否查明毁损原因，应收责任人、保险公司的赔款是否已确认。报废、毁损的固定资产发生的清理费用、取得的变价收入是否合理，要防止低价处理报废、毁损财产和增大、虚列清理费用的行为。审查账务处理是否正确，注意变价收入是否已入账冲减固定资产清理成本，防止不入账或转入其他相关账户的行为。

（3）对各种原因清理的固定资产都应按清理固定资产的净值借记“固定资产清理”科目，按已提折旧借记“累计折旧”科目，按清理固定资产原值贷记“固定资产”科目。审查人员应注意是否存在多计折旧金额的情况。

（4）检查固定资产清理净损益的结转。固定资产清理账户的借方主要反映被清理固定资产的净值和清理费用，贷方主要反映固定资产清理的收入或保险公司、责任人的赔偿。当固定资产清理完毕，应将借贷方进行对比，其差额为清理固定资产的净收益或净损失，应及时将其转入“营业外收入”账户或“营业外支出”账户。审查人员应注意审查了解是否有长期挂账的固定资产清理余额，若有应及时查明原因，调整账务，还应注意固定资产清理的净损益的账务处理是否正确。

3. 检查固定资产清理期末余额在资产负债表中的列示是否正确

资产负债表中的固定资产清理项目余额应与“固定资产清理”账户的期末余额核对一致。

（四）违规操作检查重点

（1）对正常清理报废的固定资产的处理不正确。

注销报废固定资产的原值和折旧有误；清理过程中发生的各项费用、收回的残料价值和变价收入，以及结转固定资产清理后净收益或净损失有误。查账人员可以审查“固定资产清理”明细账及其相关账户的明细账，并与其所附的会计凭证核对，看是否存在错弊。

（2）以清理报废名义，毁损固定资产及将清理后的残值收入列入“小金库”或私分。

审查固定资产清理报废的原因及清理过程的账务处理，如有问题应进一步追查。

（五）参考案例

案例1：固定资产清理款私设“小金库”

情况：查账人员2019年4月在审计某公司2018年账目时，在现金日记账中发现某月某日支付拆除A型机器劳务费500元，经查阅凭证，有某领导批准的，同意支付给王某的A型机器拆除费500元的白条。但在“库存现金”日记账和“银行存款”日记账中却没有相应的清理收入，怀疑存在错弊。

查证：在以后某日的一张凭证中的摘要栏内发现注有“报废A型机器设备”。该设备已于某月某日以50 000元售给某乡镇企业，该款已存入银行，作为“小金库”的款项。其会计分录为：

借：累计折旧　50 000

　营业外收入　50 000

　贷：固定资产——A 型设备　100 000

账务调整：

借：固定资产清理　50 000

　贷：以前年度损益调整　50 000

借：银行存款　50 000

　贷：固定资产清理　50 000

借：以前年度损益调整　50 000

　贷：利润分配——未分配利润　37 500

　　应交税费——应交所得税　12 500

案例点拨：某公司将报废的固定资产收入存入“小金库”，固定资产报废后出售的残值收人作为“营业外收入”，企业这种做法既违背了会计制度，实际上又侵占了企业所有者的权益。固定资产清理收支应当通过“固定资产清理”科目反映，如果是清理收入，则应当计入“银行存款”科目，私设“小金库”的做法是违反相关的法律规定的。

案例 2：通过固定资产清理账户调整企业的净利润

情况：该企业 2018 年 7 月有偿调出卡车一辆，原值 40 000 元，已提折旧 2 000 元，销售收入 60 000 元。查账人员 2019 年在审计某公司 2014 年账目时，发现该企业的“固定资产清理”账户数额为上年的余额，怀疑处理有误。

查证：会计分录为：

借：固定资产清理　38 000

　累计折旧　2 000

　贷：固定资产　40 000

借：银行存款　60 000

　贷：固定资产清理　60 000

账务调整：

借：固定资产清理　22 000

　贷：以前年度损益调整　22 000

借：以前年度损益调整　22 000

　贷：利润分配——未分配利润　16 500

　　应交税费——应交所得税　5 500

案例点拨：处理报废固定资产收入的款项应冲减固定资产清理支出，将净收益作为营业外收入处理。该企业为了控制利润增长数额将清理固定资产的净收益仍留在固定资产清理账户内，结转到下年度处理，违反了相关的法律规定。

第十五节 无形资产

一、概念

无形资产是指企业拥有或者控制的没有实物形态的可辨认非货币性资产。无形资产具有三个主要特征：

1. 不具有实物形态

无形资产是不具有实物形态的非货币性资产，它不像固定资产、存货等有形资产具有实物形体。

2. 具有可辨认性

资产满足下列条件之一的，符合无形资产定义中的可辨认性标准：

（1）能够从企业中分离或者划分出来，并能单独或者与相关合同、资产或负债一起，用于出售、转让、授予许可、租赁或者交换。

（2）源自合同性权利或其他法定权利，无论这些权利是否可以从企业或其他权利和义务中转移或者分离。商誉的存在无法与企业自身区分开，不具有可辨认性，不构成无形资产。

3. 属于非货币性长期资产

无形资产属于非货币性资产且能够在多个会计期间为企业带来经济利益。无形资产的使用年限在一年以上，其价值将在各个受益期间逐渐摊销。

二、账务处理

1. 无形资产的取得

无形资产应当按照成本进行初始计量。企业取得无形资产的主要方式有外购、自行研究开发等。取得的方式不同，其会计处理也有所差别。

（1）外购无形资产。外购无形资产的成本包括购买价款、相关税费以及直接归属于使该项资产达到预定用途所发生的其他支出。

（2）自行研究开发无形资产。企业内部研究开发项目所发生的支出应区分研究阶段支出和开发阶段支出，企业自行开发无形资产发生的研发支出，不满足资本化条件的，借记“研发支出——费用化支出”科目，满足资本化条件的，借记“研发支出——资本化支出”科目，贷记“原材料”“银行存款”“应付职工薪酬”等科目。研究开发项目达到预定用途形成无形资产的，应按“研发支出——资本化支出”科目的余额，借记“无形资产”科目，贷记“研发支出——资本化支出”科目。期（月）末，应将“研发支出——费用化支出”科目归集的金额转入“管理费用”科目，借记“管理费用”科目，贷记“研发支出——费用化支出”科目。如果无法可靠区分研究阶段的支出和开发阶段的支出，应将其所发生的研发支出全部费用化，计入当期损益。

2. 无形资产的摊销

企业应当于取得无形资产时分析判断其使用寿命。使用寿命有限的无形资产应进行摊销。使用寿命不确定的无形资产不应摊销。使用寿命有限的无形资产，通常其残值视为零。对于使用寿命有限的无形资产应当自可供使用（即其达到预定用途）当月起开始摊销，处置当月不再摊销。

企业应当按月对无形资产进行摊销。无形资产的摊销额一般应当计入当期损益。企业自用的无形资产，其摊销金额计入管理费用；出租的无形资产，其摊销金额计入其他业务成本；某项无形资产包含的经济利益通过所生产的产品或其他资产实现的，其摊销金额应当计入相关资产成本。

3. 无形资产的处置

企业处置无形资产，应当将取得的价款扣除该无形资产账面价值以及出售相关税费后的差额计入营业外收入或营业外支出。

4. 无形资产的减值

无形资产在资产负债表日存在可能发生减值的迹象时，其可收回金额低于账面价值的，企业应当将该无形资产的账面价值减记至可收回金额，减记的金额确认为减值损失，计入当期损益，同时计提相应的资产减值准备，按应减记的金额，借记“资产减值损失——计提的无形资产减值准备”科目，贷记“无形资产减值准备”科目。无形资产减值损失一经确认，在以后会计期间不得转回。

三、违规操作检查重点

1. 企业无形资产增加不真实、不符合规定

没有合法证书或者没有经过法定程序确认，增加无形资产记录。查账人员可以审核企业无形资产增加是否有合法的证明文件；审查各种形式增加的无形资产是否办理了必要的产权转让手续；审阅无形资产账户，查证企业商誉的作价入账，有无在正常的经营期内，擅自将商誉作价入账的。

2. 企业无形资产计价不合理、不符合规定

没有取得法定依据，或不经过法定程序，从而故意多计或少计无形资产价值。查账人员可以审查企业购入无形资产的发票和与购入无形资产直接相关的费用；审查企业自行开发的无形资产的各项支出是否真实、正确、符合规定；审阅无形资产的明细账及有关费用明细账；审阅资产评估部门出具的评估证书，查证企业有无未经法定评估而擅自对无形资产作价的行为。

3. 企业转让、出售无形资产业务的会计处理不正确

转让、出售行为没有得到必要的授权，无形资产的售价确定没有合法依据，对转让、出售无形资产带来损益的会计处理不恰当。查账人员可以审阅无形资产的明细账及转让、出售无形资产业务的相关会计资料，询问相关当事人；查证转让、出售的是无形资产的使用权还是所有权及其会计处理的正确性。

4. 企业以无形资产进行非货币性交易时，价值确认不正确

换入的无形资产入账价值确认偏低或偏高，对收到补价的收益确认不正确。查账人员可以审阅非货币性交易过程中的有关原始单据，分析企业对无形资产换入、换出的价值确定是否正确，对补价的处理是否正确。

5. 无形资产摊销的会计处理不正确

摊销期限确定的不合理或任意变更，任意多摊或少摊无形资产成本，没有将无形资产成本摊入管理费用，而是计入生产成本或经营费用。查账人员可以了解无形资产有无法定使用期限，判断企业无形资产有效期限的确定是否正确、符合规定；审阅会计凭证、相关账簿，查证企业无形资产摊销是否计入了管理费用。

四、参考案例

案例1：无形资产处置账务错误

情况：查账人员2019年对某公司无形资产项目进行审查后，发现该企业2018年1月有一笔向外转让无形资产业务，取得收入120 000元，该项无形资产的账面价值为90 000元。在审查企业其他业务收入和其他业务支出账目时，发现有此业务的记录，但怀疑账务处理有误。

查证：其会计分录如下：

借：银行存款　　120 000

　　贷：其他业务收入　　120 000

借：其他业务支出　　90 000

　　贷：无形资产　　90 000

账务调整：

借：以前年度损益调整　　7 500

　　贷：应交税费——应交所得税　　7 500

借：利润分配——未分配利润　　7 500

　　贷：以前年度损益调整　　7 500

案例点拨：根据会计制度规定，企业出售无形资产，按实际取得的转让收入，借记“银行存款”等科目；按该项无形资产已计提的减值准备，借记“无形资产减值准备”科目；按无形资产的账面余额，贷记“无形资产”科目；按应支付的相关税费，贷记“银行存款”“应交税费”等科目；按其差额，贷记“营业外收入——出售无形资产收益”科目或借记“营业外支出——出售无形资产损失”科目。该公司的上述做法，使得无形资产出售的损益计入了其他业务收支中；同时销售无形资产业务没有交纳增值税等相关税费，相关的账务处理是错误的。

案例2：无形资产摊销错误

情况：2019年1月，查账人员在审计某公司2018年度会计报表时，发现该公司的管理费用明显高于上年度的水平。

查证：通过查阅管理费用明细账发现，公司将尚有5年使用期限的“商标权”的摊余价值20万元全部计入了“管理费用”账户。公司管理部门没有拿出全部摊销无形资产成本的合法证据。其会计分录如下：

借：管理费用　　200 000

　　贷：累计摊销　　200 000

根据有关规定，企业的无形资产应当自取得当月起在预计使用年限内分期平均摊销，计入损益。

账务调整：

借：累计摊销　　160 000

　　贷：以前年度损益调整　　160 000

借：以前年度损益调整　　160 000

　　贷：利润分配——未分配利润　　120 000

　　　　应交税费——应交所得税　　40 000

案例点拨：只有当无形资产预期不能为企业带来经济利益时，企业才能将该无形资产的账面价值予以转销。在审计过程中，该公司不能拿出全部摊销无形资产成本的合理理由，因此，可以认定其相关会计处理是错误的。

第四章

负债核算的假账甄别

负债，是指企业过去的交易或者事项形成的、预期会导致经济利益流出企业的现时义务。其中现时义务是指，企业在现行条件下已承担的义务。未来发生的交易或者事项形成的义务，不属于现时义务，不应当确认为负债。将企业的现时义务确认为负债需要同时满足以下两个条件：①与该义务有关的经济利益很可能流出企业；②未来流出的经济利益的金额能够可靠地计量。

从数量上，企业某一特定日期的负债总额等于该日资产总额减去所有者权益总额的余数。

负债按其偿还期限的长短分为流动负债和长期负债。流动负债是指企业将在 1 年（包括 1 年）或超过 1 年的一个营业周期内偿还的债务，主要包括短期借款、应付票据、应付账款、预收账款、应付职工薪酬、应交税费、应付利息、应付股利、其他应付款和一年内到期的非流动负债等。长期负债（非流动负债）是指偿还期在 1 年以上或超过 1 年的 1 个营业周期以上的债务，主要包括长期借款、应付债券和长期应付款等。除此之外，在资产负债表中将专项应付款、预计负债、递延收益和递延所得税负债在非流动负债中列示。

第一节　短期借款

一、概念

短期借款是指企业向银行或其他金融机构等借入的期限在 1 年以下（包括 1 年）

的各种借款。对于企业发生的短期借款，应设置“短期借款”科目核算，企业借入的期限在1年以内的外汇借款除在“短期外汇借款”科目核算外，也可以直接在“短期借款”科目核算。

二、账务处理

“短期借款”科目按债权人设置明细账，并按借款种类进行明细核算。科目贷方表示增加，借方表示减少，贷方余额反映企业尚未偿还的短期借款。企业借入短期借款时，借记“银行存款”科目，贷记“短期借款”科目，归还短期借款时做反向分录。企业应计算确定短期借款的应计利息，按照应计的金额，直接计入“财务费用”（金融企业应计入“利息支出”）科目，贷记“银行存款”或“应计利息”等科目。

三、短期借款审查的一般方法

1. 短期借款内部控制制度的审查

（1）企业是否编制短期借款计划。

（2）短期借款是否获得企业相关权力机构批准。

（3）短期借款是否签订借款合同。

（4）是否按期计提大额的短期借款利息。

（5）通过短期借款方式筹集的资金，企业是否按照借款计划合理地使用。

2. 短期借款总分类账与短期借款明细分类账的核对

查账人员应取得或编制短期借款明细清单，采用核对法将短期借款明细清单逐项与短期借款明细分类账核对相符。将短期借款明细清单各明细分类账户余额合计金额与短期借款总分类账的余额核对相符，如两者之间出现差异，应查明原因，取得相关证据。

3. 短期借款明细分类账的审查

（1）审查短期借款明细分类账。采用审阅法审阅企业的短期借款明细分类账的记录，了解短期借款的种类、用途、金额以及偿还情况，注意摘要是否清楚，账户余额计算是否正确，重点查明有无到期仍未偿还的借款，逾期借款是否办理了延期手续。

（2）审查短期借款增减凭证手续及账务处理。在短期借款业务不多的情况下，查账人员应详细审查短期借款增加的相关凭证，如借款合同、到账凭单，查明业务是否合法，凭证手续是否完备，借款分类是否正确、入账是否及时，账务处理是否正确，查明企业对取得的短期借款是否按借款合同规定的用途使用。还应审查实际归还借款的凭证，查明实际偿还借款的时间是否与借款合同规定的时间一致，金额是否准确，还款是否及时、足额，账务处理是否正确。

4. 短期借款利息计算及账务处理的审查

查账人员应根据短期借款的本金、利率和期限，复算企业短期借款到期应付利息，并与实际支付利息对比，检查利息计算是否正确，有无多算或少算的情况，企业已发生的短期借款利息是否按期计入当期财务费用，账务处理是否正确。

注意：短期借款的审查重点是在计提利息上，应查明有无多计或少计利息来调节财务费用的情况。

5. 短期借款余额的询证

查账人员应采用查询法向银行或其他金融机构询证借款余额，并将其与企业的短期借款明细分类账进行核对，查明期末短期借款的真实性、准确性。

短期借款的审查还应审查短期借款余额在资产负债表中的列示是否正确。其方法是审查报表项目金额是否等于短期借款账户期末贷方余额。

四、违规操作检查重点

1. 业务相关程序不合规、手续不完备

这种违规操作的主要表现为企业进行短期借款不经过有关机构的批准或所签订的合同条款不完备等。甄别这种违规操作的具体方法为检查企业是否按业务需要编制短期借款计划：检查企业是否编制短期借款计划；若编制了计划，检查其计划依据的科学性和合理性、内容的全面性、相关数据的准确性。与此同时，计划内容与企业筹资计划书和现金流量表进行核对，确定短期借款的真实性以及金额的准确性。

2. 获取短期借款时无物资保证或物资保证不充足

这种违规情况的主要表现形式为企业在不能保证短期借款到期偿还的资金来源的情况下对短期借款的需用数量估计不合理，向相关机构借款与其还款能力不匹配的金额。甄别这种情况的具体方法为检查企业与贷方签订的借款合同，查看有没有物资保证，并结合企业自身的财务物资账户以及会计资料分析企业保证物资有无不足情况或故意多计划的情况，鉴定保证物资是否为适销产品，同时查明保证物资的价格、金额的计算是否准确，进而确定短期借款管理方面有无漏洞。

3. 没有按用途使用短期借款

企业不按照合同规定借款用途使用借款，影响借款的及时足额还款。检查这种情况时根据借款有关的明细账内的记录确定借款的具体类型及金额，追踪检查相应时期的会计资料，查证企业对其取得的短期借款是否按规定用途使用。

4. 还款不及时、利息处理不正确

此类违规情况的具体表现为短期借款利息的计提不及时以及借款利息计算不正确，进而影响计入当期财务费用的金额。这也是利润操作的一种手法。具体的检查方法为：查阅短期借款合同和有关明细账，检查企业还款时间和借款计划是否与合同内容相一致；通过与银行核对还款日期检查企业还款是否及时，并检查企业实际还款额与借款额，确定是否足额还款。除此之外，检查企业财务费用总账与明细账、短期借款的总账与明细账，确定利息计提是否及时、金额是否正确。

五、短期借款审查的主要工作底稿

（1）企业短期借款相关的内部控制制度。

（2）短期借款总分类账与短期借款所属明细分类账核对的工作记录。

（3）短期借款明细分类账及相关凭证审查的工作记录。

（4）短期借款明细清单。

（5）短期借款利息审查的相关工作记录。

（6）短期借款询证表、短期借款询证回函及回函分析和进一步审查的工作记录。

（7）短期借款审查的工作计划及其他相关工作记录。短期借款审查中可能使用的相关审计程序示例如表4-1所示。

表4-1　短期借款审计程序表

被审计单位：A公司　　审核员：___ 日期：___ 索引号：___

审 查 项 目：短期借款　　会计期间：___ 复核员：___ 日期：___ 页次：___

一、审计目标

①确定短期借款借入、偿还及计息的记录是否完整；②确定短期借款的余额是否正确；③确定短期借款的披露是否恰当。

二、审计程序

序号	内容	执行情况说明	索引号
1	获取或编制短期借款明细表，复核加计正确并与总账数、报表数和明细账合计数核对是否相符		
2	取得贷款证余额清单并向银行或其他债权人函证重大的短期借款		
3	索取并检查借款合同、协议及授权批准、或其他有关资料和收款凭证，确认其真实性、合法性		
4	检查本期各项借款的借入、偿还情况，核对会计记录和原始凭证		
5	了解借款数额、借款条件、借款日期、还款期限、借款利率，并与相关会计记录进行核对，对抵押贷款作出记录		
6	对年度内减少的短期借款，检查相关会计记录和原始凭证，核实还款数额		
7	检查年末有无到期未偿还的借款，逾期借款是否办理了展期手续		
8	复核已计借款利息是否正确，如有未计利息应作出记录，必要时进行适当调整		
9	检查非记账本位币折合记账本位币采用的折算汇率，折算差额是否按规定进行会计处理		
10	涉及债务重组的事项，审查有关协议等法律文件及手续是否齐备，账务处理是否正确		
11	验明短期借款的披露是否恰当		

三、调整事项说明及调整分录（注：分录请写到二级科目，并注明底稿索引；如篇幅不够，请另加页附后）

四、余额

期初余额				期末余额			
上年审定数（或未审数）		本期审定数		未审数		本期审定数	

五、审计结论

1. 本科目经审计后无调整事项，余额可以确认：
2. 本科目经审计调整后，审定数可以确认：
3. 因________________________原因，本科目余额不能确认：

六、参考案例

案例：少提短期借款利息，提高本年利润

情况：审计人员于2019年对某公司财务报表进行审计，审查短期借款项目时发现一张计提短期借款利息的记账凭证比较可疑：该凭证的内容反映计提当月某工商银行借款利息2 000元。

查证：审计人员通过检查短期借款各明细账后发现，2019年度该公司向工商银行借短期借款200万元。而进一步检查企业借款合同后确定该公司于2019年2月26日向工商银行某支行借款200万元，年利率12%，借款期限6个月，到期一次还本付息。

账务调整：根据以上信息可计算出该项短期借款2019年度每月应计提的利息为200×12%÷12=2（万元）。而实际计提2 000元，每月少提18 000元利息，2019年度总共少提18 000×6=108 000元，即增加利润10.8万元。同时，多交所得税2.7万元（所得税率25%）。

根据以上情况审计人员应建议该公司做以下调整分录：

借：以前年度损益调整　　108 000

　　贷：应付利息　　108 000

借：应交税费——应交所得税　　27 000

　　贷：以前年度损益调整　　27 000

而在实际中有利润过高的企业为了降低利润、少交所得税而多提短期借款利息，增加财务费用的情况，检查这种情况的方法同上。

案例点拨：在实际查账时发现有关短期借款计提利息有关的疑点时根据企业签订的短期借款合同核实相关信息，重新计算每月应计提的利息，与实际计提的利息进行核实，确定问题所在。

第二节 以公允价值计量且其变动计入当期损益的金融负债

一、概念

以公允价值计量且其变动计入当期损益的金融负债可进一步分为交易性金融负债和直接指定为以公允价值计量且其变动计入当期损益的金融负债。

1. 交易性金融负债

满足以下条件之一的金融负债，应当划分为交易性金融负债：

（1）承担该金融负债的目的，主要是为了近期内出售或回购。

（2）属于进行集中管理的可辨认金融工具组合的一部分，且有客观证据表明企业近期采用短期获利方式对该组合进行管理。

（3）属于衍生工具。

2. 直接指定为以公允价值计量且其变动计入当期损益的金融负债

对于包括一项或多项嵌入衍生工具的混合工具，企业可以将整个混合工具直接指定为以公允价值计量且其变动计入当期损益的金融负债。对于混合工具以外的金融负债，只有能够产生相关的会计信息时才能将该项金融负债直接指定为以公允价值计量且其变动计入当期损益的金融负债。符合以下条件之一，说明直接指定能够产生更相关的会计信息：

（1）该指定可以消除或明显减少由于该金融负债的计量基础不同而导致的相关利得或损失在确认和计量方面不一致的情况。

（2）企业的风险管理或投资策略的正式书面文件已载明，该金融负债组合或该金融资产和金融负债组合，以公允价值为基础进行管理、评价并向关键管理人员报告。

二、账务处理

1. 确认和终止确认

企业成为金融工具合同的一方并承担相应义务时确认金融负债。根据此确认条件，对于由衍生工具合同形成的义务，企业应当将其确认为金融负债。但是如果衍生工具涉及金融资产转移且导致金融资产转移不符合终止确认条件的则不再确认该项义务为金融负债，以避免企业重复确认负债。企业应当在金融负债的现时义务全部或部分已经解除时，终止确认该金融负债或其一部分。

金融负债现时义务的解除可能还会涉及其他复杂情形，企业应当注重分析交易的法律形式和经济实质来决定是否应全部或部分终止确认金融负债。

（1）企业将用于偿付金融负债的资产转入某个机构或设立信托，偿付债务的义务仍存在的，不应当终止确认该金融负债，也不能终止确认转出的资产。虽然企业已为金融负债设立了“偿债基金”，但金融负债对应的债权人拥有全额追索的权利时，不能认为企业的相关现时义务已解除，从而不能终止确认金融负债。

（2）企业（债务人）与债权人之间签订协议，以承担新金融负债方式替换现存金融负债，且新金融负债与现存金融负债的合同条款实质上不同，应当终止确认现存金融负债，并同时确认新金融负债。其中，“实质上不同”是指按照新的合同条款，金融负债未来现金流量现值与原金融负债的剩余期间现金流量现值之间的差异至少相差10%。有关现值的计算均采用原金融负债的实际利率。

（3）企业回购金融负债一部分的，应当在回购日按照继续确认部分和终止确认部分的公允价值的相对比例，将该金融负债整体的账面价值进行分配。分配给终止确认部分的账面价值与支付的对价（包括转出的非现金资产或承担的新金融负债）之间的差额，计入当期损益。

2. 初始计量和后续计量

对于以公允价值计量且其变动计入当期损益的金融负债，应按照其公允价值进行初始计量和后续计量，相关交易费用应当在发生时直接计入当期损益。其中，金融负债的公允价值，一般应当以市场交易价格为基础确定。

金融负债初始计量时的公允价值通常以实际交易价格，即所收到或支付对价的公允价值为基础确定。但是，如果对价的一部分并非直接针对该金融工具，该金融工具的公允价值则应运用估值技术确定，而非直接以实际交易价格作为公允价值。

交易费用，是指可直接归属于购买、发行或处置金融工具新增的外部费用。新增的外部费用，是指企业不购买、发行或处置金融工具就不会发生的费用，包括支付给代理机构、咨询公司、券商等的手续费和佣金及其他必要支出，不包括债券溢价、折价、融资费用、内部管理成本及其他与交易不直接相关的费用。交易费用构成实际利息的组成部分。

对于以公允价值计量且其变动计入当期损益的金融负债，其公允价值变动形成利得或损失，除与套期保值有关外，应当计入当期损益。

企业对于以公允价值计量且其变动计入当期损益的金融负债，应当设置“交易性金融负债”科目核算其公允价值。

（1）初始计量。

借：银行存款等

　　投资收益（交易费用）

　　贷：交易性金融负债——成本

（2）后续计量。

资产负债表日，按交易性金融负债的票面利率计算利息。

借：投资收益

　　贷：应付利息

资产负债表日，企业应当按照公允价值进行后续计量，其公允价值变动形成的利得或损失，除与套期保值有关外，应当计入当期损益（公允价值变动损益）。

借：公允价值变动损益

　　贷：交易性金融负债——公允价值变动

或作相反分录。

处置（偿还）时：

借：交易性金融负债——成本

——公允价值变动

贷：银行存款

投资收益（或借方）

借：投资收益

贷：公允价值变动损益

或作相反分录。

【提示】交易性金融负债在相关交易费用、期末公允价值变动及处置（偿还）时的会计处理与交易性金融资产相似。

三、违规操作检查重点

（1）公允价值变动金额记录有误。即为调节利润人为地少计或多计公允价值变动金额。

检查时，查账人员可以通过复核期末交易性金融负债的公允价值来确定公允价值变动损益金额是否正确。

（2）利息计算及会计处理不正确。

复核“交易性金融负债”的利息是否按时足额计提，查阅明细账，检查会计处理是否正确。

四、参考案例

案例：利息计量错误

情况：2019年2月查账人员在对甲公司“交易性金融负债”账户进行检查时发现：甲公司2018年10月1日经批准按面值公开发行100亿元，人民币短期融资券，期限为1年，票面年利率为8%，每张面值为100元，到期一次还本付息。2018年12月31日，该短期融资券市场价格为每张108元（不含利息）。甲公司未计提2018年10－12月的利息。查账人员对此表示怀疑。

查证：在资产负债表日，应当按照交易性金融负债的票面利率计提利息。查阅明细账，甲公司发行的短期融资券为到期一次还本付息，应于2018年12月31日计算利息费用，计入当期损益。

账务调整：补记利息费用：1 000 000×8%×3/12＝20 000（万元）

借：以前年度损益调整　　20 000

贷：应付利息　　20 000

案例点拨：交易性金融负债应于每个资产负债表日按票面利率计提利息，对此应复核利息，并查阅明细账。

第三节　应付票据

一、概念

应付票据是由出票人出票，付款人在指定日期无条件支付特定的金额给收款人或者持票人的票据。企业应设置“应付票据”科目进行核算。应付票据按是否带息分为带息应付票据和不带息应付票据两种。

二、账务处理

1. 带息应付票据的处理

由于我国商业汇票期限较短，在期末，通常对尚未支付的应付票据计提利息，计入当期财务费用；票据到期支付票款时，尚未计提的利息部分直接计入当期财务费用。

2. 不带息应付票据的处理

不带息应付票据，其面值就是票据到期时的应付金额。

开出并承兑的商业承兑汇票如果不能如期支付，应在票据到期时，将“应付票据”账面价值转入“应付账款”科目，待协商后再行处理。如果重新签发新的票据以清偿原应付票据的，再从“应付账款”科目转入“应付票据”科目。银行承兑汇票如果票据到期，企业无力支付到期票款时，承兑银行除凭票向持票人无条件付款外，对出票人尚未支付的汇票金额转作逾期贷款处理。企业无力支付到期银行承兑汇票，在接到银行转来的“××号汇票无款支付转入逾期贷款户”等有关凭证时，借记“应付票据”科目，贷记“短期借款”科目。对计收的利息，按短期借款利息的处理办法处理。

三、应付票据审查的一般方法

1. 应付票据内部控制制度的审查

（1）商业汇票的签发、承兑是否进行严格审批。

（2）商业汇票的签发是否由两个或多个人员共同进行，商业汇票的签发职务是否与其登记职务相分离。

（3）企业是否按规定设置“应付票据备查簿”，有无专人负责登记和注销，内容是否完整。

（4）企业财会部门是否定期进行应付票据的对账工作，即企业签发的商业汇票是否按照有关要求定期与债权人进行核对。

2. 应付票据总分类账与应付票据备查簿的核对

查账人员应取得或根据应付票据备查簿中未注销的应付票据编制应付票据明细清

单，采用核对法将应付票据明细清单逐项与应付票据备查簿核对相符。将应付票据明细清单余额合计金额与应付票据总分类账的余额进行核对，如两者之间出现差异，应查明原因。

3. 应付票据备查簿的审查

（1）审查应付票据备查簿。采用审阅法审查企业的应付票据备查簿，核对签发的商业汇票有无合同交易号，查明其真实性；将应付票据的应付日期和金额与到期实际付款日期和金额核对，看其是否相符，查明有无应付票据长期挂账的问题；核对带息票据是否按期计提利息，从而发现疑点和问题。

（2）抽查应付票据增减凭证及账务处理。抽查应付票据增加业务的购货合同、发票、验收单等原始凭证，审查本期增加的应付票据业务是否真实，账务处理是否正确；抽查应付票据到期偿还的数额，审查数额是否准确，账务处理是否正确；还应认真检查银行转来的商业汇票上列示的收款单位、金额和付款期，并将其与应付票据备查簿上该票据的收款单位、金额和付款期进行核对，审查有无拖欠和提前支付以及错付现象。

4. 带息应付票据的审查

企业的带息票据的利息一般是在票据到期支付票据本金和票据利息时，直接将票据利息计入财务费用。

（1）根据票据的票面金额、票面利率、期限复算票据的应付利息，并与企业计算的应付利息对比，检查票据利息计算是否准确。

提示：应付票据利息 = 应付票据票面金额 × 票面利率 × 期限

（2）审查企业带息应付票据利息的账务处理是否正确。到期支付的利息是否计入当期的财务费用。

另外，还应审查应付票据余额在资产负债表中的列示是否正确。其方法是审查报表项目金额是否等于应付票据账户期末贷方余额。

四、违规操作检查重点

1. 应付票据发生和偿还不真实、记录不完整

企业以虚构的交易或事项确认应付票据，或者对已发生的交易或事项不完整记录。检查此类违规操作时，应考虑编制应付票据明细表，复核加计是否正确，并检查其与应付票据登记簿、报表数、总账数和明细账合计数是否相符。

2. 应付票据期末余额不正确，有的应付票据长期挂账

“应付票据”科目期末余额不正确，有的公司的应付票据存在长期挂账的现象。如果应付票据超过其付款期，可能出现的问题是：利用“应付票据”账户转移收入；购销双方存在经济纠纷；付款单位无力支付货款。

检查此类违规操作时，考虑选择应付票据的重要项目，函证其余额是否正确，并根据回函情况，编制与分析函证结果汇总表，以确定应付票据的真实性；检查应付票据备查簿，抽查若干重要原始凭证，确定其是否真实，会计处理是否正确；询问有关当事人，调查相关情况，进行综合分析。

3. 带息的应付票据的利息计算及会计处理不正确

复核带息应付票据的利息是否足额计提，查阅应付票据明细账，检查其会计处理是否正确。

4. 应付票据金额与发票金额不一致

"应付票据"科目确认的金额与发票金额不一致。检查此类违规操作，应先仔细核对票据金额与发票金额是否一致，如果不一致，应查询有关当事人，查证有无利用票单差异的错弊行为。

五、应付票据审查的主要工作底稿

（1）企业应付票据相关的内部控制制度。

（2）应付票据总分类账与应付票据备查簿核对的相关工作记录。

（3）应付票据备查簿结存清单，应付票据凭证审查的相关工作记录。

（4）应付票据利息审查的相关工作记录。

（5）应付票据审查的工作计划及相关工作记录。应付票据审查中可能使用的相关审计程序示例如表4－2所示。

表4－2 应付票据审计程序表

被审计单位：A公司　　审核员：____ 日期：____ 索引号：____

审 查 项 目：应付票据　　会计期间：____ 复核员：____ 日期：____ 页次：____

一、审计目标

①确定应付票据的发生及偿还记录是否完整；②确定应付票据的余额是否正确；③确定应付票据的披露是否充分。

二、审计程序

序号	内容	执行情况说明	索引号
1	编制或获取应付票据明细表，核对与总账、报表的余额是否相符		
2	复核应付票据明细表，加计数是否准确，与明细账核对是否相符		
3	核对应付票据备查簿记录是否与票据购买记录一致		
4	盘点库存未签发的应付票据是否与票据购买记录一致		
5	检查应付票据备查簿，抽查若干债务的相关合同、发票、货物验收单等原始凭证，确定交易事项的真实性		
6	取得银行承兑汇票保证金支付要求的合同，核对应付银行承兑汇票余额与其他货币资金存出保证金是否相符		
7	请客户协助在明细表上标明期后已付款的应付票据，检查支付凭证；必要时向票据持有人函证，确定应付票据的余额是否正确		
8	了解是否存在为应付票据提供质押或抵押的情况，如有，应取证相关合同并作出记录		

续表

序号	内容	执行情况说明	索引号
9	复核票据利息是否足额计提，其会计处理是否正确		
10	检查逾期未付票据的原因		
11	检查非记账本位币折合记账本位币采用的折算汇率，折算差额是否按规定进行会计处理		
12	取得公司董事长、总经理、财务总监、财务经理、票据保管人员对票据资料提供的完整性的声明		
13	验明应付票据的披露是否恰当		

三、调整事项说明及调整分录（注：分录请写到二级科目，并注明底稿索引；如篇幅不够，请另加页附后）

四、余额

期初余额		期末余额					
上年审定数（或未审数）		本期审定数		未审数		本期审定数	

五、审计结论

1. 本科目经审计后无调整事项，余额可以确认：
2. 本科目经审计调整后，审定数可以确认：
3. 因________________________原因，本科目余额不能确认：

六、参考案例

案例：虚假的应付票据

情况：查账人员在审查甲公司应付票据明细账时，发现2019年3月16日56号凭证记载“应付购货款”的记录没有有关合同。查账人员对应付票据的真实性产生怀疑。

查证：调阅56号凭证，其记录为：

借：银行存款　　1 000 000

　　贷：应付票据——乙公司　　1 000 000

凭证附件为进账单一张，借乙公司周转款的收据一张，被查公司签发并承兑的商业汇票一张，且利率为4%。

账务调整：对上述违规操作进行如下调整：

借：应付票据——乙公司　　1 000 000

　　贷：短期借款——乙公司　　1 000 000

案例点拨：应付票据的确认要以真实发生的事项为基础。从原始凭证来看，被查的甲公司以签发商业汇票的形式掩盖从乙公司借款的事实。

第四节 应付账款

一、概念

应付账款是指因购买材料、商品或接受劳务供应等而发生的债务。这是买卖双方由于取得物资或服务与支付货款在时间上不一致而产生的负债。

应付账款入账时间的确定，一般以与所有购买物资所有权有关的风险和报酬已经转移或劳务已经接收为标志。

应付账款一般按应付金额入账，而不按到期应付金额的现值入账。如果购入的资产在形成一笔应付账款时带有现金折扣，应付账款入账金额按发票上记载的应付账款金额的总值确定，当实际获得现金折扣时冲减财务费用。

为了总括反映和监督企业因购买材料、商品和接受劳务供应等产生的债务及其偿还情况，企业应设置“应付账款”科目。

二、账务处理

“应付账款”科目应按单位设置明细账，进行明细核算。期末贷方余额反映企业尚未支付的应付账款。

企业购入的材料、商品等验收入库，但货款尚未支付，根据有关凭证，借记“物资采购”“在途物资”等科目，按专用发票上注明的增值税额，借记“应交税费——应交增值税（进项税额）”科目，按应付账款的价款，贷记“应付账款”科目。

企业接受供应单位提供劳务而产生的应付未付款项，根据供应单位的发票账单，借记“生产成本”“管理费用”等科目，贷记“应付账款”科目。

企业开出承兑商业汇票抵付应付账款，借记“应付账款”科目，贷记“应付票据”科目。

企业偿还应付账款时，借记“应付账款”科目，贷记“银行存款”科目。

企业将应付账款划转出去或确实无法支付的应付账款，应按其账面余额，借记“应付账款”科目，贷记“营业外收入——其他”科目。

三、应付账款审查的一般方法

1. 应付账款内部控制制度的审查

由于企业的采购与付款是不可分离的业务活动，因而查账人员在对企业应付账款相关内部控制制度的审查中，除了应关注采购环节的内部控制制度以外，还应注意以下几个方面的内容：

（1）企业应付账款的记录职务是否独立于采购、验收、请购及付款执行职务。

（2）企业财会部门是否分别设置应付账款的总分类账和明细分类账。

（3）企业财会部门对于供应商给予企业的提前付款的现金折扣是否进行重点控制，有无备查账登记扣除现金折扣后应付账款的金额。

（4）企业财会部门是否向供应单位索取采购业务对账单，并将对账单与应付账款明细账进行核对。

2. 应付账款总分类账与应付账款明细分类账的核对

查账人员应取得或编制应付账款明细清单，采用核对法将应付账款明细清单逐项与应付账款明细分类账核对相符。将应付账款明细清单各明细分类账户余额合计金额与应付账款总分类账的余额核对相符，如两者之间出现差异，应查明原因，取得相关证据。

3. 应付账款明细分类账的审查

（1）采用审阅法对企业的应付账款明细分类账进行逐户审查，主要对摘要、对应科目、金额进行审阅。在审阅中应注意：①对摘要含糊不清，金额较大的记录或异常的记录要加强审查；②对以红字冲减应付账款的记录应重点审查，防止企业采用虚列应付账款，调节成本、费用的情况；③若发现在期末和期初有相同金额转入或转出应付账款的账务记录，应深入追查，查明其转账原因；④对于长期挂账的应付账款应查明长期拖欠的原因；⑤账户余额计算是否正确。

（2）采用抽查法审查应付账款增减业务相关手续、凭证及账务处理，尤其是应付账款增减金额较大的业务。应付账款增加业务的审查，首先，检查该业务所附的原始凭证，如购货发票、购货订单、验收单等是否真实，相关手续是否完备，记账凭证反映的内容是否与所附的原始凭证一致；其次，检查应付账款入账时间的确定是否准确、应付账款入账金额是否正确；最后，审查账务处理是否正确。应付账款减少业务的审查应注意相关支付凭证中收款人是否为供应单位、手续是否完备，相关账务处理是否正确。

4. 向债权人询证

查账人员应采用查询法，选择与被审查单位交易量大且往来频繁的重要供货单位、期末金额较大的应付账款、长期挂账的应付账款、经常发生购货退回的供货单位进行询证，核实债权人是否存在，并将询证资料与被审查单位相关资料核对，以确认企业债务金额是否正确。

5. 对虚列应付账款的审查

查账人员在查账中，对虚列应付账款的舞弊行为主要采用的审查方法如下：

（1）审阅应付账款明细账，查看有无长期挂账的应付账款或者年初有无以红字冲减应付账款的记录。因为是虚列的应付账款，债权人不存在，款项也就无法支付，必然会造成企业应付账款长期挂账，或者企业将虚列的应付账款在以后的会计年度以红字冲回。如被审查企业账面有长期挂账的应付账款或红字冲减应付账款的记录，则应跟踪审查相应的会计凭证，并向相关会计人员询问，查明原因，查实问题。

（2）结合对制造费用、生产成本、管理费用等相关成本费用类的明细分类账进行审查计算。确定被查企业虚列成本费用的实际数额以及对企业利润的影响程度，并记录于工作底稿中，在查账后期进行账目调整。

注意：虚列应付账款的审查一般是应付账款审查的重点。

另外，还应审查应付账款余额在资产负债表中的列示是否正确。

小企业资产负债表中的“应付账款”项目，反映小企业因购买原材料、商品和接受劳务等应付给供应单位的款项。查账人员应审查报表项目金额是否等于应付账款所属明细分类账期末贷方余额之和。

【提示】如“应付账款”账户所属明细分类账户有期末借方余额，则应将“应付账款”账户所属明细分类账户的期末借方余额合计数在资产负债表中增设“预付账款”项目填列。

四、违规操作检查重点

1. 利用应付账款隐匿销售收入

企业为了隐匿收入以减少税负，对已经实现的销售收入不计入相关的收入账户，而计入“应付账款”科目。针对此类舞弊，应着重检查“银行存款”科目。如果“银行存款”分类账户增设有“对方科目”栏，应注意对该栏的审查。如在对方科目中发现有“应付账款”，则说明对应关系异常，要进一步通过账户记录找出相应的会计凭证，从而核实问题。如果“银行存款”没有增设“对方科目”栏，应结合银行存款日记账进行检查，对摘要含糊不清并且收款金额较大的业务，可以根据日记账中所说明的该业务的凭证号码，找出该记账凭证和原始凭证，查清是否属于隐匿收入的行为。

2. 利用应付账款贪污现金折扣

该类舞弊的具体表现方式为：会计人员对带有现金折扣的应付账款业务按应付账款总值确定购买物资的价值后实际付款时获得现金折扣不按会计准则冲减财务费用而按发票原价支付货款，再从物资供应单位取得折扣金额对应的支票或现金。检查此类问题时应检查采购计划和合同，查看有无现金折扣优惠，并追查应付账款明细账记录内容、付款时间以及付款时的会计凭证，核实有没有未冲减财务费用直接按总价值付款的情况。

3. 对料、单到达时间不一致而估价入账的业务，直接抵扣应付账款

实际中该类违规操作主要表现如下：当实际材料采购金额小于估价时，不注销估价的应付账款，而直接作抵扣应付账款的处理，从而多计原材料成本。而在这种材料先到、发票账单未收到、货款尚未支付的情况下，会计上一般在收料后只由仓库登记数量卡片，而不作账务处理。但到月终仍未付款的，应按暂估价或合同价入账，即借记“原材料”“库存商品”等，贷记“应付账款——暂估应付账款”，下月初用红字作同样的记录予以冲回。发票账单到达后，再按正常材料采购程序处理。

检查此类问题时应检查“应付账款——暂估应付账款”明细账，如果跨期仍挂账，而未冲销或未全额冲销暂估应付账款，则应进一步检查暂估应付账款材料清单，并与相应收到的供货方开具的发票账单相核对，如果二者所列材料品名、数量等一致说明发票已收到，而会计上又没有作冲销“应付账款——暂估应付账款”处理，则其多转材料成本的事实存在，应做出相应的账务调整。

4. 销货退回不冲减应付账款

企业会有通过销货退回故意不冲减应付账款来贪污货款的情况。针对此类情况，应检查企业“退货登记簿”的退货记录，根据该记录检查“应付账款”账户贷方余额有无减少的情况，并进一步查明该减少数是否由“银行存款”或“库存现金”账户列支。

5. 虚列“应付账款”数额

企业为了控制其利润的实现情况，往往采取虚列应付账款的形式，设置虚假费用项目，从而达到挤占利润、控制利润金额的目的。企业通常将不属于应付账款范围的开支虚列到“应付账款”账户下，事后再做转销或转账处理，最终达到不正当的目的。由于这些应付账款往往和一些费用支出类账户相联系，因此应查看“应付账款”明细账，检查有无虚设明细账以及明细账有无反常余额变动，确定将非法支出列支到该明细账上。查到有疑点时抽出对应会计凭证查证具体问题。

6. 应付账款账户余额账账不符

主要表现为企业“应付账款”总账余额和明细账余额之和不一致，“应付账款”余额和债权人“应收账款”余额不一致。对此，应核对“应付账款”总账与明细账的金额，查找问题所在，并对债权人进行函证，进一步确定“应付账款”科目准确余额。

7. 多列应付账款，将多余款项私吞

企业内部人员，如会计，通过在做账时多列应付账款，在企业还款时达到多拿到一部分款项的目的。为此，会计人员可能会在账簿上直接改动，可能会对原始凭证进行修改。查账人员在检查时要将账簿检查与原始凭证检查相结合。

五、应付账款审查的主要工作底稿

（1）企业应付账款的内部控制制度。

（2）应付账款总分类账与应付账款所属明细分类账核对的工作记录。

（3）应付账款明细分类账及相关凭证审查的工作记录。

（4）应付账款明细清单。

（5）应付账款询证汇总表。

（6）应付账款询证回函及回函分析和进一步审查的工作记录。

（7）应付账款审查的工作计划及其他工作记录。应付账款审查中可能使用的相关审计程序示例如表4－3所示。

表4－3　应付账款审计程序表

被审计单位：A公司　　审核员：____　日期：____　索引号：____

审 查 项 目：应付账款　　会计期间：____　复核员：____　日期：____　页次：____

一、审计目标

①确定应付账款的发生及偿还记录是否完整；②确定应付账款的余额是否正确；③确定应付账款的披露是否充分。

二、审计程序

序号	内容	执行情况说明	索引号
1	获取或编制应付账款明细表，复核加计正确并与总账数、报表数和明细账合计数核对是否相符		
2	对期末应付账款余额与上期末余额进行比较，了解其波动原因；对大额异常项目进行重点查验		
3	选择应付账款重要项目（包括零账户），函证其余额是否正确		
4	根据回函情况，编制与分析函证结果汇总表，对未回函的，决定是否再次函证		
5	对未回函的重大项目，采用替代程序，确定其是否真实 ①检查该笔应付账款的相关凭证资料，核实交易事项的真实性；②抽查决算日后应付账款明细账及现金、银行存款日记账，核实其是否已支付货款并转销		
6	检查是否存在未入账的应付账款 ①结合存货监盘或盘点抽查检查被审计单位在决算日是否有大额料到单未到的经济业务；②对决算日后应付账款明细账的贷方发生额的相应凭证，检查其购货发票的日期，确认其入账期是否合理；③检查决算日后（　）天的付款事项，确定有无未及时入账的应付账款		
7	对应付账款借方余额应采用同预付账款相同的程序审验其真实性并决定是否进行重分类		
8	检查应付账款长期挂账的原因，作出记录，对于确实无法支付的，检查是否按规定转入资本公积		
9	检查非记账本位币折合记账本位币采用的折算汇率，折算差额是否按规定进行会计处理		
10	检查应付关联公司款项的合法性和真实性 ①了解交易事项的目的、价格和条件；②检查采购合同等有关文件；③向关联方或其他注册会计师函询，以确认交易的真实性；④标明应付关联方（包括持股5%以上股东）的款项，注明合并报表时应予抵销的数字		
11	检查债务重组中涉及应付账款的会计处理是否正确，审查有关协议等法律文件及手续是否齐备		
12	验明应付账款的披露是否恰当		

三、调整事项说明及调整分录（注：分录请写到二级科目，并注明底稿索引；如篇幅不够，请另加页附后）

四、余额

期初余额		期末余额					
上年审定数（或未审数）		本期审定数		未审数		本期审定数	

五、审计结论

1. 本科目经审计后无调整事项，余额可以确认：
2. 本科目经审计调整后，审定数可以确认：
3. 因________________原因，本科目余额不能确认：

六、参考案例

案例 1：利用应付账款隐匿销售收入

情况：查账人员检查某公司 2020 年 2 月“应付账款”明细账时发现有一笔“应付账款”科目的会计分录摘要含糊不清，且 2019 年 10 月份无购买材料物资情况。怀疑该笔应付账款为公司利用应付账款隐匿销售收入导致。

查证：抽出该记账凭证检查后附原始凭证发现，有银行存款进账单和销售发票记账联，其中销售金额 300 000 元，增值税 39 000 元。进一步与公司财务人员核实后会计承认将销售作为应付账款处理。

账务调整：对该公司做了如下会计分录：

借：银行存款　　339 000
　贷：应付账款　　339 000

公司为了隐瞒利润少交税款，将销售收入隐匿在“应付账款”账户中，并时隔一段时间后做反向分录冲掉应付账款。为此检查人员应要求公司财务人员做如下调整分录：

借：应付账款　　339 000
　贷：主营业务收入　　300 000
　　应交税费——应交增值税（销项税额）　　39 000

案例点拨：本案例中公司是通过将销售收入计入“应付账款”科目中，隐瞒利润，少交税款。而实际中与此案例相似，公司用非现金资产，如存货清偿债务时不视作销售做会计分录：

借：应付账款
　贷：主营业务收入
　　应交税费——应交增值税（销项税额）
　　营业外收入（贷方差额）

只做如下分录，达到舞弊目的。

借：应付账款
　贷：库存商品

案例 2：虚列“应付账款”数额

情况：查账人员审查某公司账时发现对某次装修有笔会计分录：

借：管理费用　　　　　　　　　　　　　　　　　　　　　　900 000
　　贷：银行存款　　　　　　　　　　　　　　　　　　　　800 000
　　　　应付账款　　　　　　　　　　　　　　　　　　　　100 000

该记账凭证中的应付账款无二级科目，并根据应付账款一般是在购买货物或劳务时发生，怀疑有通过应付账款调整成本费用的嫌疑。

查证：根据检查该记账凭证中科目的明细账发现，管理费用二级科目为装修费，根据银行存款付款回单上的客户名称，与客户沟通后发现付款回单上的金额为装修费用实际金额。对此，进一步与会计人员核实实际支付装修费用与入账管理费用金额不符问题时承认了多记管理费用的问题。

账务调整：

借：应付账款　　　　　　　　　　　　　　　　　　　　　　100 000
　　贷：管理费用　　　　　　　　　　　　　　　　　　　　100 000

案例点拨：应付账款是因购买材料、商品或接受劳务供应等而发生的债务。所以在检查公司账时要时刻留意“应付账款”科目所出现的记账凭证记录的经济业务，从而衡量是否有相关违规操作。

除此之外，查账人员要对应付账款的长期挂账问题引起注意。应付账款一般是在短期内归还的款项，如果长期挂账，可能是由于归还能力有限，或者有人利用该账户，弄虚作假，但由于没有找到合适的机会，一直没有冲减该账户。

第五节　预收账款

一、概念

预收账款是指买卖双方协议商定，由购货方预先支付一部分货款给供应方而发生的负债。

企业根据具体情况设置“预收账款”科目。如果预收账款较多则可以设置“预收账款科目”，预收账款不多的，可以将预收账款计入“应收账款”贷方。

如果企业商品出口，预收国外客户的外汇货款或定金，除了可以增设“预收外汇账款”科目核算外还可以直接在“预收科目”核算。

二、账务处理

“预收账款”科目按购货单位设置明细账，进行明细核算。“预收账款”贷方表示从购货方预收的货款或购货方补付的货款，借方表示企业应收的货款或退回多收的货款。期末贷方余额表示尚未结清的预收账款，期末借方余额表示应收的货款。

企业向购货单位预收货款时，借记“银行存款”科目，贷记“预收账款”科目。当销售实现时，按实现的营业收入和应交的增值税销项税额合计数，借记“预收账款”

科目，按实现的营业收入，贷记“主营业务收入”科目，按专用发票上注明的增值税额，贷记“应交税费——应交增值税（销项税额）”科目。

购货方补付货款时，借记“银行存款”科目，贷记“预收账款”科目，当向购货方退回多付的款项时做反向分录。

三、违规操作检查重点

1. 利用“预收账款”截留收入

当企业销售实现时不及时结转预收账款，达到调整利润的目的。对此，检查“预收账款”借方发生额是否反映实现的销售收入。如果没有反映收入，调阅原始凭证，查明账户之间的对应关系，找出问题所在，金额大的，根据预收账款的二级科目，与购货方取得联系，证实销售是否实现。

2.“预收账款”长期挂账

企业在按照经济合同收到订货单位的预收款项后，为了达到较长时期占用这部分资金或因为将货物发给其他公司，通过采取推迟供货的办法，使预收的货款长期挂账。对此，检查人员核对“预收账款”明细账与双方签订的合同或协议，检查有无超出规定时间尚未发货的情况。

3. 利用预收账款业务欺骗购货方

一些企业在成产能力不足的情况下与他方签订协议预收货款达到占用资金的目的。对此，要检查购销合同，查明是否按合同规定预收货款，并检查库存商品存量以及实地考察生产车间，检查企业的生产能力，分析有没有能力能够在规定时间内向购货方发货。

四、参考案例

案例：预收账款截留收入

情况：查账人员于2019年6月审查某公司2018年“预收账款”明细账时发现2018年3月15日41号凭证记录该公司预收A公司货款10万元，从后附的合同中可知发货日期为4月15日。但截止到2018年12月31日预收账款尚未结转。

查证：根据这一情况可推测该公司采用预收账款销售时，发出商品未反映实现销售收入，从而有隐瞒收入，少交税费的嫌疑。为此，首先，抽出3月15日41号凭证确定预收收入，并查看后附原始凭证，查看合同上规定的发货日期；其次，根据发货日期查看产成品出库单以及明细单，确定发货数量，审查是否结转预收账款，反映销售收入。

账务调整：通过检查，3月15日41号凭证为

借：银行存款　　100 000

　　贷：预收账款——A公司　　100 000

4 月 15 日向 A 公司发出商品 100 件，每件 800 元。对应的记账凭证为

借：应收账款——A 公司　　80 000
　　贷：库存商品　　80 000

为此，应让公司财务人员做以下调整分录：

借：预收账款——A 公司　　113 000
　　贷：主营业务收入　　100 000
　　　　应交税费——应交增值税（销项税额）　　13 000
借：主营业务成本　　80 000
　　贷：应收账款——A 公司　　80 000

案例点拨：在审查公司预收账款时要确定预收账款的发生及偿还记录是否完整，根据每笔预收账款记账凭证后附的原始凭证确定预收货款货品的发货日期，检查预收账款是否都及时结转，有无利用预收账款截留收入或预收账款长期挂账的情况。在实际的核查工作中主要关注预收账款明细账、预收账款凭证后附的合同、仓库发运凭证、销售发票等。

第六节　应付职工薪酬

一、概念

职工薪酬，是指企业为获得职工提供的服务或解除劳动关系而给予的各种形式的报酬或补偿。职工薪酬包括短期薪酬、离职后福利、辞退福利和其他长期职工福利。企业提供给职工配偶、子女、受赡养人、已故员工遗属及其他受益人等的福利，也属于职工薪酬。

二、账务处理

无论企业的职工薪酬是否在当月支付，均应通过“应付职工薪酬”科目核算。

财务会计部门应将“工资单”进行汇总，编制“工资汇总表”，按照企业有关规定向职工支付工资、奖金津贴、职工福利费、工会经费和职工教育经费、社会保险和住房公积金以及解除与职工的劳动关系向职工给予的补偿等，借记“应付职工薪酬”科目，贷记“银行存款”“库存现金”等科目支付工资时，借记“应付职工薪酬”科目，贷记“银行存款”“库存现金”科目。

从应付职工薪酬中扣还的各项款项（代垫的家属药费、个人所得税等），借记“应付职工薪酬”科目，贷记“其他应收款”“应交税费——应交个人所得税”等科目。职工未在规定期限内领取职工薪酬的，由发放的单位及时交回财务会计部分，借记“库存现金”科目，贷记“其他应付款”科目。

企业应在职工为其提供服务的会计期间，将实际发生的短期薪酬确认为负债，并

计入当期损益，其他会计准则要求或允许计入资产成本的除外。其中，生产部门人员的职工薪酬，借记“生产成本”“制造费用”“劳务成本”科目；管理部门人员的职工薪酬，借记“管理费用”科目；销售人员的职工薪酬，借记“销售费用”科目；应由在建工程、研发支出负担的职工薪酬，借记“在建工程”“研发支出”科目；因解除与职工的劳动关系给予的补偿，借记“管理费用”科目。具体会计分录如下：

借：生产成本（生产工人）
　　制造费用（车间管理人员）
　　管理费用（行政管理人员）
　　销售费用（销售人员）
　　在建工程（基建人员）
　　研发支出——资本化支出（研发人员）
　　贷：应付职工薪酬——工资
　　　　　　　　　　——职工福利
　　　　　　　　　　——社会保险
　　　　　　　　　　——住房公积金
　　　　　　　　　　——工费经费
　　　　　　　　　　——职工教育经费等

“应付职工薪酬”科目期末一般无余额，企业本月实际支付的职工薪酬是按上月考勤记录计算的，“应付职工薪酬”科目余额为实际支付的职工薪酬与本月按考勤记录计算的应付职工薪酬的差额。

三、应付职工薪酬审查的一般方法

（一）工资及福利费的审查

1. 常见的工资及福利费账务处理中的错弊

（1）工资计算中常见的错弊：①由于考勤记录、工时记录、工资标准等不准确，造成计时工资、计件工资计算的不准确；②虚报考勤日数、虚报加班工时，甚至虚列职工姓名，从中进行贪污。

（2）工资发放过程中管理不严，形成错弊：①按应发工资数向银行提取现金，套取银行现金；②发放工资手续不健全，如职工领取工资后未签名，利用签名冒领工资；对尚未领取的工资暂由出纳负责保管，未作为其他应付款处理，给挪用现金提供了可趁之机；③工资结算表的编制兼发放人员在工资结算表上加大合计金额，从中舞弊贪污。

（3）混淆工资列支渠道。如企业将应由福利费开支的人员工资以及应由工程负担的人员工资均计入管理费用，达到减少当期利润、偷逃税收的目的。

（4）扩大工资总额，多提福利费。扩大工资总额，增加计提福利费的基数，把不包括在工资总额内支付给职工的医药费、福利费、职工生活困难补助，发放给离退休人员的退休金都计入计提福利费的基数，造成多提福利费。

（5）企业未根据历史经验数据和实际情况合理预计当期福利费，而且期末未将多提的福利费冲回或者补提少提的福利费。

（6）不按福利费的用途使用福利费。如利用福利费发放职工奖金以及将福利费用于报销业务招待费。

（7）将应由福利费列支的款项挤入成本费用。如发放的职工生活困难补助直接记入“制造费用”“管理费用”等账户。

【提示】根据现行企业财务制度规定，企业的福利费按历史经验数据和实际情况合理预计提取。

2. 工资及福利费审查的主要方法

（1）工资及福利费内部控制制度的审查：①考勤记录、产量记录、工资计算、工资发放、工资核算等工作岗位的人员安排及职责分工是否相互独立；②工资标准的制定及变动是否经过授权批准；③计时工资、计件工资的原始记录是否齐全；④企业的工资结算表、工资汇总表是否经过审批；⑤企业职工福利费是否根据历史数据和自身实际情况计提，其使用是否经过审批。

【提示】工资核算的原始记录主要有工资卡、考勤记录、产量记录。

（2）工资明细分类账与工资明细清单的核对。查账人员应取得或编制应付工资明细清单，采用核对法将应付工资明细清单逐项与工资明细分类账核对相符。如两者之间出现差异，应查明原因，取得相关证据。

（3）工资计算的审查：①审查工资卡片。查账人员通过抽查企业的工资卡片，检查职工的工资标准及相关工资资料的真实性、合规性和正确性，并与“工资结算表”相关内容进行核对，查明企业根据工资标准所计算的职工工资的正确性；②审阅“工资结算表”、考勤记录、产量记录及其有关会计资料。查明考勤记录、产量记录是否正确，有无多记多列情况；将“工资结算表”中的职工姓名与单位劳动人事部门的职工名册相核对，检查有无虚列职工姓名的行为；检查企业通过“应付职工薪酬——工资”账户核算的内容是否属于工资总额的项目，有无将不属于工资总额内的医药费、福利费等支出列入“应付职工薪酬——工资”账户核算；③复核“工资结算表”。采用复核法核对“工资结算表”内的有关项目并进行重新验算，检查计算是否准确。如在前面第3章的“货币资金审查案例1”中，查账人员就是将“工资结算表”逐人逐页加计汇总，并与合计数核对，发现实发数小于应发数并根据该线索，查明了企业会计从中贪污现金的事实。

（4）工资发放的审查：①核对工资发放数。采用核对法将“工资结算表”中的实发数与现金日记账中的现金提取数核对，检查两者是否相符，有无错误地按应付数提取现金的情况；②审阅“工资结算表”中的职工签名。若发现未有本人签名，或一人代领若干人工资的签名，则要询问相关的当事人。若发现可疑情况，就要顺藤摸瓜，查明企业有无利用工资发放违规冒领工资的情况。

注意：审查工资结算表时，发现一人代领若干人工资的签名，要查明代领的原因。

（5）工资分配的审查。查账人员应检查“生产成本”“制造费用”“管理费用”

“销售费用”“在建工程”等账户中列支的工资数，查明企业有无混淆工资的列支渠道。另外还应将上述账户中列支的工资总数与“应付职工薪酬——工资”账户贷方发生额进行核对，查明企业的工资总额是否已在该账户中核算。如前者大于后者，则说明企业有不通过该账户而直接将工资、奖金、津贴和补贴在费用中列支的行为。

（6）福利费计提的审查。查账人员首先应检查企业福利费的计提标准是否符合企业历史经验数据和实际情况；其次再按照审查后工资总额及计提比例复算企业应计提的职工福利费的金额，并将其与“职工福利”明细账户贷方发生额进行核对，查明有无多提或少提的现象。另外，还应检查相关成本费用账户中列支的福利费是否与“应付职工薪酬——职工福利”账户贷方发生额相一致，如前者大于后者，则说明企业职工福利费的支出挤占了成本费用。

（7）福利费使用的审查。查账人员应审阅“应付职工薪酬——职工福利”明细分类账借方发生额的记录内容，若发现摘要内容模糊不清或没有摘要内容的，应查阅会计凭证，进行账证、证证核对，并调查询问有关人员，查明福利费使用是否符合国家规定的范围。另外，查账人员还应审查当期福利费实际发生金额大于计提金额时，企业是否补提少提福利费；当期福利费实际发生金额小于计提金额时，企业是否冲回多提的福利费。

（二）社会保险费、住房公积金的审查

（1）检查企业社会保险费、住房公积金的计提基础和计提比例是否符合有关规定；

（2）按照审查后的计提基础和计提比例复算企业应计提的社会保险费、住房公积金的金额，并将其与“应付职工薪酬——社会保险费”账户、“应付职工薪酬——住房公积金”账户的贷方发生额进行核对，查明有无多提或少提的现象；

（3）检查相关成本费用账户中列支的社会保险费、住房公积金是否与“应付职工薪酬——社会保险费”账户、“应付职工薪酬——住房公积金”账户贷方发生额相一致；

（4）审查企业是否将计提的社会保险费、住房公积金按时足额地上缴。

（三）工会经费和职工教育经费的审查

（1）检查企业是否按照国家的相关规定，分别按照职工工资总额的2%和1.5%的计提标准计提工会经费和职工教育经费。

（2）按照审查后的计提基础和计提比例复算企业应计提的工会经费和职工教育经费的金额，并将其与“应付职工薪酬——工会经费”账户、“应付职工薪酬——职工教育经费”账户的贷方发生额进行核对，查明有无多提或少提的现象。

（3）检查相关成本费用账户中列支的工会经费、职工教育经费是否与“应付职工薪酬——工会经费”账户、“应付职工薪酬——职工教育经费”账户贷方发生额相一致。

（4）审查企业是否按国家规定的范围使用。

应付职工薪酬的审查还应审查应付职工薪酬余额在资产负债表中的列示是否正确，

其方法是审查应付职工薪酬报表项目金额是否等于“应付职工薪酬”账户期末贷方余额。如“应付职工薪酬”账户期末为借方余额，其报表项目应以“－”列示。

四、违规操作检查重点

1. 通过变动职工人数调节利润

职工人数的变动会影响企业利润，若企业职工人数变动频繁，极有可能存在利用职工薪酬人为调节利润的情况。常见违规操作方法为：当企业想虚增利润，粉饰报表时会隐瞒员工人数进行账外核算应付职工薪酬；当企业想虚减利润，少交税费时会虚构职工人数，增加职工薪酬支出等，从而提高本企业当期的成本费用，虚减当期利润。

对此，查账人员审阅公司财务部门制作的“职工薪酬结算单”等职工信息，并与人力资源部处的职工信息进行核对，确定所查账会计年度的在职职工人数，最后将人力资源部提供的职工信息与企业代扣代缴个人所得税及各项保险等信息进行核对，从而检查企业有无虚列职工姓名进行贪污的行为或通过变动职工人数，调整利润的情况。

2. 混淆收益性支出与资本性支出，调节利润

职工薪酬属于资本性支出还是收益性支出会对当期利润产生很大影响。常见的违规操作方法为：当企业想虚增利润粉饰报表时，会将部分生产工人的薪酬列入基建工程人员的薪酬，即将本应记入“生产成本”账户核算的职工薪酬列入“在建工程”账户核算，从而降低当期成本费用，达到增加盈利的目的；当企业想虚减利润，少缴税金时，就会将部分从事基建工程人员的薪酬（计入在建工程）列入生产工人的薪酬（计入生产成本），从而实现增加当期成本费用，达到适当降低盈利的目的。

对此，查账人员要在了解企业在建工程人员的实际情况的基础上，审阅企业提供的工资部门记录的工资支出、生产部门记录的工时工资结算单，对出纳记录的工资支付数及会计部门记录的生产成本、在建工程、管理费用明细账等相应数据进行核对和分析，以确定是否混淆资本性支出和收益性支出。

3. 利用非货币性福利调节利润

企业以其自产的产品作为非货币性福利提供给职工或将自有房屋等资产无偿提供给职工使用或租用时不按照企业会计准则的规定，确认主营业务收入或不按照规定处理相关房屋的折旧和租金，多计或少计当期成本费用，从而调节当期利润和偷漏税金。

对此，查账人员要检查以自产产品发放给职工的非货币性福利，检查是否根据受益对象，按照该产品的公允价值，计入相关资产成本或当期损益，同时确认应付职工薪酬；对于难以认定受益对象的非货币性福利，是否直接计入当期损益和应付职工薪酬；检查无偿向职工提供住房的非货币性福利，是否根据受益对象，将该住房每期应计提的折旧计入相关资产成本或当期损益，同时确认应付职工薪酬；检查租赁住房等资产提供给职工无偿使用的非货币性福利，是否根据受益对象，将每期应付的租金计入相关资产成本或当期损益，并确认应付职工薪酬。

五、应付职工薪酬审查的主要工作底稿

（1）工资、福利费的内部控制制度。

（2）“应付职工薪酬”总账与“应付职工薪酬”所属明细分类账核对的工作记录。

（3）工资计算和发放审查的工作记录。

（4）工资分配审查的工作记录。

（5）福利费计提、使用审查的工作记录。

（6）社会保险费、住房公积金审查的工作记录。

（7）工会经费和职工教育经费审查的工作记录。

（8）应付职工薪酬审查的工作计划及其他相关工作记录。应付职工薪酬审查中可能使用的相关审计程序示例如表4－4所示。

表4－4　应付工资审计程序表

被审计单位：A公司________________审核员：____日期：____　索引号：____

审 查 项 目：应付工资____________　会计期间：____　复核员：____　日期：____　页次：____

一、审计目标

①确定应付工资的发生及支付记录是否完整，计提依据是否合理；②确定应付工资的余额是否正确；③确定应付工资的披露是否充分。

二、审计程序

序号	内容	执行情况说明	索引号
1	获取或编制应付工资和应付福利费审定明细表，复核加计正确并与总账数、报表数和明细账合计数核对是否相符		
2	对本期工资费用发生情况进行分析性复核 ①检查各月工资费用的发生额是否有异常波动，若有，则要求被审计单位予以解释，并检查原因是否合理；②将本期工资费用与上期进行比较，要求被审计单位解释其增减变动的原因，或取得公司管理当局关于员工工资水平的决议		
3	了解被审计单位工资制度，并检查工资、奖金、津贴的计算是否符合有关规定		
3－1	如果实行工效挂钩的，应取得有关主管部门确认的效益工资发放额认定证明，并符合有关合同文件和实际完成指标，检查其计提额、发放额是否正确，是否应作纳税调整		
3－2	如果实行计税工资制，应取得当地计税工资标准和公司平均人数，计算准予从应纳税所得额中扣除的工资费用，对超支部分的工资及附加费应作纳税调整		
4	抽查应付工资的支付凭证，有无授权批准和领款人签章		
5	将应付工资贷方发生额累计数与相关的成本、费用账户核对一致		
6	检查其他应付款长期挂账的原因，并作出记录，必要时予以调整		
7	验明应付工资的披露是否恰当		

三、调整事项说明及调整分录（注：分录请写到二级科目，并注明底稿索引；如篇幅不够，请另加页附后）

四、余额

期初余额		期末余额					
上年审定数（或未审数）		本期审定数		未审数		本期审定数	

五、审计结论

1. 本科目经审计后无调整事项，余额可以确认：
2. 本科目经审计调整后，审定数可以确认：
3. 因______________________________原因，本科目余额不能确认：

六、参考案例

案例：通过变动职工人数调节利润

情况：2018 年，查账人员对 A 公司进行财务审查时发现，12 月计提应付职工薪酬记账凭证后附的在职职工 218 人，当月的职工薪酬结算汇总表反映，当月应发工资总额 8 720 675 元，代扣款项 22 176 元，实发工资 8 698 499 元。但查账人员跟人力资源部取得的在职职工人员为 213 人。对此，查账人员怀疑 A 公司有通过变动职工人数调节利润或虚列职工姓名进行贪污的嫌疑。

查证：查账人员调出 12 月计提应付职工薪酬的 84 号凭证，将后附的职工薪酬结算汇总表中的职工姓名与人力资源部提供的职工信息一一核对后发现确实存在多发 5 人工资的情况，每人发 8 000 元，并将这 5 人的工资 40 000 元计入了管理费用。对此，财务人员指出这 5 人是公司从外部聘请的技术支持者，但是不能提供相关的聘请文件或其他证据。

账务调整：冲销多计的职工薪酬：

借：其他应收款　　40 000

　　贷：应付职工薪酬　　40 000

借：应付职工薪酬　　40 000

　　贷：管理费用　　40 000

案例点拨：在检查企业利用变动职工人数，进行违规操作时不能只查看职工薪酬结算汇总表的合计数与实际发放数一致否，还要查看在职职工人数对不对以及应付职工薪酬计算正确否。

第七节　应交税费

一、概念

企业作为商品生产和经营者，必须按照国家税法规定履行纳税义务，对其经营所得依法缴纳各种税费。这些应交的税费应按权责发生制原则进行确认和计量，在尚未缴纳之前暂时留在企业，形成一项流动负债，即应交税费。

为了总括地反映和监督企业应交税费的计算和缴纳情况，应设置“应交税费”科目，并按具体税费项目设置明细科目进行明细核算。“应交税费”科目核算的税费项目包括增值税、消费税、资源税、土地增值税、城市维护建设税、房产税、城镇土地使用税、车船税、教育费附加、矿产资源补偿费、保险保障基金、企业所得税、个人所得税等。印花税、耕地占用税、车辆购置税不通过该科目核算。

“应交税费”科目的贷方登记应缴纳的各种税费，借方登记已缴纳的各种税费，期末贷方余额反映尚未缴纳的税费，期末借方余额反映多交或尚未抵扣的税费。

二、账务处理

（一）增值税

增值税是以商品和劳务在流转过程中产生的增值额作为征税对象而征收的一种流转税。按照我国增值税法的规定，增值税是对在我国境内销售货物，提供加工修理修配劳务（以下简称提供应税劳务），销售服务、无形资产及不动产（以下简称发生应税行为），以及进口货物的企业、单位和个人，就其销售货物、提供应税劳务、发生应税行为的增值额和货物进口金额为计税依据而课征的一种流转税。

增值税一般纳税人应当在“应交税费”科目下设置“应交增值税”“未交增值税”“预交增值税”“待抵扣进项税额”“待认证进项税额”“待转销项税额”“增值税留抵税额”“简易计税”“转让金融商品应交增值税”“代扣代交增值税”等明细科目。

（1）增值税一般纳税人应在“应交增值税”明细账内设置“进项税额”“销项税额抵减”“已交税金”“转出未交增值税”“减免税款”“出口抵减内销产品应纳税额”“销项税额”“出口退税”“进项税额转出”“转出多交增值税”等专栏。其中：

“进项税额”专栏，记录一般纳税人购进货物、加工修理修配劳务、服务、无形资产或不动产而支付或负担的、准予从当期销项税额中抵扣的增值税额；

“销项税额抵减”专栏，记录一般纳税人按照现行增值税制度规定因扣减销售额而减少的销项税额；

“已交税金”专栏，记录一般纳税人当月已缴纳的应交增值税额；

“转出未交增值税”和“转出多交增值税”专栏，分别记录一般纳税人月度终了转出当月应交未交或多交的增值税额；

“减免税款”专栏，记录一般纳税人按现行增值税制度规定准予减免的增值税额；

“出口抵减内销产品应纳税额”专栏，记录实行“免、抵、退”办法的一般纳税人按规定计算的出口货物的进项税抵减内销产品的应纳税额；

“销项税额”专栏，记录一般纳税人销售货物、加工修理修配劳务、服务、无形资产或不动产应收取的增值税额；

“出口退税”专栏，记录一般纳税人出口货物、加工修理修配劳务、服务、无形资产按规定退回的增值税额；

“进项税额转出”专栏，记录一般纳税人购进货物、加工修理修配劳务、服务、无形资产或不动产等发生非正常损失以及其他原因而不应从销项税额中抵扣、按规定转出的进项税额。

（2）“未交增值税”明细科目，核算一般纳税人月度终了从“应交增值税”或“预交增值税”明细科目转入当月应交未交、多交或预缴的增值税额，以及当月交纳以前期间未交的增值税额。

（3）“预交增值税”明细科目，核算一般纳税人转让不动产、提供不动产经营租赁服务、提供建筑服务、采用预收款方式销售自行开发的房地产项目等，以及其他按现行增值税制度规定应预缴的增值税额。

（4）“待抵扣进项税额”明细科目，核算一般纳税人已取得增值税扣税凭证并经税务机关认证，按照现行增值税制度规定准予以后期间从销项税额中抵扣的进项税额。包括：一般纳税人自2016年5月1日后取得并按固定资产核算的不动产或者2016年5月1日后取得的不动产在建工程，按现行增值税制度规定准予以后期间从销项税额中抵扣的进项税额；实行纳税辅导期管理的一般纳税人取得的尚未交叉稽核比对的增值税扣税凭证上注明或计算的进项税额。

（5）“待认证进项税额”明细科目，核算一般纳税人由于未经税务机关认证而不得从当期销项税额中抵扣的进项税额。包括：一般纳税人已取得增值税扣税凭证、按照现行增值税制度规定准予从销项税额中抵扣，但尚未经税务机关认证的进项税额；一般纳税人已申请稽核但尚未取得稽核相符结果的海关缴款书进项税额。

（6）“待转销项税额”明细科目，核算一般纳税人销售货物、加工修理修配劳务、服务、无形资产或不动产，已确认相关收入（或利得）但尚未发生增值税纳税义务而需于以后期间确认为销项税额的增值税额。

（7）“增值税留抵税额”明细科目，核算兼有销售服务、无形资产或者不动产的原增值税一般纳税人，截止到纳入营改增试点之日前的增值税期末留抵税额按照现行增值税制度规定不得从销售服务、无形资产或不动产的销项税额中抵扣的增值税留抵税额。

（8）“简易计税”明细科目，核算一般纳税人采用简易计税方法发生的增值税计提、扣减、预缴、缴纳等业务。

（9）“转让金融商品应交增值税”明细科目，核算增值税纳税人转让金融商品发生的增值税额。

（10）“代扣代交增值税”明细科目，核算纳税人购进在境内未设经营机构的境外单位或个人在境内的应税行为代扣代缴的增值税。

小规模纳税人只需在“应交税费”科目下设置“应交增值税”明细科目，不需要设置上述专栏及除“转让金融商品应交增值税”“代扣代交增值税”外的明细科目。

1. 取得资产或接受劳务等业务的账务处理

（1）采购等业务进项税额允许抵扣的账务处理。一般纳税人购进货物、加工修理修配劳务、服务、无形资产或不动产，按应计入相关成本费用或资产的金额，借记

“在途物资”或“原材料”“库存商品”“生产成本”“无形资产”“固定资产”“管理费用”等科目，按当月已认证的可抵扣增值税额，借记“应交税费——应交增值税（进项税额）”科目，按当月未认证的可抵扣增值税额，借记“应交税费——待认证进项税额”科目，按应付或实际支付的金额，贷记“应付账款”“应付票据”“银行存款”等科目。发生退货的，如原增值税专用发票已做认证，应根据税务机关开具的红字增值税专用发票做相反的会计分录；如原增值税专用发票未做认证，应将发票退回并做相反的会计分录。

（2）采购等业务进项税额不得抵扣的账务处理。一般纳税人购进货物、加工修理修配劳务、服务、无形资产或不动产，用于简易计税方法计税项目、免征增值税项目、集体福利或个人消费等，其进项税额按照现行增值税制度规定不得从销项税额中抵扣的，取得增值税专用发票时，应借记相关成本费用或资产科目，借记“应交税费——待认证进项税额”科目，贷记“银行存款”“应付账款”等科目，经税务机关认证后，应借记相关成本费用或资产科目，贷记“应交税费——应交增值税（进项税额转出）”科目。

（3）购进不动产或不动产在建工程按规定进项税额分年抵扣的账务处理。一般纳税人自2016年5月1日后取得并按固定资产核算的不动产或者2016年5月1日后取得的不动产在建工程，其进项税额按现行增值税制度规定自取得之日起分2年从销项税额中抵扣的，应当按取得成本，借记“固定资产”“在建工程”等科目，按当期可抵扣的增值税额，借记“应交税费——应交增值税（进项税额）”科目，按以后期间可抵扣的增值税额，借记“应交税费——待抵扣进项税额”科目，按应付或实际支付的金额，贷记“应付账款”“应付票据”“银行存款”等科目。尚未抵扣的进项税额待以后期间允许抵扣时，按允许抵扣的金额，借记“应交税费——应交增值税（进项税额）”科目，贷记“应交税费——待抵扣进项税额”科目。

（4）货物等已验收入库但尚未取得增值税扣税凭证的账务处理。一般纳税人购进的货物等已到达并验收入库，但尚未收到增值税扣税凭证并未付款的，应在月末按货物清单或相关合同协议上的价格暂估入账，不需要将增值税的进项税额暂估入账。下月初，用红字冲销原暂估入账金额，待取得相关增值税扣税凭证并经认证后，按应计入相关成本费用或资产的金额，借记“原材料”“库存商品”“固定资产”“无形资产”等科目，按可抵扣的增值税额，借记“应交税费——应交增值税（进项税额）”科目，按应付金额，贷记“应付账款”等科目。

（5）小规模纳税人采购等业务的账务处理。小规模纳税人购买物资、服务、无形资产或不动产，取得增值税专用发票上注明的增值税应计入相关成本费用或资产，不通过“应交税费——应交增值税”科目核算。

（6）购买方作为扣缴义务人的账务处理。按照现行增值税制度规定，境外单位或个人在境内发生应税行为，在境内未设有经营机构的，以购买方为增值税扣缴义务人。境内一般纳税人购进服务、无形资产或不动产，按应计入相关成本费用或资产的金额，借记“生产成本”“无形资产”“固定资产”“管理费用”等科目，按可抵扣的增值税额，借记“应交税费——进项税额”科目（小规模纳税人应借记相关成本费用或资产科目)，按应付或实际支付的金额，贷记“应付账款”等科目，按应代扣代缴的增值税额，贷记“应交税费——代扣代交增值税”科目。实际缴纳代扣代缴增值税时，按代扣代缴的增值税额，借记“应交税费——代扣代交增值税”科目，贷记“银行存款”科目。

2. 销售等业务的账务处理

(1) 销售业务的账务处理。企业销售货物、加工修理修配劳务、服务、无形资产或不动产，应当按应收或已收的金额，借记“应收账款”“应收票据”“银行存款”等科目，按取得的收入金额，贷记“主营业务收入”“其他业务收入”“固定资产清理”“工程结算”等科目，按现行增值税制度规定计算的销项税额（或采用简易计税方法计算的应纳增值税额），贷记“应交税费——应交增值税（销项税额）”或“应交税费——简易计税”科目（小规模纳税人应贷记“应交税费——应交增值税”科目）。发生销售退回的，应根据按规定开具的红字增值税专用发票做相反的会计分录。

按照国家统一的会计制度确认收入或利得的时点早于按照增值税制度确认增值税纳税义务发生时点的，应将相关销项税额计入“应交税费——待转销项税额”科目，待实际发生纳税义务时再转入“应交税费——应交增值税（销项税额）”或“应交税费——简易计税”科目。

按照增值税制度确认增值税纳税义务发生时点早于按照国家统一的会计制度确认收入或利得的时点的，应将应纳增值税额，借记“应收账款”科目，贷记“应交税费——应交增值税（销项税额）”或“应交税费——简易计税”科目，按照国家统一的会计制度确认收入或利得时，应按扣除增值税销项税额后的金额确认收入。

(2) 视同销售的账务处理。企业发生税法上视同销售的行为，应当按照企业会计准则制度相关规定进行相应的会计处理，并按照现行增值税制度规定计算的销项税额（或采用简易计税方法计算的应纳增值税额），借记“应付职工薪酬”“利润分配”等科目，贷记“应交税费——应交增值税（销项税额）”或“应交税费——简易计税”科目（小规模纳税人应计入“应交税费——应交增值税”科目）。

(3) 全面试行营业税改征增值税前已确认收入，此后产生增值税纳税义务的账务处理。企业营业税改征增值税前已确认收入，但因未产生营业税纳税义务而未计提营业税的，在达到增值税纳税义务时点时，企业应在确认应交增值税销项税额的同时冲减当期收入；已经计提营业税且未缴纳的，在达到增值税纳税义务时点时，应借记“应交税费——应交营业税”“应交税费——应交城市维护建设税”“应交税费——应交教育费附加”等科目，贷记“主营业务收入”科目，并根据调整后的收入计算确定计入“应交税费——待转销项税额”科目的金额，同时冲减收入。

全面试行营业税改征增值税后，“税金及附加”科目名称调整为“税金及附加”科目，该科目核算企业经营活动发生的消费税、城市维护建设税、资源税、教育费附加及房产税、城镇土地使用税、车船税、印花税等相关税费；利润表中的“税金及附加”项目调整为“税金及附加”项目。

3. 差额征税的账务处理

(1) 企业发生相关成本费用允许扣减销售额的账务处理。按现行增值税制度规定企业发生相关成本费用允许扣减销售额的，发生成本费用时，按应付或实际支付的金额，借记“主营业务成本”“存货”“工程施工”等科目，贷记“应付账款”“应付票据”“银行存款”等科目。待取得合规增值税扣税凭证且纳税义务发生时，按照允许抵扣的税额，借记“应交税费——应交增值税（销项税额抵减）”或“应交税费——简易计税”科目（小规模纳税人应借记“应交税费——应交增值税”科目），贷记“主营业务成本”“存货”“工程施工”等科目。

（2）金融商品转让按规定以盈亏相抵后的余额作为销售额的账务处理。金融商品实际转让月末，如产生转让收益，则按应纳税额借记“投资收益”等科目，贷记“应交税费——转让金融商品应交增值税”科目；如产生转让损失，则按可结转下月抵扣税额，借记“应交税费——转让金融商品应交增值税”科目，贷记“投资收益”等科目。交纳增值税时，应借记“应交税费——转让金融商品应交增值税”科目，贷记“银行存款”科目。年末，本科目如有借方余额，则借记“投资收益”等科目，贷记“应交税费——转让金融商品应交增值税”科目。

4. 出口退税的账务处理

为核算纳税人出口货物应收取的出口退税款，设置“应收出口退税款”科目，该科目借方反映销售出口货物按规定向税务机关申报应退回的增值税、消费税等，贷方反映实际收到的出口货物应退回的增值税、消费税等。期末借方余额，反映尚未收到的应退税额。

（1）未实行“免、抵、退”办法的一般纳税人出口货物按规定退税的，按规定计算的应收出口退税额，借记“应收出口退税款”科目，贷记“应交税费——应交增值税（出口退税）”科目，收到出口退税时，借记“银行存款”科目，贷记“应收出口退税款”科目；退税额低于购进时取得的增值税专用发票上的增值税额的差额，借记“主营业务成本”科目，贷记“应交税费——应交增值税（进项税额转出）”科目。

（2）实行“免、抵、退”办法的一般纳税人出口货物，在货物出口销售后结转产品销售成本时，按规定计算的退税额低于购进时取得的增值税专用发票上的增值税额的差额，借记“主营业务成本”科目，贷记“应交税费——应交增值税（进项税额转出）”科目；按规定计算的当期出口货物的进项税抵减内销产品的应纳税额，借记“应交税费——应交增值税（出口抵减内销产品应纳税额）”科目，贷记“应交税费——应交增值税（出口退税）”科目。在规定期限内，内销产品的应纳税额不足以抵减出口货物的进项税额，不足部分按有关税法规定给予退税的，应在实际收到退税款时，借记“银行存款”科目，贷记“应交税费——应交增值税（出口退税）”科目。

5. 进项税额抵扣情况发生改变的账务处理

因发生非正常损失或改变用途等，原已计入进项税额、待抵扣进项税额或待认证进项税额，但按现行增值税制度规定不得从销项税额中抵扣的，借记“待处理财产损溢”“应付职工薪酬”“固定资产”“无形资产”等科目，贷记“应交税费——应交增值税（进项税额转出）”“应交税费——待抵扣进项税额”或“应交税费——待认证进项税额”科目；原不得抵扣且未抵扣进项税额的固定资产、无形资产等，因改变用途等用于允许抵扣进项税额的应税项目的，应按允许抵扣的进项税额，借记“应交税费——应交增值税（进项税额）”科目，贷记“固定资产”“无形资产”等科目。固定资产、无形资产等经上述调整后，应按调整后的账面价值在剩余尚可使用寿命内计提折旧或摊销。

一般纳税人购进时已全额计提进项税额的货物或服务等转用于不动产在建工程的，对于结转以后期间的进项税额，应借记“应交税费——待抵扣进项税额”科目，贷记“应交税费——应交增值税（进项税额转出）”科目。

6. 月末转出多交增值税和未交增值税的账务处理

月度终了，企业应当将当月应交未交或多交的增值税自“应交增值税”明细科目转入“未交增值税”明细科目。对于当月应交未交的增值税，借记“应交税费——应交增值税（转出未交增值税）”科目，贷记“应交税费——未交增值税”科目；对于当月多交的增值税，借记“应交税费——未交增值税”科目，贷记“应交税费——应交增值税（转出多交增值税）”科目。

7. 交纳增值税的账务处理

（1）交纳当月应交增值税的账务处理。企业交纳当月应交的增值税，借记“应交税费——应交增值税（已交税金）”科目（小规模纳税人应借记“应交税费——应交增值税”科目），贷记“银行存款”科目。

（2）交纳以前期间未交增值税的账务处理。企业交纳以前期间未交的增值税，借记“应交税费——未交增值税”科目，贷记“银行存款”科目。

（3）预缴增值税的账务处理。企业预缴增值税时，借记“应交税费——预交增值税”科目，贷记“银行存款”科目。月末，企业应将“预交增值税”明细科目余额转入“未交增值税”明细科目，借记“应交税费——未交增值税”科目，贷记“应交税费——预交增值税”科目。房地产开发企业等在预缴增值税后，应直至纳税义务发生时方可从“应交税费——预交增值税”科目结转至“应交税费——未交增值税”科目。

（4）减免增值税的账务处理。对于当期直接减免的增值税，借记“应交税费——应交增值税（减免税款）”科目，贷记损益类相关科目。

8. 增值税期末留抵税额的账务处理

纳入营改增试点当月月初，原增值税一般纳税人应按不得从销售服务、无形资产或不动产的销项税额中抵扣的增值税留抵税额，借记“应交税费——增值税留抵税额”科目，贷记“应交税费——应交增值税（进项税额转出）”科目。待以后期间允许抵扣时，按允许抵扣的金额，借记“应交税费——应交增值税（进项税额）”科目，贷记“应交税费——增值税留抵税额”科目。

9. 增值税税控系统专用设备和技术维护费用抵减增值税额的账务处理

按现行增值税制度规定，企业初次购买增值税税控系统专用设备支付的费用以及缴纳的技术维护费允许在增值税应纳税额中全额抵减的，按规定抵减的增值税应纳税额，借记“应交税费——应交增值税（减免税款）”科目（小规模纳税人应借记“应交税费——应交增值税”科目），贷记“管理费用”等科目。

10. 关于小微企业免征增值税的会计处理规定

小微企业在取得销售收入时，应当按照税法的规定计算应交增值税，并确认为应交税费，在达到增值税制度规定的免征增值税条件时，将有关应交增值税转入当期损益。

（二）消费税

企业按规定应交的消费税，在“应交税费”科目下设“应交消费税”明细科目核算。“应交消费税”明细科目的借方发生额，反映实际交纳的消费税和代扣的消费税；贷方发生额，反映按规定应交纳的消费税；期末贷方余额，反映尚未交纳的消费税；期末借方余额，反映多交或代扣的消费税。

企业将生产的产品直接对外销售的，按规定计算出应交纳的消费税，借记“税金及附加”科目，贷记“应交税费——应交消费税”科目。

按照规定，缴纳消费税的委托加工应税消费品，由受托方在向委托方交货时代扣代缴税款（受托加工或翻新改制金银首饰按规定由受托方交纳消费税除外）。对此在账务处理时，于委托方提货时，受托方按应扣税额款金额，借记“应收账款”“银行存款”等科目，贷记“应交税费——应交消费税”科目。委托加工应税消费品收回后，直接用于销售的，委托方应将代收代缴的消费税计入委托加工的应税消费品成本，借记“委托加工物资”“生产成本”等科目，贷记“应付账款”“银行存款”等科目，待委托加工应税消费品销售时不需要再交纳消费税；委托加工的应税消费品收回后连续生产应税消费品，按规定准予抵扣的，委托方应按代收代缴的消费税，借记“应交税费——应交消费税”科目，贷记“应付账款”“银行存款”等科目，待用委托加工的应税消费品生产出应纳消费税的产品销售时再交纳消费税。

三、应交税费审查的一般方法

（1）审查相关的内部控制制度，以此确定应交税费审查的重点、方法。

（2）取得或编制应交税费明细清单，采用核对法将应交税费明细清单逐项与应交税费明细分类账核对相符，将应交税费明细清单各明细分类账户余额合计金额与应交税费总分类账户的余额进行核对，如两者之间出现差异，应查明原因，取得相关证据。

（3）对各种应缴的税金及费用进行详细的审查。

四、违规操作检查重点

1. 应交税费计税依据不合规

企业在实际中没有按《增值税暂行条例》《消费税暂行条例》和《企业所得税暂行条例》等的规定确定计税依据，从而会出现各大税种的计税依据确定不正确或应纳税的所得额确定不正确等问题，使应交税费金额不正确。对此，要检查各种税计税依据的相关账户的记录并复核计算应纳税金是否正确。

2. 应交税费适用税率不合法

企业为了达到少交税的目的，不根据税目严格选择适用的税率，而作出故意选用低税率或擅自调整税率的行为。如对增值税税率的界定不清晰；兼营不同税目应税行为不从高确定适用税率；消费税率没有针对性，所得税税率适用不正确等。对此，查账人员审阅和分析企业应交税费明细表、纳税鉴定和纳税通知、汇算清缴文件以及计算税额等，并根据企业经济业务的特点来核实企业的税率是否恰当。

3. 延迟确认纳税义务时间、推迟纳税

企业不按照规定确认纳税义务时间，从而推迟纳税。从应交税费明细账上可看出账户余额较大，挂账时间较长。对此，要检查“应交税费”明细账，对期末余额大、挂账时间长的应交税费要格外关注，抽出记账凭证，根据后附的原始凭证以及记账凭证来确定具体经济业务，核实是否按照规定及时、准确地确定应交税费金额。

4. 应交税费减、免不合理

企业没有根据税法规定的各类企业税收减免事项的相关规定，而是超范围、超期限、超审批权限任意减免税费或通过欺诈手段虚拟税费减免条件，达到减轻税负的目的。对此，查账人员根据企业纳税鉴定或纳税通知的税种、计税依据、税率来确定应纳税内容，核实减免税的范围和期限，并验证与减免税费相关的记账凭证后附的原始凭证的真实性和可靠性，以确定企业是否能按规定享有税收减免。

5. 不按税法规定记账，达到逃税目的

企业中除以上四种违规操作外还有以下几种违规操作情况需要注意：视同销售行为是否少交增值税；不予抵扣项目有没有转出进项税额；对于同时生产应税产品与免税产品时，外购货物的进项税额同时发生的，是否将应税产品允许抵扣的进项税额与免税产品不得抵扣的进项税额混淆在一起，少计交增值税等问题。查账人员要根据记账凭证的摘要以及原始凭证资料的真实性以及充分性确定涉及应交税费的每一笔经济业务是否正确记账，准确确认应交税费。

五、应交税费审查的主要工作底稿

（1）应交税费总分类账与应交税费明细分类账核对的工作记录。应交增值税余额明细表如表 4 –5 所示。

表 4 –5　应交增值税余额明细表

索引号：

被审计单位：A 公司　　　　　　页 次：

被审计单位提供		审计人员填写					
项目	本年累计数	T/F	查验索引	调整数		调整索引	审定金额
				借	贷		
1. 期初未交数（多交或未抵扣数用“ – ”填列）							
2. 销项税额							
出口退税							

续表

被审计单位提供		审计人员填写					
项目	本年累计数	T/F	查验索引	调整数		调整索引	审定金额
				借	贷		
进项税额转出							
转出多交增值税							
3. 进项税额							
已交税金							
减免税款							
出口抵减内销产品应纳税额							
转出未交增值税							
4. 期末未交数（多交或未抵扣数用“–”填列）							
有无税收优惠：							
审计说明：明细合计与总账、报表数一致（　）不一致（　）							

资料提供人：　　　审核员：　　　日期：　　　复核员：　　　日期：

（2）增值税审查的工作记录。

（3）消费税审查的工作记录。

（4）城市维护建设税和教育费附加审查工作记录。

（5）应交税费审查的工作计划及其他相关工作记录。应交增值税审查中可能使用的相关审计程序示例如表 4－6 所示。

表 4－6　应交增值税审计程序表

被审计单位：A 公司　　　审核员：____　日期：____　索引号：____

审 查 项 目：应交增值税　　　会计期间：____　复核员：____　日期：____　页次：____

一、审计程序——增值税

序号	内容	执行情况说明	索引号
1	获取或编制应交增值税明细表，复核其正确性，并与明细账核对相符		
2	复核国内采购货物、进口货物、购进的免税农产品，进项税额是否按规定进行会计处理		

续表

序号	内容	执行情况说明	索引号
3	复核接受投资或捐赠、接受应税劳务应计的进项税额是否按规定进行会计处理		
4	复核存货销售，或将存货用于投资、无偿馈赠他人、分配给股东应计的销项税额		
5	复核将自产、委托加工的产品用于非应税项目应计的销项税额是否正确计算		
6	复核因存货改变用途或发生非常损失应计的进项税额转出数是否正确计算		
7	根据已审定的主营业务收入、其他业务收入及税法规定视同销售应税行为的有关记录，计算销项税额，并与应交增值税明细表核对		
8	取得《出口货物退（免）税申报表》及办理出口退税有关凭证，复核其正确性、合法性，并与应交增值税明细表“出口退税”栏核对		
9	核对期末未交增值税，留抵进项税等余额是否与纳税申报表一致，并注意申报表有无经税务机关认定		
10	抽查重要的进项、销项增值税专用发票若干张，审查其合法性、真实性		
11	查验增值税减、免的批文，并作出相关记录		

二、调整事项说明及调整分录（注：分录请写到二级科目，并注明底稿索引；如篇幅不够，请另加页附后）

三、余额

期初余额				期末余额			
上年审定数（或未审数）		本期审定数		未审数		本期审定数	

四、审计结论

1. 本科目经审计后无调整事项，余额可以确认：
2. 本科目经审计调整后，审定数可以确认：
3. 因____________________原因，本科目余额不能确认：

六、参考案例

案例：违规记账，漏交税款

情况：某企业委托外单位加工材料（非金银首饰），将加工后的材料直接用于销售。原材料价款为20万元，加工费用为5万元，由受托方代扣代缴的消费税为0.5万元（不考虑增值税），材料已经加工完毕验收入库，加工费用尚未支付。假定材料采用实际成本核算。通过查看记账凭证发现，委托加工后企业确认原材料255 000元。

查证：抽出与该经济业务对应的3月10日第28号记账凭证时附后的委托加工合同中列明该公司委托加工材料用来直接销售，并在5月5日第11号凭证中找到了销售该委托加工材料的记录。28号凭证为：

借：委托加工物资	200 000	
贷：原始材料		200 000
借：委托加工物资	50 000	
应交税费——应交消费税	5 000	
贷：应付账款		55 000
借：原材料	250 000	
贷：委托加工物资		250 000

根据税法中委托加工应税消费品的相关规定，企业委托加工材料后直接销售的，委托方应将代收代缴的消费税计入委托加工的应税消费品的成本。

账务调整：

借：委托加工物资	5 000	
贷：应交税费——应交消费税		5 000
借：原材料	5 000	
贷：委托加工物资		5 000

案例点拨：虽然本案例中涉及的应交税费数额较少，但是企业会通过类似的违规操作达到逃税或粉饰利润的目的，比如，把自产的产品作为福利发给员工，而没有作为视同销售计提相应的销项税额，就属于漏交税款的行为。应交税费下设的明细科目较多，查账人员在查账时严格检查“应交税费”明细科目，对可疑做法进行审查，确定企业有无逃税或利用应交税费科目操纵利润。

第八节 应付利息

一、概念

应付利息，是指企业按照合同约定应支付的利息，包括吸收存款、分期付息到期还本的长期借款、企业债券等应支付的利息。

二、账务处理

企业采用合同约定的名义利率计算确定利息费用时，应按合同约定的名义利率计算确定的应付利息的金额，借记“在建工程”“制造费用”“财务费用”“研发支出”

等科目，贷记“应付利息”科目。

采用实际利率计算确定利息费用时，应按摊余成本和实际利率计算确定的利息费用，借记“利息支出”“在建工程”“财务费用”“研发支出”等科目，按合同利率计算确定的应付未付利息，贷记“应付利息”，按借贷双方之间的差额，借记或贷记“长期借款——利息调整”等科目。

合同利率与实际利率差异较小的，也可以采用合同利率计算确定利息费用。实际支付利息时，借记“应付利息”，贷记“银行存款”等科目。

实际支付利息时，借记“应付利息”科目，贷记“银行存款”等科目。

本科目期末贷方余额，反映企业应付未付的利息。

三、违规操作检查重点

“应付利息”的违规操作主要表现为利息金额计算不正确，可能是虚构大额借款，或者将计息期提前。应对此类违规操作，考虑查阅有关合同的规定，复核利息金额的计算。

四、参考案例

案例：多计利息，调节利润

情况：2019 年 2 月，查账人员在检查甲公司 2018 年“应付利息”账户时，发现 2018 年计提的利息金额明显高于 2017 年，但是通过审阅 2018 年“长期借款”账目发现 2018 年 1 月 1 日借入的 3 年期款项在 2018 年末全额计提利息。因此查账人员怀疑甲公司存在通过多计提“应付利息”调节利润的嫌疑。

查证：查账人员检查了甲公司该笔借款的合同，合同表明：2018 年 1 月 1 日甲公司从银行借入 3 年期长期借款 500 000 元，年利率 6%，每年年底付息一次，到期还本。2018 年 12 月 31 日，甲公司确认的应付利息为 90 000 元，多确认了 60 000 元。经进一步调查，确认这 60 000 元的应付利息不应在当前计提。

账务调整：调减 2018 年度的“应付利息”：

借：应付利息	60 000	
贷：以前年度损益调整		60 000
借：以前年度损益调整	15 000	
贷：应交税费——应交所得税		15 000
借：以前年度损益调整	45 000	
贷：盈余公积		4 500
利润分配——未分配利润		40 500

案例点拨：检查“应付利息”考虑对比以前年度，在外借款项没有明显增加的情况下，如果发现应付利息额有明显增减变动，应查阅借款合同重新计算利息金额，查

证有无通过应付利息调节利润的情况。

第九节　应付股利

一、概念

应付股利，是指企业经股东大会或类似机构审议批准分配的现金股利或利润。企业股东大会或类似机构审议批准的利润分配方案、宣告分派的现金股利或利润，在实际支付前，形成企业的负债。

企业董事会或类似机构通过的利润分配方案中拟分配的现金股利或利润，不应确认负债，但应在附注中披露。

二、账务处理

企业经股东大会或类似机构审议批准的利润分配方案，按应支付的现金股利或利润，借记“利润分配”科目，贷记“应付股利”；实际支付现金股利或利润，借记“应付股利”，贷记“银行存款”等科目。

审议批准时：

借：利润分配

　　贷：应付股利

实际支付现金股利或利润时：

借：应付股利

　　贷：银行存款等

三、应付股利审查的一般方法

（1）应付股利总分类账与明细分类账核对。查账人员应取得或编制应付股利明细清单，采用核对法将应付股利明细清单逐项与应付股利明细分类账核对相符。将应付股利明细清单各明细分类账户余额合计金额与应付股利总分类账的余额核对相符。

（2）审查应付股利明细分类账。采用审阅法审查应付股利明细分类账，在审查中应注意以下几点：

第一，审查应付股利前，应先了解公司章程、股东大会和董事会会议纪要中有关股利分配的规定，了解股利分配标准和发放方式是否符合有关规定并经法定程序批准。

第二，审查应付股利计算的正确性。审查应付股利明细分类账的贷方记录时，应首先核实企业利润总额、所得税费用，查明企业当期净利润的真实性、正确性；然后再审查“应付股利”账户贷方发生额是否为按董事会决议规定的分配比例计算的应付股利数，账务处理是否正确。还应查明企业有无存在未弥补亏损或未提取盈余公积之前向投资者分配利润，以及分配的利润大于可分配利润的情况。

第三，审查应付股利分配的及时性。审查企业应付股利明细分类账的借方记录，结合董事会分配决议，查明利润分配是否及时。同时，还要注意该账户是否有贷方余额长期挂账的情况，如有，则应进行分析调查，查明原因。

四、违规操作检查重点

1. 利润分配程序不正确，导致向投资者多分股利

企业的利润分配有规定的程序，如果在税前分配利润，或者在未弥补亏损前分配利润，或者企业未提取盈余公积之前分配利润，导致向投资者分更多的股利，这些都是违规的。

检查此类违规操作，考虑审阅公司章程、股东大会和董事会会议纪要中有关股利的规定，了解股利分配标准和发放方式是否符合有关规定并经法定程序批准。

2. 应付股利计算不正确

有的企业计算得到的应付股利具体数额可能异于常态，此时可能涉及违规操作。应检查应付股利的发生额是否根据董事会或股东大会决定的利润分配方案，从税后可供分配利润中计算确定，并复核应付股利计算和会计处理的正确性。

3. 股利支付不及时、不正确

企业的股利支付时间、金额可能没有按照规定执行，此时考虑检查股利支付的原始凭证的内容和金额是否正确，现金股利是否按公告规定的时间、金额正确予以发放结算；对无法结算及委托发放而长期未结的股利是否做出适当处理；股利宣布、结算、转账的会计处理是否正确、适当。

五、参考案例

案例：违反规定私分国家利润

情况：查账人员在审查甲企业2018年12月份“应付股利”账户时发现，个人和国家分得的股利与其投资比例不相符，怀疑股利分配不正确。

查证：调阅相关文件可知，甲企业的国家投资为450万元，而个人投资为50万元，实收资本计为500万元，其中国家占投资总额的90%，个人占投资总额的10%，2014年可分配利润为100万元，而在分配利润时，没有按投资比例分配，个人竟分得30万元，而国家只分得70万元。按照投资比例应分给国家利润90（100＊90%）万元，应付给个人利润10（100＊10%）万元。

账务调整：

借：应付股利——个人　　　　200 000

　　贷：应付股利——国家　　　　200 000

案例点拨：甲企业在分配投资利润时，违背了国家规定，应按投资比例分配给国家的利润，却多分给了个人。股利的分配须符合规定。

第十节 其他应付款

一、概念

其他应付款，是指企业除应付票据、应付账款、预收账款、应付职工薪酬、应付利息、应付股利、应交税费、长期应付款等以外的其他各项应付、暂收的款项。

二、账务处理

企业采用售后回购方式融入资金的，应按实际收到的金额，借记“银行存款”科目，贷记“其他应付款”“应交税费”等科目。回购价格与原销售价格之间的差额，应在售后回购期间内按期计提利息费用，借记“财务费用”科目，贷记“其他应付款”。按照合同约定购回该项商品时，应按实际支付的金额，借记“其他应付款”科目和“应交税费”科目，贷记“银行存款”科目。

企业发生的其他各种应付、暂收款项，借记“管理费用”等科目，贷记“其他应付款”科目；支付的其他各种应付、暂收款项，借记“其他应付款”科目，贷记“银行存款”等科目。

三、其他应付款审查的一般方法

（1）其他应付款总分类账与明细分类账核对。查账人员应取得或编制其他应付款明细清单，采用核对法，将其他应付款明细清单逐项与其他应付款明细分类账核对相符，将其他应付款明细清单各明细户余额合计金额与其他应付款总分类账的余额核对相符。

（2）审查其他应付款明细分类账及相关会计凭证。查账人员在审查其他应付款明细分类账时，应注意摘要说明有无含糊不清或没有摘要说明的情况，如有，则应查阅会计凭证，审查凭证是否合法、真实，手续是否齐全，在账证、账账核对的同时，调查询问有关单位或个人，从而查证是否存在问题。审查余额计算是否正确。

四、违规操作检查重点

1. 将其他项目列入“其他应付款”项目

此项违规操作主要表现方式有：将出售废旧物资、材料等款项的收入列入“其他应付款”；将商品销售收入的一部分截留在“其他应付款”账户等。

检查此类违规操作时，可考虑检查“其他应付款”明细账，检查其摘要说明有无模糊不清或没有摘要说明的情况，发现问题的疑点后再抽调相关原始凭证，进行账证、账账核对；询问有关单位和个人以查证问题是否存在。

2. “其他应付款”长期挂账

企业为调节利润，可能存在“其他应付款”长期挂账的问题。检查此类违规操作时，可考虑检查“其他应付款”明细账，核查长期挂账未清理的记录，并抽调相关原始凭证，询问有关单位和个人，查证长期挂账的原因。

五、其他应付款审查主要工作底稿

（1）企业其他应付款的内部控制制度。

（2）其他应付款总分类账与其他应付款所属明细分类账核对的工作记录。

（3）其他应付款明细分类账及相关凭证审查的工作记录。

（4）其他应付款明细清单。

（5）其他应付款询证汇总表。

（6）其他应付款询证回函及回函分析和进一步审查的工作记录。

（7）其他应付款审查的工作计划及其他工作记录。其他应付款审查中可能使用的相关审计程序示例如表4－7所示。

表4－7　其他应付款审计程序表

被审计单位：A公司　审核员：____　日期：____　索引号：____

审 查 项 目：其他应付款　会计期间：____　复核员：____　日期：____　页次：____

一、审计目标

①确定其他应付款的发生及偿还记录是否完整；②确定其他应付款的余额是否正确；③确定其他应付款在会计报表上的披露是否充分。

二、审计程序

序号	内容	执行情况说明	索引号
1	获取或编制其他应付款明细表，复核加计正确并与总账数、报表数和明细账合计数核对是否相符		
2	请被审计单位协助，在明细表上标出至审计日止已经支付的其他应付款项，抽查付款凭证、银行对账单，验明发生日期的合理性		
3	选择金额较大和异常的明细账户余额，检查其原始凭证，并向债权人函询		
4	对其他应付款借方余额，应采用同其他应收款相同程序，并审验其真实性，决定是否进行重分类		
5	审核资产负债表日后若干天的付款事项，确定有无未及时入账的其他应付款		
6	检查长期未结的其他应付款，并注意是否应调整纳税所得额		

续表

序号	内容	执行情况说明	索引号
7	检查是否存在超标准的职工教育经费和工会经费，必要时当作纳税所得额调整		
8	对非本位币其他应付款，检查其折算汇率是否正确		
9	检查欠关联方余额是否正常，如发现异常，应查明原因，并适当披露		
10	涉及债务重组的事项，审查有关协议等法律文件及手续是否齐备，账务处理是否正确		
11	验明其他应付款的披露是否恰当		

三、调整事项说明及调整分录（注：分录请写到二级科目，并注明底稿索引；如篇幅不够，请另加页附后）

四、余额

期初余额		期末余额					
上年审定数（或未审数）		本期审定数		未审数		本期审定数	

五、审计结论

1. 本科目经审计后无调整事项，余额可以确认：
2. 本科目经审计调整后，审定数可以确认：
3. 因________________________原因，本科目余额不能确认：

六、参考案例

案例 1：长期挂账

情况：查账人员在审查甲企业 2019 年“其他应付款”账户时发现有一笔 2016 年因包装物出租给乙公司而收到的押金 5 850 元形成的其他应付款长期挂账，怀疑其会计处理有假。

查证：调出 2019 年的原始凭证，会计分录为：

借：银行存款　　5 850

　　贷：其他应付款　　5 850

经询问公司的当事人，得知这一批包装物已经逾期但尚未归还，便以 5 850 元押金作赔偿。再询问甲企业的当事人证实了这一点。

账务调整：对上述违规操作应当进行如下调整：

借：其他应付款　　5 850

　　贷：其他业务收入　　5 000

应交税费——应交增值税（销项税额）　　850

案例点拨：甲企业以遗忘转账为名，截留收入和税款。检查此类违规，应首先调阅原始凭证，再询问相关人员。

案例2：利用其他应付款作弊

情况：查账人员在审查甲企业2019年6月份“其他应付款”明细账时发现，该企业2月份又增多了两个明细科目，但摘要记录含糊其辞，怀疑其会计处理的正确性。

查证：调阅2月11日相关会计凭证，会计分录为：

借：银行存款　　54 000

　　贷：其他应付款——A公司　　54 000

后附原始凭证为一张收据。

调出2月23日相关凭证，会计分录为：

借：银行存款　　21 000

　　贷：其他应付款——B公司　　21 000

后附原始凭证同样为一张收据。

询问财会人员，得知这两笔账都是销售收入，对这两笔账的会计处理是错的，却是领导的意见。

账务调整：借：其他应付款——A公司　　54 000

　　　　　　　　　　　　——B公司　　21 000

　　　　　　　贷：主营业务收入　　66 371.68

　　　　　　　　　应交税费——应交增值税（销项税额）　　8 628.32

补交所得税，税率为25%，作如下分录：

借：所得税费用　　16 592.92（66 371.68×25%）

　　贷：应交税费——应交所得税　　16 592.92

案例点拨：甲企业利用其他应付款截留收入，并以错误的会计处理掩饰其作弊行为。需要核查其他应付款的摘要说明，对不符合其他应付款科目确认的事项需要作出相应的账务调整。

第十一节　长期借款

一、概念

长期借款，是指企业从银行或其他金融机构借入的期限在一年以上（不含一年）的借款。

二、账务处理

企业借入各种长期借款时，按实际收到的款项，借记“银行存款”科目，贷记

“长期借款——本金”科目；按借贷双方之间的差额，借记“长期借款——利息调整”科目。

在资产负债表日，企业应按长期借款的摊余成本和实际利率计算确定的长期借款的利息费用，借记“在建工程”“财务费用”“制造费用”等科目，按借款本金和合同利率计算确定的应付未付利息，贷记“应付利息”科目，按其差额，贷记“长期借款——利息调整”科目。

企业归还长期借款，按归还的长期借款本金，借记“长期借款——本金”科目，按转销的利息调整金额，贷记“长期借款——利息调整”科目，按实际归还的款项，贷记“银行存款”科目，按借贷双方之间的差额，借记“在建工程”“财务费用”“制造费用”等科目。

三、长期借款审查的一般方法

1. 长期借款内部控制制度的审查

（1）企业是否编制长期借款计划。

（2）长期借款计划是否获得企业权力机构批准。

（3）企业长期借款是否签订借款合同。

（4）抵押、担保借款是否获得企业权力机构批准。

（5）利息支出是否按期入账，并划清资本化和费用化的界限。

（6）通过长期借款方式筹集的资金，企业是否按照借款计划的要求合理地使用。

2. 长期借款总分类账与明细分类账的核对

查账人员应取得或编制长期借款明细清单，采用核对法将长期借款明细清单逐项与长期借款明细分类账核对相符，将长期借款明细清单各明细分类账户余额合计金额与长期借款总分类账余额核对相符，如两者之间出现差异，应查明原因，取得相关证据。

3. 长期借款明细分类账的审查

（1）审查长期借款明细分类账。查账人员应采用审阅法审阅长期借款明细分类账的贷方发生额记录，查明增加的长期借款的种类、金额，并将借款记录与相应的会计凭证进行核对，检查对应账户，如果企业先将长期借款转入“银行存款”账户，还应将实际工程价值的增加与长期借款的增加金额进行核对，通过比较分析，查明企业有无挪用借款或长期占用借款的行为。同时，还应查明长期借款的不同用途项目之间是否相互占用资金，无法使项目正常进行的情况。审阅长期借款明细分类账的借方发生额记录，检查长期借款归还金额、归还时间，并将其与借款合同核对，查明企业长期借款的归还是否及时、金额是否准确，如有逾期借款，是否办理了延期手续。账户余额计算是否正确。

（2）审查长期借款增减凭证手续及账务处理。查账人员应审查长期借款增加、减少的相关凭证，如借款计划、借款合同、借款到账的凭单、还款凭证等。审查借款计划，查明借款计划编制的依据是否准确、合理，借款项目是否经过可行性研究。审查借款合同，查明借款是否真实、借款分类是否正确，了解借款合同规定的用途。审查借款到账的凭单，查明借款入账是否及时、账务处理是否正确。审查实际归还借款的凭证，查明是否与借款合同规定的时间一致，金额是否准确，账务处理是否正确。

4. 长期借款利息计算及账务处理的审查

查账人员应根据长期借款确定的利率和期限，复算企业长期借款利息，并将其与“长期借款”明细分类账计提的各期借款利息数进行核对，查明企业借款利息计算是否正确，有无多算或少算的情况。同时，审查“预提费用”明细分类账，查明是否将长期借款利息错误地计入该账户。另外，查账人员还应查明企业为购建固定资产而发生的专门借款的借款费用是否在符合资本化条件的期间已作资本化处理，记入“在建工程”账户借方；查明企业是否在固定资产达到预定可使用状态时借款费用已停止资本化，记入当期“财务费用”账户借方。

相关链接：

《小企业会计制度》规定，为购建固定资产而发生的专门借款，在满足借款费用开始资本化的条件时至购建的固定资产达到预定可使用状态前发生的借款费用，应计入固定资产成本；在固定资产达到预定可使用状态以后发生的，应于发生时计入当期财务费用。

《企业会计准则》规定，企业发生的借款费用，可直接归属于符合资本化条件的资产的购建或者生产的，应当予以资本化，计入相关资产成本；其他借款费用，应当在发生时根据其发生额确认为费用，计入当期损益。

5. 长期借款询证

查账人员还可采用查询法向银行或其他金融机构询证借款额、借款利率、借款期限、已偿还金额及利息支付情况，并将其与企业长期借款明细分类账进行核对，证实长期借款的真实性、准确性。

另外，还应审查长期借款余额在资产负债表中的列示是否正确，其方法是审查报表项目金额是否等于“长期借款”账户期末贷方余额。如果“长期借款”账户的期末余额中有将于1年内（含1年）到期的长期借款，企业是否将其反映在“1年内到期的长期负债”项目内。

四、违规操作检查重点

1. 长期借款手续不合规

检查借款合同和授权批准，了解借款数额、借款条件、借款日期、还款期限、借款利率，并与相关会计记录相核对。

2. 长期借款的用途未按照规定要求

企业随意改变长期借款的用途、挪用长期借款。查账人员可以将工程项目价值的增加与长期借款的增加进行核对，并审查企业近期的重大支出项目，通过比较分析，查明有无挪用借款或长期占用借款的现象。

3. 长期借款利息处理错误

未按会计期间预提借款利息；利息费用计入的账户不正确等。查账人员可以计算长期借款在各月份的平均余额，结合利率计算利息支出，并与“财务费用”“在建工程”科目的相关记录核对，判断企业是否高估或低估利息支出，必要时进行适当调整。

4. 长期借款的本息未按照规定进行偿还

查账人员可以检查年末有无到期未偿还的借款，逾期借款是否办理了延期手续，分析计算逾期借款的金额、比率和期限，判断企业的资信程度和偿债能力。

五、长期借款审查的主要工作底稿

（1）企业长期借款相关的内部控制制度。

（2）长期借款总分类账与长期借款所属明细分类账核对的工作记录。

（3）长期借款明细分类账及相关凭证审查的工作记录。

（4）长期借款明细清单。

（5）长期借款利息审查的相关工作记录。

（6）长期借款询证表、长期借款询证回函、回函分析和进一步审查的工作记录。

（7）长期借款审查的工作计划及其他工作记录。

六、参考案例

案例：未按规定用途使用长期借款

情况：查账人员在审查某企业2019年“长期借款”明细账时，发现6月份该企业从银行借入用于固定资产改扩建的资金120万元，年利率6%。但在“在建工程”的账户中没有发现任何的增加数额，怀疑企业未按规定用途使用长期借款。

查证：逐一审查6月份的账户，发现企业增加长期股权投资110万元。询问相关当事人，得知企业用从银行借入的长期借款购买了110万元的股票。

账务调整：

（1）出售股票，取得价款120万元，作如下分录：

借：银行存款　　1 200 000

　贷：长期股权投资　　1 100 000

　　　投资收益　　100 000

（2）归还借款，支付2%的罚息，作如下分录：

借：长期借款　　1 236 000（1 200 000 × 6% ÷ 12 × 6 + 1 200 000）

　　营业外支出——罚息　　24 000

　贷：银行存款　　1 260 000

案例点拨：企业未按照借款合同规定的用途使用长期借款，违反借款合同的规定。

第十二节　应付债券

一、概念

应付债券是指企业为筹集（长期）资金而发行的债券。通过发行债券取得的资金，构成了企业的一项非流动负债，企业会在未来某一特定日期按债券所记载的利率、期限等约定还本付息。

企业债券发行价格的高低一般取决于债券票面金额、债券票面利率、发行当时的市场利率以及债券期限的长短等因素。债券发行有面值发行、溢价发行和折价发行三种情况。企业债券按其面值出售的，称为面值发行；以低于债券面值价格发行，称为折价发行；以高于债券面值价格发行，则称为溢价发行。债券溢价或折价不是债券发行企业的收益或损失，而是发行债券企业在债券存续期内对利息费用的一种调整。

二、账务处理

1. 发行债券

企业按面值发行债券时，应按实际收到的金额，借记“银行存款”等科目，按债券票面金额，贷记“应付债券——面值”科目；存在差额的，还应借记或贷记“应付债券——利息调整”科目。

2. 发生债券利息

发行长期债券的企业，应按期计提利息。对于按面值发行的债券，在每期采用票面利率计算计提利息时，应当按照与长期借款相一致的原则计入有关成本费用，借记“在建工程”“制造费用”“财务费用”“研发支出”等科目；其中，对于分期付息、到期一次还本的债券，其按票面利率计算确定的应付未付利息通过“应付利息”科目核算，对于一次还本付息的债券，其按票面利率计算确定的应付未付利息通过“应付债券——应计利息”科目核算。应付债券按实际利率（实际利率与票面利率差异较小时也可按票面利率）计算确定的利息费用，应按照与长期借款相一致的原则计入有关成本、费用。

3. 债券还本付息

长期债券到期，企业支付债券本息时，借记“应付债券——面值”“应付债券——应计利息”“应付利息”等科目，贷记“银行存款”等科目。

三、违规操作检查重点

1. 债券发行的会计处理不正确

核对“应付债券”及有关账户的明细分类账和总分类账，检查债券交易的各项原始凭证及记账凭证，并与“应付债券”及有关账户的记录进行核对。

2. 债券折价、溢价摊销的核算不正确

复核债券每期的利息、折价或溢价的每期摊销数额，检查债券利息、溢价、折价等账户的记录并与会计凭证进行核对。

3. 预提债券利息计算错误

检查发行债券的各项原始凭证，确定债券面值、实收金额、折价和溢价、利率等，复核计算债券的每期利息并与“应付债券”账户的记录进行核对。

4. 发行债券所募集资金的用途与债券原发行目的不符

将工程项目价值的增加与应付债券的增加进行核对，并审查企业近期的重大支出项目，通过比较分析，查明有无挪用债券募集资金或长期占用债券募集资金的现象。

四、参考案例

案例：发行债券的会计处理错误

情况：2019 年 3 月查账人员在审查某公司的应付账款业务时，了解到该公司于 2019 年 1 月以 124 万元的价格发行了面值为 100 万元的 2 年期债券，票面利率为 12%，且应付债券的账面余额为 126 万元，怀疑其溢价摊销有误。

查证：经审阅其有关会计凭证和账簿，发现该公司在每月计提利息费用时，所作会计分录如下：

借：财务费用　　10 000

　　贷：应付债券——应计利息　　10 000

该公司每月只计算了债券的利息而未对溢价进行摊销。

账务调整：

该企业应对前两个月的账簿记录，做以下调整分录：

借：应付债券——债券溢价　　10 000

　　贷：财务费用　　10 000

案例点拨：根据会计制度的规定，企业折价或溢价发行债券，其债券发行价格总额与债券面值总额的差额，应当在债券存续期间分期摊销。因此该公司在溢价发行债券的情况下，应在分期计提利息费用时摊销其溢价。

第十三节　长期应付款

一、概念

长期应付款，是指企业除长期借款和应付债券以外的其他各种长期应付款项，包括应付融资租入固定资产的租赁费、以分期付款方式购入固定资产发生的应付款项等。

长期应付款除具有长期负债的一般特点外，还具有款项主要形成固定资产并分期付款的特点。

企业应设置“长期应付款”科目，用以核算企业融资租入固定资产和以分期付款方式购入固定资产时应付的款项及偿还情况。该科目贷方反映应付的长期应付款项；借方反映偿还的长期应付款项；期末贷方余额，反映企业应付未付的长期应付款项。本科目可按长期应付款的种类和债权人设置明细科目进行明细核算。

二、账务处理

1. 应付融资租赁款

应付融资租赁款，是指企业融资租入固定资产而形成的非流动负债。企业融资租入的固定资产，在租赁有效期限内，其所有权仍归出租方，但承租方获得了租赁资产的实质控制权，享有了资产在有效使用期限内带来的各种经济利益，同时，作为取得这项权利的代价，需要支付大致相等于该项资产的公允价值的金额，这些款项在支付前，构成了应付融资租赁款。

融资租入固定资产时，在租赁期开始日，按应计入固定资产成本的金额（租赁开始日租赁资产公允价值与最低租赁付款额现值两者中较低者，加上初始直接费用），借记“在建工程”或“固定资产”科目，按最低租赁付款额，贷记“长期应付款”科目，按发生的初始直接费用，贷记“银行存款”等科目，按其差额，借记“未确认融资费用”科目。

在融资租赁下，承租人向出租人支付的租金中，包含了本金和利息两部分。承租人支付租金时，一方面应减少长期应付款，另一方面应将未确认的融资费用，在租赁期内各个期间按一定的方法确认为当期融资费用。企业应当采用实际利率法计算确认当期的融资费用。

2. 具有融资性质的延期付款

企业购买资产有可能延期支付有关价款。如果延期支付的购买价款超过正常信用条件，实质上具有融资性质的，所购资产的成本应当以延期支付购买价款的现值为基础确定。实际支付的价款与购买价款的现值之间的差额，应当在信用期间内采用实际利率法进行摊销，计入相关资产成本或当期损益。具体来说，企业购入资产超过正常信用条件延期付款实质上具有融资性质时，应按购买价款的现值，借记“固定资产”“在建工程”等科目，按应支付的价款总额，贷记“长期应付款”科目，按其差额，借记“未确认融资费用”科目。

三、长期应付款审查的一般方法

1. 长期应付款内部控制制度的审查

（1）补偿贸易引进设备或融资租入固定资产，是否获得企业权力机构的授权批准。

（2）补偿贸易引进设备或融资租入固定资产，企业是否签订合同。

（3）补偿贸易引进设备或融资租入固定资产，企业是否办理了相关的资产移交手续。

2. 长期应付款总分类账与明细分类账的核对

查账人员应取得或编制长期应付款明细清单，采用核对法将长期应付款明细清单逐项与长期应付款明细分类账核对相符，将长期应付款明细清单各明细分类账户余额合计金额与长期应付款总分类账的余额核对相符，如两者之间出现差异，应查明原因，取得相关证据。

3. 长期应付款明细分类账的审查

（1）审查长期应付款明细分类账。查账人员应采用审阅法审查“长期应付款”明细分类账，主要审查其摘要栏是否存在摘要说明含糊不清或没有摘要说明的情况，对应账户是否清晰，金额是否正常，账户余额计算是否正确。

（2）审查长期应付款增减凭证手续及账务处理。查账人员应审查长期应付款增加的相关凭证，如索取融资租入固定资产签订的合同，审查其合理性、合法性；审查融资租入固定资产的运单、验收单、保险单、安装发票等原始凭证，查明单据是否真实、合法，并将租赁合同确定的价款、运输费、途中保险费、安装调试费等金额加总后与“长期应付款”明细分类账贷方发生额核对，追查记账凭证，查明账务处理是否正确。审查长期应付款减少的相关凭证，如银行付款凭单，查明是否符合合同规定的时间，金额是否准确，并与“长期应付款”明细分类账借方发生额核对，追查记账凭证，查明账务处理是否正确。

4. 长期应付款余额询证

查账人员还应采用查询法，向相应的债权人函证重大的长期应付款，以证实债权人是否存在，债务金额是否准确。长期应付款的审查还应审查长期应付款余额在资产负债表中的列示是否正确，其方法是审查报表项目金额是否等于长期应付款账户期末贷方余额。如果“长期应付款”账户的期末余额中有将于1年内（含1年）到期的长期借款，企业是否将其反映在“一年内到期的长期负债”项目内。

四、违规操作检查重点

（1）长期应付款业务签订的合同或协议不合理，或者根本无相关合同或协议，而是虚列该账户。检查长期应付款业务有无相关合同以及合同的合理性，分析长期应付款业务发生的必要性，是否存在以引进设备为由骗取外汇等情况。

（2）长期应付款账户设置和使用不合理，把长期应付款计入“应付账款”账户。检查原始凭证与记账凭证，根据有关账簿记录检查其账户使用有无漏洞，账户设置是否正确。

（3）长期应付款业务的每期支付款项与合同规定不相符合。将“长期应付款”账户的记录与合同规定进行核对，查证合同执行情况，然后询问相关当事人查证可疑问题。

（4）付款期满后长期应付款业务还继续付款。重点检查“长期应付款”的各明细账，注意其金额有无反常或出现借方余额，然后与原始凭证、有关合同进行核对，以查证问题。同时进行函证与对方对账，以查明有无多计或少计负债的现象。

五、长期应付款审查的主要工作底稿

（1）企业长期应付款相关的内部控制制度。

（2）长期应付款总分类账与长期应付款所属明细分类账核对的工作记录。

（3）长期应付款明细分类账及相关凭证审查的工作记录。

（4）长期应付款明细清单。

（5）长期应付款询证表、长期应付款询证回函、回函分析和进一步审查的工作记录。

（6）长期应付款审查的工作计划及其他工作记录。

六、参考案例

案例：计入账户不正确

情况：2019 年 4 月，查账人员在对某公司“应付账款”账户进行审计时，发现该账户年初余额大幅度增加。经了解，该公司在 2018 年 12 月融资租入设备一台，价值 10 万元。怀疑该公司将长期应付款计入了“应付账款”账户。

查证：

调阅 2018 年 12 月 23 号凭证，会计分录为：

借：固定资产　　100 000

　　贷：应付账款　　100 000

所附原始凭证为融资租入设备的还款计划表。

账务调整：

借：应付账款　　100 000

　　贷：长期应付款　　100 000

案例点拨：根据会计制度规定，企业的除长期借款和应付长期债券以外的其他各种长期负债，如采用补偿贸易方式引进国外设备价款、应付融资租入固定资产租赁费等应计入“长期应付款”账户。

第十四节　预计负债

一、概念

根据或有事项准则的规定，与或有事项相关的义务同时满足下列三个条件的，应当确认为预计负债：

（1）该义务是企业承担的现时义务。

（2）履行该义务很可能导致经济利益流出企业。

（3）该义务的金额能够可靠地计量。

二、账务处理

1. 产品质量保证

产品质量保证是企业为了树立信誉、扩大销售、提高市场竞争力所采取的对于出售的产品附有的各种各样的质量保证，如对售出产品实行“三包”，即包退、包换和包修等措施。由于产品的质量问题在所难免，所以伴随企业对售出产品的质量保证而发生的费用，如修理费用等，其发生的可能性是相当肯定的，其发生的金额往往也是可以根据以往经验合理预计的，所以产品质量保证通常可以确认为一项预计负债。通常可以在产品售出后，根据产品质量保证条款的规定、产品的销售额以及预计质量保证费用的最佳估计数确认产品质量保证负债金额，在确认时，借记“销售费用——预计产品质量保证损失”科目，贷记“预计负债——预计产品质量保证损失”科目；平时，实际发生产品质量保证费用时，应借记“预计负债——预计产品质量保证损失”科目，贷记“银行存款”科目。

2. 未决诉讼

企业在经营活动中经常会涉及经济诉讼、仲裁等案件，但这些审理中的诉讼、仲裁事项将对企业的财务状况和经营成果产生多大影响，企业因此要承担多大风险，具有不确定性。如果这些未决诉讼引起的相关义务符合预计负债确认条件、预计败诉的可能性属于“很可能”、要发生的诉讼等费用也能可靠计量，则企业应当将预计要发生的支出确认为预计负债，借记“营业外支出”“管理费用”等科目，贷记“预计负债——预计未决诉讼损失”科目；因败诉实际支付诉讼费用时，应借记“预计负债——预计未决诉讼损失”科目，贷记“银行存款”等科目。

3. 预计负债的披露

企业应当在报表附注中披露下列信息：

预计负债的种类、形成原因以及经济利益流出不确定的说明；各类预计负债的期初、期末余额和本期变动情况；与预计负债有关的预期补偿金额和本期已确认的预期补偿金额。

三、违规操作检查重点

1. 预计负债确认错误

企业应当将符合预计负债确认条件的事项在发生当期确认为预计负债，查账人员可以查看企业的相关经营事项及相关凭证，确认企业已确认的预计负债正确，并且没有漏记的预计负债项目。

2. 预计负债金额确认错误

企业应当按照预计负债相关的经济利益的流出金额确认预计负债的金额，不能多计金额，也不能少计金额。查账人员可以通过查询预计负债相关的凭证，了解企业预计负债的确认金额是否正确。

3. 预计负债的列报

企业应当在报表附注中说明预计负债的相关信息，查账人员可以通过检查企业的报表附注和企业的预计负债事项等确认企业的预计负债是否正确地进行了列报。

四、参考案例

案例：预计负债金额确认错误

情况：A公司是生产和销售空调器的企业，本年一季度销售空调5 000台，每台售价为8 000元。该公司空调器的质量保证条款规定：产品在售出两年内如出现非意外事件造成的故障和质量问题，公司免费负责保修。根据以往的经验，发生保修费一般为销售额的1%至3%。A公司根据相关事项确认了预计负债。

查证：查账人员于当期检查了A公司的预计负债项目，发现预计负债的确认金额有疑问，因此检查了相应的会计凭证，发现A公司该事项的账务处理如下：

借：销售费用——预计产品质量保证损失　　1 200 000

　　贷：预计负债——预计产品质量保证损失　　1 200 000

账务调整：

借：预计负债——预计产品质量保证损失　　400 000

　　贷：销售费用——预计产品质量保证损失　　400 000

案例点拨：A企业上述预计负债是按照3%的比例确认保修费的。根据以往的经验，该企业发生保修费一般为销售额的1%至3%，因此企业应当按照2%［(1%＋3%)/2］的比例来确认保修费用，而不能按照较高的3%多记企业的费用。

第十五节　递延所得税负债

一、概念

由于资产、负债的账面价值和计税基础的不同会产生暂时性差异。应纳税暂时性差异，是指在确定未来收回资产或清偿负债期间的应纳税所得额时，将导致产生应税金额的暂时性差异，即在未来期间不考虑该事项影响的应纳税所得额的基础上，由于该暂时性差异的转回，会进一步增加转回期间的应纳税所得额和应交所得税金额，在其产生当期应当确认相关的递延所得税负债。

二、账务处理

按照资产、负债的账面价值与计税基础之间的差额，与相应所得税率的乘积计算递延所得税负债的金额。确认时，借记“所得税费用”科目，贷记“递延所得税负债”科目。

三、违规操作检查重点

1. 递延所得税的确认错误

企业应当于期末根据相应资产、负债的账面价值和计税基础之间的差额确认递延所得税资产和递延所得税负债。查账人员可以通过检查企业的资产、负债的账面价值等，考察企业的递延所得税资产和递延所得税负债的确认是否及时准确。

2. 递延所得税的金额有误

企业应当按照相关资产、负债的账面价值和计税基础之间的差额与所得税率的乘积计算当期的递延所得税负债。查账人员可以通过检查企业的递延所得税负债的计算基础确认递延所得税负债的计量金额是否正确。

四、参考案例

案例：递延所得税负债的处理错误

情况：A公司2018年度总收入为13万元，其中本年度的应收账款为3万元，费用为6 000元，税前会计利润为7 000元，应纳税所得额为4万元，并且该企业年初递延所得税负债的贷方余额为零。

查证：查账人员于2018年末检查了该企业的递延所得税负债科目，发现递延所得税负债的金额存在疑问，于是检查了相应的会计凭证，发现企业的相关账务处理如下：

借：所得税费用　　10 000

　　贷：应交税费——应交所得税　　10 000

账务调整：

借：所得税费用　　7 500

　　贷：递延所得税负债　　7 500

案例点拨：企业应当于期末根据资产、负债的账面价值和计税基础，计算确认递延所得税资产和递延所得税负债，同时确认相应的所得税费用。

第五章

所有者权益核算的假账甄查

所有者权益是指企业资产扣除负债后由所有者享有的剩余权益。公司所有者权益又称为股东权益。所有者权益具有以下特征：①除非发生减资、清算或分派现金股利，企业不需要偿还所有者权益；②企业清算时，只有在清偿所有的负债后，所有者权益才返还给所有者；③所有者凭借所有者权益能够参与企业利润的分配。下面分节对所有者权益进行介绍。

第一节　实收资本（或股本）

一、概念

实收资本是指企业按照章程规定或合同、协议约定，接受投资者投入企业的资本。实收资本的构成比例或股东的股份比例，是确定所有者在企业所有者权益中份额的基础，也是企业进行利润或股利分配的主要依据。

二、账务处理

1. 接受现金资产投资

企业收到现金投资，应当以现金数额借记“银行存款”科目，贷记“实收资本”科目；股份制公司收到现金投资时，应当按照收到的现金数额借记“银行存款”科目，按照股本数贷记“股本”科目，同时按照差额贷记“资本公积——股本溢价”科目。

2. 接受非现金资产投资

（1）接受投入固定资产、材料物资。

企业接受投资者作价投入的房屋、建筑物、机器设备等固定资产和材料物资，应按投资合同或协议约定价值确定固定资产价值和原材料价值（但投资合同或协议约定价值不公允的除外）以及在注册资本中应享有的份额。借记“固定资产”“原材料”“应交税费——应交增值税（进项税额）”科目，贷记“实收资本”科目。

（2）接受投入无形资产。

企业收到以无形资产方式投入的资本，应按投资合同或协议约定价值确定无形资产价值（但投资合同或协议约定价值不公允的除外）和在注册资本中应享有的份额。借记“无形资产”科目，贷记“实收资本”科目。

（3）实收资本（或股本）的减少。

企业减少实收资本应按法定程序报经批准，股份有限公司采用收购本公司股票方式减资的，按股票面值和注销股数计算的股票面值总额冲减股本，按注销库存股的账面余额与所冲减股本的差额冲减股本溢价，股本溢价不足冲减的，应依次冲减“盈余公积”“利润分配——未分配利润”等科目。如果购回股票支付的价款低于面值总额的，所注销库存股的账面余额与所冲减股本的差额作为增加资本或股本溢价处理。

收回公司资本时，借记“库存股”科目，贷记“银行存款”科目；注销公司资本时，借记“股本”“资本公积”“盈余公积”等科目，贷记“库存股”科目。

三、投入资本审查的一般方法

1. 投入资本内部控制制度的审查

企业投入资本内部控制制度应审查以下主要内容：①企业的注册资本以及办理登记手续的有关规定；②企业增资、减资的方案及决议规定；③股东缴纳出资的验证及手续的规定。

2. 实收资本总分类账与实收资本明细分类账的核对

查账人员应取得或编制实收资本明细清单，采用核对法将实收资本明细清单逐项与实收资本明细分类账核对相符，将实收资本明细清单各明细账户余额合计金额与实收资本总分类账的余额核对相符，如两者之间出现差异，应查明原因，取得相关证据。

3. 实收资本明细分类账的审查

（1）审查实收资本明细分类账。查账人员应采用审阅法详细审阅实收资本明细账的记录，对当期实收资本增减变动的情况追查会计凭证，查明其真实性、合法性。

（2）审查实收资本增减的合同、协议、文件、验资报告等文件。查账人员应审阅公司章程、投资合同、股东会决议、董事会会议纪要以及政府主管部门的批准文件、营业执照。查明企业在股东缴纳出资后是否经过依法设立的验资机构验资并出具验资报告，企业公司章程、投资合同中约定的投资者的出资方式、出资比例是否符合国家有关法律法规的规定，投资合同中是否有对投入实物、知识产权、土地使用权等非货币资产需经过依法设立的评估机构评估作价的条款。通过这些方法，审查实收资本业务的合法性、真实性、正确性。

（3）审查实收资本会计凭证及账务处理。查账人员对企业实收资本的会计凭证进行审查时，注意审阅其原始凭证，查明其真实性及合法性。对企业接受货币资金出资的，应检查投资者存入或汇入企业开户银行的进账单、交款凭证，看其存入银行的日期、用途、金额、币种是否与企业章程、合同的规定相一致；接受实物、知识产权、土地使用权出资的，应检查其所有权证明文件、作价的依据、相关的验收手续，查明其是否真实、合法。对企业减少资本的业务，应查明是否按法定程序报经批准。同时，查账人员还应审查实收资本账务处理的正确性；企业是否按出资者正确地设置了明细分类账，有无错记、漏记情况；是否按投资者应享有的企业注册资本份额计算的金额贷记“实收资本”账户，按实际收到的金额与投资者应享有的企业注册资本份额计算的金额的差额贷记“资本公积——资本溢价”账户。查账人员对企业用资本公积、盈余公积转增资本的业务，应检查企业是否办妥有关增资手续，并按原持股比例增加各股东的资本，并记入“实收资本”明细分类账。

4. 外币资金投资的审查

企业吸收外币资金投资时，如果企业以人民币作为记账本位币，查账人员应检查企业是否按收到出资当日的市场汇率将外币折合为人民币，借记“银行存款”账户，按合同约定汇率将外币折合成人民币，贷记“实收资本”账户，并将两者差额借记或贷记“资本公积——外币资本折算差额”账户。如果合同没有约定汇率，企业是否都按收到出资当日的市场汇率将外币折合成人民币，借记“银行存款”账户，贷记“实收资本”账户。

另外，还应审查实收资本余额在资产负债表中的列示是否正确，其方法是审查报表项目金额是否等于“实收资本”账户期末贷方余额。

四、违规操作检查重点

1. 出资的数额和比例不合规

审核确认企业章程、合同、招股说明书等有关文件中投资者出资比例的合规性。然后根据“实收资本”“银行存款”“固定资产”“无形资产”等账户的相关凭证、批件、验资报告等，审核投资者的出资比例与合同、章程是否一致。

2. 出资缴纳期限不合规

检查投入的货币资金开户银行进账单、缴款凭证或转账支票的存入日期、金额、币种、用途是否与合同、章程一致。

3. 投入资产作价不合理

检查投入资产是否有相关的评估报告、验资证明，然后应检查作报告的机构是否有评估资格，评估方法是否适当，评估结果是否合理。最后核对报告金额与入账金额是否一致。外币投资应审核其汇率是否运用恰当。

4. 资本的增减变动不合规

逐笔检查资本金变动的有关凭据，分析变动原因，对照相关法律规定检查其是否符合相应条件，是否履行了相关手续。例如，有无股东大会的决议，是否修改了公司有关章程条款，是否有相关批件等。同时注意检查“应收账款”“应收票据”科目的相关记录，看是否存在以借款为名，长期占用公司资金达到抽回资本目的的现象。

5. 会计账务处理不正确的查账方法

认真检查“实收资本”总账的记录，同时注意其明细分类账是否分类正确，各种会计处理是否规范。

五、投入资本审查的主要工作底稿

（1）企业投入资本相关的内部控制制度。
（2）实收资本总分类账与实收资本所属明细分类账核对的工作记录。
（3）实收资本明细分类账及相关凭证审查的工作记录。
（4）实收资本增减变动情况明细清单。
（5）外币资金投资审查的工作记录。
（6）企业营业执照复印件。
（7）企业投资合同、协议、企业章程、验资报告复印件。
（8）企业增资或减资方案及决议复印件。

六、参考案例

案例1：随意冲减实收资本

情况：某企业一分录后所附原始凭证为固定资产盘存单，盘亏机器设备一台，价值140 000元。投资者投入的一台设备在盘点过程中发现遗失，总经理认为应该是投资者未经同意取走了该设备，故冲减“实收资本”。经询问，得知该投资者未曾有该类事件发生。

查证：查账人员当年进一步审阅了“待处理财产损溢——待处理固定资产损溢”明细账后，发现存在这样一笔分录：

借：累计折旧　　40 000
　　待处理财产损溢——待处理固定资产损溢　　100 000
　　贷：固定资产　　140 000
借：实收资本　　100 000
　　贷：待处理财产损溢——待处理固定资产损溢　　100 000

账务调整：

借：营业外支出　　100 000
　　贷：实收资本　　100 000

案例点拨：凡是资产的盘盈、盘亏都应该做仔细的调查，对于无法查明原因的可以计入相关损益的账户；对于能够查明原因的，应该获取足够的证据，取得相应的赔偿。“实收资本”是企业的注册资本账户，如无非常特殊的情况，不得随意增减，如果确实有增减需要，必须符合相关法规条件并履行相应的手续。该企业利用资产清查的结果随意冲减资本金是错误的处理。

案例2：增资数额的计算不正确

情况：某公司2018年12月31日“实收资本”账户贷方余额为350万元，资本公积、盈余公积和未分配利润三项合计250万元。2018年末，经董事会决定，报主管机关批准，吸纳A公司作为股东之一，A公司投资120万元，享有20%股权，并于2019年报工商部门登记变更。2019年4月，收到A公司的上述生产线设备投资。

查证：查账人员在审查某公司的“实收资本”账户时，发现所附原始凭证为A公司投入的一条生产线设备，评估报告确认价值为120万元，A公司转移资产的有关文件、发票、公司董事会增资决议、注册资本变更登记批准书，等等。账务处理：

借：固定资产　　1 200 000

　　贷：实收资本　　1 200 000

账务调整：

A公司投资1 500 000元中应计入“实收资本”的数额为：875 000（3 500 000 ÷ 80% ×20%）元。

（1）A公司投入的1 200 000元原资产时，不应全部计入“实收资本”，应按合同中规定的比例计入“实收资本”和“资本公积”科目。应计A公司“实收资本”的数额：700 000（875 000 ×1 200 000 ÷1 500 000）元，多计入500 000（1 200 000 − 700 000）元。调整分录为：

借：实收资本　　500 000

　　贷：资本公积　　500 000

（2）待收到A公司应补足的300 000元投资时，应计入“实收资本”的数额为175 000（875 000 − 700 000）元，作如下分录：

借：银行存款　　300 000

　　贷：实收资本　　175 000

　　　　资本公积　　125 000

案例点拨：虽然该公司的注册资本变更履行相关法定手续，但是其合同章程有明显不公平的地方。A公司要享有20%的股权，应该投入资本：1 500 000［（3 500 000 + 2 500 000）÷80% ×20%］元，而不是120万元。A公司还应再投入30万元才应该享受20%的股权，否则会损害原股东们的权益。

第二节　资本公积

一、概念

资本公积是企业收到投资者出资额超出其在注册资本（或股本）中所占份额的部

分，以及直接计入所有者权益的利得和损失等。资本公积包括资本溢价（或股本溢价）和直接计入所有者权益的利得和损失等。

二、账务处理

（1）资本溢价。

除股份有限公司外的其他类型的企业，在企业创立时，投资者认缴的出资额与注册资本一致，一般不会产生资本溢价。但在企业重组或有新的投资者加入时，常常会出现资本溢价。因为在企业进行正常生产经营后，其资本利润率通常要高于企业初创阶段，另外，企业有内部积累，新投资者加入企业后，对这些积累也要分享，所以新加入的投资者往往要付出大于原投资者的出资额，才能取得与原投资者相同的出资比例。投资者多缴的部分就形成了资本溢价。企业实际收到的款项，借记“银行存款”“固定资产”等科目，按照享有的企业的股权份额，贷记“股本”科目，按照差额贷记“资本公积——资本溢价”科目。

（2）股本溢价。

股份有限公司是以发行股票的方式筹集股本的，股票可按面值发行，也可按溢价发行，我国目前不准折价发行。与其他类型的企业不同，股份有限公司在成立时可能会溢价发行股票，因而在成立之初，就可能会产生股本溢价。股本溢价的数额等于股份有限公司发行股票时实际收到的款额超出股票面值总额的部分。

在按面值发行股票的情况下，企业发行股票取得的收入，应全部作为股本处理；在溢价发行股票的情况下，企业发行股票取得的收入，等于股票面值作为股本处理，超出股票面值的溢价收入应作为股本溢价处理。

发行股票相关的手续费、佣金等交易费用，如果是溢价发行股票的，应从溢价中抵扣，冲减资本公积（股本溢价）；无溢价发行股票或溢价金额不足以抵扣的，应将不足抵扣的部分冲减盈余公积和未分配利润。

（3）其他资本公积。

其他资本公积是指除资本溢价（或股本溢价）项目以外所形成的资本公积，其中主要是直接计入所有者权益的利得和损失。

企业对被投资单位的长期股权投资采用权益法核算的，在持股比例不变的情况下，对因被投资单位除净损益以外的所有者权益的其他变动，如果是利得，则应按持股比例计算其应享有被投资企业所有者权益的增加数额；如果是损失，则作相反的分录。在处置长期股权投资时，应转销与该笔投资相关的其他资本公积。

（4）资本公积转增资本。

经股东大会或类似机构决议，用资本公积转增资本时，应冲减资本公积，同时按照转增资本前的实收资本（或股本）的结构或比例，将转增的金额记入“实收资本”（或“股本”）科目下各所有者的明细分类账。

三、资本公积审查的一般方法

1. 资本公积内部控制制度的审查

①企业是否已按“资本溢价（股本溢价）”“其他资本公积”设置了相应明细账；②企业资本公积的使用是否由董事会制订方案并经股东会作出决议；③企业用资本公积转增资本是否在工商行政管理部门办理了变更登记。

2. 资本公积总分类账与资本公积明细分类账的核对

查账人员应取得或编制资本公积明细清单，采用核对法将资本公积明细清单逐项与资本公积明细分类账核对相符，将资本公积明细清单各户余额合计金额与资本公积总分类账余额核对相符，如两者之间出现差异，应查明原因，取得相关证据。

3. 资本公积明细账的审查

查账人员应采用审阅法，审阅资本公积明细账的相关记录，了解当期的资本公积增减变动的情况，由于一个会计期间涉及的资本公积业务不是很多，可详细审查明细账的记录，追查会计凭证，综合分析，查明业务的真实性、合法性和准确性。

4. 资本溢价的审查

查账人员应根据公司章程、投资合同、协议所规定的投资者的投资比例，复算出各投资者应在注册资本中所占的份额，如投资者的实际出资超过了该投资者应在注册资本中所占的份额，就要查明企业是否将其超过部分贷记“资本公积——资本溢价”账户。

5. 其他资本公积的审查

查账人员应结合长期股权投资（权益法核算）的审查，查明企业是否在持股比例不变的情况下，将被投资单位净损益以外所有者权益的其他变动，按持股比例计算应享有份额记入“资本公积——其他资本公积”账户；结合可供出售金融资产的审查，查明企业是否在资产负债表日，将可供出售金融资产的公允价值高于（或低于）账面余额的差额记入“资本公积——其他资本公积”账户。

另外，还应审查资本公积余额在资产负债表中的列示是否正确，其方法是审查报表项目金额是否与资本公积账户期末贷方余额相符。

四、违规操作检查重点

1. 资本（股本）溢价收入的错误处理

审阅企业的股票发行章程办法及中国证监会批准企业发行股票的相关文件资料。对溢价发行，要采用复核法计算发行企业股票的面值总额，将结果与账面记录进行比较。

2. 接受捐赠资产的违规行为

重点审阅“营业外收入”“管理费用”等损益账户的相关数据，仔细查看每笔业务的摘要是否有可疑之处，并追查至记账凭证，核对相关原始凭证，然后调查询证，查出真相。

3. 转增资本公积的违规行为

审阅企业的会计报表，发现“资本公积”增加时，追查到明细账，盘点相关资产，对于评估升值的要有评估证明材料、升值的依据等。对于没有评估材料的，要查明资产的来源，如果企业无法提供来源证明，往往就是企业的盘盈资产，应该记入“营业外收入”等损益账户。

4. 利用对外投资账面价值与评估价值的价差调节资本公积

重点检查“投资收益”“长期投资”等账户及“固定资产”明细账，要查阅资产评估报告和投资协议等资料，并进行核对。

五、资本公积审查的主要工作底稿

（1）与企业资本公积相关的内部控制制度。

（2）资本公积总分类账与资本公积所属明细分类账核对的工作记录。

（3）资本公积明细分类账及相关凭证审查的工作记录。

六、参考案例

案例：资本公积科目使用错误

情况：某企业以一批钢材折价出资，投入的钢材原进价 2 000 万元，进项税 260 万元，确认投资价为 2 020 万元。该企业的会计分录为：

借：长期股权投资	20 200 000	
资本公积	2 400 000	
贷：原材料		20 000 000
应交税费——应交增值税		2 600 000

查证：查账人员详细审阅了该企业的投资协议书、以前购入钢材的凭证以及钢材评估作价的有关资料后，认为计价没有问题，但是差额是不能随意减少“资本公积”项目的。该企业通过错误地处理投资作价与账面价值差额，从账面上来虚增利润。

账务调整：

借：营业外支出	4 000 000	
贷：资本公积		4 000 000

案例点拨：企业一般不能随意减少“资本公积”科目，非货币性资产交换中涉及的差价，应当计入企业的“营业外收入”和“营业外支出”科目中。

第三节 盈余公积

一、概念

按照《公司法》有关规定，公司制企业应按照净利润（减弥补以前年度亏损，下同）的10%提取法定盈余公积。按照《企业所得税法》规定，以前年度亏损（5年内）可用税前利润弥补，从第6年起只能用税后利润弥补。非公司制企业法定盈余公积的提取比例可超过净利润的10%。法定盈余公积累计额已达注册资本的50%时可以不再提取。值得注意的是，如果以前年度未分配利润有盈余（即年初未分配利润余额为正数），在计算提取法定盈余公积的基数时，不应包括企业年初未分配利润；如果以前年度有亏损（即年初未分配利润余额为负数），应先弥补以前年度亏损再提取盈余公积。

公司制企业可根据股东大会的决议提取任意盈余公积。非公司制企业经类似权力机构批准，也可提取任意盈余公积。法定盈余公积和任意盈余公积的区别在于其各自计提的依据不同，前者以国家的法律法规为依据；后者由企业的权力机构自行决定。

二、账务处理

（1）提取盈余公积。企业按规定提取盈余公积时，应通过“利润分配”和“盈余公积”等科目核算。借记“利润分配——提取法定盈余公积”科目，贷记“盈余公积——法定盈余公积”科目。

（2）盈余公积补亏。借记“盈余公积”科目，贷记“利润分配——盈余公积补亏”科目。

（3）盈余公积转增资本。借记“盈余公积”科目，贷记“股本”科目。

（4）用盈余公积发放现金股利或利润。借记“盈余公积”科目，贷记“应付股利”科目。

三、盈余公积审查的一般方法

（1）盈余公积内部控制制度的审查：①企业的公司章程、相关制度是否对盈余公积的计提、使用作出了相关规定。②企业提取法定盈余公积的比例是否符合法律的规定。③企业提取任意盈余公积是否由董事会制订方案并经过股东会批准。④企业盈余公积的使用是否经过权力机构的授权批准。

（2）盈余公积总分类账与盈余公积明细分类账的核对。查账人员应取得或编制盈余公积明细清单，采用核对法将盈余公积明细清单逐项与盈余公积明细分类账核对相符，将盈余公积明细清单各户余额合计金额与盈余公积总分类账的余额核对相符。

（3）盈余公积明细账的审查。查账人员应用审阅法审阅盈余公积明细账的相关记录，了解当期盈余公积增减变动的情况，通过明细账的记录，追查会计凭证，综合分析，查明盈余公积计提、使用的合法性、准确性。

（4）法定盈余公积提取、使用凭证手续的审查。查账人员应审查法定盈余公积从税后利润提取的顺序、基数是否符合国家规定，有无存在以前年度亏损尚未弥补就提取法定盈余公积的情况，如企业用当年利润弥补了以前年度亏损，其法定盈余公积提取的基数是否为当年净利润扣除用于弥补亏损的利润数后的余额。另外，查账人员还应检查企业法定盈余公积的使用情况，查明是否按规定用于弥补亏损或转增资本，当使用法定盈余公积转增资本后，所留存的该项盈余公积是否少于转增前公司注册资本的25%，并且是否办理了相关的增资手续。

（5）任意盈余公积提取、使用凭证手续的审查。查账人员应审查企业任意盈余公积的提取情况，查明企业是否在提取法定盈余公积后，经股东会决议，从税后利润中提取任意盈余公积；任意盈余公积的提取比例是否与股东会决议中确定的比例一致。另外，查账人员还应检查企业任意盈余公积的使用情况，查明企业是否按规定用于弥补亏损或转增资本，如用于转增资本，是否办理了相关的增资手续。

（6）盈余公积账务处理的审查。查账人员应审查企业盈余公积提取、使用的账务处理是否符合会计制度的规定。盈余公积的审查还应审查盈余公积余额在资产负债表中的列示是否正确，其方法是审查报表项目金额是否等于盈余公积账户期末贷方余额。

四、违规操作检查重点

1. 盈余公积内容不真实

审阅“盈余公积”账户的贷方发生额（增加额）。一般其贷方发生额都是由年终利润分配转入，对于其他任何的增加额都要特别关注并进一步追查原因。

2. 盈余公积提取不正确

检查法定盈余公积从利润中提取的顺序是否符合规定，有无税前列支，减少应交所得税的情况；检查有关资料，查明是否根据国家规定按比例及时足额提取法定盈余公积，如果企业本年度没有提取法定盈余公积，应核查盈余公积是否达到规定的比例，查实盈余公积的计算是否正确。

3. 盈余公积使用不正确

重点检查“盈余公积”账户的借方发生额。复核转增资本后“盈余公积”账户的贷方余额，并与注册资本的比例相比较以查明是否存在问题。检查有关资料，查明盈余公积的使用是否有一定的授权批准手续、是否依法办理增资手续，取得合法的增资文件等。

五、盈余公积审查的主要工作底稿

（1）与企业盈余公积相关的内部控制制度。

（2）盈余公积总分类账与盈余公积所属明细分类账核对的工作记录。

（3）盈余公积明细分类账及相关凭证审查的工作记录。

（4）股东会批准的利润分配方案复印件。

六、参考案例

案例：盈余公积转增资本错误

情况：某公司的注册资本为 2 000 万元，经批准将当年账面盈余公积余额 1 200 万元转增资本，使该公司 2019 年 1 月 1 日的注册资本达到 3 200 万元，而盈余公积余额为零。

查证：查账人员检查时发现该公司按上述的账务处理，2019 年 1 月 1 日该公司的盈余公积金余额为零，不符合有关规定。相关的会计分录为：

借：盈余公积　　12 000 000

　　贷：实收资本　　12 000 000

账务调整：

借：实收资本　　6 400 000

　　贷：盈余公积　　6 400 000

案例点拨：盈余公积增资必须具备一定的手续和条件，必须由企业权力机构及政府有关部门进行审批，转增资本或分配股利后，法定盈余公积金不得低于注册资金的 25%。

第四节　本年利润

一、概念

“本年利润”科目的本月余额反映当月实现的利润或发生的亏损，“本年利润”科目的本年余额反映本年累计实现的利润或发生的亏损。

二、账务处理

企业应设置“本年利润”科目，核算企业本年度实现的净利润（或发生的净亏损）。

会计期末，企业应将“主营业务收入”“其他业务收入”“营业外收入”等科目的余额分别转入“本年利润”科目的贷方，将“主营业务成本”“其他业务成本”“税金及附加”“销售费用”“管理费用”“财务费用”“资产减值损失”“营业外支出”“所得税费用”等科目的余额分别转入“本年利润”科目的借方。企业还应将“公允价值变动损益”“投资收益”科目的净收益转入“本年利润”科目的贷方，将“公允价值变动损益”“投资收益”科目的净损失转入“本年利润”科目的借方。结转后“本年利润”科目如为贷方余额，表示当年实现的净利润；如为借方余额，表示当年发生的净亏损。

年度终了，企业还应将“本年利润”科目的本年累计余额转入“利润分配——未分配利润”科目。如“本年利润”为贷方余额，借记“本年利润”科目，贷记“利润分配——未分配利润”科目；如为借方余额，作相反的会计分录。结转后“本年利润”科目应无余额。

三、违规操作检查重点

（1）计算本年利润的收入、费用项目不正确。

审核“本年利润”账户并与计算期的所有收入、费用的相关账户进行核对，检查有无虚报、隐匿、遗漏、错误以及不合法的事情。复核利润的形成，证实其正确性。

（2）净利润的计算不正确。

重点检查“所得税”账户，即复核、查明所得税的征收范围、计税依据、所得税率和税额的计算、税款的减免以及所得税的会计处理。

四、参考案例

案例1：本年利润结转错误

情况：某公司2018年的账目中本年12月末结转账户前投资收益为560 000元，但在结账时只将其中60 000元转入“本年利润”账户，尚有500 000元仍保留在该账户中。

查证：

调出2018年12月25日收到投资收益时的会计凭证，其会计分录为：

借：银行存款　　560 000

　　贷：投资收益　　560 000

12月31日结转利润时，会计分录为：

借：投资收益　　60 000

　　贷：本年利润　　60 000

账务调整：

借：投资收益　　500 000

　　贷：本年利润　　500 000

借：本年利润　　500 000

　　贷：利润分配　　500 000

借：所得税费用　　125 000

　　贷：应交税费——应交所得税　　125 000

借：利润分配　　125 000
　　贷：所得税费用　　125 000
借：利润分配　　37 500
　　贷：盈余公积　　37 500

案例点拨：通过分录可看出“投资收益”账户仍保留了500 000元的余额，因此不仅偷漏了所得税款，同时还影响到利润分配。为调节本年度利润，偷逃所得税，不按规定如实结转利润，截留投资收益是违反相关规定的行为。

第五节　利润分配

一、概念

利润分配是指企业在税后利润即净利润的基础上按照一定的先后顺序进行分配。

二、账务处理

（1）企业用盈余公积弥补亏损，借记“盈余公积”科目，贷记“利润分配——其他转入”科目。

（2）按规定从净利润中提取盈余公积和法定公益金时，借记“利润分配”科目，贷记“盈余公积”科目。

（3）应当分配给股东的现金股利或利润，借记“利润分配”科目，贷记“应付股利”科目。

（4）企业经股东大会或类似机构批准分派股票股利，应于实际分派股票股利时，借记“利润分配”科目，贷记“实收资本”科目。

（5）企业按规定允许用税前利润归还的各种借款，应当在“利润分配”科目下设置“归还借款的利润”明细科目进行核算。企业按规定用税前利润归还的各种借款，借记“利润分配——归还借款的利润”科目，贷记“盈余公积——任意盈余公积”科目。

（6）年度终了，企业应将全年实现的净利润，自“本年利润”科目转入“利润分配”科目，借记“本年利润”科目，贷记“利润分配——未分配利润”科目。如为净亏损，借记“利润分配——未分配利润”科目，贷记“本年利润”科目；同时将“利润分配”科目下的其他明细科目的余额转入“利润分配——未分配利润”明细科目。结转后，“利润分配”科目的其他明细科目应无余额。

（7）“利润分配”科目年末余额，反映企业历年积存的未分配利润或未弥补亏损。

三、利润分配审查的一般方法

（1）利润分配内部控制制度的审查：①企业利润分配（亏损弥补）方案是否由董

事会制订并经股东会审议批准；②企业利润分配（亏损弥补）是否严格按照利润分配方案（亏损弥补方案）进行。

（2）利润分配总分类账与利润分配明细分类账的核对。查账人员应取得或编制利润分配明细清单，采用核对法将利润分配明细清单逐项与利润分配明细分类账核对相符，将利润分配明细清单各户余额合计金额与利润分配总分类账的余额核对相符，如两者之间出现差异，应查明原因，取得相关证据。

（3）利润分配明细账及其账务处理的审查。查账人员应审查企业是否按利润分配的去向设置了相关明细账，并应采用审阅法审阅利润分配明细账，了解利润分配的去向，追查会计凭证，查明利润分配的比例是否符合相关合同、协议、章程以及董事会会议纪要的规定，利润分配的数额是否正确。还应查明企业如果存在以前年度未弥补亏损，其亏损的弥补是否符合相关制度的规定。另外，查账人员还应检查企业利润分配的账务处理是否符合会计制度的规定。

【提示】（1）对于利润分配中提取法定盈余公积、任意盈余公积的具体审查请参见本章盈余公积的审查方法。

（2）对于利润分配中向投资者分配利润的具体审查请参见本章应付利润科目的审查方法。

另外，还应审查本年利润和利润分配余额在资产负债表中的列示是否正确，其方法是审查“未分配利润”报表项目金额是否根据“本年利润”账户和“利润分配”账户期末余额计算填列。

四、违规操作检查重点

（1）利润分配顺序不正确。

审阅核对企业利润分配的会计凭证，根据本年转入的净利润额，按正确分配顺序逐项计算核对，发现问题再进一步追查。

（2）对以前年度亏损弥补不正确。

检查有无以税前利润弥补以前年度亏损，再检查这些亏损发生的年度是否超过税前弥补亏损期。

（3）弥补亏损账务处理不正确。

检查弥补亏损账务处理是否符合规定：相关的规定是用利润弥补亏损，不作账务处理，在利润分配时借贷方直接相抵；用盈余公积弥补亏损，应借记“盈余公积”，贷记“利润分配——盈余公积转入”。

（4）对利润分配的标准不合规、比例不正确、计算不准确。

根据有关凭证及账簿所反映的分配情况进行复核计算，看是否符合有关规定。

（5）向投资者分配的利润不真实、不正确。

根据当年有关利润审查是否应向投资者分配利润，同时查阅实收资本明细账，查明外部投资的真实性，或调阅有关投资协议，了解有关利润分配的规定，证实利润分配的正确与真实。

（6）向投资者分配利润账务处理不正确。

检查向投资者分配利润的凭证是否正确，发放现金股利时，应借记“利润分配”科目，贷记“应付股利”科目；发放股票股利时，应借记“利润分配——应付利润”科目，贷记“股本”科目。

（7）年终利润分配的账务结转业务不正确。

检查年终的有关利润分配的会计凭证，看是否将“本年利润”账户和“利润分配”账户中除“利润分配——未分配利润”以外的明细账全部按正确方式转入“利润分配——未分配利润”中，正确得出年终未分配利润或未弥补亏损。

五、利润分配审查的主要工作底稿

（1）企业利润分配相关的内部控制制度。

（2）利润分配总分类账与利润分配所属明细分类账核对的工作记录。

（3）利润分配明细分类账及相关凭证审查的工作记录。

（4）与利润分配有关的董事会会议纪要、股东会决议、合同、协议的复印件。

六、参考案例

案例：利润分配错误

情况：某企业2018年利润分配出现错误，该企业2018年接受某公司投资150万元，占企业实收资本总额1 500万元的10%，当年该企业实现利润250万元，该企业在未交纳所得税、未提取盈余公积的情况下，即按250万元的10%分配给该公司利润。

查证：

该企业为了少交所得税和少提盈余公积，而错误地进行利润分配。会计分录为：

借：利润分配——应付现金股利或利润	250 000	
贷：应付利润——某公司		250 000

账务调整：

借：以前年度损益调整	625 000	
贷：应交税费——应交所得税		625 000
借：利润分配——未分配利润	625 000	
贷：以前年度损益调整		625 000
借：利润分配——提取法定盈余公积	18 750	
贷：盈余公积——法定盈余公积		18 750
借：利润分配——未分配利润	18 750	
贷：利润分配——提取法定盈余公积		18 750

借：应付利润——某公司　　81 250

　　贷：利润分配——应付现金股利或利润　　81 250

案例点拨：企业净利润如果为正，应当首先弥补以前年度的损失；如果不存在以前年度的累计损失，则应当确认当年的所得税费用，然后以税后利润为标准，计提当年的法定盈余公积和任意盈余公积等，顺序不能随意变动。

第六章

成本核算的假账甄别

产品成本是企业一定时期内为生产一定产品所支出的生产费用。产品成本核算是对生产经营过程中实际发生的成本、费用进行计算，并进行相应的账务处理。成本核算一般是对成本计划执行的结果进行事后的反映。企业通过产品成本核算，一方面，可以审核各项生产费用和经营管理费用的支出，分析和考核产品成本计划的执行情况，促使企业降低成本和费用；另一方面，还可以为计算利润、进行成本和利润预测提供数据，有助于提高企业生产技术和经营管理水平。

第一节　生产成本

一、概念

“生产成本”核算企业进行工业性生产发生的各项生产成本，包括生产各种产品（产成品、自制半成品等）自制材料、自制工具、自制设备等。借方反映所发生的各项生产费用，贷方反映完工转出的产品成本，期末借方余额，反映尚未加工完成的各项在产品的成本。本科目应按产品品种等成本核算对象设置基本生产成本和辅助生产成本明细账。辅助生产较多的企业，也可将“基本生产成本”和“辅助生产成本”作为总账。基本生产成本应当分别按照基本生产车间和成本核算对象（产品的品种、类别、订单、批别、生产阶段等）设置明细账（或成本计算单），并按规定的成本项目设置专栏。

二、账务处理

（1）企业发生的各项直接生产费用，借记“生产成本——基本生产成本”“生产成本——辅助生产成本”科目，贷记“库存现金”“银行存款”“应付工资”“原材料”“应付福利费”等科目。

（2）企业各生产车间应负担的制造费用，借记“生产成本——基本生产成本”“生产成本——辅助生产成本”科目，贷记“制造费用”科目。

（3）企业辅助生产车间为基本生产车间、企业管理部门和其他部门提供的劳务和产品，月度终了，按照一定的分配标准分配给各受益对象，借记“生产成本——基本生产成本”“管理费用”“销售费用”“其他业务支出”“在建工程”等科目，贷记“生产成本——辅助生产成本”科目。

（4）企业已经生产完成并已验收入库的产成品以及入库的自制半成品，应于月度终了，按实际成本，借记“库存商品”“自制半成品”科目，贷记“生产成本——基本生产成本”科目。

（5）需要单独核算废品损失的工业企业，可以在“基本生产成本”明细科目下设置“废品损失”明细科目，以汇集和分配基本生产车间所发生的废品损失。

（6）需要单独核算停工损失的工业企业，可以在“基本生产成本”明细科目下设置“停工损失”明细科目，以汇集和分配基本生产车间因停工所发生的各种费用。

（7）“生产成本”科目期末借方余额，反映企业尚未加工完成的各项在产品的成本。

三、生产成本审查的一般方法

查账人员在对生产成本进行审查时，一般按以下步骤进行：

（一）生产成本内部控制制度的审查

产品成本涉及的内容很多且发生频繁，在实施查账工作前，应对内部控制制度进行审查、评价，以确定对生产成本审查的思路、范围、重点和查账方法。

成本费用内部控制制度审查的主要内容是：

（1）审查企业是否建立健全成本核算与成本管理制度，生产成本核算范围是否符合会计制度的规定。

（2）审查企业是否制订产品成本计划和费用预算，是否对成本费用的各项指标进行分解，并建立归口分级责任管理。

（3）审查企业是否制订明确的材料消耗定额、工时耗费定额、费用开支范围和标准，并按制度的规定对各项定额、开支标准进行审核。

（4）审查企业是否对生产成本进行适当分类，并建立“生产成本”明细分类账，进行合理的归集与分配。

(5) 审查企业对成本支出是否有严格的授权审批制度，对预算外支出是否执行特别授权审批制度。

(6) 审查企业是否对实行报销制度的项目建立了严格的费用报销程序和手续。

(7) 审查企业是否建立了成本费用的考核与评价制度。

（二）成本计算对象和成本计算方法的审查

成本计算对象是产品生产过程中费用的归集对象。成本计算对象可以分为中间产品和最终产品。最终产品一般是指企业的最终产出物。中间成本对象是指半成品成本或步骤成本。企业如何确定成本计算对象，关键取决于企业生产组织形式、产品生产工艺过程和管理层对成本管理的要求。

企业根据成本计算对象来确定成本计算方法。成本计算的基本方法主要有品种法、分批法、分步法三种。

审查成本计算对象和成本计算方法，第一，应了解被审查单位的生产组织形式、产品生产工艺过程的特点和管理层对成本管理的要求；第二，审查成本计算对象的设置是否符合其自身的特点；第三，审查所选用的成本计算方法前后各期使用是否一致，是否经常变动，有无利用成本计算方法的改变来调节产品成本、进而达到调节利润的目的。

（三）辅助生产费用的审查

企业的辅助生产主要是为基本生产提供服务的。辅助生产有两类：一类是为基本生产提供辅助产品，如专用工具、模型、备件材料等；一类是为基本生产提供劳务，如供电、供水、运输等。有的辅助生产只生产一种产品或提供一种劳务；有的辅助生产则生产多种产品或提供多种劳务。有的辅助产品或劳务只为企业内部所使用或耗费；有的辅助产品或劳务不仅为企业内部使用或耗费，还对外销售。

辅助生产费用的归集通过“生产成本——辅助生产成本”账户。该账户应按车间或辅助产品品种、劳务设置明细账。辅助生产发生的直接材料、直接人工，分别根据“材料费用分配表”“工资及福利费分配表”等有关凭证计入。辅助生产发生的制造费用，根据费用的内容和费用额的多少，可先记入“制造费用”账户归集，然后再直接或分配转入“生产成本——辅助生产成本”账户，也可不设置“制造费用”账户，在制造费用发生时直接记入“生产成本——辅助生产成本”账户。月末，如果是制造工具、模型、备件等的辅助生产将完工产品入库，其成本的结转方法与产品成本结转方法基本相同。如果是提供水、电、气和运输、修理等劳务的辅助生产，应根据受益原则将费用在受益产品或部门之间进行分配。

对于提供劳务的辅助生产，有的辅助生产车间之间也存在相互提供劳务的情况。例如，锅炉车间为供电车间供气取暖，供电车间也为锅炉车间提供电力，这样，为了计算供气成本，就要确定供电成本，为了计算供电成本，又要确定供气成本，这就存在一个辅助生产费用在各辅助生产车间交互分配的问题。辅助生产费用的分配通常采用直接分配法、交互分配法等。

审查辅助生产费用，首先，审查辅助生产费用发生额的真实性；其次，注意企业是否根据其辅助生产的特点选择适当的费用分配方法，所选用的费用分配方法前后各期是否一致，是否经常变动，有无利用费用分配方法的改变来调节产品成本；最后，审查当期辅助生产费用分配计算表的正确性。

（四）直接成本项目的审查

1. 直接材料（外购燃料、外购动力）的审查

直接材料费用在生产成本中占的比重较大，是产品成本审查的关键。直接材料包括在生产过程中耗用的原材料、辅助材料、外购半成品、燃料、动力以及其他直接材料。直接材料的审查应结合领料单、退料单、“共同材料费用分配表”“材料成本差异计算表”等资料及“材料”账户记录进行。

审查直接材料的重点从耗用数量与计价两个方面进行。

（1）直接材料耗用数量的审查：①审查耗用数量的真实性。由于材料品种、规格繁多、发出数量大，而且并非材料仓库发出的材料都是产品生产所耗用，因此，必须查明直接材料耗用量是否为产品生产耗用的实际数量。查明材料领用量中有无非生产耗用领料。必须剔除在建工程、行政部门、福利部门及其他非生产领用材料的数量，扣除退回仓库材料的数量和回收废料的数量，防止虚增、隐藏直接材料耗用量的现象。②审查耗用数量是否超定额。应将直接材料的实际消耗与消耗定额进行对比，看是节约还是超支，如果是超支，应进一步审查超支的原因。一般来说，造成直接材料超支的原因很多，如生产中的损失浪费、原材料质量不好、边角废料未冲账等。查审时应查明原因，提出查账意见。

（2）直接材料耗用计价的审查。材料的计价方法有实际成本法和计划成本法两种，小企业大多采用实际成本法计价。在材料按实际成本计价的情况下，审查的重点之一应放在材料发出计价方法是否符合会计制度的规定。会计制度的规定，采用实际成本核算的企业，发出材料应采用先进先出法、加权平均法、个别计价法等方法计算其实际成本。对于不能替代使用的存货，为特定项目专门购入或制造的存货以及提供的劳务，采用个别计价法计算发出材料的实际成本。

由于采用不同的计价方法，所计算的发出材料成本是不相同的。因此，有的企业利用其计价方法的转换来调节产品成本。例如，在物价上涨的情况下，为了虚增产品成本，采用加权平均法计算耗用材料成本；反之，在物价下降的情况下，采用先进先出法计算耗用材料成本。因此，审查时必须注意企业所采用的材料计价方法是否符合会计制度的规定、是否符合企业材料存货的特点、所使用的计价方法是否一贯使用，有无利用计价方法的转换来调节材料成本的情况。

（3）其他应注意的问题：

第一，共同耗用材料费用的分配是否合理。在审查时，应注意企业选择的分配标准是否合理，分配率、分配额的计算是否正确，分配方法运用是否一贯。

第二，边角废料的处理是否正确。

2. 直接人工的审查

这项支出的审查应根据职工考勤表、职工工薪等级、工资计算表和工资费用分配

表以及“应付工资”“应付福利费”等账户记录等资料进行。

（1）直接人工内容的审查。会计制度规定，职工薪金是指企业为获得职工提供的服务而给予各种形式的报酬以及其他相关支出，包括工资、奖金、津贴和补贴、职工福利费、医疗保险费、养老保险费、失业保险费、工伤保险费和生育保险费等社会保险、住房公积金、非货币性福利、因解除职工的劳动关系给予补偿、其他与获得职工提供的服务相关的支出。

审查人员首先应注意审查列入“直接人工”项目的内容是否属职工薪金的范围，是否符合国家和企业规定的支付标准，有无巧立名目、任意增加项目等问题。其次审查工资、福利费内容的真实性，审查有无虚列多报、有无故意加大夜班津贴等项目，有无少扣病事假工资等现象。

（2）直接工资形成的审查。现行工资有计时工资和计件工资两种工资制。在实行计时工资制下，如果企业只生产一种产品，生产工人工资属于直接费用；如果生产多种产品，生产工人的工资属于间接费用。对于间接人工费用，企业应选择合理的分配标准分配计入各种产品成本。工资费用一般采用实际工时、定额工时比例分配，也可按其他标准分配。在审查时，应注意企业选择的分配标准是否合理、工资费用分配表计算是否正确、分配方法运用是否一贯。

在实行计件工资制的情况下，工资支出的总额随产量的增减而增减，而单位产品应负担的工资成本则相对保持不变。审查的重点应放在单件耗用定额工时和定额小时工资或单件产品计件工资制定得是否合理、适当。

3. 直接人工列支方向的审查

计入职工薪金总额的支出并不是全部计入生产成本，不同岗位人员的工资薪金各自均有特定的开支渠道和列支账户。生产工人的薪金支出应由生产的产品、提供的劳务负担计入产品成本。如果生产工人为生产和安装固定资产服务了，就应将这部分生产工时划分出来，相应的人工费用计入在建工程或固定资产成本。

审查工资费用时，一是，应注意工资费用是否是生产人员的薪酬支出，企业有无将非生产人员薪酬支出计入直接工资。二是，工资费用记入“生产成本”“制造费用”“管理费用”等账户的界限是否严格分清。

（五）生产费用在完工产品与在产品之间分配的审查

通过各直接费用和间接费用的归集分配，基本生产车间在生产过程中发生的各项费用已经在“生产成本——基本生产成本”账户归集，但这些费用并不都是本月完工产品的成本。

本月发生的生产费用、月初在产品、月末在产品及完工产品成本四项费用的关系为：

月初在产品成本＋本月发生的生产费用＝本月完工产品成本＋月末在产品成本

由于公式中的前两项是已知数，所以，完工产品与在产品之间分配费用的方法有两种：一是将前两项之和按一定比例在后两项之间进行分配，从而求得完工产品与在产品的成本；二是先确定月末在产品成本，再计算求得完工产品成本。但无论采用哪一种方法，都必须取得月末在产品数量的核算资料。

1. 在产品结存数量的审查

在产品结存的数量与其他材料物资的结存数量一样，都有账面数量和实际盘存数量。在产品由车间核算人员进行计量、验收和交接，并根据领料凭证、在产品内部转移凭证、产成品检验交库凭证等，及时计入车间在产品收发结存台账。

在产品应定期进行清查，也可以不定期轮流清查。如果有的企业车间没有建立在产品的日常收发核算，则每月末都必须清查一次，以取得在产品实际结存资料。

如果在产品发生盘盈，应按盘盈在产品的成本借记“生产成本”账户，贷记“待处理财产损溢”账户，经过审批进行处理时，借记“待处理财产损溢”账户，贷记“管理费用”账户。发生盘亏和毁损时，应借记“待处理财产损溢”账户，贷记“生产成本”账户，经过审批进行处理时，根据不同的情况分别将损失借记“管理费用”“其他应收款”或“营业外支出”等有关账户，贷记“待处理财产损溢”账户。

审查时，首先应着重检查在产品盘存制度的完善程度及其执行情况，以此判断在产品数量是否准确。如果企业有严格的盘点制度且手续完备，可以证明在产品数量基本准确，反之，其正确性就值得怀疑。对在产品结存量进行实地盘点是最有效的方法。由于审查日与盘点日不相一致，应将盘点日存量调整为审查日存量，看其推算结果是否一致，如相差过大，则作进一步审查。其调节的计算公式为：

审查日存量 = 盘点日存量 + 审查日至盘点日收入数量 − 审查日至盘点日发出数量

例如，某厂一车间第三工序，上年 12 月 31 日账面在产品结存数为 5 000 件，本年 1 月 15 日盘点抽查，当日在产品实存数为 4 000 件，从本年 1 月 1 日起至 1 月 15 日，上道工序转入在产品 2 万件，本工序累计完工转出 21 000 件。据此推算上年 12 月 31 日结存数。

解：上年 12 月 31 日结存数 = 4 000 + 21 000 − 20 000 = 5 000（件）

推算结果与审查的期末数相符合，说明企业的年末结存和车间在产品台账记录正确。

2. 生产费用在完工产品和在产品之间分配方法的审查

在产品成本不仅取决于在产品的数量，也取决于在产品的计价，生产费用在完工产品和在产品之间分配，实际上就是确认在产品的计价问题，是成本计算工作中一个重要而又比较复杂的问题，对审查而言，也是一个重要而又比较复杂的工作。

企业应根据在产品数量的多少、各月在产品数量的变化情况、各项费用比重的大小以及定额管理基础的好坏等具体条件，选择合理的分配方法。常用的方法主要有不计算在产品成本、在产品按年初数固定计算、在产品成本按其所耗的原材料费用计算、约当产量法、定额比例法、定额成本法等。

审查时应注意：被查企业所使用分配方法是否适当，分配方法一经确定是否经常有变动，有无利用在产品计价方法的转换来调节产品成本的情况。如果采用按定额成本法计算，要注意审查定额的合理性和正确性。如果采用约当产量法，要注意审查在产品加工程度折算是否符合实际。最后审查“成本计算表”的正确性。

相关链接

生产费用在完工产品和在产品之间分配的方法及各种方法的适用性，参见《成本会计》教材相关内容。

（六）完工产品成本结转的审查

完工产品总成本除以完工入库产品数量等于单位产品成本。如果完工入库产品数量多计，单位产品成本就低；如果完工产品数量少计，单位产品成本就高。完工产品入库数量应以本期完工入库记录为基本根据，并结合生产统计记录、生产成本明细账，必要时可采用盘存法予以证实。

产成品结转的审查应注意以下问题：

（1）如在建工程直接领用车间完工产品、职工福利部门等直接领用完工产品、将完工产品直接作为样品送给客户等，应视同销售处理，并将其成本转入其他相关的账户。

（2）如果该企业的产品销售对象全部或部分是个人消费者，是否存在故意减少入库的数量、提高单位产品成本、为以后不开发票销售货物打下埋伏的情况，这也为舞弊行为的产生埋下隐患。

（七）审查生产成本总分类账与生产成本明细分类账是否相等

采用核对法将生产成本总分类账余额与各明细分类账户余额之和核对。取得或编制生产成本明细分类账户余额清单，并与生产成本各明细分类账户逐一核对相符。

审查生产成本明细分类账应采用审阅法逐户审查，同时审查日期是否按领料和工资费用分配表、制造费用分配表和完工产品入库日期顺序逐笔登记；摘要栏是否清晰；增加栏金额是否逐笔登记；月末结转完工产品成本的金额是否与成本计算单一致；月末在产品结存金额计算是否正确，结存的数量与车间台账记录是否相符。

审查“生产成本”账户常用审阅法、核对法、盘点法、详查法、抽查法等方法。

生产成本审查的具体做法如下：

1. 审查企业是否将非生产经营支出、期间费用支出列入生产成本

查账人员可先审阅“基本生产成本”“辅助生产成本”明细账，同时审阅“在建工程”“应付福利费”“固定资产”“管理费用”“销售费用”“营业外支出”等明细账。从支出内容、支出水平、波动程度找出疑点，再进一步调阅记账凭证和原始资料，最终查出问题。

相反，审查企业是否将生产成本列入非生产经营支出、期间费用支出。查账人员可直接查阅“在建工程”“固定资产”“应付职工薪酬——职工福利”“管理费用”“销售费用”“其他业务支出”和“营业外支出”等明细账或在检查其他账户时，发现这一疑点。对于发现的疑点，调阅有关记账凭证、原始凭证和相关业务核算的原始资料，进一步检查是否存在问题。

2. 审查企业是否虚增、虚减生产成本

这是查账人员查账的重点，主要通过对各期成本变动情况的分析、调查了解的情况及生产成本明细账的审查，再审查记账凭证、原始凭证发现问题，在找出虚增、虚减生产成本的疑点后，再结合库存盘点，分析领料数量、品种和用途。对各种原材料、辅助材料价格、定额差异进行计算及分析，对生产工人人数清点等，进一步核实和确认虚增、虚减生产成本的问题。

四、违规操作检查重点

1. 虚增、虚减生产成本

根据直接材料费、直接人工费核算各种基础资料，如领料单、退料单、材料分配表、工资计算表、工资分配表等，对“生产成本”明细账进行检查，并与其他有关明细分类账进行核对，找出虚增、虚减生产成本的疑点，结合库存盘点和核实各种价格定额等方法，进一步核实和确认虚增、虚减生产成本的舞弊问题。

2. 将不属于产品成本负担的费用列入成本项目中

检查“基本生产”和“辅助生产”明细账记录的各项费用内容和数额是否有异常现象。审阅企业“在建工程”“应付福利费”“固定资产”等明细账，根据记录，结合实物资产进行分析，从支出内容和支出水平的大小波动上找出疑点，再进一步查证成本明细账，调阅会计凭证和原始资料，查出问题。

3. 将不属于本期产品成本负担的费用全部列入本期成本项目

审阅生产成本明细账，看记录的材料费用是否有数额过大或过小的不正常现象，对超定额或超限额过多的业务，进一步追查多领用的原因。审阅预提费用明细账，检查预提对象和计算是否真实正确，并与生产成本明细账进行核对。

4. 将应属于生产成本开支的费用列入其他支出中

检查“在建工程”“应付福利费”“其他业务支出”“销售费用”“营业外支出”等，对存在的疑点应进一步调阅记账凭证、原始凭证等。

5. 利用在产品和产成品分配方法、虚估产品成本，调节当期利润

审阅企业将生产费用在完工产品和在产品之间的分配方法是否合适，一经确定是否任意变更，如变更是否计算其对利润的影响数。检查“在产品”明细表，复核计算在产品完工程度是否正确，并与在产品期末数核实。

6. 将对外投资的支出记入成本费用项目中

检查“生产成本”直接材料明细表，如发现疑点，调阅有关记账凭证，检查领料单，分析领料单位、材料品种和用途。

五、生产成本审查的主要工作底稿

（1）生产成本的内部控制制度、材料消耗定额、人工耗费定额、费用开支范围和标准等。

（2）生产成本总分类账与生产成本明细分类账核对的工作记录；生产成本各明细分类账余额清单；生产成本明细账审查的相关工作记录。

（3）在产品盘点表，收、发凭证审查工作的记录。

（4）企业产品生产流程。

（5）成本计算对象、成本计算方法、成本项目、制造费用项目确定的相关资料。

（6）各项间接费用分配标准、分配方法、费用分配表等资料。

（7）生产费用在完工产品和在产品之间的分配标准、分配方法、费用分配表等资料。

六、参考案例

案例1：虚增生产成本

情况：查账人员对某工业企业进行财务检查时，发现该厂2019年的“委托加工物资”账户有红字余额，同时注意到下半年转出数中自制半成品用于生产或出售时其单价上升较为明显，另外，从总体上看，企业下半年利润明显低于去年同期水平。但销售收入与数量相对稳定，几种主要产品售价还较上年有所上升。通过分析利润下降的主要原因在于生产成本上升较快，进一步分析是由于自制半成品成本上升较快，而自制半成品是委托外单位加工的。

查证：查账人员在2019年检查“委托加工物资”明细账时，抽查两笔金额较大的会计业务，发现对应账户均为“半成品”，查其所附原始凭证，却未发现应附有的收回加工材料的入库单据，亦无加工费账单及银行转账凭证等原始单据，由此，断定该业务是虚假的。其会计分录为：

借：半成品	6 400 000	
贷：委托加工物资		6 400 000
借：生产成本	6 400 000	
贷：半成品		6 400 000

这样伪造委托加工业务，日后即形成“委托加工物资”资产类账户出现红字余额。

账务调整：

借：委托加工物资	6 400 000	
贷：以前年度损益调整		6 400 000

补交所得税，税率为25%，其会计分录为：

借：以前年度损益调整	1 600 000	
贷：应交税费——应交所得税		1 600 000
借：以前年度损益调整	4 800 000	
贷：利润分配——未分配利润		4 800 000

按净利润10%计提盈余公积，50%向投资者分配利润，其会计分录为：

借：利润分配	2 880 000	
贷：盈余公积		480 000
应付利润		2 400 000

案例点拨：该企业为了缩小年度利润，有意虚列成本费用，于下半年多次以外协加工名义，伪造委托加工收回核算业务，虚构自制半成品成本，且虚构自制半成品领用于生产中，虚增生产成本640万元，违反了相关的规定，是错误的账务处理行为。

案例2：少计约当产量，调整本期损益

情况：查账人员审查某企业2018年12月“生产成本”账户，该企业采用约当产量法对生产费用在完工产品和在产品之间进行分配。本月完工产品为300件，审阅了车间的在产品明细表，得知在产品实有数200件，用企业以前技术方法测定在产品完工率为70%，但本月该企业在产品完工率却为40%。

查证：按70%的完工率计算出在产品的约当产量应为140件。按40%的完工率计算出在产品的约当产量为80件。这样实际参与分配生产费用的在产品的数量比应该参与分配生产费用的在产品的产量少计60件，该企业期初在产品成本200万元，本期发生生产费用500万元，月末产成品数200件，月末产成品成本为477.27［(500+200)/(300+140)×300］万元，而企业现有产成品成本为552.63［(500+200)/(300+80)×300］万元。

账务调整：

借：生产成本——基本生产	753 600	
贷：以前年度损益调整		753 600

补交所得税，税率为25%，其会计分录为：

借：以前年度损益调整	188 400	
贷：应交税费——应交所得税		188 400
借：以前年度损益调整	565 200	
贷：利润分配——未分配利润		565 200

净利润的10%计提盈余公积，50%向投资者分配股利，其分录为：

借：利润分配	339 120	
贷：盈余公积		56 520
应付股利		282 600

案例点拨：企业在产品约当产量少计，虚减了在产品成本，虚增了产成品成本75.36万元，从而加大本期产品销售成本，减少利润少交所得税，是错误的账务处理，违反了相关的规定。

第二节　制造费用

一、概念

制造费用是指工业企业为生产产品（或提供劳务）而发生的，应计入产品成本但没有专设成本项目的各项生产费用。本科目核算企业生产车间（部门）为生产产品和

提供劳务而发生的各项间接费用，以及虽然直接用于产品生产但管理上不要求或不便于单独核算的费用。企业可按不同的生产车间、部门和费用项目进行明细核算。期末，将共同负担的制造费用按照一定的标准分配计入各成本核算对象，除季节性生产外，本科目期末应无余额。

二、账务处理

对小型工业企业而言，也可以将“生产成本”和“制造费用”两个总账合并为“生产费用”一个总账科目，下设“基本生产成本”“辅助生产成本”“制造费用”三个二级科目。

（1）车间发生的机物料消耗，借记“制造费用”科目，贷记“原材料”科目。发生的车间管理人员的工资及福利费，借记“制造费用”科目，贷记“应付工资”“应付福利费”科目。车间计提的固定资产折旧，借记“制造费用”科目，贷记“累计折旧”科目。车间支付的办公费、修理费、水电费等，借记“制造费用”科目，贷记“银行存款”等科目。发生季节性和修理期间的停工损失，借记“制造费用”科目，贷记“原材料”“应付工资”“应付福利费”“银行存款”等科目。

（2）制造费用应按企业成本核算办法的规定，分配计入有关的成本核算对象，借记“生产成本——基本生产成本”“生产成本——辅助生产成本”科目，贷记“制造费用”科目。

（3）“制造费用”科目应按不同的车间、部门设置明细账，并按费用项目设置专栏，进行明细核算。

（4）除季节性的生产企业外，“制造费用”科目期末应无余额。

三、制造费用审查的一般方法

（一）内部控制制度的审查

（1）审查被查企业是否制订制造费用预算和计划，并对费用的各项指标进行分解，建立健全制造费用的归口分级责任制。

（2）审查被查企业是否制订费用开支范围和标准，并按制度规定对各项制造费用的支出进行审核。

（3）审查被查企业对制造费用支出是否制定严格的授权审批制度，对预算外支出是否履行特别授权审批制度。

（4）审查被查企业对实行报销制度的费用项目是否建立了严格的费用报销程序和手续。

（5）审查被查企业是否对制造费用建立明细分类核算，费用项目的划分是否符合会计核算和企业管理的要求。

（6）审查被查企业是否建立了制造费用的考核与评价制度，对制造费用进行定期考核和分析。

（二）制造费用总分类账与制造费用明细分类账的核对

“制造费用”账户应按不同生产车间、部门设置明细分类账，并按费用项目设置专栏进行明细核算，月末一般应无余额。复核制造费用总分类账发生额与各明细分类账发生额之和是否相符，同时注意审查各明细分类账登账日期是否按原始凭证中费用发生日期顺序登记，摘要栏是否清晰，有的（如办公费）增加栏金额是否逐笔登记。

（三）制造费用项目的审查

对制造费用的审查主要是对各费用项目的审查。审查人员通过对内部控制制度的强弱和有效执行情况的评价，采用详查或抽查法审查费用项目。

制造费用项目的审查应结合领料凭证、差旅费报销凭证、工资费用分配表、折旧计算表、制造费用分配表等原始凭证进行，检查其内容、数量、单价、金额等项目。制造费用主要项目审查如下：

1. 工资费用

“工资费用”项目是指生产车间（部门）管理人员、辅助工作人员的工资及计提的福利费。审查时应注意：①将“工资费用”项目与该项费用发生的原始凭证进行核对，检查其内容的真实性；②清点、审查生产车间（部门）管理人员、辅助工人人数，是否将厂部行政、在建工程等其他人员混入其中；③审查按工资标准计提的项目，如住房公积金、社会保险费、工会经费等，计提标准是否符合国家有关规定、是否符合企业内部相关制度规定，如不相符则查明原因，并按有关规定进行调整。

2. 折旧费用

“折旧费用”项目列支生产车间（部门）范围内使用固定资产计提的折旧，如扩大计提折旧的固定资产范围、缩短固定资产折旧年限、改变折旧方法，都会使折旧费用增加（或减少）。

折旧费用审查的具体方法请参见第3章固定资产折旧的审查。

3. 修理费

这里所说的修理费主要是指生产车间（部门）所属的固定资产修理费，审查时要特别注意对所属固定资产后续支出的判断，以免任意扩大或缩小修理费的范围。固定资产后续支出是指固定资产改良支出和大修理支出。会计制度规定，固定资产的后续支出，如果增强了固定资产获取未来经济利益的能力，增强了固定资产的性能，如延长了固定资产的使用寿命，或者使产品质量实质性提高，或者使产品成本实质性降低，也就是说，能够使可能流入企业的经济利益超过原先的估计，应将该项支出计入固定资产的账面价值。否则，应将该项支出予以费用化，计入当期损益。

依据以上规定，对于固定资产发生的后续支出通常的处理方法如下：①生产车间（部门）发生固定资产修理费用，应当直接计入当期制造费用；②固定资产改良支出应当记入“在建工程”账户，完工后转入“固定资产”账户，形成固定资产价值；③如果不能区分是修理还是改良支出，或固定资产修理和固定资产改良结合在一起进行，则企业应按上述原则进行判断，或计入固定资产价值，或计入当期制造费用。

审查固定资产的后续支出应注意：①支出是否确实发生，支出是否合规、合理；②对支付给外单位或外包工的修理费，应审查其价格的合理性等；③根据会计处理原则，划分资本性支出和费用化支出的界限。

4. 机物料耗用

“机物料耗用”项目是生产车间（部门）为维护设备所消耗的各种消耗性材料。审查时注意：①领用材料支出的真实性、合理性；②有无与行政管理部门、专设销售机构等部门领用的机物料混淆；③支出是否符合费用定额、费用开支标准，是否执行授权审批制度。

5. 低值易耗品摊销

“低值易耗品摊销”项目是生产车间（部门）领用低值易耗品应摊销计入的费用。审查时注意：①低值易耗品与固定资产的界限，被查企业是否将符合标准的固定资产作为低值易耗品处理，缩短资产转化为费用的时间，增大产品成本；②会计制度规定，低值易耗品采用一次摊销或分次摊销法进行摊销，审查企业的摊销方法是否符合会计制度的要求；③有无与行政管理部门、专设销售机构等部门领用的低值易耗品混淆。

6. 办公费

“办公费”项目是生产车间（部门）办公需要的零星开支，审查时应注意：①对办公费用中文具、印刷、邮电、办公用品等开支的原始凭证的审核，检查其发票收据的接受单位是否为被审查单位，金额计算是否正确；②有无与公司行政管理部门、专设销售机构等部门的办公费混淆；③是否符合费用定额、费用开支标准，是否执行授权审批制度；④直接报销支出项目是否按规定程序办理报销手续等。

7. 差旅费

“差旅费”项目是生产车间（部门）范围内的人员外出差旅费支出。审查时应注意：①被查企业制定的差旅费开支标准是否符合国家财务制度规定，如果不相符，应查明原因，并按有关规定进行调整；②审查原始凭证内容的真实性；③审查出差人员是否为生产车间（部门）的人员，是否与厂部等其他部门人员混淆；④是否符合费用定额、费用开支标准，是否执行授权审批制度；⑤是否按程序办理报销手续等。

8. 跨期费用

制造费用应按照权责发生制原则正确核算跨期费用，正确处理待摊费用和预提费用。本月已经支付但应由本月和以后各月负担的费用，应作为待摊费用处理。本月尚未支付，但应由本月负担的费用，应作为预提费用处理。如将支付的第四季度冬季取暖费用一次全部列入10月份的制造费用就需作调整处理。

（四）制造费用分配的审查

在生产一种产品的车间，全部制造费用都是直接费用，可直接计入该种产品生产成本。在生产多种产品的车间，制造费用都是间接费用，应当采用合理的分配方法，将制造费用分配计入各种产品成本。

制造费用的分配方法一般按生产工人工资、按生产工人工时、按机器工时、按耗用原材料的数量或成本、按直接成本、按产品产量等分配。在具有各产品工时实际统计资料的车间里，可按生产产品的实际工时分配制造费用；在机械化程度较高的车间，可采用按机器工时比例分配制造费用；对劳动力密集的产品，可采用按生产工人工资比例分配制造费用。

制造费用分配审查的重点应放在分配标准是否合理、分配方法是否适当，同时注意分配方法运用的一贯性，有无随意变更的情况；审查制造费用分配计算表，看分配率、分配金额计算是否正确。

四、违规操作检查重点

（1）将不属于制造费用范围的支出列入“制造费用”账户中，致使产品生产成本虚增。

检查制造费用、管理费用、应付福利费、销售费用等明细账，核对相关凭证是否存在错弊现象。

（2）将不属于本期列支的费用列入本期“制造费用”，将该列入制造费用的开支未列入或虚增、虚减制造费用以调节当期利润。

检查有无用摊提费用来调节生产成本和当年利润的现象，摊提期限是否超过一年。检查用现金、银行存款支付的制造费用项目，看其支出报销发票的合规性和正确性，检查有无涂改发票的现象。

（3）制造费用分配不真实。检查制造费用在车间内各产品之间分配的依据是否合理、合规，分配结果是否正确。

五、制造费用审查的主要工作底稿

（1）制造费用内部控制制度文件、费用定额、预算计划、费用开支范围和标准。

（2）制造费用总分类账与明细分类账发生额核对的工作记录。

（3）制造费用项目划分，及各项费用发生额清单。

（4）制造费用项目审查的相关工作记录。

（5）制造费用分配标准、分配方法、费用分配表等。

六、参考案例

案例：虚列制造费用

情况：查账人员在审查某企业2019年“制造费用”时，发现该企业3月份的制造费用数额明显增多，于是产生怀疑。

查证：调出3月30日67号记账凭证，会计分录为：

借：制造费用　　　　100 000

贷：累计折旧　100 000

询问有关财务人员，获悉企业将车间里出租的固定资产提取的折旧列入制造费用。

账务调整：

借：其他业务支出　100 000

贷：制造费用　100 000

案例点拨： 企业出租的资产租金收入，应计入“其他业务收入”，在出租过程中发生的成本、支出应计入“其他业务支出”，如出租固定资产计提的折旧、出租固定资产发生的修理费等。该企业这笔业务的会计处理违反了规定，同时也减少了其他业务支出，虚增了企业其他业务利润。

第七章

损益核算的假账检查

第一节　营业收入

营业收入是指企业在从事销售商品、提供劳务和让渡资产使用权等日常经营业务过程中所形成的经济利益的总流入，分为主营业务收入和其他业务收入，下文将分别对两者进行介绍。

一、主营业务收入

（一）概念

主营业务收入是指企业经常性的、主要业务所产生的基本收入，如制造业的销售产品、非成品和提供工业性劳务作业的收入；商品流通企业的销售商品收入；旅游服务业的门票收入、客户收入、餐饮收入等，主营业务收入是企业最主要和最稳定的收入来源。

（二）账务处理

（1）确认收入时，借记“银行存款”“应收账款”“应收票据”等科目，贷记“主营业务收入”“应交税费——应交增值税（销项税额）”科目；采用预收货款方式销售的，于发出商品时确认收入，借记“预收账款”科目，贷记“主营业务收入”“应交税费——应交增值税（销项税额）”科目。

（2）发生销货退回时，借记“主营业务收入”“应交税费——应交增值税（销项税额）”科目，贷记“银行存款”“应收账款”“应收票据”等科目。

（3）采用委托代销方式销售商品的：发出商品时，借记“发出商品”科目，贷记“库存商品”科目；收到代销清单时，借记“应收账款”“银行存款”“应收票据”等科目，贷记“主营业务收入”“应交税费——应交增值税（销项税额）”科目，按支付的代销手续费，借记“销售费用”科目，贷记“应收账款”“银行存款”“应收票据”等科目。

（三）主营业务收入审查的一般方法

对企业主营业务收入的审查，首先应审查主营业务收入的内部控制制度，其次根据具体情况，审查“主营业务收入”账户及其相对应的“银行存款”“应收账款”“应收票据”“其他应收款”等账户。

1. 内部控制制度的审查

（1）审查销售预算控制情况。因为销售预算控制的好与坏直接影响着企业收入核算的正确与否。我们可以审查企业是否建立严格的销售业务预算管理制度，是否确立销售管理责任制，是否严格执行销售计划等。

（2）审查销售业务授权控制情况。检查企业是否对销售业务建立严格的授权批准制度。有制度还不够，因为有的企业的制度是“订在本里，挂在墙上”的，所以我们还要审查企业是否严格按照授权批准制度规定的方式、权限、程序、责任执行，是否超越审批权限；查明销售计划是否通过签订销售合同予以执行，所签合同是否经过授权，有无没经过授权的情况等。检查企业是否建立销售定价控制制度，是否按照制定的价目表、折扣政策执行，销售折扣与折让是否经过授权等。

（3）审查岗位分离情况。审查销售岗位设置情况，了解企业是否按照要求做到不相容的岗位分离，不得由一人经办销售全过程；检查是否做到销售部门内部销售业务的经办、审核、开单岗位分离，财务部门内部开票、收款、记账岗位分离等。

（4）审查开单发货制度情况。检查仓库是否根据发货单（提货单）发货；已装好待发的商品是否有专人检查、核对；检查因品种、质量、规格有问题而发生的退货是否有专人审批，并办理验收入库手续。

（5）审查结算控制情况。审查销售业务发生是否按照销售合同签发销售通知，有无专人开具发票。销售方式和结算方式是否相适应，是否按制度规定执行，有无漏洞。

（6）审查财务处理情况。审查在销售业务发生后，财务部门能否及时取得有关凭证，登记商品明细账；在货款收账后或达到收入确认条件后，是否及时登记销售及银行存款等账户；财务部门是否定期与仓库、销售部门核对账簿记录；对逾期未收到的货款，财务部门是否及时地采取措施催收。

2. 主营业务收入总分类账和主营业务收入明细分类账的核对

在审查主营业务收入内部控制制度的基础上，采用核对法进一步审查主营业务收入账户，核对主营业务收入总分类账与所属明细分类账金额，查明总分类账与明细分类账是否一致。

先核对主营业务收入总分类账的发生额与主营业务收入明细账的发生额，看其是否相符；如果总分类账是根据记账凭证逐笔登记的，应核对主营业务收入总分类账和主营业务收入明细分类账的每一笔登记是否一致。如果采用汇总方式登记总分类账的，应核对主营业务收入总分类账汇总登记的主营业务收入发生额是否与相应期间的主营业务收入明细账发生额一致。账账相符，是会计核算的起码要求。

3. 主营业务收入明细账的审查

核对了主营业务收入总分类账与明细分类账，查证了账账一致之后，接下来我们就要详细审查主营业务收入明细分类账。因为主营业务收入明细分类账详细记录了企业产品销售的具体情况，详细审查主营业务收入明细分类账，可以分析企业主营业务收入异常情况，发现企业作弊的蛛丝马迹。

（1）采用审阅法检查主营业务收入各明细分类账审查期的具体情况，仔细查阅日期和凭证号数栏，了解企业会计是否根据记账凭证逐笔登记明细分类账；查看摘要是否清晰，经济业务内容是否合法、正常，账务处理是否正确，金额大小是否合理；复算、验算金额的正确性。

（2）对主营业务收入进行分析性复核，分析各月主营业务收入波动情况是否正常，分析产品销售的结构和价格变动是否正常；检查大额主营业务收入，看是否存在异常现象，进而查明异常现象和重大波动原因。

4. 主营业务收入凭证的审查

（1）销售发票的审查。采用查阅的方法，通过查阅发票的存根联和记账联，将发票的存根与供货合同进行核对，查找线索，必要时还可以与购货方进行核实。主要的审查要点是：

①检查发票各联是否一次套写完成。若发现发票联背面无复写痕迹，或出现部分复写痕迹，或第二联及以后各联出现直接书写痕迹，则发票不是一次套写完成的，很可能是开具了“阴阳发票”。

②审查发票内容是否真实。检查发票上的品名、规格、数量、单价、金额是否符合实际情况或市场行情，如果发现发票内容有异常现象或者发现商品数目及数量超出购货单位正常需要量，或者超出本企业经营范围，则很有可能是虚开发票，伪造原始凭证。

③审查发票是否合法。我国对发票管理十分严格，一律由税务机关统一监制。凡是没有税务机关的“发票监制章”字样的发票，或者套印已过时的“检印”“发票专用章”的发票，都是不合法的发票。在审查时，要注意发票上是否有专门水印，还应注意是否有以收据代替发票的情况。

④审查发票有无涂改痕迹。首先，核对大写与小写金额是否一致；检查笔迹是否正常、字体是否一致；特别注意阿拉伯数字中的“0”和“1”，因为“0”容易被改为“6”，“1”易改为“9”“7”等。其次，以数量乘以单价来核对金额的正确性。如果发现发票票面上字迹杂乱、模糊不清，出现多种笔迹、删添字，或涂改、重写而又无开票人盖章或签名的，都可怀疑为虚假发票。

⑤审查是否存在代开发票现象。为他人代开发票，既可以从中收取高额手续费，又可以帮助其他单位偷逃国家税收，危害极大。在审查时，重点要看所开发票内容是否在开出发票单位的经营范围之内，开出发票所收回的款项是否作为本单位的营业收入处理，有无流向其他渠道等。

（2）销售入账时间的审查。在不同的销售方式、结算方式下的商品销售，主营业务收入确认时间不同，具体规定如下：

①在交款提货销售的情况下，以货款收到时间，作为收入的实现时间。因为商品、产品已经卖给对方，买方可以随时凭提货单提货，尚未发出的商品已不属于本企业所有，而是企业代买方保管，所以只要收到货款，发票和提货单已经交给买方，无论商品是否发出，都作为收入的实现。

②在采用托收承付或委托收款结算方式销售商品的情况下，以商品已经发出，并已将发票账单提交银行办妥托收手续后作为收入的实现时间。

③采用预收货款方式销售的产品，以产品发出时间作为收入的实现时间。

④采用分期收款结算方式销售商品，按合同约定的收款日期作为收入的实现时间，并同时按全部销售成本与销售收入的比率，计算本期应结转的销售成本。

⑤委托其他单位代销的商品，收到代销单位的代销清单后作为收入的实现时间。

【提示】“企业财务会计”中所学的收入确认方法，是查账人员进行销售入账时间审查的重要依据。

对销售入账时间的审查，主要审查产品销售收入凭证和账簿记录，比如审查发票、提货单、运单、有关记账凭证、产品销售收入明细分类账及总分类账、应收账款明细账等，审查企业销售实现的确认是否按照有关规定，有没有不记、少记、漏记和错记的现象。

具体而言，首先查阅“主营业务收入”有关明细账，根据其中所记录的摘要内容和凭证字号，调阅有关原始凭证和记账凭证，根据所附的发运凭证、收货凭证，确定商品销售日期，根据所附的托收回单、送款单等确定销售收款依据，以此判断入账时间是否正确，必要时应调查询问有关业务人员和保管人员，以取得证据。例如，采用托收承付结算方式，企业办妥托收手续时间为销售确认时间。若发现入账依据是银行转来的托收货款或委托收款的收妥货款通知，则可判断入账时间不正确，明显将确认销售业务时间延后。因此，应进一步调阅该笔业务的会计凭证进行账证、证证核对，从而查证存在的问题。

销售入账时间的审查，还应特别注意审查期末前几天的销售账，同时检查被审查单位未入账的会计凭证，根据其具体形式和内容，分析判断其所反映的内容有无属于应入账的商品产品销售业务，审查是否存在开票后未入销售账以及未开票先入销售账的情况，防止推迟或提前确认收入。对入账时间不正确的销售业务应及时调整入账。

（3）销售入账金额的审查。对于入账金额的审查，审查人员应查阅“主营业务收入”明细账及其有关原始凭证，审查其账户对应关系，并审核有关原始凭证，检查账证是否相符、内容是否正确。如果账证不符，则可以肯定存在将收入的一部分转移到其他账户的情况，如“应收账款”等往来款项账户，并以此为线索做进一步追查，必要时向购货单位调查询证。

如果账户对应关系不正确，则可以肯定存在着漏记或少记收入。在查阅会计凭证时，如果发现原始凭证反映的是产品销售业务，而记账凭证上所确定的会计分录却未见有关销售账户的情况；或是在核对主营业务收入明细账与库存商品明细账时，发现“库存商品”明细账中属于销售业务的商品出库记录，而主营业务收入明细账中无对应记录，即可确认是多记或少记、漏记收入。实际工作中最常见的是利用“应收账款”等往来账户隐匿销售收入。

5. 销售折让、折扣及退回的审查

审查销售折让、折扣及退回业务要注意审查其真实性、完整性，检查相关手续是否符合规定，复核计算是否正确，账务处理是否符合规定，是否存在虚设折让、以折扣的名义隐瞒销售收入，截留纳入“小金库”、中饱私囊等现象。查账人员可以通过审阅双方订立的合同，询问经办人员，查阅相关会计凭证等方式发现线索，在此基础上再做进一步追查。

（1）销售折让的审查。销售折让是指企业因售出商品的质量或品种规格不符合要求等原因而在售价上给予购货方的减让。销售折让的审查，应审查企业给予对方折让的原因是否真实，是否的确属于商品质量或品种不符合合同要求，有没有故意压低价格出售产品的舞弊现象，审查企业发生的销售折让是否真正给付买方，有无被经手人员中间截留中饱私囊的现象，同时还要审查账务处理是否正确。

（2）销售折扣的审查。销售折扣包括商业折扣和现金折扣。销售折扣的审查，主要审查销售折扣的有关规定是否明确，审批手续是否齐全，发生销售折扣的原因是否正常合理，有没有擅自抬高或压低折扣，以调整产品或商品销售收入的现象，有无抬高折扣而从买方取得好处的现象，现金折扣的账务处理是否正确等。

（3）销售退回的审查。企业产品销售后，因质量、规格等与合同不符，难免会出现退货情况。查账时应注意审查销售退回的真实性，退回手续是否完备，是否有专人负责；审查退货有无验收入库，是否存在货款已退出而货物未退回的情况；审查货款是否已退还对方，是否按规定冲减了主营业务收入，有没有经办人从中贪污的情况等。查账时，查账人员应该着重审阅“主营业务收入”“应收账款”“财务费用”“库存商品”等有关账户，如果发现所发生的销售退回业务的理由不清楚，或金额较大时，应根据账户中记录的日期与凭证字号，调阅会计凭证，并审查清楚会计凭证所反映的业务内容，通过账证、证证核对的方法来查证是否存在问题。

①审查虚拟退货。重点审查“主营业务收入”及“应收账款”等有关账户，如果发现其中所记录的销售退回的理由说明不清楚、不充分，退货金额过大等现象，应该进一步调阅会计凭证，进行账证、证证核对，看看是否相符。必要时还要调查询问购货单位或有关人员，从而查证是否存在虚设退回的问题。另外，还要特别注意销货退回的同时是否退出增值税，相关账务处理是否正确。

②审查销货退回运杂费。注意审查销货退回发生的运杂费有没有混入销售一并冲销或计人材料采购成本等现象。

③审查期初或期末时的退货。查账人员要充分重视一些企业为追求销售计划的完

成，在年终时虚构销售，开出空头发票，下年初又以红字发票冲回的现象。查账时特别注意“库存商品”明细账中有关红字发出数量记录，以此为线索进行追查。

④审查账务处理的正确性。审查退回商品是否存在不冲减主营业务收入账户，而挂往来账的现象；是否存在销售退回时，没有区分当年销售、当年退回与上年销售、下年退回的情况，注意审查账务处理的正确性。

⑤审查是否存在退回商品不入账，而形成账外物资的情况。

6. 主营业务收入账务处理及期末结转的审查

企业在销售产品、提供劳务等日常活动中取得的收入，在“主营业务收入”账户核算。该账户的贷方反映企业实现的收入，借方反映销售退回以及期末转入“本年利润”账户的收入净额。期末“主营业务收入”科目结转“本年利润”科目后无余额。

查账人员应检查主营业务收入的账务处理是否正确，如不正确，根据规定及时调整。同时，“主营业务收入”账户是损益类账户，按规定会计期末必须结转至“本年利润”账户。查账人员在审查主营业务收入时还应注意审查其期末是否及时结转。

【提示】对主营业务收入账务审查时，还应注意被查企业有无为了达到少交税金目的，将增值税销项税额记入主营业务收入的情况。

主营业务收入在利润表中单独列示，查账人员应审查主营业务收入发生净额与利润表上所列金额是否一致。

（四）违规操作检查重点

（1）故意虚构经济业务，编制虚假的会计分录。检查此类违规操作时，应当审查原始凭证的真实性、向购货方函证交易条款等。

（2）对销售期间不恰当分割，任意调整收入的确认时间，以达到“以丰补歉”、平滑利润的目的。检查是否存在此类违规操作时，应当审阅“主营业务收入”“主营业务成本”及其原始凭证，比较收入确认时间与发货时间是否在同一时期，如有疑点，还应进一步追查销售合同、发运证明等，查证是否存在提前或延后确认收入的违规操作行为。

（3）滥用或随意变更会计政策。企业利用特殊的销售业务操纵收入，如附有销售退回条件的商品销售，企业在与客户签订的正式销售合同中，不提退货条件等可能意味着风险和报酬尚未转移等事项，而是将此类事项写进补充协议。利用补充协议，隐瞒风险和报酬尚未转移的事实，按正式销售合同条款确认收入不顾及补充协议的规定。检查此类违规操作时，应审查“主营业务收入”明细账，查找是否存在退货业务，如果存在，则检查相应的会计处理是否正确，是否存在违规确认收入的情形。

（五）主营业务收入审查的主要工作底稿

主营业务收入审查的主要工作底稿有：

（1）主营业务收入内部控制制度及相关的审查记录。

（2）主营业务收入总分类账与主营业务收入明细分类账核对的工作记录。

（3）主营业务收入明细清单。

（4）主营业务收入明细分类账审查的工作记录。

（5）主营业务收入凭证审查中收集和编制的工作底稿。

（6）主营业务收入审查计划与程序表。主营业务收入审查中可能使用的相关审计程序示例下表7－1所示。

表7－1 主营业务收入审计程序表

被审计单位：A公司　　审核员：____ 日期：____ 索引号：____

审 查 项 目：主营业务收入　　会计期间：____ 复核员：____ 日期：____ 页 次：____

一、审计目标

①确定主营业务收入的内容、款项是否合理、正确、完整；②确定销售退回、销售折让是否经授权批准，会计处理是否及时、正确；③确定主营业务收入的披露是否恰当。

二、审计程序

序号	内容	执行情况说明	索引号
1	获取或编制主营业务收入、成本项目明细表，复核加计正确并核对与总账、明细账、报表发生额是否相符		
2	检查收入的确认原则和方法是否符合会计准则规定，前后期是否一致		
3	抽查大额现金收支的原始凭证		
4	比较本年度各月各种主营业务收入、成本及毛利率的波动情况，分析其变动趋势是否正常		
5	计算本期重要产品的毛利率，分析与上期毛利率变化，查验收入与成本配比情况		
6	检查有无特殊的销售行为，如委托代销、分期收款销售、售后回购、以旧换新、出口销售等，确定恰当的程序进行审核		
7	根据普通发票或增值税发票申报表，测算全年收入，与实际入账金额核对，并检查是否存在虚开增值税发票或销售而未开票情况		
8	获取产品价格目录，抽查售价是否符合价格政策，有无价格异常或转移收入情况		
9	抽查销售业务的销售合同、原始凭证（发票、运货单据），并追查至记账凭证及明细账		
10	实施截止日测试，抽查资产负债表日前后的销售收入与退货记录，对跨年度的重大销售项目应予以调整		
11	结合对资产负债表日应收账款的函询程序，观察有无未经认可的大额销售		
12	检查销售退回与折让手续是否符合规定，是否按规定进行会计处理，查验其真实性、合法性		
13	检查以外币结算的主营业务收入的折算方法是否正确		

续表

序号	内容	执行情况说明	索引号
14	调查企业生产经营能力及规模，确认收入的合理性及可信度，形成专门底稿		
15	调查集团内部销售情况，取得相关资料，核实需在合并报表中抵销及应在附注中披露的事项		
16	调查向关联方销售的情况，审查其价格是否公允，并依据财会〔2001〕64号文规定将显失公允的部分结转资本公积		
17	验明主营业务收入的披露是否恰当		

三、调整事项说明及调整分录（注：分录请写到二级科目，并注明底稿索引；如篇幅不够，请另加页附后）

四、本期发生数

上年发生额				本年发生额			
上年审定数（或未审数）		本期审定数		未审数		本期审定数	

五、审计结论

1. 本科目经审计后无调整事项，余额可以确认：
2. 本科目经审计调整后，审定数可以确认：
3. 因____________________原因，本科目余额不能确认：

（六）参考案例

案例1：违规提前确认收入

情况：2019年2月，查账人员在检查甲公司收入明细账时，甲公司发生一笔销货退回业务，金额为100 000元，甲公司财务人员据此冲减了2019年的主营业务收入及主营业务成本。经询问得知，该笔销售业务是在2018年12月发生的，查账人员怀疑甲公司存在提前确认销售收入的嫌疑，于是对该笔销售业务展开调查。

查证：

2019年2月销售退回分录为：

借：主营业务收入　　100 000

　　应交税费——应交增值税（销项税额）　　16 000

　　贷：应收账款　　116 000

调出2018年确认收入的凭证，分录为：

借：应收账款　　174 000

　　贷：主营业务收入　　150 000

应交税费——应交增值税（销项税额）　　24 000

进一步检查销售合同，发现交易总金额为174 000元，但是检查发现合同中规定了三个月的退货期，按规定如果甲公司能够合理估计退货率，则可以按照扣除退货部分的金额确认收入，反之则不能即时确认收入，应于退货期满时再确认收入。从其账务处理来看，甲公司并没有估计退货率而是直接全额确认了收入，这不符合规定，实际上甲公司不能合理确定退货率，应当对收入予以调整。另外，该批2019年2月退回的商品也应当冲减2018年的主营业务收入，不应冲减2019年的收入，应予以调整。

账务调整：

借：以前年度损益调整　　150 000

　贷：应收账款　　150 000

借：发出商品　　100 000（该批商品成本为100 000元）

　贷：以前年度损益调整　　100 000

借：应交税费——应交所得税　　12 500

　贷：以前年度损益调整　　12 500

借：盈余公积　　3 750

　利润分配——未分配利润　　33 750

　贷：以前年度损益调整　　37 500

冲回2019年销售退回业务的会计处理，

借：应收账款　　116 000

　贷：主营业务收入　　100 000

　　应交税费——应交增值税（销项税额）　　16 000

案例点拨：若被查企业发生销售退回业务，查账人员应当确认是否将退回业务计入了正确的会计期间，并检查销售合同，查证是否存在违规提前确认收入的情况。

案例2：利用预收账款隐匿收入

情况：2019年12月，查账人员在检查甲公司“预收账款”明细账时，发现4月11日23号凭证的一笔金额为565 000元预收账款仍然挂在账面上，据此认为属于预收账款长期挂账，于是决定追查该事项。

查证：查账人员调出4月11日23号凭证，其分录为：

借：银行存款　　565 000

　贷：预收账款——乙公司　　565 000

进一步检查双方签订的合同，合同规定乙公司于4月份付清全部货款，甲公司于6月份全部交货，但查阅相关凭证并没有相应的销售收入记录。查账人员调阅甲公司6月份的发货记录并查阅原始凭证，在发货记录中发现6月15日有一批商品收货人注明为乙公司，查阅会计分录为：

借：发出商品　　300 000

　贷：库存商品　　300 000

此时可以确定该笔销售交易已经完成，按规定采用预收账款方式销售的，应当于发出商品时确认收入，而甲公司仅仅将库存商品转入发出商品，并没有确认相应的收入和成本，因此可以确定甲公司确实存在隐匿收入的违规操作行为，应当对违规处理进行账务调整。

账务调整：

借：预收账款　　565 000

　　贷：主营业务收入　　500 000

　　　　应交税费——应交增值税（销项税额）　　65 000

借：主营业务成本　　300 000

　　贷：发出商品　　300 000

案例点拨： 对长期挂账的预收账款应当予以重点关注，查证是否存在利用预收账款隐匿收入的违规操作行为。

二、其他业务收入

（一）概念

其他业务收入是指企业主营业务收入以外的所有通过销售商品、提供劳务及让渡资产使用权等日常活动中所形成的经济利益的流入。如材料物资及包装物销售、无形资产使用权实施许可、固定资产出租、包装物出租、运输、废旧物资出售收入等。其他业务收入是企业从事除主营业务以外的其他业务活动所取得的收入，具有不经常发生，每笔业务金额一般较小，占收入的比重较低等特点。

（二）账务处理

（1）企业销售原材料，按售价和应收的增值税，借记“银行存款”“应收账款”等科目，按实现的营业收入，贷记“其他业务收入”科目；月度终了按出售原材料的实际成本，借记“其他业务成本”科目，贷记“原材料”科目。原材料采用计划成本核算的企业，还应分摊材料成本差异。

（2）收到出租包装物的租金，借记“库存现金”“银行存款”等科目，贷记“其他业务收入”科目；对于逾期未退包装物没收的押金扣除应交增值税后的差额，借记“其他应付款”科目，贷记“其他业务收入”科目。

（3）企业采取收取手续费方式代销商品，取得的手续费收入，借记“应付账款”科目，贷记“其他业务收入”科目。

（三）其他业务收入审查的一般方法

1. 内部控制制度的审查

（1）审查其他业务收入审批手续。由于其他业务比较繁杂，企业内部容易出现多头管理或没人管等情况，检查时应注意其他销售业务是否经过有关部门审批、签字，其审批部门有无超越权限等。

（2）审查其他业务收入凭证管理是否齐全。其他业务比较零碎，在管理上可能会比较松散，往往会出现销售不开票的现象，查账时应特别注意其他业务收入的发生与有关会计凭证是否吻合，会计凭证是否齐全。

（3）审查其他业务收入账务处理。审查有无专人负责其他业务收入的账务处理，当其他业务收入发生时是否按规定及时入账。

2. 其他业务收入总分类账与其他业务收入明细分类账的核对

采用核对法进一步审查“其他业务收入”账户，核对“其他业务收入”总分类账与其所属明细分类账发生额，查明总分类账与明细分类账发生额是否相符。

（1）首先核对“其他业务收入”总分类账的发生额与其他业务收入明细分类账的发生额，检查两者是否相符。根据记账凭证逐笔登记总分类账的，要核对“其他业务收入”总分类账和其他业务收入明细分类账登记的金额是否相一致。采用汇总方式登记总分类账的，要核对汇总登记的“其他业务收入”总分类账的发生额，是否与相应期间“其他业务收入”明细分类账发生额一致。

（2）检查“其他业务收入”总分类账及其明细分类账登记的内容，如日期、凭证字号、摘要等内容是否一致。

3. 其他业务收入明细分类账的审查

核对了其他业务收入总分类账与明细分类账，查对了账账一致的情况下，我们还要继续审查其他业务收入明细分类账。因为其他业务收入明细账详细记录了企业其他业务收入的具体情况。首先，采用审阅法，审查其他业务收入各明细分类账各月的具体情况，检查日期和凭证号数栏，查明是否根据记账凭证逐笔登记明细账；仔细审阅摘要是否清晰，经济业务内容是否合法、正常，账务处理是否正确，金额大小是否合理；验算金额是否正确。其次，复核其他业务收入，并进行分析。分析各月其他业务收入波动情况是否正常，检查大额其他业务收入，了解异常现象和重大波动原因。通过这种方法，通常可以发现存在的问题。

4. 其他业务收入入账时间、入账金额的审查

在进行其他业务收入入账时间、入账金额的审查时，第一，应注意审查其他业务收入的范围，企业的其他业务收入比较零散，范围也比较广，在审查时应特别注意“其他业务收入”的具体核算内容，把握好账户的核算标准和范围，防止企业隐瞒截留其他业务收入。第二，注意审查其他业务收入入账时间是否准确，有没有推迟或提前确认、人为调节利润的情况。第三，注意审查其他业务收入与主营业务收入、营业外收入的界限，有无存在界限不清、人为混淆的情况。具体审查方法如下：

（1）材料销售的审查。

①审查企业为什么销售材料，检查销售的材料是否确属超储、多余、积压、残次的材料物资，其方法是将仓库列入超储、多余、积压、残次的材料物资品名、规格、数量逐项与生产部门领用材料相核对，查清楚有无将生产上需要的材料物资出售而影响正常生产的情况；

②审查材料销售的手续是否完备，是否开出了发票，有无材料出库单等；

③审查材料销售收入是否及时入账，账务处理是否正确；审查有无混淆收入的界

限，有无不该记入其他业务收入的内容；审查企业是否存在隐匿收入、私设“小金库”现象。

（2）固定资产出租的审查。审查固定资产出租的手续是否完善，是否经过有关部门授权审批，是否有租赁合同；审查其账务处理是否正确，出租收入是否全部、及时入账，出租或到期收回的固定资产是否已作了会计记录，该业务有无专人负责等。

（3）转让无形资产使用权收入的审查。审查转让无形资产使用权是否经过有关部门的授权审批，相关手续是否齐全，是否签订转让合同，合同内容是否合理；转让收入是否及时、足额入账，有无隐瞒收入的现象，账务处理是否正确等。

5. 其他业务收入凭证及账务处理的审查

企业取得的主营业务以外的附带经营的业务收入，在“其他业务收入”账户核算，该账户贷方登记企业取得的其他业务收入，借方登记期末转入“本年利润”账户的其他业务收入，期末结转后该账户无余额。

由于企业其他业务收入内容繁杂多样，且具有临时性，企业往往管理不严，在原始凭证的管理上容易出现一些不合规、不合法的现象。在审查其他业务收入的凭证时，要重点审查销售凭证是否齐全，是否合法合规，检查是否存在填写假发票、错发票，不开发票，用不合格的单据或白条顶替发票等现象。

审查其他业务收入账务处理时，应检查其他业务收入的确认是否及时，账务处理是否正确；期末是否按照规定将其贷方发生额全部转入“本年利润”账户。

查账人员还应查明其他业务收入在利润表中的披露是否正确。在利润表中，其他业务收入往往与其他业务支出相抵，以计算出的其他业务利润来列示。

（四）违规操作检查重点

检查“其他业务收入”是否存在违规操作时应注意以下几个方面的查证：

1. 账外账

企业生产销售的残次品、副产品、废产品和下脚废料收入不入账，形成账外账，如果不入账，就会少计增值税销项税额，少缴所得税。对此，检查人员在检查时首先要了解企业生产特点，掌握是否会产生副产品等；生产中产生废品废料、下脚废料是否首先记入原材料。如果在检查中发现账上无记录，可能是将产生的余料、副产品收入记入了账外账，检查人员应追问其去向，查清问题。

2. 少缴相关流转税

混淆其他业务收入和营业外收入的界限，将本应记入其他业务收入的事项记入营业外收入，从而少缴相关流转税。如企业销售原材料收入，本应记入其他业务收入，如果记入营业外收入，就会少计提增值税销项税额。对此应通过检查营业外收入明细账发现线索，再通过账户调阅记账凭证、原始凭证加以审核。

3. 对劳务收入的审查

对劳务收入的审查，如企业发生的非独立核算的运输部门的对外运输收入、代购代销、固定资产出租、包装物出租收入等均属于其他业务收入的核算范畴，由于这些不是企业经常发生的行为，企业往往利用其进行舞弊。检查时应注意企业有无发生收入不入账、收入挂往来账或少记收入账的问题，对已记入其他业务收入的劳务收入，通过审查企业提供的劳务价值量与记入账的劳务收入是否相符，来分析是否存在少记收入的情况。对隐匿收入的行为，应首先审阅合同，了解收取劳务款的时间和数额，再查看其他收入明细账有无收入记录；如果无记录，应检查银行存款日记账或现金日记账，根据日记账所说明的该笔业务的日期、凭证号码，找出会计凭证，进一步审查原始凭证，查证企业有无将收入转移到往来账逃避流转税和所得税的问题。

4. 对包装物押金的检查

税法规定，对逾期未收回的包装物不再退还的和已收取1年以上的押金，应并入应税货物的销售额，按照应税货物的适用税率征收增值税等流转税。对此，应通过其他应付款明细账贷方发生额结合出借合同，弄清包装物的出借时间，就可查证有无到期无法归还的包装物押金没有列入其他业务收入而挂在其他应付款的情况。

（五）其他业务收入审查的主要工作底稿

（1）其他业务收入内部控制审查的工作底稿。

（2）其他业务收入总分类账与其他业务收入明细分类账核对的工作记录。

（3）其他业务收入明细清单。

（4）其他业务收入明细分类账审查的工作记录。

（5）其他业务收入凭证审查的工作记录。

（6）其他业务收入审查计划与程序表。

（六）参考案例

案例1：隐匿材料销售收入

情况：2019年3月，查账人员在检查甲公司2018年销售发票时，发现甲公司在2018年销售很多原材料，但是在进一步检查“其他业务收入”明细账时，却没有查到销售材料的业务。于是，查账人员怀疑甲公司存在隐匿收入的嫌疑，遂展开调查。

查证：查账人员审阅了“原材料”明细账、“银行存款”日记账和“应收账款”明细账及有关凭证，发现7月20日45号凭证的分录为：

借：银行存款	580 000	
贷：原材料		400 000
其他应付款		180 000

甲公司将材料销售收入直接冲减材料成本，隐匿收入，并将收入与成本的差额计入其他应付款以逃避税款。随后，查账人员进一步检查，共查处未入账的原材料销售收入500 000元。

账务调整：

借：其他应付款	180 000	
贷：以前年度损益调整		100 000
应交税费——应交增值税（销项税额）		80 000

借：以前年度损益调整　　25 000

　　贷：应交税费——应交所得税　　25 000

借：以前年度损益调整　　75 000

　　贷：盈余公积　　7 500

　　　　利润分配——未分配利润　　67 500

案例点拨：在查找隐匿原材料销售收入的情况时，可以通过审阅原材料贷方发生额的对应科目来检查是否存在直接转销收入与成本的违规操作问题。

案例2：逾期未退的包装物押金未确认增值税

情况：2019年5月，查账人员在检查甲公司其他应付款明细账时，发现一笔其他应付款借方发生额，其贷方对应科目为“其他业务收入”金额为100 000元，初步判断可能是逾期未退的包装物押金，为查证相关账务处理是否正确，查账人员决定调阅相关凭证予以检查。

查证：调出该笔凭证，其分录为：

借：其他应付款　　100 000

　　贷：其他业务收入　　100 000

按规定对逾期未收回的包装物不再退还的和已收取1年以上的押金，应并入应税货物的销售额，按照应税货物的适用税率征收增值税等流转税。从该凭证来看，甲公司并没有确认相应的增值税销项税额，仅仅确认了收入，这不符合规定，应当予以调整。

账务调整：

应确认的销项税额＝100 000÷（1＋13%）×13%＝11 504.42（元）

借：其他业务收入　　11 504.42

　　贷：应交税费——应交增值税（销项税额）　　11 504.42

案例点拨：税法规定，对逾期未收回的包装物不再退还的和已收取1年以上的押金，应并入应税货物的销售额，按照应税货物的适用税率征收增值税等流转税。查账时，若发现存在逾期未退的包装物押金，应当检查在确认其他业务收入时是否确认了相应的增值税。

第二节　营业成本

营业成本包括主营业务成本和其他业务成本。主营业务成本是指企业因销售商品、提供劳务或让渡资产使用权等主营业务活动而发生的实际成本；其他业务成本是指企业除主营业务活动以外的其他经营活动所发生的支出，包括销售材料的成本、出租固定资产的折旧额、出租无形资产的摊销额、出租包装物的成本或摊销额以及采用成本模式计量的投资性房地产计提的折旧额或摊销额。下文将分别介绍主营业务成本和其他业务成本的违规操作检查。

一、主营业务成本

（一）概念

主营业务成本是企业销售产品、提供劳务的日常活动而发生的成本。它是由期初库存产品成本加上本期入库产品成本，再减去期末库存产品成本求得。

（二）账务处理

（1）月末结转销售成本时，借记“主营业务成本”科目，贷记“库存商品”“劳务成本”等科目；

（2）发生销货退回时，借记“库存商品”科目，贷记“主营业务成本”科目。

（三）主营业务成本审查的一般方法

1. 内部控制制度的审查

查阅企业内部控制制度文件，看看企业在这方面是否有明确的规定，如果有，了解其具体规定内容；抽查库存商品出库单，检查是否有专人负责核对销售数量；查阅销售成本计算单，审查是否有专人负责计算销售成本；审查会计账务处理情况，查明是否有专人负责结转销售成本的账务处理，审查主营业务成本的计算与结转是否与主营业务收入相匹配。

2. 主营业务成本总分类账与主营业务成本明细分类账的核对

在了解主营业务成本内部控制制度后，应采用核对法进一步审查主营业务成本账户，核对主营业务成本总分类账与其所属明细分类账内容、金额是否一致。

（1）核对主营业务成本总分类账和主营业务成本明细分类账的发生额是否一致。根据记账凭证逐笔登记总分类账的，应核对主营业务成本总分类账和主营业务收入明细分类账登记的金额是否相一致；采用汇总方式登记总分类账的，应核对主营业务成本总分类账汇总登记的发生额是否与相应期间的主营业务成本明细分类账发生额一致。

（2）审查主营业务成本总分类账与其所属明细分类账内容是否一致。特别是根据记账凭证逐笔登记总分类账的，在日期、凭证字号、摘要等内容上是否一致。

3. 已销产品（劳务）数量的审查

销售数量的正确与否，很大程度上决定了主营业务成本的正确性。在实际工作中，企业为了达到多报或隐瞒销售利润的目的，往往人为地虚减或虚增销售数量。在审查已销产品（或劳务）结转的数量时，应注意以下几方面：

（1）应查阅库存商品明细账、主营业务收入明细账与主营业务成本明细账，查实各明细账记录的销售数量是否一致；检查被查企业是否存在为了完成利润指标而少计销售产品数量，或者为了隐瞒利润、逃避所得税而多计销售产品的数量。

（2）审查库存商品发出数量的正确性，注意是否加计了福利部门、在建工程领用库存商品数量等，已销产品（劳务）数量的合计是否完整。

（3）检查销售退回的真实性，退回的商品企业是否冲减了库存商品发出数量，是否存在未入账的账外库存商品。

【提示】主营业务成本受到已销产品（劳务）数量和单位销售成本两个因素的影响。

4. 单位销售成本的审查

由于已销产品单位成本是根据每批完工入库产品的实际成本计算而来。而从产品生产完工入库到销售进入市场有一个过程，每批产品的实际生产成本也不尽相同，所以已销产品成本的计价一般不可能简单地一对一结转，通常选用加权平均法、先进先出法或个别计价法等方法计算结转。由于计价方法不同必然会导致结转的产品单位成本出现差异。但企业一旦选定采取某种方法计价，就不能随意变动。不能这个会计期间采用加权平均法计价，而在下一个会计期间采用先进先出法计价，从而达到调节已销产品销售成本的目的。

在审查时，首先应将本期发出产品结转的单位成本与期末库存商品单位成本进行比较，如果金额变化较大，应采用核对法进一步审查企业是否有利用成本计价方法的变更调节销售成本的行为。如果企业确有必要改变计价方法的，则还要检查企业在财务情况说明中是否予以说明原因以及分析其对财务状况和经营成果的影响。

【提示】已销产品成本计价的审查，往往要结合审查结转完工产成品生产成本。

5. 销售成本结转时间的审查

在不同情况下，销售成本结转时间有所不同。一般地，每月终了，企业应根据本月各种产品的销售数量，计算应结转的产品销售成本，借记“主营业务成本”账户，贷记“库存商品”等账户。

在采用分期收款销售商品方式时，应于每期收到货款的同时，按确认销售收入的比例，计算并结转产品销售成本。

本月销售退回的产品，可以直接从本月销售数量中减去，得出本月销售的净数量，然后计算应结转的销售成本；也可以单独计算本月销售退回的产品成本，借记“库存商品”账户，贷记“主营业务成本”账户。

在查账时，应根据有关规定，认真审查销售成本结转时间是否正确、及时。

6. 销售成本结转的凭证、账务处理及期末结转的审查

企业设置“主营业务成本”账户核算销售商品、提供劳务等日常活动发生的实际成本，该账户借方核算企业已售产品的成本，贷方核算销售退回的产品成本以及期末结转入“本年利润”账户的已销产品的销售成本，期末结转后，该账户无余额。

查账时应注意检查被查账单位是否存在漏转、多转销售成本的现象，审查账务处理的账户对应关系是否正确。

查账人员应查明主营业务成本在利润表中的披露是否恰当。主营业务成本作为主营业务收入的减项，在利润表中单独列示，应审查主营业务成本发生净额与利润表上所列金额是否一致。

（四）违规操作检查重点

（1）对多转或少转产品成本的检查。检查此类违规操作时，应当审阅“主营业务收入”明细账、“库存商品”明细账，并与“主营业务成本”明细账进行核对，计算分析是否存在多转或少转产品成本的情形。

（2）对前后各期成本计算方法不一致的检查。审阅“主营业务成本”明细账，了解其计算方法，并将主营业务成本的各期数额进行比较分析，如有异常变动应查明原因。

（五）主营业务成本审查的主要工作底稿

主营业务成本审查的主要工作底稿有：

（1）主营业务成本内部控制制度及相关的审查记录。

（2）主营业务成本总分类账与主营业务成本明细分类账核对的工作记录。

（3）主营业务成本明细清单。

（4）主营业务成本明细账审查的工作记录。

（5）主营业务成本凭证审查中收集和编制的工作底稿。

（6）主营业务成本审查计划与程序表。主营业务成本审查中可能使用的相关审计程序示例如表7－2所示。

表7－2 主营业务成本审计程序表

被审计单位：A公司　审核员：____ 日期：____ 索引号：____

审 查 项 目：主营业务成本　会计期间：____ 复核员：____ 日期：____ 页　次：____

一、审计目标

①确定主营业务成本的内容、性质和数额是否正确、合理、完整；②确定主营业务成本的归属和会计处理是否正确；③确定主营业务成本的披露是否恰当。

二、审计程序

序号	内容	执行情况说明	索引号
1	获取或编制主营业务成本明细表，复核加计正确并与总账数、报表数和明细账发生额核对是否相符		
2	检查主营业务成本内容和计算方法是否符合会计制度规定，是否前后期一致		
3	抽查各月主营业务成本结转明细清单，分析检查各月份之间及前后期同一产品的单位成本是否有异常波动，注意是否存在调节成本现象，验证销售成本结转数额的正确性，并检查其是否与销售收入配比		
4	检查销售成本账户中重大调整事项是否有其充分理由，会计处理是否正确		
5	验明主营业务成本的披露是否恰当		

三、调整事项说明及调整分录（注：分录请写到二级科目，并注明底稿索引；如篇幅不够，请另加页附后）

四、本期发生数

上年发生额				本年发生额			
上年审定数（或未审数）		本期审定数		未审数		本期审定数	

五、审计结论

1. 本科目经审计后无调整事项，余额可以确认：
2. 本科目经审计调整后，审定数可以确认：
3. 因＿＿＿＿＿＿＿＿＿＿＿＿＿＿＿＿原因，本科目余额不能确认：

（六）参考案例

案例：随意改变成本结转方法调减利润

情况：2019 年 2 月，查账人员在检查甲公司 2018 年主营业务成本结转情况时，了解到甲公司对库存商品发出计价采用的是加权平均法，为查证这一情况是否属实，查账人员对甲公司 12 月份库存商品发出计价进行测试。

查证：调阅相关账务记录发现，甲公司 2018 年 12 月月初库存商品 500 件价值 500 000 元，本月新增库存商品 1 000 件价值 1 500 000 元，当月共销售商品 1200 件，若采用加权平均法发出商品，则甲公司 12 月份的主营业务成本 =1 200 ×（500 000 + 1 500 000）/（500 +1 000）=1 600 000（元）。而在查阅甲公司主营业务成本账务后发现甲公司 12 月份结转的主营业务成本为 1 550 000 元，少计 50 000 元，进一步检验发现其采用的是先进先出法来计算主营业务成本，即 12 月成本 =500 000 +700 ×1 500 000/1 000 =1 550 000 元。经进一步询问，甲公司相关人员承认因当年存货成本不断上升，为了实现利润目标，而变更了存货发出的计价方法以降低成本、增加利润。甲公司的这一行为属于违规任意变更会计政策，不符合规定，应当予以调整。

账务调整：

借：以前年度损益调整	50 000	
贷：库存商品		50 000
借：应交税费——应交所得税	12 500	
贷：以前年度损益调整		12 500
借：盈余公积	3 750	
利润分配——未分配利润	33 750	
贷：以前年度损益调整		37 500

案例点拨：对存货发出计价进行测试可以复核被查企业是否采用了一致的会计政策以及是否存在滥用会计政策增减成本以调节利润的违规操作行为。

二、其他业务成本

（一）概念

“其他业务成本”是企业除主营业务成本以外的其他销售或其他业务所发生的支出，包括销售材料、提供劳务等而发生的相关成本、费用，以及相关税金及附加等。“其他业务成本”科目应按其他业务的种类，如“材料销售”“代购代销”“包装物出租”等设置明细账，进行明细核算。

（二）账务处理

（1）企业销售原材料，于月度终了按出售原材料的实际成本，借记“其他业务成本”科目，贷记“原材料”科目。原材料采用计划成本核算的企业，还应分摊材料成本差异。

（2）出租包装物，在第一次领用新包装物时，应当结转成本，借记“其他业务成本”科目，贷记“周转材料”科目。

（3）出租的包装物不能使用而报废时，按其残料价值，借记“原材料”科目，贷记“其他业务成本”科目。

（4）企业发生的其他业务支出，借记“其他业务成本”科目，贷记“生产成本”“应付职工薪酬”“银行存款”“其他应付款”等有关科目。

（三）其他业务支出审查的一般方法

1. 内部控制制度的审查

（1）审查其他业务支出审批手续。检查时应注意其他销售业务是否经过有关部门审批、签字，其审批部门是否超越权限等。

（2）审查其他业务支出凭证管理是否齐全。应特别注意其他业务支出的发生与有关会计凭证是否吻合，会计凭证是否齐全。

（3）审查其他业务支出账务处理。审查是否有专人负责其他业务支出的账务处理，当其他业务支出发生时是否按规定及时入账。

2. 其他业务支出总分类账与其他业务支出明细分类账的核对

采用核对法进一步审查其他业务支出账户，核对其他业务支出总分类账发生额与所属明细分类账发生额是否一致。

3. 其他业务支出明细分类账的审查

审查其他业务支出各明细分类账的具体情况，分析各月波动情况是否正常；审查大额其他业务支出，查明异常现象和重大波动原因；借助于其他业务支出明细分类账，着重查明结转的成本和负担的费用是否与取得的收入相配比，有无人为多转多列或少转少算的情况。

4. 其他业务支出凭证手续及账务处理的审查

企业发生的除产品销售以外的其他销售及其他业务的支出，在“其他业务支出”

账户核算，该账户借方登记企业发生的其他业务应负担的成本、支出和税金、附加等。贷方登记转入“本年利润”账户的其他业务支出，期末结转后，该账户无余额。“其他业务支出”账户应按其他业务种类设置明细账，进行明细核算。

对其他业务支出凭证的审查，应该以其他业务支出的真实性、正确性、合规性和合法性为重点，结合对成本费用结转的检查、销售税金的检查一起进行。同时审查其他业务支出账务处理是否正确。

其他业务支出在利润表中的列示，往往是以与其他业务收入相抵计算出的其他业务利润列示。审查其他业务利润计算和列示是否正确。

（四）违规操作检查重点

（1）其他业务成本与其他业务收入不配比或只有收入而无对应的成本。查找此类违规操作时，应当通过检查“其他业务收入”“其他业务成本”明细账，核对其他业务收入是否有相应的业务支出数。

（2）核算范围不正确，混淆“其他业务成本”与“营业外支出”的界限。检查时，应审阅原始凭证上的信息，分析被列入的项目是否合理、准确。

（3）利用“其他业务成本”检查时，应当将本期发生的金额与上期金额相比较，分析二者之间的波动是否正常。如果存在异常波动，应当分析其合理性。此外，还应当检查大额的其他业务成本项目，检查其会计期间划分是否正确、会计处理是否正确等。

（五）参考案例

案例：直接冲减成本，少计材料出售收入

情况：2019 年 12 月，查账人员审查甲企业 2019 年 6 月份的“其他业务收入”明细账时，发现 6 月 10 日该企业出售多余材料物资及包装物一批，其账面价值分别为：材料物资 1 000 元，包装物 600 元，合计 1 600，售出价款为 2 000 元，但计入“其他业务收入”数额却为 400 元。

查证：

调出 6 月 10 日 20 号记账凭证，会计分录为：

借：银行存款	2 000	
贷：原材料		1 000
包装物		600
其他业务收入		400

甲公司并没有确认 2 000 元的收入及销项税额，而是直接冲减成本后确认收入，这不符合规定，应当予以调整。

账务调整：

销项税额 = 1 600 ÷（1 + 13%）× 13%

借：其他业务成本	1 600	
贷：其他业务收入		1 415.93

应交税费——应交增值税（销项税额） 184.07

案例点拨：在查找隐匿原材料销售收入的情况时，可以通过审阅原材料贷方发生额的对应科目来检查是否存在直接转销成本、少计收入的违规操作问题。

第三节 税金及附加

一、概念

税金及附加反映企业经营主要业务应负担的消费税、城市维护建设税、资源税和教育费附加以及与投资性房地产相关的房产税、城镇土地使用税等。

二、账务处理

（1）企业按规定计算确定的与经营活动相关的税费，借记“税金及附加”科目，贷记“应交税费”等科目。

（2）企业收到的返还的消费税等原记入“税金及附加”科目的各种税金，应按实际收到的金额，借记“银行存款”科目，贷记“税金及附加”科目。

三、税金及附加审查的一般方法

1. 内部控制制度的审查

查阅主营业务税金及附加内部控制制度文件，看看是否有相关的制度规定，了解制度具体要求和执行情况；审查授权审批手续是否齐备，检查主营业务税金及附加是否有专人负责计算并进行账务处理，是否有专人复核。还要查阅税票，检查企业是否及时、足额纳税。

2. 计税基础的审查

审查时，要注意检查销售额或销售量是否正确、完整，有无将应计入销售额的价外收入未计入销售额的情况；注意企业自产自用的产品是否按规定计税，有无漏缴税金的情况。还要特别注意个别“税上税”的计算依据，如城市维护建设税和教育费附加等的计税基础是否正确等。

3. 税率（征收率）的审查

消费税、资源税等税目税率较多，容易出现适用税率不正确、从低适用税率的情况。查账时，应根据“主营业务税金及附加”账户，结合“库存商品”“主营业务收入”“应交税费”等账户，查明不同情况下税率（征收率）适用的正确性。

4. 税金及附加计算结转、缴纳、账务处理及期末结转的审查

（1）审查税金及附加计算是否正确，是否及时、足额地上缴税务部门。要重点审查“税金及附加”“应交税费”明细账以及银行存款日记账等的记录，还要结合主营业务收入等相关账户进行审查。

（2）检查相关账务处理是否正确。企业应设置“税金及附加”账户，该账户的借方登记主营业务应负担的税金及附加，贷方登记期末结转入“本年利润”账户的金额。应审查企业计算结转各项销售税金和附加费时的账务处理是否正确；企业上缴税金及附加时，账务处理是否正确。

（3）审查会计期末是否将“税金及附加”账户余额全部结转入“本年利润”账户。企业财务会计中学习过，“税金及附加”期末从账户贷方结转入“本年利润”账户借方。审查时，要重点审查“税金及附加”以及“本年利润”账户，检查是否及时进行了期末结转，期末结转金额是否正确。

查账人员应查明税金及附加在利润表中的披露是否恰当，税金及附加作为营业利润的减项，在利润表中单独列示，查账人员应审查税金及附加发生净额与利润表上所列金额是否一致。

四、违规操作检查重点

在检查“税金及附加”科目是否存在违规操作时，首先应当确定企业的纳税范围与税种是否符合国家规定，检查“主营业务税金及附加”明细账，并将明细账的合计数与报表数和总账数核对，检查其是否相符。然后，根据审定的当期应纳的各税费的计算依据，按规定的税率，分项计算、复核本期应纳的各税费的税额，检查其计算是否正确。最后，还应当复核各项税费并与“应交税费”等项目进行核对，查证是否存在钩稽关系。

五、税金及附加审查的主要工作底稿

（1）税金及附加内部控制制度审查的相关工作底稿。

（2）税金及附加凭证审查中搜集和自行编制的工作底稿。

（3）税金及附加审查计划与程序表。

六、参考案例

案例：税金及附加计算错误

情况：2018 年 12 月，查账人员在复核甲公司 10 月份的税金及附加的金额计算的正确性时，发现甲公司 10 月份交的增值税为 300 000 元，消费税 20 000 元，则当月应交的教育费附加金额 =（300 000 + 20 000）× 3% = 9 600（元），应交的城建税 =（300 000 + 20 000）× 7% = 22 400（元）。但是，通过查阅“应交税费——应交教育费附加”及“应交税费——应交城市维护建设税”明细账发现甲公司确认的金额分别是 1 500 元、3 500 元。

查证：查账人员调出记账凭证，其分录为：

借：税金及附加 5 000

　　贷：应交税费——应交教育费附加 1 500

　　　　　　　——应交城市维护建设税 3 500

所附的原始凭证为教育费附加和城建税计算单，计算如下：

教育费附加 =（30 000 +20 000）×3% =1 500，城建税 =（30 000 +20 000）×7% = 3 500。可以看出与正确计算方法相比，甲公司在计算时少计了增值税的金额，导致产生了较大的差错，应当予以调整。

账务调整：

借：税金及附加 32 000

　　贷：应交税费——应交教育费附加 9 600

　　　　　　　——应交城市维护建设税 22 400

案例点拨：*在检查税金及附加是否正确时，应当复核其计税依据是否正确，重新计算各项税费的金额计算是否存在差错。*

第四节　销售费用

一、概念

销售费用是指企业在销售产品、自制半成品和提供劳务等过程中发生的各项费用。包括由企业负担的包装费、运输费、广告费、装卸费、保险费、委托代销手续费、展览费、租赁费（不含融资租赁费）和销售服务费、销售部门人员工资、职工福利费、差旅费、折旧费、修理费、物料消耗、低值易耗品摊销以及其他经费等。

二、账务处理

（1）企业在销售商品过程中发生的包装费、保险费、展览费和广告费、运输费、装卸费等费用，借记“销售费用”科目，贷记“库存现金”“银行存款”等科目。

（2）企业发生的为销售本企业商品而专设的销售机构的职工薪酬、业务费等经营费用，借记“销售费用”科目，贷记“应付职工薪酬”“银行存款”“累计折旧”等科目。

三、销售费用审查的一般方法

销售费用项目较多，费用支出业务发生频繁，易出现错误和弊端。对销售费用的审查，首先应对销售费用内部控制制度评审，在此基础上再审查销售费用支出业务的账簿、凭证以及销售费用会计处理，最后审查报表披露的恰当性。

1. 销售费用内部控制制度的审查

（1）审查销售费用内部控制制度文件。了解企业销售费用内部控制制度制定情况，了解企业是否有效地执行了销售费用内部控制制度。

（2）审查销售费用预算控制情况。目前，预算控制越来越被企业管理重视，检查企业是否依照费用开支计划编制销售费用支出预算，费用预算的制定是否符合实际情况；检查预算执行情况及效果，分析产生预算执行偏差的原因。

（3）审查费用开支审批制度。企业的费用开支必须授权审批，应检查企业是否有审批制度，是否严格执行审批程序，有无存在超出授权而开支费用的现象；审查费用支出手续是否完备，是否存在无授权手续擅自开支的情况。

（4）审查费用开支归口管理执行情况。各部门是否严格按照预算执行费用开支，报销手续是否完备，是否按计划和实际需要开支等。

（5）审查账务处理的正确性。审查账务处理程序是否正确合理，有无专人审查费用凭证的真实性和正确性，是否严格执行费用款项的借用、报销手续。

2. 销售费用总分类账和销售费用明细分类账的核对

在审查销售费用内部控制制度基础上，进一步将销售费用总分类账的发生额与销售费用明细分类账的发生额进行核对，检查是否相符，核对期末结转“本年利润”前的发生额合计是否一致。

3. 销售费用明细分类账的审查

首先，应审阅销售费用明细账各月的详细情况，认真检查日期和凭证号数栏，查明是否根据记账凭证逐笔登记明细账；审阅摘要是否清晰，经济业务内容是否合法、正常，账务处理是否正确，金额是否合理；验算金额是否正确。其次，对销售费用进行复核，分析各月销售费用波动情况是否正常；检查大额销售费用，查明异常现象和重大波动原因。

4. 销售费用支出凭证的审查

对销售费用支出的检查，应以销售费用明细分类账及有关记账凭证和原始凭证为中心，依据财务会计制度规定，对销售产品的运输费、包装费、广告费、产品展览费、售后服务费等，从其开支范围、费用界限及费用支出的真实、合法性等方面进行检查。

对销售费用开支范围进行审查时，应注意检查企业有无乱列费用或应计不计现象。例如，将企业支付的租入包装物押金列入销售费用，将专设销售机构人员工资计入管理费用等；还要注意检查销售费用界限的划分，重点注意那些容易与其他费用相混淆的项目，如包装费、运输费和装卸费、物料消耗、低值易耗品的摊销等，是否与生产成本、其他支出界限不清，有无人为调节成本或当期损益的情况；审查销售费用的真实性、合法性，要注意有无以支付销售费用为名，滥送样品、滥发实物给个人、损公肥私的违法行为。在对产品展览费、广告费等项目进行审查时，尤其要注意这类问题的发生。

5. 销售费用账务处理及期末结转的审查

企业在销售产品过程中发生的费用在“销售费用”账户核算。当发生销售费用时，借记“销售费用”账户，贷记有关账户；期末将账户借方归集的销售费用全部从账户的贷方转入“本年利润”账户，结转后，该账户无余额。

对销售费用账务处理的审查，应与销售业务审查同时进行，并与货币资金审查结合起来一并检查。具体可以从账户设置、费用支出账务处理、月末费用结转等方面进行。重点审查该账户运用是否合理，账务处理是否正确以及是否及时进行期末费用结转等。

销售费用作为利润总额的减项，在利润表中单独列示，查账人员应认真核对“销售费用”账户实际发生额与利润表中的数额是否一致。

四、违规操作检查重点

（1）对虚列销售费用的检查。检查此类违规操作时，应当审查原始凭证的相关信息，注意检查展览费、广告费发生的真实性与合理性，确定所发生的费用是否应当列入“销售费用”科目。

（2）对利用销售费用贪污舞弊的检查。应当检查销售机构经费内部控制制度是否完善，并得到有效执行。检查重要或异常的销售费用的原始凭证是否合法，会计处理是否正确。

五、销售费用审查的主要工作底稿

（1）销售费用内部控制制度审查的工作底稿。

（2）销售费用总分类账与所属明细分类账核对的工作记录。

（3）销售费用明细清单。

（4）销售费用明细账审查的工作记录。

（5）销售费用凭证审查中收集和自行编制的工作底稿。

（6）销售费用审查计划与程序表。

六、参考案例

案例：少计销售费用逃避税款

情况：2019 年 12 月，查账人员在审阅甲公司 2019 年 12 月份的“销售费用”记账凭证时，发现 12 月 10 日 20 号记账凭证后附的原始凭证为一张运货发票，发票上注明甲公司是收货人，此处出现疑点。

查证：该记账凭证的分录为：

借：销售费用　　10 000

　　应交税费——应交增值税（进项税额）　　1 300

　　贷：银行存款　　11 300

检查运货发票，发现该运费是甲公司在购买固定资产时发生的运费，列入销售费用的运费应当是在销售商品过程中发生的运费，而不应该是购货过程中发生的运费，因此这笔运费应当计入固定资产的成本。

账务调整：

借：固定资产　　10 000

　　贷：销售费用　　10 000

案例点拨：检查销售费用时，应审阅原始凭证相关信息，分析各项支出的真实性与合理性。

第五节　管理费用

一、概念

管理费用是指企业行政管理部门为组织和管理生产经营活动而发生的各项费用。包括企业在筹建期间发生的开办费、工会经费、董事会费、聘请中介机构费、咨询费、诉讼费、业务招待费、房产税、车船税、城镇土地使用税、印花税、技术转让费、矿产资源补偿费、研究费用、排污费等，企业生产车间（部门）和行政管理部门等发生的固定资产修理费用等后续支出，也在"管理费用"科目核算。

二、账务处理

（1）企业在筹建期间发生的开办费，包括人员工资、办公费、培训费、差旅费、印刷费、注册登记费等，借记"管理费用"科目，贷记"银行存款"科目。

（2）企业行政管理部门人员的职工薪酬，借记"管理费用"科目，贷记"应付职工薪酬"科目。

（3）企业按规定计算确定的应交房产税、车船税、城镇土地使用税、矿产资源补偿费、印花税，借记"管理费用"科目，贷记"应交税费"等科目。

（4）企业行政管理部门发生的办公费、水电费、差旅费等以及企业发生的业务招待费、咨询费、研究费用等其他费用，借记"管理费用"科目，贷记"银行存款""研发支出"等科目。

三、管理费用审查的一般方法

管理费用项目比较多，费用支出业务发生频繁，容易出现错误和弊端的地方也很多。对管理费用的审查，首先应重点审查管理费用内控制度，由此来确定进一步审查的重点，然后对管理费用支出业务进行详细审查；最后进行管理费用账务处理以及报表披露的审查。

1. 管理费用内部控制制度的审查

审查评价管理费用内部控制制度，首先查阅管理费用的内部控制文件，了解企业制度的内容，审查内部控制制度建立、执行的情况和效果，揭示管理费用内部控制制度不完善、不健全的环节，以确定下一步审查的重点。其审查方法与销售费用内部控制制度审查相似，此处不再重复。

2. 管理费用总分类账与管理费用明细分类账的核对

在审查管理费用内部控制制度基础上，采用核对法进一步审查管理费用账户，核对管理费用总分类账的发生额与管理费用明细分类账发生额，查明总分类账与明细分类账发生额金额是否相符，核对期末结转“本年利润”前的发生额合计是否一致。

3. 管理费用明细分类账的审查

在核对管理费用总分类账与明细分类账一致的基础上，再审查管理费用明细账。首先，审阅管理费用明细账各月的详细情况，从日期、凭证号数栏、摘要等方面，审查相关经济业务内容是否合法、正常，账务处理是否正确，金额大小是否合理；复核金额有没有错误。其次，对管理费用进行复核，分析各月管理费用波动情况是否正常；审查大额管理费用，查明异常现象和重大波动原因。

4. 管理费用支出凭证的审查

（1）审查管理费用支出的合法性、合理性、真实性。审阅管理费用明细分类账记录，查阅有关记账凭证和原始凭证，并与会计制度的有关规定核对，审查费用开支范围是否合规。注意企业有无将不正当的支出挤入管理费用中，或人为虚列管理费用，以调节当期损益的情况。例如在检查工资及福利费时，应注意有无将车间管理人员、托幼保教人员、基建人员的工资费用混入其中。同时，还要将管理费用明细分类账的本期借方发生额合计与同期费用预算指标比较，审查其费用预算的执行情况。如发现费用支出水平超过预算或计划数，则应进一步查明原因。审查管理费用明细分类账的本期借方发生额波动情况，分析其变动是否合理。

（2）审查管理费用列支标准、计提、摊销是否正确。审查费用支出界限是否与产品成本费用混淆，费用开支是否超过规定标准；审查折旧；坏账准备的计提是否符合规定；查证无形资产摊销、待摊费用摊销是否正确，有无为了人为调节利润而不提、少提或多提、虚列管理费用的情况。

5. 账务处理及期末结转的审查

企业行政管理部门为组织和管理生产经营活动而发生的各种费用在“管理费用”账户中核算，发生时，借记“管理费用”账户，期末将借方归集的管理费用全部从账户的贷方转入“本年利润”账户，结转后，该账户无余额。

对管理费用账务处理的审查，应注意其账户设置是否合规合理，是否有利于费用考核和控制；审查企业发生的管理费用是否全部入账，账务处理是否符合会计制度的规定；审查管理费用账户期末余额结转是否及时、正确，有无故意不转或少转管理费用，人为调节利润的现象。

管理费用在利润表中应单独列示，查账人员还应查明企业实际发生的管理费用与其在利润表中的数额是否一致。

四、违规操作检查重点

管理费用的违规操作主要表现为虚列管理费用、利用管理费用进行贪污舞弊。检查此类违规操作时，应当审阅原始凭证的真实性与合理性以及会计处理是否正确。另外，还应当与上期的管理费用水平相比较，分析波动的原因及合理性，如果认为存在异常波动，应当实施进一步检查。

五、管理费用审查的主要工作底稿

（1）管理费用内部控制制度审查的工作底稿。

（2）管理费用总分类账与所属明细分类账核对的工作记录。

（3）管理费用明细清单。

（4）管理费用明细账审查的工作记录。

（5）管理费用凭证审查中收集和自行编制的工作底稿。

（6）管理费用审查计划与程序表。管理费用审查中可能使用的相关审计程序示例如表7－3所示。

表7－3　管理费用审计程序表

被审计单位：A公司＿＿＿＿＿＿＿＿＿＿ 审核员：＿＿ 日期：＿＿ 索引号：＿＿

审 查 项 目：管理费用＿＿＿＿＿＿ 会计期间：＿＿ 复核员：＿＿ 日期：＿＿ 页 次：＿＿

一、审计目标

①确定管理费用的记录是否完整；②确定管理费用的计算是否正确；③确定管理费用的披露是否恰当。

二、审计程序

序号	内容	执行情况说明	索引号
1	获取或编制管理费用明细表，复核加计正确并核对与总账、报表发生额及明细账合计数是否相符		
2	检查明细项目的设置是否符合规定的核算内容与范围		
3	将本年度管理费用与上年度的管理费用进行比较，本年度各个月份的管理费用进行比较，如有重大波动和异常情况应查明原因		
4	选择管理费用项目中数额大的或与上期相比变动异常的项目，检查其原始凭证是否合法，审批手续、权限是否合规，会计处理是否正确		
5	将其中工资、福利费、折旧及各种摊销、减值准备等项目与有关账户的贷方发生额进行交叉复核，并作出相应记录		
6	审阅下期期初明细账，对管理费用实施截止日测试，检查有无跨期入账的现象		
7	验明管理费用的披露是否恰当		

三、调整事项说明及调整分录（注：分录请写到二级科目，并注明底稿索引；如篇幅不够，请另加页附后）

四、发生额

上年发生额				本年发生额			
上年审定数（或未审数）		本期审定数		未审数		本期审定数	

五、审计结论

1. 本科目经审计后无调整事项，余额可以确认：
2. 本科目经审计调整后，审定数可以确认：
3. 因____________________原因，本科目余额不能确认：

六、参考案例

案例：虚列管理费用

情况：2018 年 12 月，查账人员在审查甲公司 2018 年 9 月份的“管理费用”明细账时，发现本月计入“管理费用”中的工资费用和折旧费用与上月比有明显的增长，于是产生怀疑并实施进一步调查。

查证：

查账人员调阅 2018 年 9 月 20 号和 21 号记账凭证，会计分录为：

借：管理费用——工资　　400 000

　　贷：应付职工薪酬　　400 000

借：管理费用——折旧费　　200 000

　　贷：累计折旧　　200 000

经过查阅原始凭证并询问有关财务人员，得知该企业将应计入“制造费用”的车间管理人员工资 400 000 元和设备折旧费 200 000 元计入了当期“管理费用”账户。

账务调整：

借：制造费用　　600 000

　　贷：管理费用　　600 000

如果已转入生产成本，还需作如下分录：

借：生产成本　　600 000

　　贷：制造费用　　600 000

如果产品已经完工入库，还需作如下分录：

借：库存商品　　600 000

　　贷：生产成本　　600 000

如果商品已经销售，还需作如下分录：

借：主营业务成本　　600 000

　　贷：库存商品　　600 000

案例点拨：检查管理费用时，应审阅原始凭证相关信息，分析各项支出的真实性与合理性。

第六节　财务费用

一、概念

财务费用指企业在生产经营过程中为筹集资金而发生的筹资费用。包括企业生产经营期间发生的利息支出（减利息收入）汇兑损益（有的企业如商品流通企业、保险企业进行单独核算，不包括在财务费用）金融机构手续费，企业发生的现金折扣或收到的现金折扣等。但在企业筹建期间发生的利息支出，应计入开办费；为购建或生产满足资本化条件的资产发生的应予以资本化的借款费用，在“在建工程”“制造费用”等账户核算。

二、账务处理

企业发生的各项财务费用借记“财务费用”科目，贷记“银行存款”“应付利息”等科目；企业发生利息收入、汇兑收益冲减“财务费用”借方。

三、财务费用审查的一般方法

财务费用的审查，首先应审查财务费用内部控制制度，然后进行财务费用支出业务的审查和账务处理的审查，最后审查财务费用在报表上披露的正确性。

1. 财务费用内部控制制度的审查

（1）审查财务费用内部控制制度文件。审查财务费用内部控制制度制定情况，了解企业是否具有财务费用内部控制制度。

（2）审查财务费用预算控制情况。审查企业是否依照费用收支计划编制财务费用支出预算，费用预算的制定是否符合实际情况；审查预算执行情况及效果，分析预算执行偏差的原因。

（3）审查账务处理程序是否正确合理，有无专人审查费用凭证的真实性和正确性。

2. 财务费用总分类账与财务费用明细分类账的核对

在审查财务费用内部控制制度基础上，进一步审查“财务费用”账户，将财务费用总分类账的发生额与财务费用明细分类账的发生额核对相符，核对期末结转“本年利润”账户的余额是否正确。

3. 财务费用明细分类账的审查

在核对了财务费用总分类账与明细分类账一致的基础上，应进一步审查财务费用明细分类账。首先，应审阅财务费用明细账各月的详细情况，认真审查日期、凭证号数栏、摘要是否清晰，经济业务内容是否真实、合法；账务处理是否正确，金额是否合理；复算金额是否正确。其次，对财务费用进行复核，并分析各月财务费用波动情况是否正常；审查大额财务费用，查明异常现象和重大波动原因。

4. 财务费用支出凭证的审查

(1) 审查借款利息费用界限的划分，查明应计费用、利息收入是否正确。审查财务费用支出范围，注意费用支出界限的划分是否合规；审查财务费用支出数额，确认是否正确、合理。

(2) 审查财务费用账务处理。应注意账户运用是否符合规定，比如长期借款利息，在固定资产达到预定可使用状态前，应记入“在建工程”账户，审查是否存在不记入“在建工程”账户，直接记入“财务费用”账户的情况。

(3) 审查利息收入是否及时入账。有的企业为隐瞒收入，将应该冲减财务费用的利息收入不入账，截留作为“小金库”。

5. 财务费用账务处理及期末结转的审查

企业筹集生产经营所需资金而发生的各项费用在“财务费用”账户核算，月终应将财务费用全部转入“本年利润”账户，结转后该账户无余额。

对财务费用账务处理的审查。首先，应审查财务费用账户设置是否合规合理，是否有利于费用考核和控制。然后，抽查部分费用项目的会计凭证，注意审查账户运用的合规性及账务处理的正确性和及时性。最后，审查财务费用账户期末余额结转是否及时、正确，查明有无少转或不转当期财务费用，以调节当期损益的情况。

财务费用在利润表中应单独列示，查账人员应审查财务费用的实际发生额与利润表上列示的金额是否一致。

四、违规操作检查重点

财务费用违规操作主要体现在财务费用计算不正确、利息支出未列入正确的项目等。在检查时，应当审阅原始凭证，分析其正确性与合理性；区分应当计入财务费用和资产成本的利息费用，检查相应的账务处理是否正确。

五、财务费用审查的主要工作底稿

(1) 财务费用内部控制制度审查的工作底稿。

(2) 财务费用总分类账与所属明细分类账核对的工作记录。

(3) 财务费用明细清单。

(4) 财务费用明细账审查的工作记录。

(5) 财务费用凭证审查中收集和自行编制的工作底稿。

(6) 财务费用审查计划与程序表。财务费用审查中可能使用的相关审计程序示例如表 7-4 所示。

表 7－4 财务费用审计程序表

被审计单位：A公司＿＿＿＿＿＿＿ 审核员：＿＿ 日期：＿＿ 索引号：＿＿
审 查 项 目：财务费用＿＿＿＿ 会计期间：＿＿ 复核员：＿＿ 日期：＿＿ 页 次：＿＿

一、审计目标

①确定财务费用的记录是否完整；②确定财务费用的计算是否正确；③确定财务费用的披露是否恰当。

二、审计程序

序号	内容	执行情况说明	索引号
1	获取或编制财务费用明细表，复核加计正确并核对与总账、报表发生额及明细账合计数是否相符		
2	将本年度财务费用与上年度的财务费用及本年度各个月份的财务费用进行比较，如有重大波动和异常情况应查明原因		
3	审查利息支出明细账，复核借款利息支出应计数，注意审查现金折扣的会计处理是否正确		
4	复核应收票据贴现息的计算与会计处理是否正确		
5	选择重要或异常的利息费用项目或大金额冲减财务费用项目，检查其原始凭证是否合法，会计处理是否正确		
6	必要时，对财务费用实施截止日测试，检查有无跨期入账的现象		
7	审查汇兑损益明细账，检查汇兑损益计算方法是否正确，核对所用汇率是否正确		
8	对于从筹建期间汇兑损益转入的，应查明其摊销方法在前后期是否保持一致，摊销金额是否正确		
9	审查“其他”子目明细账，检查大额金融机构手续费的真实性		
10	审阅下期期初财务费用明细账，检查各项目有无跨期入账情况，对重大跨期项目，应作必要调整		
11	检查从其他企业或非银行金融机构取得的利息收入是否已按规定计缴营业税		
12	验明财务费用的披露是否恰当		

三、调整事项说明及调整分录（注：分录请写到二级科目，并注明底稿索引；如篇幅不够，请另加页附后）

四、发生额

上年发生额				本年发生额			
上年审定数（或未审数）		本期审定数		未审数		本期审定数	

五、审计结论

1. 本科目经审计后无调整事项，余额可以确认：
2. 本科目经审计调整后，审定数可以确认：
3. 因______________________原因，本科目余额不能确认：

六、参考案例

案例：违规将应当资本化的利息费用化以逃避税收

情况：2019 年 2 月，查账人员检查甲公司 2018 年 11 月份的“财务费用”明细账时，发现该月发生大笔借款利息，比其他月份明显增加，其中有一笔大额的财务费用 200 000 元，由于金额较大，查账人员欲对此进行调查。

查证：

调阅该笔记账凭证，会计分录为：

借：财务费用　　200 000

　　贷：长期借款　　200 000

查阅原始凭证，所附的原始凭证表明该企业是为购建固定资产而发生的借款利息支出，且该利息费用 20 万元是在固定资产达到预计可使用状态之前的利息费用，应计入固定资产价值，再检查“固定资产”“在建工程”明细账却没有该利息 20 万元，只在“财务费用”账中查到利息 20 万元。该企业为了隐瞒利润，偷税漏税，将应予以资本化的利息计入了财务费。

账务调整：

借：固定资产　　200 000

　　贷：以前年度损益调整　　200 000

借：以前年度损益调整　　50 000

　　贷：应交税费——应交所得税　　50 000

借：以前年度损益调整　　150 000

　　贷：盈余公积　　15 000

　　　　利润分配——未分配利润　　135 000

案例点拨：检查财务费用时，应审阅原始凭证相关信息，分析各项支出的真实性与合理性，分析利息支出应当费用化还是资本化，检查相关的账务处理是否正确。

第七节　资产减值损失

一、概念

资产减值损失是指因资产的账面价值高于其可收回金额而造成的损失，指企业在资产负债表日，经过对资产的测试，判断资产的可收回金额低于其账面价值而计提资产减值损失准备所确认的相应损失。企业所有的资产在发生减值时，原则上都应当对所发生的减值损失及时加以确认和计量，因此，资产减值包括所有资产的减值。

二、账务处理

（1）企业根据资产减值等准则确定资产发生减值的，按应减记的金额，借记“资产减值损失”科目，贷记“坏账准备”“存货跌价准备”“长期股权投资减值准备”“持有至到期投资减值准备”“固定资产减值准备”“在建工程——减值准备”“工程物资——减值准备”“生产性生物资产——减值准备”“无形资产减值准备”等科目。

（2）企业计提坏账准备、存货跌价准备、持有至到期投资减值准备、贷款损失准备等后，相关资产的价值又得到恢复，应在原已计提的减值准备金额内，按恢复增加的金额，借记“坏账准备”“存货跌价准备”“持有至到期投资减值准备”等科目，贷记“资产减值损失”科目。

三、违规操作检查重点

资产减值损失的违规操作主要表现在多计或少计资产减值损失金额以调节利润。在检查此类违规操作时，应当了解企业的资产状况，分析其是否存在减值迹象，并复核计提资产减值损失的依据及金额是否真实、准确。

四、参考案例

案例：违规确认减值损失调减利润

情况：2019 年 3 月，查账人员在检查甲公司“资产减值损失”账务时，发现甲公司在 2018 年 12 月确认了较多的资产减值损失，检查明细账发现绝大多数是计提的存货跌价准备，查账人员认为其中存在疑点，遂决定实施检查。

查证：查账人员调出其中一笔金额较大的记录，其会计分录为：

借：资产减值损失　　1 000 000

　　贷：存货跌价准备　　1 000 000

检查原始凭证，为 A 产品存货跌价准备的计算依据，查账人员因此查看 A 产品在 2018 的销售收入状况。经审阅、比较，查账人员发现甲公司 A 产品的销售收入并没有下降，反而同比增长了 4%，经销售人员询问得知 A 产品的市场销售状况良好，并没有出现市价下滑的现象。因此，可以确定甲公司计提的存货跌价准备并没有合理的依据。在质疑与事实面前，甲公司财务人员承认由于今年利润情况较好，为了平滑利润减少来年压力，而违规计提了存货跌价准备。

账务调整：

借：存货跌价准备　　1 000 000
　　贷：以前年度损益调整　　1 000 000
借：以前年度损益调整　　250 000
　　贷：递延所得税负债　　250 000
借：以前年度损益调整　　750 000
　　贷：盈余公积　　75 000
　　　　利润分配——未分配利润　　675 000

案例点拨： 在检查“资产减值损失”时，应当分析计提资产减值准备的依据是否真实、合理，如果认为存在疑点应当进一步追查求证。

第八节　公允价值变动损益

一、概念

公允价值变动损益是指企业以各种资产，如投资性房地产、交易性金融资产等公允价值变动形成的应计入当期损益的利得或损失，即公允价值与账面余额之间的差额。该项目反映了资产在持有期间因公允价值变动而产生的损益。

二、账务处理

（1）资产负债表日，企业应按交易性金融资产的公允价值高于其账面余额的差额，借记“交易性金融资产——公允价值变动”，“投资性房地产——公允价值变动”科目，贷记“公允价值变动损益”科目；公允价值低于其账面余额的差额，做相反的会计分录。

（2）出售交易性金融资产时，应按实际收到的金额，借记“银行存款”等科目，按其账面余额，贷记“交易性金融资产——成本、公允价值变动”科目，同时，按“公允价值变动损益”科目的余额，借记或贷记本科目，贷记或借记“投资收益”科目。处置以公允模式进行后续计量的投资性房地产时，按照收到的金额，借记“银行存款”等科目，贷记“其他业务收入”；借记“其他业务成本”贷记“投资性房地产——成本、公允价值变动”科目，同时，结转投资性房地产累积公允价值变动。若存在原转换日计入“其他综合收益”的金额，一并结转。

三、违规操作检查

公允价值变动损益的违规操作主要体现在多记或少记公允价值变动金额以此来调节利润的行为，在检查时，应当复核其确认依据的真实性与合理性。

四、参考案例

案例：不确认公允价值变动损益

情况：2019年2月，查账人员在检查甲公司2018年交易性金融资产账目时，发现该项金融资产只有“交易性金融资产——成本”明细，没有“交易性金融资产——公允价值变动”科目，因此查账人员怀疑甲公司存在未确认公允价值变动损益的嫌疑。

查证：查账人员调出取得该项资产时的2018年6月19号记账凭证，其分录为：

借：交易性金融资产——成本　　200 000

　　投资收益　　10 000

　　贷：其他货币资金——存出投资款　　210 000

该交易性金融资产为乙公司股票10 000股，购买时的成本为200 000元，检查其期末账面价值后，发现仍为200 000元。于是查账人员查询了期末乙公司股票股价，而后发现2014年10月起其股价即开始下降，至年末股价已下降为15元/股，因此甲公司在2014年年末应当确认的公允价值变动金额＝150 000－200 000＝－50 000（元），而甲公司为了防止利润下降，没有确认相应的损失。

账务调整：

借：以前年度损益调整　　50 000

　　贷：交易性金融资产——公允价值变动　　50 000

借：递延所得税资产　　12 500

　　贷：以前年度损益调整　　12 500

借：盈余公积　　3 750

　　利润分配——未分配利润　　33 750

　　贷：以前年度损益调整　　37 500

案例点拨：在查找有关“公允价值变动损益”的违规操作时，应当复核资产在期末时的公允价值，检查公允价值变动损益确认的金额是否正确。

第九节　投资收益

一、概念

投资收益是对外投资所取得的利润、股利和债券利息等收入减去投资损失后的净收益，企业处置交易性金融资产、交易性金融负债、可供出售金融资产实现的损益以及持有至到期投资、买入返售金融资产、长期股权投资在持有期间取得的投资收益和处置损益，也在本科目核算。

二、账务处理

（1）企业在取得交易性金融资产（负债）时，按支付的手续费金额，借记“投资收益”科目，贷记“银行存款”等科目。

（2）在长期债券持有期间，应于每期结账时，按应收取的利息，借记“应收利息”科目，按当期应分摊的溢价或折价，贷记或借记“持有至到期投资——损益调整”，按其差额，贷记“投资收益”科目。

（3）长期股权投资采用权益法核算的，资产负债表日，应按被投资单位实现的净利润或经调整的净利润计算应享有的份额，借记“长期股权投资——损益调整”科目，贷记“投资收益”科目。如果被投资单位实现亏损，则做相反的会计分录。

（4）企业在处置交易性金融资产（负债）可供出售金融资产、持有至到期投资等资产时，借记“银行存款”等科目，贷记投资资产的账面余额，按其差额借记或贷记“投资收益”科目。

三、投资收益审查的一般方法

对投资收益的审查，首先进行投资收益的内部控制制度审查，在此基础上确定进一步审查的重点；然后进行投资收益业务的审查；最后进行投资收益账务处理以及报表披露的审查。

1. 投资收益内部控制制度的审查

审查投资收益内部控制制度文件，对投资收益内部控制制度评审，应在描述其内控制度的基础上，审查其建立执行情况及效果，对投资收益内部控制制度不完善、不健全的环节，应加以揭示，并确定进一步审查重点。

2. 投资收益总分类账与投资收益明细分类账的核对

将投资收益总分类账与投资收益明细分类账核对，查明是否一致。取得或编制投资收益明细清单并与投资收益明细账核对相符。

3. 投资收益明细分类账的审查

审查投资收益各明细分类账的具体情况，分析各月波动情况是否正常；审查大额投资收益，查明异常现象和重大波动原因，审查投资收益金额计算的正确性。

4. 投资收益凭证及账务处理的审查

投资收益的审查，应注意审查会计凭证。一般来说，企业投资收益的业务不是太多，应采用详查法对每一笔投资收益凭证进行审查，包括对原始凭证、记账凭证真实性、合法性、正确性的审查。

企业发生的对外投资取得的收益或发生的损失在“投资收益”账户中核算。期末应将本账户余额转入“本年利润”账户，结转后该账户无余额。审查时，应根据“投资收益”账户并结合“交易性金融资产”“持有至到期投资”等账户，认真审查投资收益凭证的真实性和正确性，审查投资收益的账务处理是否符合会计制度的规定。

5. 投资收益（损失）入账时间及入账金额的审查

（1）入账时间的审查。审查持有至到期投资，是否按期及时计算投资收益，并登记入账；审查长期股权投资，其成本法和权益法的选用是否合理，采用权益法确认投资收益时，还应查明是否及时调整长期投资账面值，按规定确认当期投资收益等。

（2）入账金额的审查。审查时，先从“交易性金融资产”“持有至到期投资”“长期股权投资”明细分类账上，查明企业的对外投资项目，然后对照“投资收益”账户，核对各项投资收益是否已正确入账，是否存在私设“小金库”的情况。

6. 投资收益期末结转的审查

按照会计制度的规定，期末应将“投资收益”账户贷方归集的发生额结转入“本年利润”账户。审查时，还应查明企业是否存在“投资收益”长期挂账不结转的情况，防止影响当期利润计算的正确性。

投资收益在利润表中应单独列示，审查时，应查明投资收益实际发生数与其在利润表上的数额是否一致。

四、违规操作检查重点

投资收益的违规操作主要表现为：截留短期投资收益、长期债券投资利息收入、联营利润、出售股票收益等投资收益，以降低利润、逃避税款等。在查找此类违规操作时，应检查“交易性金融资产”“可供出售金融资产”“持有至到期投资”“长期股权投资”“投资收益”明细账，同时，应仔细检查“应付账款”“其他应付款”“应收账款”等明细账，以证实是否以这些账户隐匿企业的投资收益。

五、投资收益审查的主要工作底稿

（1）投资收益内部控制制度审查的工作底稿；

（2）投资收益总分类账与投资收益明细分类账核对的工作记录；

（3）投资收益明细清单；

（4）投资收益明细账及有关凭证审查的工作底稿等。投资收益审查中可能使用的相关审计程序示例如表 7－5 所示。

表 7－5　投资收益审计程序表

被审计单位：A公司　　审核员：____　日期：____　索引号：____

审查项目：投资收益　　会计期间：______　复核员：____　日期：____　页　次：____

一、审计目标

①确定投资收益的记录是否完整；②确定投资收益入账依据是否充分；③确定投资收益的计算是否正确；④确定投资收益的披露是否恰当。

二、审计程序

序号	内容	执行情况说明	索引号
1	获取或编制投资收益明细表，复核加计正确并核对与总账、报表发生额及明细账合计数是否相符		

续表

序号	内容	执行情况说明	索引号
2	与上期投资收益比较，结合长短期投资变动情况，分析本期投资收益是否存在异常现象，如有应查明原因，并作适当处理		
3	检查投资收益的会计凭证，并同短期投资、长期投资的审计结合起来，验证确定投资收益的计算依据是否充分，计算是否正确，期间归属是否恰当，并取证相关合同协议和董事会决议		
4	对成本法核算下收到收益，应查验并取证被投资单位会计报表、董事会利润分配决议并审查是否与投资匹配		
5	检查国外的投资收益汇回是否存在重大限制，若存在重大限制，应说明原因		
6	检查投资减值准备的会计处理是否正确，复核金额是否与长短期投资账面相符		
7	检查转让、出售股票、债券的交易凭证是否真实、合法，会计处理是否正确		
8	对本期发生收购或转让股权的，应与股权购买日或转让日的验证相结合，查验投资收益的计算是否正确		
9	检查是否存在应纳税调整的项目，并作出记录		
10	验明投资收益的披露是否恰当		

三、调整事项说明及调整分录（注：分录请写到二级科目，并注明底稿索引；如篇幅不够，请另加页附后）

四、发生额

上年发生额				本年发生额			
上年审定数（或未审数）		本期审定数		未审数		本期审定数	

五、审计结论

1. 本科目经审计后无调整事项，余额可以确认：

2. 本科目经审计调整后，审定数可以确认：

3. 因____________________原因，本科目余额不能确认：

六、参考案例

案例：少计投资收益，逃避税款

情况：2019 年 3 月，查账人员在检查甲公司“交易性金融资产”账务时，得知甲公司在 2018 年 12 月份将其在 2018 年 1 月份购买的股票出售，期末交易性金融资产的账面价值为0元，在检查“投资收益”账户时，投资收益贷方发生额为50 000元。

查证：

调出2018年12月出售交易性金融资产的记账凭证，其分录为：

借：银行存款　　200 000

　　贷：交易性金融资产——成本　　100 000

　　　　　　　　　　——公允价价值变动　　50 000

　　　　投资收益　　50 000

该凭证上并没有结转“公允价值变动损益”，在进一步查看“公允价值变动损益”账务时，发现其年末结转时的贷方对应科目为“本年利润”，说明甲公司在处置交易性金融资产时并没有结转相应的公允价值变动损益的金额，以此来达到逃避税款的目的。

账务调整：

借：递延所得税负债　　12 500

　　贷：应交税费——应交所得税　　12 500

案例点拨：在查找与“投资收益”有关的违规操作时，不能仅仅检查“投资收益”明细账，而是应当结合检查与之相关的账户如“交易性金融资产”“可供出售金融资产”“持有至到期投资”“长期股权投资”等明细账及相关凭证，查找是否存在少计投资收益以偷逃税款的情况。

第十节　营业外收入

一、概念

营业外收入是指企业确认与企业生产经营活动没有直接关系的各种收入。营业外收入并不是由企业经营资金耗费所产生的，不需要企业付出代价，实际上是一种纯收入，不需要与有关费用进行配比。营业外收入主要包括：非流动资产处置利得、非货币性资产交换利得、出售无形资产收益、债务重组利得、企业合并损益、盘盈利得、因债权人原因确实无法支付的应付款项、政府补助、教育费附加返还款、罚款收入、捐赠利得等。

二、账务处理

（1）企业转让固定资产时，先结转固定资产原值和已提累计折旧额，借记“固定资产清理”“累计折旧”科目，贷记“固定资产”科目；收到双方协议价款，借记“银行存款”科目，贷记“固定资产清理”科目；最后结转清理损益，若转出价款高于固定资产账面净值，借记“固定资产清理”科目，贷记“营业外收入”科目。

（2）企业处置无形资产时，应按实际收到的金额等，借记“银行存款”等科目，按已计提的累计摊销，借记“累计摊销”科目，按应支付的相关税费及其他费用，贷记“应交税费”“银行存款”等科目，按其账面余额，贷记“无形资产”科目，按其贷方差额，贷记“营业外收入——处置非流动资产利得”科目，已计提减值准备的，还应同时结转减值准备。

（3）确认的政府补助利得，借记“银行存款”“递延收益”等科目，贷记本科目。

三、营业外收入审查的一般方法

1. 内部控制制度的审查

（1）审查营业外收入审批手续。由于营业外收入业务比较特殊，企业内部容易出现无人管理的真空地带，检查时应注意营业外收入业务是否经过有关部门授权审批、签字，其审批部门是否超越权限。

（2）审查营业外收入凭证管理是否齐全。营业外收入业务比较零碎，企业管理比较松散，往往会出现销售不开票的现象，查账时应特别注意营业外收入的发生与有关会计凭证是否吻合，会计凭证是否齐全。

（3）审查营业外收入账务处理。审查是否有专人负责营业外收入的账务处理，营业外收入发生是否按规定及时入账。

2. 营业外收入总分类账与营业外收入明细分类账的核对

在审查营业外收入内部控制制度基础上，采用核对法进一步审查营业外收入账户，核对营业外收入总分类账与所属明细分类账金额，查明总分类账与明细分类账内容是否一致，发生额是否相符。

3. 营业外收入明细分类账的审查

在营业外收入总分类账与明细分类账核对一致的基础上，还应详细审查营业外收入明细账。首先，审查营业外收入明细分类账中日期和凭证号数栏，查明是否根据记账凭证逐笔登记明细账；审阅摘要是否清晰，审查营业外收入明细分类账登记的内容是否与所附的原始凭证的内容一致，审查经济业务的发生是否合法、正常，账务处理是否正确，金额是否合理；复核金额是否正确。其次，对营业外收入进行复核，并分析各月营业外收入波动情况是否正常；审查大额营业外收入，了解异常现象和重大波动发生的原因。通过以上核查，发现企业存在的问题。

4. 营业外收入凭证及账务处理的审查

“营业外收入”账户核算企业取得的与企业生产经营无直接关系的各项收入。贷方登记企业本期实际发生的营业外收入，借方登记企业期末转入“本年利润”账户的营业外收入，结转后该账户无余额。

查账人员要根据明细账记录重点审查有关会计凭证，在业务量不多时，应详细核对有关原始凭证，了解其账务处理是否符合实际业务情况，账务处理是否及时、正确。

5. 营业外收入是否全部入账的审查

实际工作中，截留、隐匿营业外收入的情况时有发生，查账人员应重点审查营业外收入是否全部入账。其审查方法是，检查“银行存款”日记账及“库存现金”日记账的记录，从摘要记录及对方科目中发现线索，检查“应付账款”“应付职工薪酬”

“其他应付款”等明细分类账记录，核对有关的记账凭证和原始凭证，审查其账务处理是否符合实际业务情况，查明被审查单位是否存在营业外收入不入账，截留、隐匿私设“小金库”的情况。

6. 营业外收入期末结转的审查

营业外收入属于企业损益，是企业利润总额的组成部分。按照企业会计制度规定，期末应将“营业外收入”贷方所归集的发生额全部结转入“本年利润”账户。应审查结转运用的账户和结转的金额是否正确。

营业外收入在利润表中应单独列示，是利润总额的加项，查账人员应查明营业外收入的实际发生额与其列示在利润表中的金额是否一致。

四、违规操作检查重点

关于营业外收入的违规操作主要表现为隐瞒、截留或虚列、多计营业外收入金额以此进行贪污舞弊或调节利润。在检查时，需要从企业内控制度入手，检查营业外收入的审批手续是否健全，检查相关的凭证资料；审查企业发生的各项营业外收入是否及时全部入账，有无不入账的现象，账务处理是否正确等。

五、营业外收入审查的主要工作底稿

（1）营业外收入内部控制制度审查的工作底稿。

（2）营业外收入总分类账与营业外收入明细分类账核对的工作记录。

（3）营业外收入明细清单。

（4）营业外收入明细账审查的工作记录。

（5）营业外收入凭证审查中收集和自行编制的工作底稿。

（6）营业外收入审查计划与程序表。营业外收入审查中可能使用的相关审计程序示例如表 7－6 所示。

表 7－6　上海立信长江会计师事务所有限公司

SHU LUN PAN CERTIFIED ACCOUNTANTS CO, LTD.

审计程序表

被审计单位：____________________ 审核员：____ 日期：____ 索引号：____

审 查 项 目：营业外收入________ 会计期间：____ 复核员：____ 日期：____ 页　次：____

一、审计目标

①确定营业外收入的记录是否完整；②确定营业外收入的计算是否正确；③确定营业外收入的披露是否恰当。

二、审计程序

序号	内容	执行情况说明	索引号
1	获取或编制营业外收入项目明细分类表，复核加计正确并核对与总账、报表发生额及明细账合计数是否相符		

续表

序号	内容	执行情况说明	索引号
2	检查核算内容是否符合会计制度的规定		
3	抽查大额营业外收入或性质特殊的项目，检查原始凭证是否齐全，审核其内容的真实性、依据的充分性、会计处理是否正确		
4	检查是否存在处置无形资产（包括技术转让）收益，必要时调减应纳税所得额		
5	验明营业外收入的披露是否恰当		
6			

三、调整事项说明及调整分录（注：分录请写到二级科目，并注明底稿索引；如篇幅不够，请另加页附后）

四、本期发生数

上年发生额				本年发生额			

五、审计结论

1. 本科目经审计后无调整事项，余额可以确认：

2. 本科目经审计调整后，审定数可以确认：

3. 因____________________原因，本科目余额不能确认：

六、参考案例

案例：隐匿营业外收入

情况：2018 年 12 月，查账人员审查甲公司 2018 年的“应付职工薪酬”明细账时发现 10 月 10 日的摘要为“收到乙公司违约金 10 000 元”，查账人员怀疑甲公司存在隐匿营业外收入的嫌疑，将罚款列入了“应付职工薪酬”账户。

查证：

调阅 10 月 10 日 20 号记账凭证，其会计分录为：

借：库存现金　　10 000

　　贷：应付职工薪酬　　10 000

记账凭证的摘要为“收到乙公司违约金 10 000 元”。

又有 12 月 8 日 15 号记账凭证，其会计分录为：

借：应付职工薪酬　　10 000

　　贷：库存现金　　10 000

询问财务人员，财务人员承认将该罚款用于支付了生产人员的员工薪酬。

账务调整：

借：生产成本　　10 000

　　贷：营业外收入　　10 000

如果已制成产成品，还应：

借：库存商品　　10 000

　　贷：生产成本　　10 000

如果已经售出，则：

借：主营业务成本　　10 000

　　贷：库存商品　　10 000

案例点拨：在查找违规操作时，应当关注一些非常的会计处理，分析其合理性，若认为相关账务处理不符合常理，应当实施进一步检查。

第十一节　营业外支出

一、概念

营业外支出是指企业发生的与其日常活动无直接关系的各项损失，主要包括非流动资产处置损失、公益性捐赠支出、盘亏损失、罚款支出、非货币性资产交换损失、债务重组损失等。

二、账务处理

（1）企业确认处置非流动资产损失时，借记“营业外支出”科目，贷记“固定资产清理”“无形资产”“原材料”等科目。

（2）确认盘亏、罚款支出、捐赠支出等计入营业外支出时，借记“营业外支出”科目，贷记“待处理财产损溢”“库存现金”“银行存款”等科目。

三、营业外支出审查的一般方法

1. 营业外支出内部控制制度的审查

（1）审查营业外支出审批手续。由于营业外支出业务比较繁杂，容易出现无人管理等现象，检查时应注意营业外支出业务是否经过有关部门授权审批、签字，有无超越权限批准的情况。

（2）审查营业外支出凭证管理是否齐全。营业外支出业务比较零碎，企业管理比较松散，开票管理不严格，查账时应特别注意营业外支出的发生与有关会计凭证是否吻合，会计凭证是否齐全。

（3）审查营业外支出账务处理。审查是否有专人负责营业外支出的账务处理，当营业外支出发生时是否按规定及时入账。

2. 营业外支出总分类账与营业外支出明细分类账的核对

采用核对法将营业外支出总分类账与营业外支出明细分类账核对，检查二者是否一致。审查方法可以比照营业外收入总分类账与明细分类账的核对，此处不再赘述。

3. 营业外支出明细分类账的审查

审查营业外支出明细分类账，详细审查营业外支出各明细账的具体情况，分析各月波动情况是否正常；审查大额营业外支出，查明异常现象和重大波动原因，查阅有关成本、费用明细账，审阅固定资产、无形资产等明细分类账，审查营业外支出明细项目与金额的真实性和正确性。

4. 营业外支出凭证及账务处理的审查

营业外支出凭证的审查：首先，应审查营业外支出范围是否合规。按营业外支出开支范围的要求，检查其合规性，是否存在借营业外支出项目营私舞弊的情况。注意审查有无将不属于开支范围的支出列入营业外支出，有无将期间费用挤入营业外支出以及人为调节费用指标；有无为掩饰企业发生的损失而故意不列或不及时入账等情况。审查时可从审阅营业外支出明细分类账出发，查对固定资产明细分类账、无形资产明细分类账，并核对有关记账凭证和原始凭证。其次，审查营业外支出是否真实，审批手续是否完备。审查营业外支出凭证的真实性，是否存在虚假会计凭证，检查、核对、复算有关原始凭证及记账凭证时还要注意以下几个方面：

（1）处置非流动资产损失、盘亏损失处理的金额是否真实、正确，有无故意增大支出的行为，处理手续是否合规完备。

（2）自然灾害非常损失，是否为损失总价扣除残值收入和保险公司赔偿部分的净损失，有无将直接损失列支的现象。

（3）非货币性交换损失、债务重组损失是否符合规定，并认真复核其损失数是否准确。

审查营业外支出账务处理的正确性。审查营业外支出账务处理中账户运用是否合规、金额是否正确。

会计制度规定，企业发生的季节性停工损失和大修理期间的停工损失应记入制造费用，除此之外所产生的停工损失应记入营业外支出。

5. 营业外支出的期末结转

营业外支出不属于经营性支出，直接构成利润的减项。期末应将“营业外支出”账户借方归集的发生额全部结转入“本年利润”账户。结转后该账户无余额。

营业外支出在利润表中应单独列示，查账人员还应查明营业外支出的实际发生数与其在利润表中的列示是否一致。

四、违规操作检查重点

有关“营业外支出”的违规操作主要表现在虚列营业外支出、相关账务处理不正确、不及时等。在查找此类违规操作时，应当检查“营业外支出”明细账，并将其合计数与总账数、报表数核对，看是否相符。对非常损失应详细检查有关资料，包括企业的实际损失和保险理赔情况及审批文件等。对营业外支出的各项目，包括处理固定资产、无形资产净损失、固定资产盘亏、债务重组净损失等，与“固定资产”“无形资产”“应收账款”等相关账户记录核对，看是否相符，并追查至相关原始凭证。

五、营业外支出审查的主要工作底稿

（1）营业外支出内部控制制度审查的工作底稿。

（2）营业外支出总分类账与营业外支出明细分类账核对的工作记录。

（3）营业外支出明细清单。

（4）营业外支出明细账审查的工作记录。

（5）营业外支出凭证审查中收集和自行编制的工作底稿。

（6）营业外支出审查计划与程序表。营业外支出审查中可能使用的相关审计程序示例如表7－7所示。

表7－7　营业外支出审计程序表

被审计单位：A公司________________ 审核员：____ 日期：____ 索引号：____

审 查 项 目：营业外支出________ 会计期间：____ 复核员：____ 日期：____ 页　次：____

一、审计目标

①确定营业外支出的记录是否完整；②确定营业外支出的计算是否正确；③确定营业外支出的披露是否恰当。

二、审计程序

序号	内容	执行情况说明	索引号
1	获取或编制营业外支出明细表，复核加计正确并核对与总账、报表发生额及明细账合计数是否相符		
2	检查营业外支出的内容是否符合会计制度的规定		
3	抽查大额营业外支出，检查内容是否真实、正确，原始凭证是否齐全，依据是否充分，会计处理是否正确		
4	检查是否有纳税所得额调整的项目，如有，应作出记录		
5	验明营业外支出的披露是否恰当		

三、调整事项说明及调整分录（注：分录请写到二级科目，并注明底稿索引；如篇幅不够，请另加页附后）

四、本期发生数

上年发生额			本年发生额		
上年审定数（或未审数）		本期审定数	未审数	本期审定数	

五、审计结论

1. 本科目经审计后无调整事项，余额可以确认：
2. 本科目经审计调整后，审定数可以确认：
3. 因____________________________原因，本科目余额不能确认：

六、参考案例

案例：将贪污款列作营业外支出

情况：2019 年 2 月，查账人员在检查甲公司“营业外支出”项目，在翻阅 2018 年 10 月 11 日 20 号凭证时，发现该笔营业外支出项目的后附原始凭证不完整，查账人员认为存在疑点，遂开展调查。

查证：该笔业务的分录为：

借：营业外支出　　50 000

　　贷：银行存款　　50 000

所附原始凭证除一支票存根外，无任何其他原始凭证。查账人员遂质询该凭证的记账人员，并经过多方查询弄清真相：该企业会计利用某新来的出纳员不熟悉会计业务的机会，采用伪造凭证的贪污手法从银行提取现金中饱私囊。该企业财务人员伪造凭证从企业贪污 50 000 元的银行存款，虚增了企业的“营业外支出”数额，少交了所得税。

账务调整：

借：其他应收款　　500 000

　　贷：以前年度损益调整　　50 000

借：以前年度损益调整　　12 500

　　贷：应交税费——应交所得税　　12 500

借：以前年度损益调整　　37 500

　　贷：盈余公积　　3 750

　　　　利润分配——未分配利润　　33 750

案例点拨：检查“营业外支出”违规操作时，应当对后附的原始凭证真实性进行审核，并分析将相应的费用、支出等列入营业外支出的合理性。

第十二节 所得税费用

一、概念

所得税费用是指企业计入当期损益的所得税费用，企业采用资产负债表债务法对所得税费用进行核算。所得税费用是指企业经营利润应交纳的所得税，是损益类科目，在金额上一般不等于当期应交所得税，因为可能存在“暂时性差异”，如果只有永久性差异，则等于当期应交所得税。

二、账务处理

确认当年的所得税费用时，按本期应计入所得税费用的金额，借记“所得税费用”科目，按当期应支付的所得税金额，贷记“应交税费——应交所得税”，按应确认的递延所得税的金额，借记“递延所得税资产”科目或贷记“递延所得税负债”科目。

三、所得税费用审查的一般方法

所得税费用是企业按税法规定计算的并从当期损益中扣除的企业所得税。实行新准则的企业，所得税核算采用纳税影响会计法下的债务法。常见的所得税费用错弊主要有：疏漏和人为调节企业所得税费用，应纳所得税费用额计算不正确，税率选用不正确，减免税手续不完备，所得税费用计算错误等。

1. 应纳税所得额的审查

根据《企业所得税法》规定，企业每一纳税年度的收入总额，减除不征税收入、免税收入、各项扣除以及允许弥补的以前年度亏损后的余额，为应纳税所得额。而会计在计算企业应纳税所得额时，则是以会计利润为基础，依照《企业所得税法》规定，减除不征税收入、免税收入、各项扣除以及允许弥补的以前年度亏损。因此，对所得税费用进行审查，首先应审查企业利润总额计算是否正确，再审查所得税费用计算中按照税法规定不征税收入、免税收入以及各项扣除的真实性和正确性，审查税率确定是否准确，计算是否正确等。

（1）对会计利润的审查。对会计利润总额的审查通常结合各收入、支出类账户的审查同时进行，查实是否已将各项收入都计入收入总额，是否已将各项费用支出正确计入费用总额，以确定利润总额是否正确。在审查各损益类账户的基础上，根据“本年利润”账户，对应检查各损益类账户的结转是否正确，确保利润总额的真实性、正确性。

（2）对不征税收入、免税收入的审查。《企业所得税法》规定，不征税收入包括财政拨款；依法收取并纳入财政管理的行政事业性收费、政府性基金；以及国务院规定的其他不征税收入。免税收入包括国债利息收入；符合条件的居民企业之间的股息、红利等权益性投资收益；在中国境内设立机构、场所的非居民企业从居民企业取得与该机构、场所有实际联系的股息、红利等权益性投资收益；符合条件的非营利组织的收入。在审查时，应注意企业此类收入核算的正确性，范围是否正确，是否符合税法的有关规定。

（3）对扣除调整项目的审查。应纳税所得额计算中一个非常重要的环节就是确定准许扣除调整项目及其金额。在会计核算上，这类支出已记入各项费用账户，在会计利润中反映，因此对扣除调整项目的审查是所得税费用审查的重要内容。

查账人员在查账时，应审查扣除项目是否正确。是否有将不得扣除的项目，如资本性支出、无形资产开发支出、向投资者支付的股息、红利等权益性投资收益款项、税收滞纳金、罚金、罚款和被没收财物的损失、除公益性捐赠以外的捐赠支出、赞助支出、未经核定的准备金支出、与取得收入无关的其他支出等，从收入总额中任意扣除的现象；审查是否存在超标准扣除的情况。

2. 适用税率的审查

纳税人的企业所得税费用，所得税税率一般为25%，符合条件的小型微利企业，减按20%的税率征收企业所得税，国家需要重点扶持的高新技术企业，减按15%的税率征收企业所得税。非居民企业在中国境内未设立机构、场所的，或者虽设立机构、场所但取得的所得与其所设机构、场所没有实际联系的，应当就其来源于中国境内的所得，减按10%的税率征收企业所得税。因此在审查企业所得税适用税率时，应注意查明适用的税率是否正确，有无税率适用错误的情况。

3. 所得税减免的审查

根据税法规定，为鼓励企业发展高新技术以及扶持小型微利企业等，国家给予企业一定的税收减免，在查账时，应查明税款的减免是否正确，有没有超范围、超期限、超审批权限任意减免所得税的情况。

4. 所得税费用账务处理及年终结转的审查

企业设置“所得税费用”账户核算发生的所得税费用，该账户借方登记企业计入本期损益的所得税费用，贷方登记期末转入“本年利润”账户的所得税费用。期末结转本年利润后，该账户无余额。

审查所得税费用的账务处理时，首先，应注意企业按应纳税所得额计算的应交所得税费用，应借记“所得税费用”科目，贷记“应交税费——应交所得税”科目；其次，应注意企业实际交纳所得税费用时，应借记“应交税费——应交所得税”科目，贷记“银行存款”科目。

在审查年末结转所得税费用时，应注意企业是否已将“所得税费用”科目的余额全部转入“本年利润”科目，是否有多转或少转，以调节当年利润的情况。

所得税费用在利润表中应作为“利润总额”减项单独列示，应查明企业所得税费用实际发生额与其在报表中的列示是否一致。

四、违规操作检查重点

“所得税费用”的违规操作主要表现在因所得税或递延所得税金额计算不正确而导致的所得税费用错误。在检查时，核实所得税的计算依据，根据审定后的利润总额和规定的企业所得税税率，复核本期所得税数额是否正确，并根据会计与税法规定的差异，确定递延所得税的金额是否正确。

五、所得税费用审查的主要工作底稿

所得税费用审查工作底稿，主要有所得税费用审定表、所得税费用审查的工作计划及相关工作记录。

六、参考案例

案例：应交所得税金额计算有误

情况：2019 年 2 月，查账人员对甲公司所得税进行专门审查，发现年度会计利润为 400 万元。所得税税率为 25%，企业所得税直接以会计利润 400 万元为计税基数，得出所得税额 100 万元，于是产生怀疑。

查证：检查有关账户："营业外支出"账簿中，年度有一项赞助支出 10 万元，缴纳税收滞纳金 1 万元；审查"管理费用"账户，全年业务招待费 35 万元，超出企业按营业额规定比例计算的业务招待费限额 5 万元。上述各项均为计算所得税时不予扣除的项目，而企业会计却将此扣除未交所得税。应予以补交 4 ［（10＋1＋5）×25%］万元所得税。

账务调整：

借：以前年度损益调整	40 000	
贷：应交税费——应交所得税		40 000
借：盈余公积	4 000	
利润分配——未分配利润	36 000	
贷：以前年度损益调整		40 000

案例点拨：查找"所得税费用"相关的违规操作时，应通过复核所得税、递延所得税金额的计算是否正确来进行。

第八章

分析财务报表查找错弊

财务报表是企业对外提供的反映企业某一特定日期的财务状况和某一会计期间的经营成果、现金流量等会计信息的文件，它体现了企业在经营过程中所发生的各种活动和关系，是财务报表使用者理解企业经营管理过程及其结果的重要载体。然而现实生活中企业利用财务报表传递不实信息来误导报表使用者，已成为一种较为普遍存在的现象。一些企业利用会计信息粉饰经营状况，调节经营成果，有的甚至公然造假，破坏了市场经济的运行基础，扰乱了经济秩序，给市场参与者造成损失。作为市场经济中最重要的商业语言的财务报表，其真实性、客观性、可信性受到人为的影响。本章通过对财务报表的分析评价引导读者如何通过阅读财务报表来发现、甄别其中的失实信息和内容，以尽可能地保护自身利益免受虚假信息的损害。

第一节　财务报表分析与审查

一、财务报表分析的目的

财务报表能够全面反映企业的财务状况、经营成果和现金流量情况，不同的报表使用者利用财务报表有各自不同的目的：企业主管部门、母公司和财政部门重点分析检查企业有关资源的配置，有关财经政策、财经纪律和财经制度的遵守情况以及资本保全和增值情况；投资者重点分析检查企业盈利能力、营运能力和资金使用的效益，了解投资报酬和投资风险；债权人重点分析企业偿债能力，评价企业财务安全（风险）

程度等。为了满足报表使用者多方面的关心以及企业自身经营管理的需要，企业提供的会计报表必须真实、可靠、合规。

财务报表分析的对象是企业的各项基本活动，财务报表分析就是从报表中获取符合报表使用人分析目的的信息，认识企业活动的特点，评价其业绩，发现其问题。财务报表能够全面反映企业的财务状况、经营成果和现金流量情况，但是单纯从财务报表上的数据还不能直接或全面说明企业的财务状况，特别是不能说明企业经营状况的好坏或经营成果的真实性，只有将企业的财务指标与有关的数据进行比较才能说明企业财务状况，因此要进行财务报表分析。

对财务报表进行分析，可以正确评价企业的财务状况、经营成果和现金流量情况，揭示企业未来的报酬和风险；从财务角度出发，对企业的经营绩效做出正确的评估，为决策者提供支持；通过分析关键财务数据，可以识别财务数据中可能存在的造假成分，还原事实真相，维护自身利益。本书主要侧重于通过对财务报表进行分析，以此来评价财务信息的公允性、合法性和一致性，以引导读者如何通过对财务报表进行分析和评价，来查找、甄别其中的舞弊或失真的情况。

二、财务报表分析的方法

对财务报表进行分析的方法主要有以下几种：

1. 比率分析法

对公司财务报表同一会计期间内相关项目相互比较，计算比率，分析评价这些比率可以初步判断企业的偿债能力、盈利能力、资本结构、经营效率等情况。比较常用的财务比率有：资产负债率、流动比率、销售净利率、销售毛利率、存货周转率、应收账款周转率等。

2. 纵横比较分析法

纵向分析是指对公司不同时期的报表项目进行动态的比较分析，分析其偿债能力、盈利能力等的变化趋势；横向分析是指与同行业、同类型的其他企业的财务状况进行比较分析，了解公司在行业领域中的优劣及可能存在的异常。

3. 表间勾稽分析法

对财务报表之间的关联项目进行综合衡量，关注是否存在不合理的疑点，以了解企业真实的盈利质量和资产质量，防止单张报表的误导。

对报表信息进行分析评价时，首先计算出比较关注的、关键的财务比率，对企业的财务、经营等状况有初步的了解。然后进行横向及纵向间的比较分析：通过横向分析，了解被查单位的持续发展情况，清楚其自身发展趋势；通过纵向分析，与同行业相比被查单位财务、经营状况处在何种水平上，了解其在行业领域中的优劣。另外，通过横向和纵向的综合对比分析，还可以发现企业的财务状况、经营成果等是否存在异常，如行业整体利润率下降而公司自身的利润率却显著上升，并以此为切入点进一步去检查、甄别错弊。

第二节　资产负债表分析与审查

一、资产负债表分析

资产负债表是反映企业在某一特定日期的财务状况的会计报表，它集中反映了企业在该特定日期所拥有或控制的经济资源、所承担的经济义务和所有者对净资产的要求权。通过资产负债表可以了解到企业拥有或控制的经济资源及其分布情况、企业的权益结构、了解企业的流动性及财务实力，资产负债表是进行财务分析的基本资料。通过对资产负债表上的有关项目进行分析，可以解释、评价和预测企业的短期偿债能力、长期偿债能力、财务弹性和企业绩效；计算出流动比率、速动比率等，并进而做出正确的决策。分析资产负债表时重点关注的是资产的质量，即资产的变现能力、被企业在未来进一步利用或与其他资产组合增值的质量。不论是分析企业的财务状况，还是考核企业业绩，都需要关注资产负债表各项目的构成和变动。如果该公司一方面有较高的利润，另一方面却呈现存货和应收账款余额大量增加的趋势，则表明虚高的利润是以出现大量的不良资产为代价。因此，从资产和负债的质量入手，可以分析企业资产结构、财务结构（即企业的流动负债、长期负债以及所有者权益的比例关系）和财务效益，分析企业的现金流量、资产安全变现能力以及资产的潜在损失，评价企业财务弹性以及企业财务状况和发展趋势。

与资产负债表相关的主要财务指标有：流动比率、速动比率、现金比率、资产负债率、总资产报酬率、资本保值增值率、资产周转率等，下文将具体介绍如何利用各项财务指标对资产负债表进行分析和评价。

1. 对企业偿债能力的分析

在资产负债表中，衡量企业短期偿债能力的财务指标主要有：流动比率、速动比率和现金比率等，衡量企业长期偿债能力的指标主要包括：资产负债率、股东权益比率和权益乘数等。

（1）流动比率。

$$流动比率=流动资产/流动负债$$

流动比率用于测量企业偿还短期债务的能力，一般来说，流动比率越高，企业偿还短期债务的能力越强。一般认为，生产企业合理的最低流动比率是2。这是因为流动资产中变现能力最差的存货金额约占流动资产总额的一半，剩下的流动性较强的流动资产至少要等于流动负债，企业的短期偿债能力才会有保证。在运用流动比率指标进行经营评价状况时，并不是流动比率越高越好，该指标应该有一个上限，流动比率过高，有可能表明公司资金的运用效率不高。计算出来的流动比率，只有和同行业平均流动比率、本企业历史的流动比率进行比较，才能知道这个比率是高还是低以及是否存在异常情况。

（2）速动比率。

$$速动比率=速动资产/流动负债$$

其中，速动资产 = 流动资产 - 存货，或速动资产 = 流动资产 - 存货 - 预付账款 - 待摊费用

计算速动比率时，从流动资产中扣除存货，是因为存货在流动资产中变现速度较慢，有些存货可能滞销，无法变现。至于预付账款和待摊费用根本不具有变现能力，只是减少企业未来的现金流出量，所以理论上也应加以剔除，但实务中，由于它们在流动资产中所占的比重较小，计算速动资产时也可以不扣除。

一般认为，速动比率维持在1较为正常，它表明企业的每1元流动负债就有1元易于变现的流动资产来抵偿，短期偿债能力有可靠的保证。速动比率过低，企业的短期偿债风险较大，速动比率过高，企业在速动资产上占用资金过多，会增加企业投资的机会成本。但以上评判标准并不是绝对的，实际工作中，应考虑到企业的行业性质。例如商品零售行业，由于采用大量现金销售，几乎没有应收账款，速动比率大大低于1，也是合理的。相反，有些企业虽然速动比率大于1，但速动资产中大部分是应收账款，并不代表企业的偿债能力强，因为应收账款能否收回具有很大的不确定性。所以，在评价速动比率时，还应分析应收账款的质量。

（3）现金比率。

现金比率 =（现金 + 现金等价物）/流动负债

由于现金类资产的流动性最强，所以现金比率是最能反映企业直接偿付流动负债能力衡量的指标。现金比率一般认为20%以上为好，但如果这一比率过高，就意味着企业流动资产未能得到合理运用，而现金类资产获利能力低，这类资产金额太高会导致企业机会成本增加。

（4）资产负债率。

资产负债率 = 负债总额/资产总额

资产负债率反映在总资产中有多大比例是通过借债来筹资的，也可以衡量企业在清算时保护债权人利益的程度，同时也是一项衡量公司利用债权人资金进行经营活动能力的指标，反映债权人发放贷款的安全程度。在企业管理中，资产负债率的高低不是一成不变的，它要看从什么角度分析，债权人、投资者（或股东）经营者各不相同，还要看国际国内经济大环境是顶峰回落期还是见底回升期，以及管理层是激进者、中庸者还是保守者，所以多年来也没有统一的标准。但是对企业来说，一般认为，资产负债率的适宜水平是40% ~60%。

（5）股东权益比率。

股东权益比率 = 股东权益/资产总额

该比率反映企业资产中有多少是所有者投入的，股东权益比率与资产负债率之和等于1。这两个比率从不同的侧面来反映企业长期财务状况，股东权益比率越大，资产负债比率就越小，企业财务风险就越小，偿还长期债务的能力就越强。

（6）权益乘数。

权益乘数 = 资产总额/股东权益总额

权益乘数指资产总额相当于股东权益的倍数。权益乘数越大表明所有者投入企业的资本占全部资产的比重越小，企业负债的程度越高；反之，该比率越小，表明所有

者投入企业的资本占全部资产的比重越大，企业的负债程度越低，债权人权益受保护的程度越高。

2. 对资产盈利能力的分析

（1）总资产报酬率。

总资产报酬率＝息税前利润总额/平均资产总额×100%，息税前利润总额
＝利润总额＋利息支出

该指标衡量的是企业利用所有的资产创造利润的能力，它表示企业包括净资产和负债在内的全部资产的总体获利能力，是评价企业资产运营效益的重要指标。该指标越高，企业资产创造利润的能力越强。

（2）净资产收益率。

净资产收益率＝净利润/平均净资产×100%

该指标衡量的是企业净资产创造利润的能力，反映股东权益的收益水平，用以衡量公司运用自有资本的效率。指标值越高，说明投资带来的收益越高，体现了自有资本获得净收益的能力。净资产收益率越高，企业运用净资产的能力越强，它是衡量股东资金使用效率的重要财务指标。

（3）资本保值增值率。

资本保值增值率＝期末所有者权益/期初所有者权益×100%，或资本保值增值率
＝扣除客观因素后的期末所有者权益/期初所有者权益×100%

资本保值增值率反映了企业资本的运营效益与安全状况，该指标表示企业当年资本在企业自身的努力下的实际增减变动情况，是评价企业财务效益状况的辅助指标。反映了投资者投入企业资本的保全性和增长性，该指标越高，表明企业的资本保全状况越好，所有者权益增长越快，债权人的债务越有保障，企业发展后劲越强。

3. 对资产运营能力的分析

（1）应收账款周转率。

应收账款周转率（次数）＝主营业务收入净额/平均应收账款余额

应收账款周转率反映了企业应收账款变现速度的快慢及管理效率的高低，周转率越高表明：①收账迅速，账龄较短；②资产流动性强，短期偿债能力强；③可以减少收账费用和坏账损失，从而相对增加企业流动资产的投资收益。同时借助应收账款周转期与企业信用期限的比较，还可以评价购买单位的信用程度，以及企业原订的信用条件是否适当。

（2）存货周转率。

存货周转率（次数）＝主营业务成本/存货平均余额

存货周转率用于反映存货的周转速度，即存货的流动性及存货资金占用量是否合理，促使企业在保证生产经营连续性的同时，提高资金的使用效率，增强企业的短期偿债能力。存货周转速度快慢，不仅反映出企业采购、生产、销售各环节管理工作状况的好坏，而且对企业的偿债能力及获利能力产生决定性的影响。一般来说，存货周转率越高越好，存货周转率越高，表明其变现的速度越快，周转额越大，资金占用水平越低。存货占用水平越低，存货积压的风险就越小，企业的变现能力以及资金使用

效率就越好。但是存货周转率分析中，应注意剔除存货计价方法不同所产生的影响。

（3）总资产周转率。

总资产周转率 = 主营业务收入净额/平均资产总额

总资产周转率是考察企业资产运营效率的一项重要指标，体现了企业经营期间全部资产从投入到产出的流转速度，反映了企业全部资产的管理质量和利用效率。一般情况下，该数值越高，表明企业总资产周转速度越快。销售能力越强，资产利用效率越高。

（4）固定资产周转率。

固定资产周转率 = 主营业务收入净额/固定资产平均净值

固定资产周转率主要用于分析对厂房、设备等固定资产的利用效率。固定资产周转率高，不仅表明企业充分利用了固定资产，同时也表明企业固定资产投资得当，固定资产结构合理，能够充分发挥其效率。反之，固定资产周转率低，表明固定资产使用效率不高，提供的生产成果不多，企业的营运能力欠佳。

以上分别从三个方面叙述了分析评价企业的资产负债表时所采用的一些比较关键的指标，通过计算分析这些指标可以对企业的偿债能力、盈利能力和运营能力有一个比较清晰的了解。利用财务指标对财务报表进行分析评价是一种比较简单明了的方法，但是不好的一面是，财务信息容易被企业的管理层操纵，这就会导致利用财务信息计算得出的指标并不能反映企业真实的财务、经营状况，因此在对各种财务指标进行分析时应当注意以下几点：

（1）从微观层面看，在计算分析财务指标时，应当考虑企业自身的经营方式，结合企业自身的特点、企业新技术、新产品的开发、计划预算数据以及前期的生产经营情况，分析计算得出指标的合理性与真实性；

（2）从宏观层面看，除了结合企业自身的实际情况进行分析外，还要考虑国家的宏观经济形势、国家有关的法令和政策，行业主要经济指标、行业技术进步的变化等。在进一步考虑行业、宏观经济形势发展状况的基础上，分析企业的各项财务指标是符合宏观整体的经济形势或者是与之相反。如果企业与行业的整体形势相违背，应当加以重点关注并以此为切入点实施进一步检查，以查证是否存在舞弊、违规操作的行为。

二、常见的资产负债表账务处理中的错弊

企业资产负债表常见错弊主要有以下几个方面：

1. 报表格式不规范，项目不齐全、不完整

指报表未按国家会计制度规定的格式编制，项目不全，内容不完整。

2. 资产负债表各项目数据与账簿数据不一致，填制方法不正确

资产负债表中各项目的期末数，主要是根据总分类账户和有关明细分类账户期末余额填制的，有的企业由于会计人员业务水平所限和对报表项目理解错误，造成报表填制错误。

3. 对资产负债表人为平衡

资产负债表是以资产 = 负债 + 所有者权益为理论依据建立的，因此，资产负债表

左方资产总计应等于右方负债和所有者权益总计。有的企业在出现不平衡时，不是进一步去查找原因，而是简单地改变有关项目数据进行人为平衡。

4. 凭空杜撰，人为造假

有的企业出于某种目的需要，人为虚设项目金额，或虚增资产，或虚减负债。如，没有在建工程项目金额，而虚列该项目金额；人为虚增存货、应收账款等金额，提供虚假会计报表。

三、资产负债表的审查方法

资产负债表的审查主要是指在前面各章对报表项目填制所依据的会计核算账户真实性、正确性审查的基础上，采用审阅法、核对法、分析法等方法从报表的编制规范、报表项目的填制技术、报表的平衡性及报表的勾稽关系等方面进行的审查。

1. 资产负债表编制规范的审查

资产负债表编制规范的审查，主要审查以下内容：

（1）审查企业编制的资产负债表是否符合国家会计制度规定的格式和内容。

（2）审查编制单位、编报日期、金额单位是否正确完整。

（3）资产负债表各项目填列是否齐全，有无漏填、错填、跳行、错行等情况。

（4）资产负债表应附的附表是否附上。

2. 资产负债表编制技术的审查

资产负债表编制技术是指资产负债表各项目数据填制的技术方法。资产负债表编制技术的审查主要是审查企业根据账簿资料填制资产负债表项目金额的技术方法是否正确。

（1）资产负债表各项目年初数填制的审查。资产负债表各项目年初数是根据上年末资产负债表“期末数”填列的，如果本年度资产负债表规定的各项目的名称和内容同上年度不一致，应对上年末资产负债表各项目的名称和金额按照本年度的规定进行调整后，填入“年初数”栏。审查时应先审查本年各报表项目名称和内容是否与上年一致。若一致，则审查上年末报表各项目金额列入本年报表年初数是否正确。若不一致，则要审查上年末报表项目名称及金额按本年度报表项目名称内容进行的调整是否正确，调整后的金额是否正确列入本年度资产负债表。

（2）资产负债表各项目“期末数”填制的审查。资产负债表各项目期末数填制技术的审查可按以下方法进行：

①审查根据总分类账户期末余额直接填制的项目。资产负债表中有许多项目金额主要是根据各有关总分类账户余额直接填列的，审查这些项目金额时，要将这些项目金额与其相应的总分类账户余额核对，确认金额相符。属于此类项目的主要有：应收票据、应收股息、长期股权投资、工程物资、在建工程、固定资产清理、无形资产、短期借款、应付票据、应付职工薪酬、应付股利、应交税费、其他应付款、实收资本、资本公积、盈余公积等。

②审查根据多个总分类账户余额分析计算填列的项目。资产负债表中有部分项目

是根据多个总分类账户余额分析计算填列的。有些是根据多个总分类账户余额相加填列，有些则是相加或相减后的余额填列。主要项目有：货币资金、存货、未分配利润等。审查时应注意各项目包括的账户内容是否完整，计算是否准确。

③审查根据有关明细分类账户余额分析计算填列的项目。资产负债表中有些项目是根据有关账户所属的明细分类账户余额分析计算填列的，主要项目有：应收账款、应付账款等。审查时，应将相关明细账户的余额采用复算法验算其计算的正确性，并确认已正确填列。

④审查根据总分类账户和其明细分类账户余额分析计算填列的项目。资产负债表中有些项目是根据相关总分类账户和有关明细分类账户余额分析计算填列的。主要项目有：长期借款、待摊费用等。审查时，应注意相关总分类账户和其明细分类账户分析计算是否正确，填列是否正确。

3. 资产负债表平衡性的审查

资产负债表主要是依据总分类账户和所属明细分类账户期末余额填制的，并且资产负债表以资产 = 负债 + 所有者权益为基础，因此可以进行两个平衡性审查。

（1）审查本期各总分类账户的余额平衡。在借贷复式记账法下，发生的经济业务按照借贷记账法的记账规则记账后，必然得到全部账户的借方余额合计等于全部账户的贷方余额合计。通过编制本期发生额和余额平衡试算表，来检查账户记录是否有错误，如果不平衡，应采用一定的方法进一步查明原因，做到平衡。这是确保编制的资产负债表平衡的前提。

（2）审查资产负债表自身的平衡性。采用复算法，首先验算资产负债表中有关小计、合计是否正确，其次审核资产总计是否等于负债和所有者权益总计。

4. 资产负债表勾稽关系的审查

由于资产负债表全面地反映了企业在某一特定日期的财务状况。因此，该表不仅在其内部存在着一定的勾稽关系，而且也与其他相关报表存在着勾稽关系。

（1）资产负债表表内的勾稽关系。资产负债表表内的勾稽关系体现在资产负债表内各项目小计等于各类项目合计。各类资产合计等于资产总计，流动负债合计、长期负债合计与所有者权益合计之和等于负债和所有者权益总计。资产总计等于负债和所有者权益总计。采用复算法检查其计算正确性。

（2）资产负债表与其他相关报表的勾稽关系。资产负债表总括反映了企业在一定日期的资产、负债和所有者权益的情况，其有关项目在其他报表中也有反映，为了审查资产负债表的真实性、正确性，还要对报表之间的勾稽关系进行审查。主要有以下两个方面：

①审查资产负债表中“未分配利润”项目金额与利润分配表中的“未分配利润”项目金额两者应一致。

②资产负债表中有关项目金额与企业编制的其他相关报表的某些项目金额也存在勾稽关系。如“存货”项目与存货明细表存在勾稽关系等，也应审查相关金额一致。

【提示】资产负债表各项目填列所依据的账户资料的真实性、正确性审查已在前面各相关章节作了讲述，请参见各有关章节内容。

第三节 利润表分析与审查

利润表是反映企业一定会计期间（如月度、季度、半年度或年度）生产经营成果的会计报表。企业一定会计期间的经营成果既可能表现为盈利，也可能表现为亏损，因此，利润表也被称为损益表。它全面揭示了企业在某一特定时期实现的各种收入、发生的各种费用、成本或支出，以及企业实现的利润或发生的亏损情况。利润表主要用于揭示企业经营管理当局的经营绩效、企业的获利能力，评价和预测企业长期偿债能力，也为企业经营管理当局做出正确的经营决策提供信息帮助。通过分析利润表可以了解到企业如何组织收入、控制成本费用支出实现盈利的能力，评价企业的经营成果。同时还可以通过收支结构和业务结构分析，分析与评价各专项业绩成长对公司总体效益的贡献。通过利润表分析可以评价企业的可持续发展能力，它反映的盈利水平对于上市公司的投资者更为关注，是资本市场的“晴雨表”。

一、利润表分析

与利润表相关的主要经济指标有：销售毛利率、净利润率、营业收入增长率、营业利润增长率、三年利润平均增长率、利息保障倍数。

1. 销售毛利率

销售毛利率 =（销售净收入 – 产品成本）/销售净收入 ×100%，通常主要应考察企业主营业务的销售毛利率，即主营业务销售毛利率 =（主营业务收入 – 主营业务成本）/主营业务收入 ×100%。在分析企业主营业务的盈利空间和变化趋势时，销售毛利率是一个重要指标。该指标的优点在于可以对企业某一主要产品或主要业务的盈利状况进行分析，这对于判断企业核心竞争力的变化趋势及其企业成长性极有帮助。另外，销售毛利率有助于发现企业是否有隐瞒销售收入或者虚报销售成本的违规操作行为。有些单位逃税避税经常用的手法是隐瞒销售收入或者通过虚报进货额虚增销售成本。一般，除非有计划地同时隐瞒销售收入和销售成本，否则少报利润的结果将反映为销售毛利的异常。同理，根据计算公司毛利率指标，观察其波动是否在正常范围内，可以推测公司是否有通过虚报销售收入和隐瞒销售成本来虚增利润之嫌。当然，这只是引起销售毛利率异常的原因之一，在分析时应考虑影响毛利率变动的其他因素，比如市场环境的变化、企业经营品种的变化、市场地理环境的变化等因素。

2. 净利润率

净利润率 = 净利润/主营业务收入 ×100%，净利润率又称销售净利率，是反映公司盈利能力的一项重要指标，是扣除所有成本、费用和企业所得税后的利润率。只关注净利润的绝对额增减变动并不足以反映公司盈利状况的变化，还需要结合主营业务收入的变动。例如，如果主营业务收入增长率快于净利润增长率，则公司的净利润率会出现下降，说明公司盈利能力在下降，相反，如果净利润增长快于收入则净利润率会提升，净利润率越高，说明企业的盈利能力越强，所以净利润率比净利润更能说明问题。

3. 营业收入增长率

营业收入增长率＝营业收入增长额/上年营业收入总额×100%，主营业务增长率表示与上年相比，主营业务收入的增减变动情况，是评价企业成长状况和发展能力的重要指标。该指标值越高，表明企业营业收入的增长速度越快，企业市场前景越好。一般来说，如果营业收入增长率超过10%，说明公司产品处于成长期，将继续保持较好的增长势头，尚未面临产品更新的风险，属于成长型公司。如果营业收入增长率在5%～10%之间，说明公司产品已进入稳定期，不久将进入衰退期，需要着手开发新产品。如果该比率低于5%，说明公司产品已进入衰退期，保持市场份额已经很困难，业务利润开始滑坡，如果没有已开发好的新产品，将步入衰落。

4. 营业利润增长率

营业利润增长率（销售利润增长率）＝本年营业利润增长额/上年营业利润总额×100%

营业利润增长率越高，说明企业一元商品销售额提供的营业利润越多，企业的盈利能力越强；反之，此比率越低，说明企业盈利能力越弱。

5. 三年利润平均增长率

三年利润平均增长率＝[（年末利润总额/三年前年末利润总额）$^{1/3}$－1]×100%

三年利润平均增长率表明企业利润的连续三年增长情况，体现企业的发展潜力。利润是企业积累和发展的基础，该指标越高，表明企业积累越多，可持续发展能力越强，发展的潜力越大。利用三年利润平均增长率指标，能够反映企业的利润增长趋势和效益稳定程度，较好地体现了企业的发展状况和发展能力，避免因少数年份利润不正常增长而对企业发展潜力的错误判断。

6. 利息保障倍数

利息保障倍数＝息税前利润/利息费用

利息保障倍数不仅反映了企业获利能力的大小，而且反映了获利能力对偿还到期债务的保证程度，它既是企业举债经营的前提依据，也是衡量企业长期偿债能力大小的重要标志。要维持正常偿债能力，利息保障倍数至少应大于1，且比值越高，企业长期偿债能力越强。如果利息保障倍数过低，企业将面临亏损、偿债的安全性与稳定性下降的风险。

二、常见的利润表账务处理中的错弊

（1）报表格式不符合会计制度规定，项目内容不完整。

（2）各项目金额计算、填列错误。

（3）依据不明，账表不符。

（4）人为杜撰，弄虚作假。

（5）利润表勾稽关系不正确。

三、利润表的审查方法

利润表的审查主要是在对利润表各项目填制依据的账户资料的真实性、正确性审查的基础上，采用审阅法、核对法、复核法、分析法等方法对利润表编制规范、各项目填列技术、报表勾稽关系等方面进行的审查。

1. 利润表编制规范的审查

利润表编制规范的审查主要审查以下内容：

（1）审查企业编制的利润表是否符合国家企业会计制度规定的格式和内容。企业利润表的格式见表 8－1。

表 8－1　利润表

会企 02 表

编制单位：　　　　　　　____年____月　　　　　　　单位：元

项目	行次	本月数	本年累计数
一、营业收入			
减：营业成本			
税金及附加			
销售费用			
管理费用			
账务费用			
资产减值损失			
加：公允价值变动收益（损失以“－”号填列）			
投资收益（损失以“－”号填列）			
二、营业利润（亏损以“－”号填列）			
加：营业外收入			
减：营业外支出			
其中：非流动资产处置损失			
三、利润总额（亏损总额以“－”号填列）			
减：所得税费用			
四、净利润（净亏损以“－”号填列）			
五、每股收益：			
（一）基本每股收益			
（二）稀释每股收益			

（2）审查编报单位、报表反映的会计期间、金额单位是否完整。

（3）利润表各项目是否填列齐全，有无漏填、错填、跳行等。

（4）补充资料是否填列。

2. 利润表编制技术的审查

利润表的编制技术是指利润表各项目数据填制的技术。利润表编制技术的审查主要是审查根据账簿资料填制利润表各项目金额的技术方法是否正确。

（1）利润表各项目“本月数”的审查。利润表的“本月数”栏反映各项目的本月实际发生数。在编制年度会计报表时，填列上年全年累计发生数。如果上年度利润表与本年度利润表的项目名称和内容不一致，应对上年度利润表项目的名称和数字按本年度报表项目名称进行调整，然后填入本年度利润表的本月数栏，再将报表本月数名称改为上年数。

利润表各项目本月数主要是根据各损益类账户本期实际发生额分析填列的。对各项目的审查必须将报表项目同相关总分类账户发生额进行核对，确认实际发生数，并审查填列是否正确。如对“主营业务收入”项目审查，应将主营业务收入报表项目数与“主营业务收入”总分类账的本期实际发生额核对相符。“主营业务收入”本期实际发生额应是本期销售额扣除销售退回后的销售净额。“其他业务利润”项目，应同“其他业务收入”“其他业务支出”两个总分类账的实际发生额相抵减后的差额核对相符。

（2）利润表各项目“本年累计数”的审查。利润表各项目“本年累计数”反映各项目自年初起至报告期末止的累计实际发生额。其填列方法是将上月利润表各项目的本年累计数加各项目的本月数填列。审查时，应复核上月利润表各项目的本年累计数与各项目的本月数的合计数，并确认是否填列正确。

3. 利润表勾稽关系的审查

对利润表的勾稽关系主要从两方面进行审查：

（1）审查利润表内的勾稽关系。利润表内的勾稽关系主要是表内各项目数据之间的相互关系。主要表现为：

主营业务利润＝主营业务收入－主营业务成本－税金及附加

营业利润＝主营业务利润＋其他业务利润－销售费用－管理费用－财务费用

利润总额＝营业利润＋投资收益＋营业外收入－营业外支出

净利润＝利润总额－所得税

对利润表内的勾稽关系的审查就是要对各相关项目数据进行复算检查，确认计算、填列是否正确。

（2）审查利润表与其他报表的勾稽关系。利润表与其他报表的勾稽关系的审查，主要是审查利润表与企业编制的其他相关报表，如“利润分配表”“主营业务收支明细表”等报表中的相关项目金额的核对等。

第四节　现金流量表分析与审查

现金流量表是反映一定时期内（如月度、季度或年度）企业经营活动、投资活动和筹资活动对其现金及现金等价物所产生影响的财务报表，它详细描述了由公司的经营、投资与筹资活动所产生的现金流。作为一个分析的工具，现金流量表的主要作用是决定公司短期生存能力，特别是缴付账单的能力。它是反映一家公司在一定时期现金流入和现金流出动态状况的报表。通过现金流量表，可以概括反映经营活动、投资活动和筹资活动对企业现金流入流出的影响，对于评价企业的实现利润、财务状况及财务管理，要比利润表提供更好的基础。

一、现金流量表分析

一个正常经营的企业，在创造利润的同时，还应创造现金收益，通过对现金流入来源分析，就可以对其创造现金能力作出评价，并可对企业未来获取现金能力作出预测。现金流量表所揭示的现金流量信息可以从现金角度对企业偿债能力和支付能力作出更可靠、更稳健的评价。企业的净利润是以权责发生制为基础计算出来的，而现金流量表中的现金流量是以收付实现制为基础的。通过对现金流量和净利润的比较分析，可以对收益的质量作出评价。投资活动是企业将一部分财力投入某一对象，以谋取更多收益的一种行为，筹资活动是企业根据财力的需求，进行直接或间接融资的一种行为，企业的投资和筹资活动和企业的经营活动密切相关，因此，对现金流量中所揭示的投资活动和筹资活动所产生的现金流入和现金流出信息，可以结合经营活动所产生的现金流量信息和企业净收益进行具体分析，从而对企业的投资活动和筹资活动作出评价。

下文将分别从三个方面介绍对现金流量表分析评价时采用的各项指标。

1. 获利能力指标分析

（1）销售现金比率。

销售现金比率 = 经营活动现金净流量/营业收入（营业收入包括营业收入和应向购买者收取的增值税销项税额）

该指标反映企业销售质量的高低，与企业的赊销政策有关。如果企业有虚假收入，也会使该指标过低。该比率反映每元销售收入得到的现金流量净额，其数值越大越好，表明企业的收入质量越好，资金利用效果越好。

（2）每股经营现金净流量。

每股经营现金净流量 =（经营活动现金净流量 − 优先股股利）/流通在外的普通股股数

该指标衡量的是企业给普通股股东创造现金的能力。该指标越高，企业的获利质量就越好，企业的经营活动给普通股股东创造的现金就越多，股东获得的财富就越多。

2. 偿债能力分析

（1）现金流量比率。

现金流量比率 = 经营活动现金净流量/期末流动负债 × 100%

该比率用于衡量企业经营活动所产生的现金流量可以抵偿流动负债的程度。比率越高，说明企业的财务弹性越好。通过该比率分析，可了解维持公司运行、支撑公司发展所需要的大部分现金的来源，从而判别企业财务状况是否良好、公司运行是否健康。一般而言，公司现金流入以经营活动为主，以收回投资、分得股利取得的现金以及银行借款、发行债券、接受外部投资等取得的现金为辅，是一种比较合理的结构。预警信号：当经营现金流量比率低于50%时，预警信号产生。

（2）现金总负债比率。

现金总负债比率＝经营活动产生的现金流量净额/负债总额×100%

该指标表明经营现金流量对全部债务偿还的满足程度。该指标越大，经营活动产生的现金流对负债清偿的保证越强，企业偿还全部债务的能力越大。

3. 盈利质量指标分析

（1）净利润经营现金比率。

净利润现金比率＝经营现金流量净额/净利润×100%

该指标反映的是企业本期经营活动产生的现金净流量与净利润之间的关系。在一般情况下，这一比率越大，企业盈利质量越高。如果净利润高，而经营活动产生现金流量很低，说明本期净利润中存在尚未实现现金的流入，企业净收益质量很差，即使盈利，也可能发生现金短缺，严重时会导致企业破产。在分析时，还应结合企业的折旧政策，分析其对经营现金净流量的影响。

（2）销售收现比率。

销售收现比率＝销售商品提供劳务收到的现金/主营业务收入净额×100%

该指标反映公司每1元主营业务收入中，有多少实际收到现金的收益。

一般地，其数值越大表明公司销售收现能力越强，销售质量越高：①比率等于或基本等于1，说明本期销售收到的现金与本期的销售收入基本一致，没有形成挂账，资金周转良好；②该比率大于1，即本期收到的销售现金大于本期主营业务收入，不仅当期销售全部变现，部分前期应收款项也被收回，这种状况应与应收款项的下降相对应；③该比率小于1，即本期销售收到的现金小于当期的主营业务收入，说明账面收入高，而变现收入低，应收款项增多，必须关注其债权资产的质量和信用政策的调整。若该比率连续几期下降且都小于1，则预示可能存在大量坏账损失，利润质量的稳定性会受到不利影响。

二、现金流量表账务处理中的常见错弊

现金流量表常见的错弊主要有以下几方面：

（1）报表格式不规范，报表项目内容不完整。

（2）报表项目未按规定要求填列，特别在编制中对有关内容理解不正确时，项目金额填列有随意性。

（3）人为造假、编制虚假的会计报表。

三、现金流量表的审查方法

现金流量表的审查应采用审阅法、复核法、核对法等方法对现金流量表的编制规范和编制技术两方面进行审查。

1. 现金流量表编制规范的审查

企业的现金流量表包括表首与正表两部分，其格式见表8－2。表首部分包括：编制单位、现金流量报告年度、金额单位。审查时应检查其填列是否完整正确。

表 8－2 现金流量表

会企 03 表

编制单位： 年度 单位：元

项目	行次	本期金额	上期金额
一、经营活动产生的现金流量	1		
销售商品、提供劳务收到的现金	2		
收到的税费返还	3		
收到其他与经营活动有关的现金	4		
经营活动现金流入小计	5		
购买商品、接受劳务支付的现金	6		
支付给职工以及为职工支付的现金	7		
支付的各项税费	8		
支付其他与经营活动有关的现金	9		
经营活动现金流出小计	10		
经营活动产生的现金流量净额	11		
二、投资活动产生的现金流量	12		
收回投资收到的现金	13		
取得投资收益收到的现金	14		
处置固定资产、无形资产和其他长期资产收回的现金净额	15		
处置子公司及其他营业单位收到的现金净额	16		
收到其他与投资活动有关的现金	17		
投资活动现金流入小计	18		
购建固定资产、无形资产和其他长期资产支付的现金	19		
投资支付的现金	20		
取得子公司及其他营业单位支付的现金净额	21		
支付其他与投资活动有关的现金	22		
投资活动现金流出小计	23		
投资活动产生的现金流量净额	24		
三、筹资活动产生的现金流量	25		
吸收投资收到的现金	26		
取得贷款收到的现金	27		

续表

项目	行次	本期金额	上期金额
收到其他与筹资活动有关的现金	28		
筹资活动现金流入小计	29		
偿还债务支付的现金	30		
分配股利、利润或偿付利息支付的现金	31		
支付其他与筹资活动有关的现金	32		
筹资活动现金流出小计	33		
筹资活动产生的现金流量净额	34		
四、汇率变动对现金的影响	35		
五、现金及现金等价物净增加额	36		
加：期初现金及现金等价物余额	37		
六、期末现金及现金等价物余额	38		

正表部分包括五大项内容：①经营活动产生的现金流量；②投资活动产生的现金流量；③筹资活动产生的现金流量；④汇率变动对现金的影响；⑤现金及现金等价物净增加额。前三项内容又分别以现金流入和现金流出以及现金净流量详细反映。审查时应注意企业应填列的项目是否都填列完整。

2. 现金流量表编制的技术审查

现金流量表编制的技术审查是指在对编制现金流量表的账户资料的真实性、正确性审查后，对根据账户资料编制现金流量表的技术方法进行的审查（根据小企业会计制度规定，小企业应采用直接法报告经营活动的现金流量，采用直接法报告经营活动的现金流量时，有关现金流量的信息可以直接从账户记录中获得）。

现金流量表的绝大部分项目都是根据有关账户的内容分析填列的。因此，在对各项目审查时要将这些项目与据以填制的有关账户资料进行核对，并分析计算复核，以确定各项目金额填制的正确性。

第五节　财务报表分析参考案例

案例 1：利用比率分析和比较分析法查找错弊嫌疑

2019 年 3 月，查账人员在对甲公司 2018 年度财务报表进行检查时了解到以下情况：

资料一：

(1) 甲公司采用经销商买断方式销售 a 和 b 产品。2016 年度，a 产品的建议市场零售价、出厂价和单位生产成本较 2017 年基本没有变化。b 产品是甲公司 2014 年 2 月推出的新产品，其建议市场零售价比 a 产品高 20%。a 和 b 产品的单位生产成本接近，其出厂价分别低于各自建议市场零售价的 10% 和 20%；

(2) 2018 年初，甲公司在 5 个城市增设了销售服务处，使销售服务处的数量增加到 11 个，销售服务人员数量比上年增加 50%；

(3) 2018 年初，甲公司董事会决定将每月薪酬发放日由当月最后一日推迟到次月 5 日，同时将员工薪酬水平平均上调 10%，甲公司 2018 年员工队伍基本稳定；

(4) 甲公司 c 产品的销售模式在 2018 年发生了变化，2018 年之前采用代销模式，在代理商对外销售相关产品后，甲公司根据代销清单以低于建议零售价 7% 的出厂价向代理商开具代销产品的销售发票，代理商有权退回未对外销售的产品。2018 年初开始改为经销模式，即由经销商（大部分是原先的代理商）以较优惠的出厂价（平均低于建议零售价 13%）买断相关产品，甲公司向经销商发货即开具销售发票，经销商不再享有退回销售产品的权利（产品质量原因除外），2018 年，c 产品的主要原材料价格上涨 5%，但建议零售价基本与上年相同；

(5) 在 2017 年实现销售收入增长 10% 的基础上，甲公司董事会确定的 2018 年销售收入增长目标为 20%。甲公司管理层实行年薪制，总体薪酬水平根据上述目标的完成情况上下浮动。甲公司所处行业 2018 年的平均销售增长率为 12%；

(6) 甲公司销售的 d 产品均经客户认可的外部运输公司实施运输，运费由甲公司承担，但运输途中的风险由客户自行承担。由于受能源价格上涨影响，2018 年的运输单价比上年平均上升了 15%，但运输上同意将运费结算周期从原来的 30 天延长至 60 天。2018 年 d 产品的销量与 2017 年相比无较大变化。

资料二：

甲公司的部分财务报表数据如下表所示：

单位：万元

项目	2018 年			2017 年		
	产品销售			产品销售		
	a 产品	b 产品	c 产品	a 产品	b 产品	c 产品
营业收入	1 000	5 000	64 750	2 000	0	58 480
营业成本	905	4 600	55 440	1 800	0	46 730
销售费用——办公室租金	390			350		
销售费用——运输费	1 200			1 150		
应付职工薪酬	6			5		
存货账面原价	8 892			8 723		
减：存货跌价准备	370			480		

资料三：

乙公司是甲公司的子公司，查账人员在检查时了解到以下情况：

(1) 2018 年 12 月 12 日，乙公司推出先储值后消费的会员卡。办理会员卡并储值后，顾客刷会员卡消费享受优惠折扣，会员卡终身有效。乙公司 2018 年共销售出 2 000 张面值 5 000 元的会员卡。

（2）医药协会数据显示，一线城市的医药企业，顾客消费时以银行卡结算的金额占消费总额的比例，2017 年约 40%，2018 年约 45%。

资料四：

乙公司的部分财务报表数据如下表所示：

单位：万元

项目	2018 年	2017 年
货币资金	5 910	5 568
——现金	110	68
——银行存款	5 800	5 500
预收款项	10	0
营业收入	16 900	10 000
——现金	6 110	6 000
——银行卡	9 800	4 000
——会员卡	990	0

要求：

（一）根据资料一第（1）至（6）项，结合资料二，在不考虑其他条件的情况下，逐项分析甲公司是否存在错弊嫌疑。

（二）根据资料三第（1）、（2）项，结合资料四，在不考虑其他条件的情况下，逐项分析乙公司是否存在错弊嫌疑。

分析：

（一）

（1）存在错弊嫌疑。2018 年 a 产品的毛利率 =（1 000 − 905）/1000 = 9.5%，b 产品的毛利率 =（5 000 − 4 600）/5 000 = 8%；2017 年 a 产品的毛利率 =（2 000 − 1 800）/2 000 = 10%。

2018 年度，a 产品的建议市场零售价和单位生产成本与 2017 年度相比基本没有变化，a 产品的毛利率为 10% 是合理的；b 产品的出厂价比 a 产品高约 6.7%，在两种产品的单位生产成本基本接近的情况下，b 产品的毛利率为 8%，即低于旧产品 a 产品 9.8% 的毛利率，存在相互矛盾的证据，明显不合理，因此存在错弊嫌疑。

【说明】假设 a 产品的零售价为 x，则 b 产品的零售价是 (1 + 20%)x；a 产品的出厂价是 (1 − 10%)x，则 b 产品的出厂价是 (1 + 20%)x(1 − 20%)；b 产品的出厂价比 a 产品的出厂价高：[(1 + 20%)x(1 − 20%) − (1 − 10%)x]/(1 − 10%)x = 6.7%

（2）存在错弊嫌疑。甲公司 2018 年初增设 5 个销售服务处，预计 2018 年度办公室租金应当有明显增长。但甲公司 2018 年度办公室租金仅比 2017 年度增长 11%，明显偏低，可能存在少计销售费用的嫌疑。

（3）存在错弊嫌疑。由于每月薪酬发放日被推迟到次月5日，2018年末应付职工薪酬应达到约一个月应付职工薪酬水平，但甲公司2018年末应付职工薪酬月仅6万元（基本接近上年年末余额），明显偏低，可能存在2018年末少计应付职工薪酬的嫌疑。

（4）存在错弊嫌疑。2018年c产品毛利率＝(64 750－55 440)/64 750＝14.4%，2017年c产品毛利率＝(58 480－46 730)/58 480＝20.1%，2018年毛利率下降约为5.7%。

2018年产品售价较2017年下降约6%，主要原材料成本上涨5%，而毛利率却只下降不到6%，这不合理，甲公司存在多计营业收入或少计营业成本的嫌疑。

（5）存在错弊嫌疑。甲公司销售增长目标与同行业其他公司相比偏高，并且管理层薪酬与销售增长目标挂钩，可能存在管理层多计销售收入的嫌疑。

（6）存在错弊嫌疑。2018年运费比2017年上升：(1 200－1 150)/1150＝4.3%，2018年d产品的销量较上年无较大变化，运输单价平均上升了15%，但是运输费却只上升了4.3%，可能存在少计运输费用的嫌疑。

通过本案例可以发现，在对财务报表进行分析时，不能仅单纯、孤立地对报表数据进行分析，而是应当结合公司自身情况、行业发展状况等相关信息，以此信息为参考来对报表中的数据进行分析评价，判断是否存在异常即是否存在错弊嫌疑。

（二）

（1）存在错弊嫌疑。年底会员卡制度预计使预收款项上升，但年底预收款项低于预期，营业收入中会员卡确认了99%的预收款项为收入，可能存在提前确认收入的嫌疑。

（2）存在错弊嫌疑。2018年乙公司银行卡结算的比例＝9 800/16 900＝58%，银行卡结算的比例高于同行业（45%），可能存在多计营业收入的错弊嫌疑。

案例2：通过核查报表之间勾稽关系查找错弊

2018年12月，查账人员在检查甲公司2018年11月的利润表和现金流量表时，发现该月的利润表中“主营业务收入”金额较上月有了很大的增长，但是现金流量表中的“销售商品或提供劳务收到的现金”的金额却没有增加多少。查账人员怀疑其中可能存在错弊，于是开展进一步调查。

在进一步审查中，查账人员查阅了甲公司的“银行存款日记账”，发现11月18日第38号付款凭证摘要栏为“退货款”200 000元，结算方式为委托付款。该笔款项的收款时间为11月15日，计入第25号收款凭证。在短短的3天时间里发生大额退货，查账人员怀疑存在虚假退款的行为。对此，查账人员首先调出第25号收款凭证，其分录为：

借：银行存款　　　　200 000

　　贷：应收账款——乙公司　　　　200 000

所附原始凭证为银行转来的“收账通知”，付款单位为乙公司。调阅第38号付款凭证，其分录为：

借：主营业务收入　　　　200 000

贷：银行存款　　200 000

所附原始凭证两张，一张是甲公司开出的红字退货发票，另一张是财务部门开出的转账支票，收款人为乙公司的代理处。查账人员分析，甲公司从乙公司收款，退货时却将款项退给乙公司的代理处，这其中存在疑点，因此决定进一步追查支票去处。经与银行联系证实，此款项转到丙公司账号上，经调查丙公司根本不存在。同时与乙公司联系后，乙公司表明并没有发生退货业务。

查账人员分析认为甲公司利用银行漏洞或其他原因，开设了黑户，隐匿收入，存入“小金库”或私吞，同时逃避交纳税款。在全部证据面前，甲公司财务经理供认丙公司账户是该公司利用同银行工作人员的关系开设的，为发放奖金和支付回扣做准备。该账户余额25万元全部为甲公司所有。

甲公司开设黑户的全部收入属于公司的主营业务收入，应全部收回并撤销所谓的丙公司账户。收回账户余额时，应作如下分录：

借：银行存款　　250 000

贷：主营业务收入　　250 000

案例点拨：一般情况下，利润表中的“主营业务收入”增加时，现金流量表中的“销售商品或提供劳务收到的现金”的金额也会相应地增加，这两者之间存在勾稽关系。本案例中正是利用了这两者之间的关系来发现疑点，并以此为切入点查证其中存在的问题。

第九章

账外资产的专项审计

第一节　小金库的专项审计

一、小金库的含义及账务处理特点

1. 小金库的含义

小金库，是指违反国家财经法规及其他有关规定，挤占、截留国家和单位收入，未列入本单位财务会计部门账内或未纳入预算管理，私存私放的各项资金。

小金库是一个广义的概念，凡是收入或支出不受该单位财务会计报告控制的单位资金，统统都属于小金库的范围。各单位或部门对小金库进行专门核算所形成的账户资料属于“账外账”。

很多贪污贿赂案件都会涉及小金库，这是因为单位知道存在小金库的通常很少，较为隐蔽，缺乏监督，因而成为贪污贿赂犯罪涉及资金的来源或去向之一。涉及小金库的贪污贿赂案件主要包括：①贪污、挪用小金库公款的案件；②单位受贿（如回扣等）可以形成小金库；③小金库是支付单位行贿款项的主要来源之一；④小金库资金是私分国有资产款项的主要来源之一。

2. 小金库的账务处理特点

小金库的收支业务通常会形成反映收入或支出的财务凭证，多数情形中，单位、部门发生的小金库业务会被直接根据财务凭证登记账簿，而不编制记账凭证。对小金库的管理比较正规的单位或部门记账前会编制记账凭证。

小金库的账簿一般仅有日记账账簿（流水账）。个别单位利用小金库资金进行账外经营的，可能会建有内容较为完整的总账和明细账账务系统。

小金库账簿的形式多种多样，有的使用正规的账簿，有的使用笔记本记录，也有的在计算机中单独制作文件进行记录，还有个别的单位在正式账中设置具有往来性质的特设账户核算小金库的收支。

除账外经营情形外，通常不存在专门针对小金库业务编制会计报表。

二、小金库的资金来源和支出

（一）小金库的资金来源

明确小金库资金的来源渠道，有利于反贪人员检查小金库业务。

1. 截留各种收入款项

截留收入款项是一般单位小金库资金来源的主要渠道，即将各种收入不通过或不全部通过财务会计部门列收，将截留的收入资金作为小金库。

收入现金不入账，主要有以下几种情况：

（1）主营业务收入不入账。如将已售出的产品报盘亏，销售收入进小金库。

（2）其他业务收入不入账。如出租单位房屋收入不入账；将应收取的商标使用费、场地出租或实物租金收入、出借资金的占用费收入、各种服务费收入存放在对方单位，不入本单位账。

（3）营业外收入不入账。如出售固定资产变价收入不入账；非货币性交易收到的补价收入不入账；取得的罚款收入不入账；没收的押金收入不入账，等等。

（4）补贴收入不入账。如企业收到的先征后返的增值税不入账，收到财政扶持补贴收入不入账，等等。

（5）收到的投资收益不入账。

（6）其他收入不入账。如接受现金捐赠不入账；收到的厂家让利折扣不入账；未理赔返还保险金不入账；下属单位上缴的管理费不入账。

2. 虚列项目，将资金转到账外

虚列项目，将资金转到账外，主要有以下几种情况：

（1）虚列成本。如多领原材料，然后变卖，所得资金入小金库。

（2）虚列费用。使用虚假费用凭证，通过财务会计部门“支出”后，将“支出”的款项直接转入小金库。常见的这类“支出”有：①材料采购进价；②运输费；③货物运输途中损耗；④空名工资；⑤加班费；⑥加工修理费；⑦回扣、手续费、佣金等。

（3）巧立名目，将资金转移到账外。比如：

①以预付款、投资等名义，将资金转入小金库。

②建设单位向施工单位多拨工程款，并虚报当年投资完成额，事后再将款项从施工单位退回转入小金库。

③行政机关将预算资金以经费支出名义拨入下属单位，从中进行不合理开支。

④将预算资金以经费支出名义，转入账外银行账户。

⑤将基建款先拨入下属单位，并在本单位列作支出，以后再从下属单位收回，存入小金库。

3. 小金库资金的运营收入

小金库的资金在使用中所产生的收益，亦可形成小金库的部分资金来源。如：小金库存款的利息收入；小金库资金投资形成的利息、分红、资金使用费收入；利用小金库资金进行生产经营（账外循环）取得的利润等。

（二）小金库的资金支出

小金库”资金的主要支出去向如下：

（1）滥发钱物。以关心干部职工生活，为干部职工谋福利为借口，以补贴、奖金或实物的方式滥发乱奖给干部职工，一般人人有份，差别不大，多发生在节日、年终或举办某种活动之时。

（2）吃喝玩乐。少数单位领导大吃大喝，或到处游山玩水，或经常出入歌厅舞厅等娱乐场所，而这些开支不便公开在财务账上报销，于是就从“小金库”中支出。

（3）送礼。有些单位领导为了拉关系，或为了得到上级领导的提拔重用，或寻求“保护伞”，经常到处送礼或替上级领导付账，而这些支出受到财经法规的制约，于是就从“小金库”中支出。

（4）购置特殊物品。如为领导购置手提电脑；手机等。

（5）私分。少数人非法从“小金库”中领取款项，私分具有一定的隐蔽性。

（6）私吞。个别单位负责人或掌管“小金库”的人乘“小金库”缺乏必要的财务监督机制之机，用假发票或白条报销等手段私吞“小金库”资金。

三、小金库清查方法

“小金库”具有隐蔽性，不容易被发现，但只要我们讲究方法，认真追查，没有清查不出来的。小金库资金主要来源于隐匿应当入账的收入和虚报开支。因此，在反贪查账中发现小金库的最主要的方法，就是通过检查财务会计资料，发现未进行会计处理的财务收入和虚报的财务支出。

1. 通过检查库存现金发现小金库

主要有两种情形：一是小金库的现金与库存现金混放的，由于小金库现金不通过库存现金账户核算，因而在检查库存现金并核对现金日记账余额时会发现现金大量长库（库存现金多于账面余额）；二是小金库的资金存入储蓄机构的，在查库时可能会发现储蓄存单。换句话说，检查库存现金发现现金长库或储蓄资料时，应当考虑是否存在小金库。

2. 通过检查银行存款发现小金库

有的单位会将小金库资金存放于其在银行单独开设的账户，在反贪查账中，如能收集到被查单位的全部财务会计资料，则会发现这一账户的银行对账单或银行结算凭证。具体方法是：检查被查单位的银行存款资料时，应当完整地收集银行存款对账单，同时检查被查单位银行日记账账簿，如果该单位按照银行账户分别进行核算的，应当将银行存款对账单所列开户行名称、账号逐一与银行日记账中所列具体账户名称进行核对。核对后发现某一银行存款业务均未被设置银行存款账户进行核算，即该存款账户没有被会计账户所控制，应当考虑是不是小金库资金。

另外，在追查账、单发生额核对中发现的未达单位账项的来源或去向时，也可能发现小金库。核对发现银行对账单记载的收款业务没有在单位银行存款日记账记载的，需要考虑追查款项来源，如果款项来源系该单位的收入，则可能存在收入不记账形成的小金库资金来源。发现这种可能性时，应当继续追查单位日记账没有记录但银行对账单中已经记载的支付款项，进而发现隐匿收入形成的小金库。

3. 通过检查收入凭证发现小金库

通过核对收入凭证，可以发现收入不记账形成小金库资金的情况。

（1）将被查单位开出的发票存根联与记账联或提货联（提货凭证）进行核对，如果缺少记账联或者记账联金额少于存根联、提货凭证金额，则应当考虑是否存在收入不入账形成小金库的情形。

（2）将发票或收据的记账联与记账凭证、销售收入账簿进行核对，可以发现收入未记账情形。确定存在收入现金未记账的情形后，应当及时检查并核对现金库存，如果没有出现长库现金，则应追查现金去向，并有可能会发现小金库。如果未记账收入涉及转账存款业务的，应当通过检查银行存款确定有无形成小金库的可能。

经营性单位异地结算收入业务中大量使用现金结算的，非常容易形成小金库资金。发现这类情形时，可以考虑到购货单位核对双方往来，如果发现存在转账支付业务时，应当通过银行追查款项下落，进而可以发现被查单位账外的存款账户（如信用卡账户等）。

4. 通过检查支出凭证发现小金库

主要是在检查采购成本、经营或行政费用支出凭证时，注意查找虚假的财务凭证，并通过追查虚列支出款项的去向，查出小金库。

5. 通过检查往来账目发现小金库

很多单位都会通过虚设往来账目隐匿收入或虚报支出。主要作弊方法是：将经营收入账项虚列为应付款项，即经营收入款项时不记入“营业收入”账户，而记入“其他应付款”等往来账户；虚报支出时，则冲销“其他应付款”等往来科目。因此，反贪人员通过检查核对应收、应付、暂收、暂付等往来账目，可能发现此类为核算小金库资金形成的特设账户或虚假账户，并通过核查其款项收支情况，确定小金库的存在。

6. 通过检查关联单位财务会计资料发现小金库

有些单位的小金库会存放于其他关联单位。例如：销售商品、下脚料的收入或回扣款不收回，存放于购买单位，使用小金库资金时直接从关联单位支付货币资金。可能存在此类情形时：①反贪查账人员在检查往来账目时发现作为坏账处理的账项，如果到债务单位核查，可能会发现其支付了被查单位“坏账”涉及的款项，通过追查款项的去向可以发现小金库；②通过其他途径获取此类线索时，应当到可能代保管小金库的单位，通过检查其往来账户资料，查找到以被查单位或被查单位人员作为账户名称的明细账户资料，进而收集、固定代管被查小金库的资料。

7. 比较分析收支

就是对单位的财务收支和业务活动资料进行认真对比分析，从中确定“小金库”存在的可能性及审查方向。任何单位的经济活动，其相关指标都存在一定的比例关系。针对不同的被检查单位，首先要对其经营范围进行了解，在此基础上对其财务账表的收入项目、收入与支出的配比关系等进行对比，据以确认该单位是否存在私设“小金库”可能。然后结合单位的部门设置和职能职责，进一步确认可能设置“小金库”的机构，进而筛选出检查“小金库”的突破口。如果费用开支项目与经营活动无关或所列数额与实际需要有较大差异时，审计人员应当对大额支出票据重点抽查并延伸核对。对审查期间的各项收入、支出数特别是一些比较容易套取资金项目的收入、支出数与相应的上期实际数、本期计划数进行比较，如差异较大，则分析原因，核实有无将一些收入不入账而放入了“小金库”中的情况，有无采取虚报支出的手段套取资金放入“小金库”中的情况。

四、小金库审计注意事项

（1）在反贪查账中，无论是通过何种途径发现小金库时都应当立即控制有关账证，经检查与案件无关或核实相关事实后，方可移交被查单位或有关部门处理。

（2）反贪查账中一旦发现小金库，应立即对小金库资金的实际结存情况进行检查。小金库资金的存放形式，多为现金和存单、银行卡、信用卡，但也有表现为有价证券、存货以及存入开户银行的情形。因此，在检查小金库的资金结存量时，对以各种形式存放的小金库资金应一并检查，防止遗漏。

（3）在检查小金库的存单、银行对账单时，应与小金库账目进行核对，查明有无收支账项（特别是银行存款利息收入）未入小金库账目的情形。

（4）检查小金库账目时，应注意分析其资金形成的规律，利用类推技巧，发现并查明其他私存私放的资金。

（5）小金库本身具有隐蔽性，通常其账证内容比较真实，但反贪人员在检查时还应注意检查其收支的真实性，不可轻信其账证。这样做，一是可以从中发现新的案件线索；二是可以防止因小金库资料不实而影响办案质量。

五、小金库审计的技术与方法

1. 有举报时的审计技术与方法

在实际工作中，审计人员有可能会接到有关人员提供的线索或举报，如审计人员收到匿名的检举信等。对此，审计人员应以检举信所提供线索进行调查，一方面弄清事实，另一方面审阅明细账，并与有关的实物进行核对，验证所记录的经济行为的真实性与合理性。将两方面调查的情况进行综合分析，如确定为单位私设“小金库”，审计人员应当按国家有关规定作出相应的处理。

2. 无举报时的审计技术与方法

在无举报的情况下，审计人员要发现并查清“小金库”，必须在常规审计过程中保持特别关注，以发现舞弊迹象。小金库审计的一般程序与方法是：

（1）了解被审计单位的基本情况，了解被审计单位的固有风险因素（如被审计单位所处的环境、行业秩序、所面临的外界压力、财务报销管制等），分析评价关键人员的品质与道德。

（2）了解被审计单位的内部控制情况，必要时进行符合性测试，分析和评价内部控制的弱点。

内部控制的健全程度与执行情况，与舞弊现象的发生有着密切的关系。所以，审计人员应关注被审计单位内部控制的情况，特别要注意下列现象：

①财务的审批与执行由一人兼管。这是目前许多单位存在的情况。若管理人员品质不佳，则客观上给其舞弊提供了条件。

②许多不相容的关键岗位“一肩挑”。依据内部控制的基本要求，不相容职务应该分离。关键岗位的“一肩挑”会使舞弊发生的可能性大大增加。

③单位高层领导与关键部门业务主管的关系。若有亲属关系，或工作之外的关系过于密切，可能会导致内部控制失效。

（3）根据有关人员的反常变化，获取有关小金库的审计线索。“小金库”主要与单位高层领导及关键部门主管有关，审计人员应该对这些人予以高度关注，重点要审查这些人员所经管或签字的业务，特别要注意这些人员的正常收入与其本人及家属的开销是否匹配，有无其他合法收入来源。

（4）进行分析性复核，了解被审计单位的收入、成本、费用等是否存在异常情况。

一般采取以下办法：

①根据各单位正常的投入产出比，确定产成品的入库是否正常，进而判断有无将产品从“后门”销售转入“小金库”。

②如果本期产品的销售价格没有重大变化，依据会计资料中所记录的上期各主要产品的销售收入与销售数量，确定上期主要产品的平均销售价格，然后依据这一价格乘以本期销售量，计算出本期销售收入，并将此收入与本期账面销售收入进行对比，观察二者是否大体一致。如相差较大，则可能存在收入不入账或少入账的情况。

某种产品上期平均价格＝该种产品上期销售收入/该种产品上期销售量

按上期价格计算的本期主要产品销售收入＝各主要产品本期销售量×该产品上期平均价格

（5）依据对上述情况的分析，估计可能形成小金库的领域、形式和地点，以决定审计的范围、方式和方法。

（6）依据上述程序所获得的审计线索，实施详细测试，以收集充分确凿的审计证据。

一般来讲，可采用以下审计技术与方法：

①运用观察、询问等方法了解被审计单位是否存在边角余料、废旧物资及固定资产清理报废等情况，这些项目的账面收入是否与审计人员的调查情况相符。

根据企业会计制度的规定，对于生产车间回收的边角余料，在交回仓库或作价出售后，应冲减“生产成本——基本生产成本”。要查明车间管理人员是否把出售边角余料的收入私自存入小金库，审计人员可先审查基本生产成本和辅助生产成本明细账，看有无将边角余料交回仓库或出售后冲减成本的账务处理；然后，再查边角余料的入库记录或现金日记账记录；如日记账中无此记录，再追查车间“小金库”保管情况及现金的处理情况。

对于固定资产清理收入不入账的问题，审计人员首先应审阅固定资产和累计折旧明细账，查看清理报废固定资产是否分别从“固定资产”科目和“累计折旧”科目转入“固定资产清理”科目；其次，查看残值或变价收入是否记入“固定资产清理”贷方，清理净收益是否由“固定资产清理”科目转入“营业外收入”科目。

②通过审阅、询问、函证，了解被审计单位是否存在投资业务，投资业务应该取得的收入是否与账面记录相符。比如，对于国库券利息问题，根据财务会计制度的规定，收到国库券利息时，应计入投资收益账户。但是，有些企业把收到的国库券利息，转入“小金库”，用于各种非法开支。审计人员在审查上述会计事项时，首先，应通过资产负债表审查企业的短期投资或长期投资有无变化。如有变化，再审阅短期投资、长期投资明细账，看是什么种类的短期投资或长期投资发生了变化。如果是国库券减少，则需进一步对投资收益账户进行审查，查明有无国库券利息收入，若无国库券利息收入，就需要进一步进行调查了解，直到查清问题为止。

③通过询问、观察了解被审计单位是否拥有饭店、招待所、其他对外服务、营业场所等，这些部门的收入是否全部纳入本单位的收入。

④通过查询方法，检查被审计单位在费用支出中是否存在数额较大的不正常支出，如咨询费、赞助费、办公用品费、设备租赁费、会务费、运输费等，这些支出中有一部分很可能就是为设立“小金库”而巧立名目或无中生有的虚报。审计人员需要对每笔可疑的费用就其应该涉及的凭证实行追查，包括必要的函证。

（7）对审计工作底稿中所记载的审计发现问题进行综合分析与评价，形成初步审计结论。

（8）与被审计单位有关人员进行沟通，征求他们对初步审计结论的意见。

（9）作出审计结论与审计决定。

六、小金库审计案例

案例：发现小金库

2019 年 3 月 21 日，审计人员肖勇在审查某企业 2018 年度的现金收入凭证时，没有发现出售废旧物资的原始单据，审查其他业务收入账时，也没有发现这类业务。该企业是一家大型企业，按照常规，企业每年 6 月和年底，都要出售价值 3 050 万元的废旧物资。所以，会计资料上未反映此类业务引起了审计人员的怀疑。

分析：

企业在生产过程中必然会产生一些废旧物资，经过一段时间后，多会将积累起来的废旧物资出售，而该企业在应该出售废旧物资时却没有出售。据此，审计人员进行以下分析：

1. 2018年度是否真的没有出售废旧物资？如果没有出售，废旧物资在哪里？

2. 如果废旧物资出售了，为什么没有现金收入的原始单据，企业是否在售出废旧物资后，将现金收入不入账，存入账外的“小金库”？

审查：

依据审计人员的分析，按以下步骤进行审查：

1. 审计人员询问与该业务相关的仓库保管员，保管员沉思片刻，说在5月份、11月份好像出售过一批废旧物资，经手人是采购部主任刘××（如保管员回答说没有出售，则必须说明废旧物资的存放地点）。

2. 审计人员询问采购部主任刘××，刘说确曾有过此事，一次是20多万元，一次是30多万元，当时主管财务工作的王副厂长也在，钱由王副厂长收管，是不是交存财务，他不知道。

3. 审计人员又找王副厂长，不巧的是王副厂长外出学习去了，得半个多月才能回来。

4. 于是审计人员决定到废品回收公司进行调查，询问被审计单位在5月份和11月份出售的废旧物资到底有多少。审计人员说明身份，废品回收公司的财务人员积极配合，很快查出被审计单位出售废旧物资的数量与收取现款的单据。经核对，该企业一共分三次出售过废旧物资，分别是5月27日、11月2日和12月20日，收取现金分别为286 450元、372 100元和87 600元，共计收入746 150元，款项当即支付，第一次支付转账支票220 000元，现金66 450元，第二次支付转账支票312 100元，现金60 000元，第三次支付的全部是现金，计87 600元，收据是由该企业开具的，收款人都是王副厂长。审计人员对上述有关单据进行复印，取得有力证据。

5. 审计人员回到被审计企业财务部，首先查询5月底6月初以及11月份的银行存款日记账，结果没有发现废品回收公司付给的220 000元和312 100元的款项。据此可以断定该企业一定设有“小金库”。

6. 审计人员感觉问题严重，要求该厂赵厂长通知王副厂长火速回厂接受审计人员的调查。

7. 两天后，审计人员被告知与王副厂长无法取得联系。审计人员觉得问题可能比原来想象的要复杂，企业有可能存在其他经济问题。经审计局与该企业的上级纪检部门协商，审计人员决定查封该企业2000年度的会计账簿，扩大审计的审查范围。

8. 在纪检部门的介入下，审计人员得知，原来该企业赵厂长不是无法与王副厂长取得联系，而是在与王一起密商共同应付审计局的对策，制定攻守同盟。

结论：

后经查明，该企业不仅存在其他经济问题，单就“小金库”一项，2015年度就通过采用销售收入不入账、以好充次、虚列坏账等形式，为“小金库”增收1 253 400元，已经花去986 000元，除550 000元是用于购买小轿车（以赵厂长与王副厂长的名义登记的私车）外，其余均用于各种形式的吃喝玩乐。

第二节 账外存货的专项审计

一、账外存货概述

1. 账外存货的含义

存货，是指企业或商家在日常活动中持有以备出售的原料或产品、处在生产过程中的在产品、在生产过程或提供劳务过程中耗用的材料、物料、销售存仓等。存货区别于固定资产等非流动资产的最基本的特征是，企业持有存货的最终的目的是为了出售，不论是可供直接销售，如企业的产成品、商品等；还是需经过进一步加工后才能出售，如原材料等。

账外存货，是指属于本单位所有但未纳入本单位存货账目核算的存货。

2. 账外存货的形成

账外存货的形成主要有两种途径，一是取得存货不入账；二是把账内存货通过各种方式转至账外。

（1）取得存货不入账。

取得存货不记入相关存货账目，具体有以下几种情况：

①购入存货时，对得到的实物折扣不入账，形成账外存货。

②接收捐赠的存货不入账，形成账外存货。

③以实物形式（存货）分得的利润不入账，形成账外存货。

④单位罚没实物（存货）不入账，形成账外存货。

⑤发生存货盘盈，未按规定将其转入“待处理财产损溢”账户，而形成账外存货。

⑥以物抵债收回的存货不入账，形成账外存货。

⑦购入存货不入存货账，而直接计入成本或费用，不进行物品的入库核算和管理，形成账外存货。

⑧其他。

（2）把账内存货转到账外。

①对已领未用的存货月底不办理退料或假退料手续，也不登记备查账簿，虚增成本，形成账外存货。

②委托加工材料的剩余材料不如实入账，形成账外存货。

③将发出的存货样品以报损的形式增加当期费用，形成账外存货。

④出租、出借的包装物计入成本，形成账外存货。

⑤将参加展销的存货转移，形成账外存货。

⑥虚报存货的盘亏、毁损，作为单位的损失或费用处理，将存货转移账外。

⑦以其他形式将存货由账内转至账外。

二、账外存货审计的技术与方法

（一）账外存货及其审计的特点

被审计单位形成账外存货的动机主要有：使存货脱离财务控制，为个人或少数人所用或消费；将无偿取得的或由账内转出的存货伺机出售以形成小金库。因此审计人员应关注被审计单位存货的效用，对与个人或家庭消费相关的存货，如日用品、装饰材料等，应特别加以关注，同时与小金库审计相结合。

从账外存货形成的方式看，一种是与账面记录有联系，即将应记入存货的支出列入其他科目，或将账内存货转至账外；另一种是与账面记录没有联系的，如接受捐赠、投资、实物折扣和罚没等取得存货。审计人员应区别不同情况，从账面资料或会计资料以外的其他资料中捕捉线索，查找账外存货。

（二）账外存货审计的具体技术与方法

1. 有举报时的审计技术与方法

在实际工作中，审计人员可能会接到有关人员提供的线索或举报，如审计人员收到署名“一个知情人”或“职工某某”的举报信，揭发某单位领导伙同会计人员虚报盘亏、毁损，将存货转移至账外的问题。

对这种举报，审计人员如果向该单位领导直接调查，将引起对方的警惕，增加审计的难度。所以，一般应采取重点账目审查、实地观察、询问和外围调查等审计方法。审计人员应首先查“存货”“待处理财产损溢”“管理费用”“营业外支出”等重点账目，找出举报时期的存货毁损账务处理；然后检查存货“盘亏清单”“报废申请书”“报废清理单”及事故报告等，验证盘亏、毁损的真实性；在此基础上，向被审计单位领导、存货保管人员及有关经手人员了解情况，查明举报是否属实。

2. 无举报时的审计技术与方法

（1）了解被审计单位基本情况，分析形成账外存货的固有风险，判断其有无形成账外存货的动机。

（2）了解被审计单位相关内部控制情况，必要时进行符合性测试，分析和评价内部控制的弱点。

内部控制的健全程度与执行情况和账外存货舞弊现象的发生有密切关系，审计人员应关注被审计单位的相关内部控制制度，特别注意以下问题：

①审查单位存货采购、保管、发出、核算等环节的不相容职务是否分离，是否存在相互制约关系。即制定采购计划，授权采购或销售的人员与具体执行该项业务的人员是否分开，存货保管人员与记账人员是否分开，存货领用和发放人员是否分开，稽核人员与存货收发、保管、销售人员是否分开。应将一人兼管两项不相容工作的环节

列为审计重点。

②是否定期或不定期地对存货进行盘点。审计人员可以询问单位存货盘点工作情况，调阅盘点记录，查看单位的盘点工作是否详细、全面，盘点中发现的问题是如何处理的，结果怎样。将被审计单位盘点资料反映问题较多的或不进行盘点的存货，作为审计重点。

③被审计单位存货的保管状况是否良好。主要是就安全、有效和相关规章制度等方面进行实地检查。

（3）进行分析性复核，了解被审计单位存货的消耗、毁损等有无异常变动情况。

（4）根据了解的情况和所做分析，估计可能形成的账外存货，确定审计方式。

（5）根据所获审计线索，实施详细测试，以收集充分确凿的审计证据。一般来说，可采用以下审计技术与方法：

①将存货总账与明细账核对，一方面从明细账中抽取部分项目检查其实物是否存在；另一方面从仓库中选取一定项目，追查是否记录在存货账目中，确认是否账实相符，查明有无账外存货。

②通过观察、询问等方式，查阅有关会议记录、合同协议、库存记录等，了解有无接受投资、捐赠、实物折扣和罚没等形成的存货，并与相应账簿记录核对。必要时与小金库审计相结合。

③结合材料采购、制造费用、管理费用、经营费用、生产成本和存货发出等的审计，查明有无将账内存货转至账外的情况。

对于购货过程中多报损耗及向供货单位等索取的赔偿不入账而形成账外存货，应重点查证超定额损耗的成因及货物在运输过程中是否发生过意外及处理过程。检查有无将购入存货直接在管理费用、经营费用等开支从而形成账外存货的情况。对于内部单位领用的存货，应检查领用物品的手续是否完整，单据项目填写是否齐全合规，审批是否明确等，并实施证证核对，查证存货是否真正被所需部门领用，有无多领、冒领等转作账外的情况。对于委托加工材料转作账外材料的审查，应根据委托加工合同、协议以及委托加工计划成本、委托加工材料出库单以及对方收料单、记录、凭证等测算实际成本与计划成本差距，计算加工成材率，以审查单位有无借委托加工名义将账内材料转到账外。对于生产领用材料可以实地抽查生产车间领料使用情况，查看有无材料被车间多领积压、不退库从而形成账外材料。

④检查有无将盘盈存货转移账外及虚报盘亏、毁损的问题。审计人员应广泛地调查了解被查单位是否对存货进行定期盘点，对盘点结果是否及时处理，通过审阅“待处理财产损溢”“营业外支出”“管理费用”等明细账户及相应的会计凭证，了解被审计单位对存货盘盈或盘亏的处理是否正确、及时，是否存在弄虚作假的问题。

（6）对所获取的审计证据进行综合分析与评价，形成初步审计结论，并记录在审计工作底稿中。

（7）与被审计单位有关人员进行沟通，征求他们对初步审计结论的意见。

（8）作出审计结论与审计决定。

三、账外存货审计案例

案例：账外存货的查证

审计人员在查阅某商品流通企业2018年12月份管理费用明细账时，发现盘亏报损98 000元，因报损数额较大，决定进一步查证。

分析：

有些企业弄虚作假、营私舞弊，将企业的存货转移账外，并将因此而减少的那部分存货在盘点时挤入盘亏数额中，作为企业的费用或损失列支。据此，审计人员进行以下分析：

1. 是否真的发生盘亏报损，数额为何如此大？报损商品究竟是什么？
2. 如果不是真的盘亏报损，那么商品究竟转移到何处？

审查：

1. 根据分析，审计人员决定审阅“待处理财产损溢”“管理费用”“营业外支出”等账户明细账，并审查相应会计凭证，以了解被审计单位是否存在虚报盘亏，弄虚作假将存货转移到账外的问题。

审计人员查阅了记录存货盘亏的2018年12月28日15号记账凭证，凭证内容如下：

借：管理费用　　98 000

　　贷：库存商品　　98 000

该凭证所附原始凭证是一张经领导审批的存货盘亏报损单。

对于这笔账务处理，审计人员认为报损理由不充分。

2. 经过调查取证，查明被审计单位在2018年10月份开展销会时将货物从仓库提出，未办理任何手续，展销会期间货未卖出，运回后直接将这些货物作为福利发给职工，未做任何账务处理。

3. 年终时，为使账实相符，便将此价值98 000元的货物挤在盘亏损失中。

结论：

被审计单位将库存商品转移至账外，用于职工福利。

第三节　账外固定资产的专项审计

一、账外固定资产概述

1. 账外固定资产的含义

固定资产是指企业为生产产品、提供劳务、出租或者经营管理而持有的、使用时间超过12个月的，价值达到一定标准的非货币性资产，包括房屋、建筑物、机器、机械、运输工具以及其他与生产经营活动有关的设备、器具、工具等。固定资产是企业的劳动手段，也是企业赖以生产经营的主要资产。从会计的角度划分，固定资产一般被分为生产用固定资产、非生产用固定资产、租出固定资产、未使用固定资产、不需用固定资产、融资租赁固定资产、接受捐赠固定资产等。

账外固定资产，是指虽为本企业所有，但不构成其账面固定资产原值，不计提折旧基金，账表以外的固定资产。

2. 账外固定资产的形成

账外固定资产的形成主要有两种途径，一是取得固定资产不入账；二是把账内固定资产通过各种方式转到账外。

（1）取得固定资产不入账。

取得固定资产不记入固定资产账目，具体有以下几种情况：

①接受捐赠的固定资产不入账。对外国组织、有关机构或团体等捐赠的固定资产不计入财务账，有意逃避财务控制。这种舞弊容易发生在行政机关、事业单位、从事公用事业的企业。

②用小金库购入的固定资产不入账。

③对外投资以固定资产形式分回的利润不入账。接受投资的单位以房产、汽车等固定资产形式分配利润时，对外投资单位不入账。这种舞弊容易发生在有对外投资的单位。

④罚没固定资产不入账。特指有执法职能的行政机关将执法中罚没的部分固定资产不计入财务账。

⑤盘盈的固定资产不入账。盘盈的固定资产不在财务账中反映。

⑥以物抵债收回的固定资产不入账。债务人以固定资产清偿所欠债务，而债权人未将此项固定资产计入财务账。这种舞弊容易发生在应收、预付款项较多且账龄时间较长的单位中。

⑦虚列工程支出形成账外固定资产。在自营基建工程中利用多列、虚列工程支出等手段购建的固定资产不入固定资产账。这种舞弊容易发生在有自营建设工程的单位。

⑧故意混淆资本性支出和收益性支出界限，以各种名义在费用、专项资金中列支固定资产。如以维修费、租赁费、购配件和购低值易耗品等名义购建固定资产，并直接在管理费用、制造费用、经营费用等费用科目或专项资金中列支，形成账外固定资产。

⑨其他。

（2）把账内固定资产转至账外。

把账内固定资产转移至账外有以下几种情况：

①虚报盘亏将固定资产转至账外。即将财务账内的固定资产通过虚报盘亏的方式转移到账外。这种舞弊容易出现在固定资产定期盘点、报废制度不健全的单位中。

②虚报固定资产毁损或在固定资产到报废期时，将仍有使用价值的固定资产转入固定资产清理，借机将固定资产转至账外。

③以其他形式把账内固定资产转至账外。

二、账外固定资产审计的特点与技术

（一）账外固定资产审计的特点

被审计单位形成账外固定资产的动机主要有：为使固定资产脱离财务控制，便于个人所用或消费，或将其出租、出售和投资，并把取得的收入放入小金库；将本应记入固定资产的支出直接记入期间费用或在专项资金中列支等，从而逃避有关部门对固定资产购置的控制或操纵利润水平等。因此，审计人员应加强对单位高层人士的观察和了解，如所乘坐的汽车、居住的房屋等，分析被审计单位的利润水平，从中发现线索。

从账外固定资产形成的方式看，一种是与账面记录有联系，即将应记入固定资产的支出列入其他科目，或将账内固定资产转至账外；另一种是与账面记录没有联系的，如接受捐赠、投资和罚没等取得固定资产或用小金库等账外资产取得的固定资产。审计人员应区别不同情况，从账面资料或会计资料以外的其他资料中捕捉线索，查找账外固定资产。

（二）账外固定资产审计的技术

1. 账外固定资产的查处渠道

账外固定资产形成渠道很多，给审计查证带来一些困难。因此，审计人员在工作中要注重审计方法的实效性。从会计原理的角度看，账外固定资产虽属账外，但它却是在账内形成的，在账账之间必定有着内在联系。审计中要在认真分析的基础上，结合以下方法进行：

（1）审查明细账。查外购的固定资产时，可先查银行日记账和现金日记账，按摘要中所记载收款单位及用途，再查找记账凭证（并核实原始发货票），追出对方科目。这样顺藤摸瓜会提高审计效率。因为在一般情况下，购置固定资产，要进行货款结算，转账支付多，个别用现金支付。并注意是一次结清，还是分期付款。内建的固定资产大多分布在费用及往来账中，并注意各种事项间的联系。审计人员要善于透过表面看实质。

（2）内查外调。在审查会计账证的同时，注意调查研究，取得审计证据。如询问有关单位和本企业有关人员，会有直接收获。特别是未经财会部门货款结算的，如以物换物，外单位赠送或“小金库”购置等渠道形成的固定资产，单凭查账达不到审计目的。

（3）全面盘点，重点查看。审计中，必要时可对企业的固定资产进行全面盘点，根据实物逐项核对固定资产明细账。对盘盈部分，先按估价登记入册，再用其他方法分别落实，弄清来龙去脉。有些固定资产虽账上没有，但稍留心便可发现，如汽车、办公室、土地等。

（4）对企业账外固定资产可能形成的渠道进行审查。在确定审计期间后，以调查表的形式并结合以上方法审查。

2. 具体审计技术与方法

（1）了解被审计单位基本情况，分析形成账外固定资产的固有风险，判断有无形成账外固定资产的动机。

（2）了解被审计单位相关内部控制情况，必要时进行符合性测试，分析和评价内部控制的弱点。

内部控制的健全程度与执行情况与账外固定资产舞弊现象的发生有密切的关系，审计人员应关注被审计单位的相关内部控制，特别注意以下问题：

①不相容职务是否分离。主要是固定资产保管与记账分离；固定资产采购与授权批准分离；固定资产采购与验收分离。

②记录控制是否健全。是否建立固定资产实物保管账、固定资产卡片、固定资产明细分类账和总分类账，财务部门是否设立固定资产登记簿，各项记录有无定期核对。

③凭证传递手续是否健全。固定资产的增减变动是否办理相应的手续、填制相关的凭证：采购时，是否有采购计划、审批手续、采购合同；入库时，是否有验收手续；平时，有无定期盘点、巡回检查制度和记录；报废时，有无技术部门鉴定，是否填制固定资产报废单。

（3）进行分析性复核，了解被审计单位固定资产、成本费用、利润水平等有无异常变动情况。

（4）根据了解情况和所做分析，估计可能形成的账外固定资产，确定审计方式。

（5）根据所获得的审计线索，实施详细测试，以收集充分确凿的审计证据。一般来说，可采用以下审计技术与方法：

①将固定资产总账与固定资产明细账、固定资产卡片核对，并现场抽查盘点固定资产，确认是否账实相符，有无账外固定资产。根据被审计单位定期盘点制度健全程度或记录管理规范程度，合理确定盘点范围。操作中应从明细账中抽取部分项目检查其实物是否存在；同时抽取部分固定资产实物，与固定资产明细账核对，检查是否已记录在固定资产明细账中。

②通过观察询问等方式，查阅有关会议记录、合同协议、盘盈清单等，了解有无接受投资、捐赠、罚没和盘盈等形成固定资产情况，并与账面记录核对。如发现小金库，检查小金库的来源有无来自账外固定资产出租、出售或投资的情况，以及有无用小金库购置固定资产的情况。

③结合管理费用、制造费用、经营费用、低值易耗品、在建工程、应收款项和专项资金支出等的审计，查明有无应记入固定资产而未记入的情况。

审查中应注意：固定资产的维修是否正常，有无假借日常维修之机，利用开具假发票等手段，购置账外固定资产；固定资产与低值易耗品在财务核算上是否分开，有无假借购置低值易耗品名义，购置账外固定资产；对单位购建或自行建设的房屋、库房、大型设备等，应检查工程预算、决算报告，看有无虚列工程支出形成的账外固定资产；对长期未收回的应收和预付款项，应向有关当事人了解情况或函证，以查证有无债务人以固定资产抵偿债务而债权单位未入账；检查对专项资金支出中列支的大额支出，检查有无利用专项资金支出形成固定资产而不记入固定资产的情况。

④检查固定资产盘亏、毁损和报废情况，审查固定资产盘亏和报废申请、事故报告、报废清单等，验证盘亏、报废和毁损的真实性。若固定资产仍在现场，必须及时查验，看其是否确属已报废、毁损；若固定资产已不存在，应了解其去向，检查是否假借报废、毁损之名而形成账外固定资产。

（6）对取得的审计证据进行综合分析和评价，形成初步审计结论，并记录在审计工作底稿中。

（7）与被审计单位有关人员进行沟通，征求他们对初步审计结论的意见。

（8）作出审计结论与审计决定。

三、账外固定资产审计案例

案例：账外固定资产审计实务探讨——以宁波市鄞州区审计实践为例

近几年，浙江省宁波市鄞州区进入了城镇化建设和新农村建设的快速推进期。2018 年全区投入新村建设资金 55.3 亿元，拆除农村旧房 71.7 万平方米，新开工新村面积 203.3 万平方米，安置农户 10 293 户。各镇（乡）街道政府在快速推进开发建设的过程中，一定程度上存在着重建设、轻管理的现象，导致了财政管理不到位、国有资产未入账等一系列问题，存在国有资产流失隐患。鄞州区审计局审时度势，积极跟进，服务大局，在镇（乡）街道经济责任审计、预算执行情况审计及相关审计调查中，重点关注镇（乡）街道账外固定资产是否完整安全、收益是否纳入财政统一管理，确保国有资产的安全保值，为城镇化建设和新农村建设保驾护航。

1. 账外固定资产的种类及其形成原因

“账外固定资产”就是未在账面上反映的固定资产。如何寻踪觅迹，获取其数量、面积、地址方位，是审计人员必须掌握的基本技能。结合多年乡镇财政审计的实践，对账外固定资产进行审计，要掌握其账外固定资产的数量及分布，必须对其种类及形成原因有所了解。

以鄞州区为例，账外固定资产主要有以下几种：一是“空关房”，就是尚未安置的成套住宅；二是经营用房、车位、车库；三是公租房、菜市场；四是已征收但未拆除的房屋；五是其他未入账的资产。

（1）资产入账关缺失。近年来，各镇（乡）街道所属机构及企业开发了大量的新农村建设、大龄青年安置和高山移民安置小区，包括：成套住宅、车库、车位；物业管理用房、经营用房和设备用房等房产。其中：物业管理用房、经营用房、设备用房应按物业管理条例规定的比例配置给新成立的物业公司，剩下的仍归各镇（乡）街道所有；成套住宅、车库、车位用于安置拆迁户和大龄青年，结余的部分也应归镇（乡）街道。目前，由于财政部门未出台住宅预收款、房屋结算、资产核算等配套管理制度，也未明确其核算方法，加之具体工作人员素质参差不齐，核算方法不一，导致部分“空关房”未入账，店铺出租收入未纳入预算等问题。

（2）资产管理体制未理顺。多数镇（乡）街道领导重发展、轻管理，财政管理知识薄弱，认为管好资产是乡镇财政所的职责，财务核算人员不但要管账，也要管实物。但实际上，不相容职责应分离是会计核算的基本原则，财务账与固定资产实物的管理应分别委以不同的部门，这一点在镇（乡）街道领导中尚未形成共识，导致账务与实物管理“两张皮”，新村办、拆迁办、财审办推诿、扯皮的现象时有发生。

（3）资产移交不重视。镇（乡）街道存在各种资产移交，一是由于行政区划的变更，部分资产移交未经双方确认，移出的单位已将固定资产调减，而接受的单位对房屋数量、坐落不清，导致部分资产长期游离在账外。如：2019年在对某街道审计时发现，另一街道2014年移交的569万元的资产尚未入账；二是本地房地产开发商竣工验收后交付使用的相关配套设施，如：幼儿园、社区办公用房移交未及时入账；三是区级相关部门移交给各镇（乡）街道的公租房、菜市场尚未入账等。四是管理人员变更未办理好交接，导致资产管理脱节。

（4）部分资产无法入账。在拆迁过程中，已征收的房产和场地，由于土地尚未使用，导致房产和场地闲置。这部分资产因已征收，其性质已转变为国有资产，但却无法预估其价值并将其入账。部分镇（乡）街道又将其出租，形成“小金库”。

2. 账外资产审计方法

（1）全面审计，掌握动态资金流。全面审计是账外资产审计的基础。审计进点后，审计人员应对被审计镇（乡）街道的情况了然于胸，如：拆迁地块的面积和赔偿政策、新村建设小区的分配安置情况、社区的数量、幼儿园转制情况等，这些内容都是账外资产形成的重要来源。审计人员同时还要通过财政资金的流向，了解有收益的资产是否登记入册，收入是否全额入账；了解有费用支出的资产，支出内容是否合理合法，相应资产是否在账面上反映。

（2）逻辑关联，多方获取资产台账。多渠道获取数据是账外资产审计的重点。账外资产不等于镇（乡）街道完全失管的资产，镇（乡）街道对这部分资产一般也有专人管理，但比较分散，且收入并不全部纳入财政集中管理。因此根据审计掌握的情况，要求被审计单位的新村办、拆迁办、城建办、后勤部门及财政审计办等涉及工程建设和资产管理的部门提供账外资产的清单或台账，应该不是难事。

多方获取数据后，一是要相互比对，剔除重复的部分，尽可能扩大审计的范围；二是要相互印证，这就需要与全面掌握的信息进行逻辑关联，并加以验证。如：新村建设小区，一般根据以下的流程进行核对：①掌握总数。要求提供已交付小区的总面积、套数，包括物业管理用房、物业经营用房、车位、车库等。②掌握分配数。要求提供分配安置的清单，并对相关安置档案进行抽查。③掌握结余数。要求提供钥匙和图纸进行现场核对。

（3）到根审计，实地踏勘资产现状。到根审计是账外资产审计的关键。“见人、见账、见物”是审计的“根”之所在。只有通过现场踏勘，现场走访，才能取得审计的第一手资料和证据，真正发现账外资产的现状，从而发现案件线索，提升审计的威慑力。2019年，鄞州区审计局在某街道预算执行情况审计过程中，审计人员通过多次的现场走访，多次向拆迁户、承租户核实情况，要求提供原始合同、收款收据等第一手资料，终于发现该街道账外资产未入账、账外资产出租收入被个人侵占的案件线索，并将案件移送检察院。目前，检察院已对涉嫌贪污罪的3名人员进行立案侦查。

3. 关于账外固定资产审计的建议

（1）不放过任何疑点。要完整掌握一个单位的全部账外资产，不仅需要审计人员敏锐的职业判断，还要有踏踏实实的工作作风，不漏审一个账套，不放过一个可疑的凭证。如上述案件线索的发现，来自审计人员从承租户那里取得的一张租费收据。随后，通过逐张核对票据存根，审计人员发现了拆迁办人员多收少缴租金的犯罪事实。

（2）发挥部门联动作用。账外资产的审计往往会涉及"小金库"、私分租金等违法行为。案件线索的及时移交，可以充分发挥纪检、检察、公安和审计机关在查办和打击贪污贿赂、渎职和其他违法犯罪活动中的不同作用，同时防止最佳破案时机的流失。

（3）加强审计整改督查。要强化审计整改，督促被审计单位将全部账外资产入账，对无法确定其账面价值的，要预估入账，形成财务、后勤部门相互牵制、相互监督的固定资产管理机制。

第四节　实物量的检查

本节所讲的实物，主要是指被查单位所拥有或控制的除货币资金、有价证券以外的所有有形资产，包括各种存货、固定资产等，也指在特定地点存放的赃物。

实物检查，是指根据审计的需要，依法对专项审计涉及单位或个人尚存的某类或全部有形资产进行现场清点盘实，并制作《勘验、检查笔录》的查账活动。由于这类检查本身不涉及实物收付等问题，因而应当称为实物量检查。

一、实物量检查的意义

1. 核实验证有关存货或固定资产的账户余额是否真实，以便确定进一步查账的重点和范围

账外资产专项审计中，涉及被查单位的库存商品、库存材料（等存货）或者固定资产等有形资产需要检查相关账户，可能涉及判断核算这些实物的账户余额是否反映了真实存在。判断方法之一就是检查实物量，从而判明账实是否相符。如果账实不符（如长库、短库等），通常表明该账户涉及的采购、销售业务中可能存在虚假，应当作为重点检查业务。

2. 及时地固定审计所需的有关实物状况的证据，以防止因时过境迁而无法收集和固定这类证据

贪污、挪用公款、私分国有资产、行贿等都可能涉及单位实物的收、付事实认定。反贪查账中除收集实物交付凭证来证明财物交付事实外，还可能通过检查实际库存量间接证明实物的交付事实。有些案件中，反贪侦查人员遇到犯罪嫌疑人不供或翻供时，才考虑检查实物量，这时可能会因实物现场出现了变化而无法收集到此类证据，导致案件"夹生"。

3. 为涉及资产差异类问题的司法会计鉴定提供鉴定证据

有些贪污贿赂案件为了查明实物损失量，需要进行库存资产差异问题的司法会计鉴定，这就需要获得证明实物结存量的《勘验、检查笔录》（或《搜查笔录》）等作为检材。

二、实物量检查的准备工作

（1）根据现场情况，确定检查的顺序。检查实物量通常会涉及仓库、存放赃物等现场。不同实物现场的摆放情况不同，需要根据现场情况确定检查顺序，以防止漏查或重查，导致检查结果不真实。

（2）根据检查对象的特点，确定检查的计量方法，并准备计量工具。通常情况下，存在包装物的商品可以直接点数检查；原木需要检尺；钢材等需要称重；粮食或零散建筑材料需要丈量。所以，不同实物的计量方法不同，计量工具也就不同。反贪人员应当事先准备计量工具，以免到现场后无法开展检查工作。

（3）确定参加检查的人员及分工。在确定参加检查的人员时，有两点应当注意：一是应有两名以上与本案无关的人员以见证人身份参与检查；二是应注意指派或聘请熟悉被检查物品的类别、质地、性能及检查方法的人员参与检查。

（4）事先制作现场清点表，以备随查随记。现场清点表通常应包括：实物的存放地点、名称、特征、计量单位、实际清点数量、备注等。如来不及制表，也可用被查单位的《存货盘点表》代替。

三、实物量检查的要求与注意事项

（1）对同一位置的实物，须经两名检查人员清点或度量一致后进行记录，以确保记录的准确性。

（2）根据现场排列情况，按一定的方向顺序进行清点，以防止漏点或重点。必要时，对无法搬动或无须搬动的已清点实物，应作出清点标记。

（3）对包装物有破损（有已被启封可能）或者怀疑包装物内的物品不存在、物品与包装物所列物品不一致的，应当开封检查。

（4）对核算内容不同的实物，应当分别清点。如一时难以区分的，也可以一并清点。这类实物如：①被查单位自有的实物与其代存的实物；②已办理出入库手续的实物与尚未办理出入库手续的实物；③品级不同的实物等。

（5）对同一存放地点的实物，应一次检查完毕。如一次不能检查完毕时，应暂时封闭（查封）检查现场。

（6）注意对存放位置不明显的实物的检查。在检查现场如发现可能与案件有关的票据等证据，应当注意收集。

（7）检查过程中，对易碎、易燃、易爆物品应格外小心，以免造成损失。

（8）记录检查过程，对有证据意义的物品必须进行拍照。其中对赃物应当按照赃物的商品种类分别进行拍照，以便审讯、询问、法庭调查时出示。

（9）检查完毕后，应当现场制作《勘验、检查笔录》。内容包括：

①案由、检查范围、参加检查的人员姓名和身份；

②检查过程及检查中发现的问题；

③检查结果在制式的《勘验、检查笔录》中填列不开的，应当附加《（某某单位）某项物品库存检查明细汇总表》，详细列明检查结果；

④参加检查的人员签名；

⑤附件（现场清点表）份数。

第十章

企业虚列、隐瞒收入与费用的专项审计

第一节　企业虚增收入的审计

一、虚增收入概述

（一）虚增收入的含义

虚增收入是指被审计单位为了“实现”或“超额”完成既定的经济效益指标，有意违反《企业会计制度》规定的收入确认原则，虚拟经济业务以多记收入、虚增利润、粉饰财务状况的一种舞弊行为。

（二）虚增收入的主要形式

1. 虚记收入

虚记主营业务收入的主要形式有：编造假客户，虚开发票，多记收入；企业之间，尤其是关联企业之间，相互串通，未做商品交易，却相互开销货发票，以达到双方多计收入的目的等。为了达到增加利润、粉饰业绩这一目标，公司会虚构客户或以真实客户为基础，按正常销售程序进行模拟运转，包括伪造客户订单、伪造发运凭证、伪造销售合同、开具税务部门认可的销售发票等。由于是虚拟的，所以客户订单、发运凭证、销售合同是假的，所用的客户印章是伪造的，但销售发票一般是真的。虽然开具发票会多交纳税金，但公司认为多缴纳一些税金也是值得的。

虚记其他业务收入的主要形式有：在未发生材料销售、代购代销及包装物出租等业务时，虚造单据，确认相关业务收入。

虚记营业外收入的主要形式有：通过虚构固定资产盘盈和非货币性交易等以多计营业外收入，无任何依据将应付账款转作收入处理，等等。

2. 提前确认收入

收入确认的关键是解决收入的入账时点，由于会计期间假设的存在，披露信息需要有合理的归属期，为了调节各会计期间的经营业绩，公司会对销售期间做不恰当的分割，提前或延后确认收入。根据《企业会计制度》，销售商品收入同时满足下列条件的，才能予以确认：

（1）企业已将商品所有权上的主要风险与报酬转移给购货方；

（2）企业既没有保留通常与所有权相联系的继续管理权，也没有对已售出的商品实施有效控制；

（3）收入的金额能够可靠地计量；

（4）相关的经济利益很可能流入企业；

（5）相关的已发生或将发生的成本能够可靠地计量。

提前确认收入，是指违反上述规定的收入确认原则，把应反映在以后会计期间的收入记入当期。如将本应计入“预收账款”的未实现的主营业务收入提前记入当期收入；在采用分期收款方式销售产品时，违反应按合同约定的收款日期分期确认收入的规定，在发出商品当期或第一次收款时，便确认商品的全部收入；将委托代销发出的商品，在未收到受托单位的代销清单之前即确认收入。填塞分销渠道就是一种向未来期间预支收入的恶性促销手段，即卖方通过向买方（通常是经销商）提供优厚的商业刺激，诱使买方提前购货，从而实现收入的增长。

3. 不冲减当期主营业务收入

发生销售退回、折让和折扣时，不冲减当期主营业务收入。

4. 虚记投资收益

在被投资单位未宣告发放股利、分配利润（成本法核算时）的情况下，便确认投资收益；或通过虚构被投资单位当年的利润水平以多计投资收益（权益法核算时）。

5. 应做资本公积处理的项目列作收入

将接受捐赠的资产、资产重估增值等应作为资本公积处理的项目列作收入。

二、虚增收入审计的手段

一般来说，被审计单位虚增收入都会有明显的动机，且会在账内留有线索。审计过程中，如果发现被审计单位有虚增收入、虚报利润的动机，审计人员即可在简单了解和评价被审计单位相关内部控制之后，直接由相关账面记录入手，采用分析性复核、审阅和函证等方法查找账内的不实收入。

1. 了解被审计单位基本情况

分析与收入相关的固有风险，判断有无虚增收入的动机。审计人员应了解被审计单位所处环境和经营状况，可以从下列方面了解被审计单位及其环境：

①相关行业状况、法律环境和监管环境及其外部因素；

②被审计单位的性质；

③被审计单位对会计政策的选择和运用；

④被审计单位的目标、战略以及可能导致重大错报风险的相关经营风险；

⑤对被审计单位财务业绩的衡量和评价；

⑥被审计单位的内部控制。

针对虚增收入的风险，可以对以下几类企业予以重点关注：

（1）有收入考核压力的企业。

某些情况下，尤其是国有企业，面临国资委等部门的业绩考察，或者集团公司内母公司对于子公司、子公司对于其内部各部门设立的业绩考核，收入指标一般是其中重要的考核指标之一。在业绩考核压力下，企业可能会为了完成经济指标而在账面上造假，夸大经营业绩。

（2）有退市风险的上市公司。

当上市公司出现财务状况异常或者其他异常情况，导致其股票存在被终止上市的风险，或者投资者难以判断公司前景，投资权益可能受到损害的，证券交易所将对该公司股票交易实行特别处理。特别处理包括警示存在终止上市风险的特别处理（退市风险警示）和其他特别处理措施。

特别处理措施的内容包括：对于退市风险警示，在公司股票简称前冠以“＊ST”字样（其他特别处理的措施是冠以“ST”字样），以区别于其他股票。股票报价的日涨跌幅限制为5%。

《上市规则》规定，上市公司出现以下情形之一的，证券交易所对其股票实施退市风险警示，其中包括：最近两个会计年度经审计的净利润连续为负值或者被追溯重述后连续为负值；最近一个会计年度经审计的营业收入低于1 000万元或者被追溯重述后低于1 000万元。

根据上述规定，在交易所上市的企业，面临的净利润以及营业收入的要求，如果不能达标将面临退市风险，因此，存在相关风险的企业有虚增收入以使其自身满足交易所监管要求的动机，应引起更多关注。

（3）有减亏或盈利压力的其他企业。

有些企业迫于上级主管部门下达利润指标或减亏指标，不得不虚增收入；有些企业实行工资与效益挂钩，为使工资上浮或不下浮，只得多报利润或少报亏损；有些企业为获得贷款，骗取金融机构的信赖，多计收入，虚报利润；有些企业为了骗取上市资格，多计收入，以满足连续三年以上盈利的要求；上市公司怕因效益不好影响企业形象，多计收入，虚报利润，等等。

2. 了解被审计单位与收入相关的内部控制，必要时进行符合性测试，分析和评价内部控制的弱点

了解被审计单位与收入相关的内部控制，必要时进行符合性测试，分析和评价内部控制的弱点，具体内容如表10－1所示。

表10－1　虚增收入的内部控制目标、关键内部控制和审计测试一览

内部控制目标	关键内部控制	常用的控制测试	常用的实质性程序
登记入账的销售交易确系已经发货给真实的客户（发生）	销售交易是以经过审核的发运凭证及经过批准的客户订购单为依据登记入账	检查销售发票副联是否附有发运凭证（或提货单）及销售单（或客户订购单）	复核主营业务收入总账、明细账以及应收账款明细账中的大额或异常项目
	在发货前，客户的赊购已经被授权批准	检查客户的赊购是否经过授权批准	追查主营业务收入明细账中的分录至销售单、销售发票副联及发运凭证
	每月向客户寄送对账单，对客户提出的意见作专门追查	询问是否寄发对账单，并检查客户回函档案	将发运凭证与存货永续记录中的发运分录进行核对
销售交易的记录及时（截止）	采用尽量能在销售发生时开具收款账单和登记入账的控制方法 每月末由独立人员对销售部门的销售记录、发运部门的发运记录和财务部门的销售交易入账情况作内部核查	检查尚未开具收款账单的发货和尚未登记入账的销售交易 检查有关凭证上内部核查的标记	比较核对销售交易登记入账的日期与发运凭证的日期

3. 进行分析性复核，确认收入的异常变动

将被审计单位本年收入与上期收入对比，将年度内各月份的收入进行对比，将反映被审计单位当年盈利水平的指标与上年度、计划以及同行业平均水平相比较，或将收入记录与货物发运记录进行对比，检查有无异常变动情况。

对收入，尤其是对营业收入进行分析性复核非常重要，总体复核可以体现出一个财务人员的思维能力和高度，那么具体的项目分析性复核，也就是说，在某一个会计科目所涉及的领域进行分析性复核，不论对于审计人员基于对风险的把握，以及财务人员作为管理者对财务的预算和对更高层次的决策提供必要的分析依据都是非常之必要的，就营业收入而言，主要涉及以下分析程序：

（1）本期与上期比较。

（2）本期各个月份比较。

（3）计算重要产品的毛利率。

（4）计算对主要客户的销售额及毛利率。

（5）将上述分析的结果与同行业比较。

4. 确定审计方式

根据了解的情况或所作分析，确认可能发生虚增收入的领域和期间，确定审计方式。

5. 详细测试，收集审计证据

一般来说，可采用以下审计技术与方法：

（1）对于编造假客户，虚开发票，以及企业间没有交易的发生却相互开发票的舞弊行为，可通过主营业务收入明细账追查至原始凭证，将销售发票与库存商品或产成品的发货记录相核对，检查其有无未销售商品或产品而虚开发票，多记收入的问题。必要时，也可通过向有关业务员和库房保管员进行调查询问来发现线索。同时结合对应收票据和应收账款的审计，采用函证等方法，通过证实应收票据和应收账款的真实性来查明有无虚拟客户、虚记收入的情况。

（2）针对提前确认收入，注册会计师审计时通常应实施以下审计程序：

①检查企业的生产记录、仓库出入库单、发运记录、验收记录、销售合同、发票等，确认其是否真实、有效。

②实地盘点存货、现场观察生产过程，以确定上述发出存货的真实性。

③关注上述凭单、合同的日期。一般而言，收入确认不应早于上述日期。

④关注款项的回收情况，对于尚未收款或收款比例很小的，应予以重点关注。

⑤通过向客户发函等途径，以证实客户已确认接受商品和相应的应收款项。

⑥向主管税务机关、海关查询企业的纳税和报关出口情况，从另一个角度来验证收入的真实性。

（3）审查发生的销售退货、折让和折扣。通过审阅双方签订的合同、出入库记录、询问当事人、审查产品（商品）销售收入账户及有关的会计凭证等，查明是否有发生销货退回、折让和折扣等不冲减销售收入的问题，应注意审查年初或年末结账时的退货记录，查看其是否存在年终虚列销售、次年初作假退货用红字发票冲回的舞弊行为。

（4）审查来料加工业务。根据其他业务收入明细账记录，追查至来料加工业务的合同、协议、收料单及有关的原始凭证，查明来料加工业务的真实性。必要时，可以到生产车间调查询问来料加工业务的情况，以验证来料加工业务是否确实存在。

（5）检查投资收益。通过向被投资方函证或查阅相关资料，以及检查被投资方会计报表等，查明被审计单位对投资收益的确认是否正确。

（6）检查补贴收入。取得与补贴相关的文件、销量或工作量记录，从账面记录追查至原始凭证，查明被审计单位对补贴收入的确认是否正确。

（7）检查营业外收入。取得固定资产盘盈清单以及有关非货币性交易的协议和合同等，从账面记录追查至原始凭证，查明被审计单位对营业外收入的确认是否正确。

（8）结合资本公积的检查，查明是否存在将接受捐赠的资产和资产重估增值等应作为资本公积处理的项目列作收入。

6. 作出审计结论

对所获取的审计证据进行综合分析与评价，形成初步审计结论，并记录在审计工作底稿中。与被审计单位有关人员进行沟通，征求他们对初步审计结论的意见，作出审计结论与审计决定。

三、虚增收入审计案例

案例：虚拟的销售业务，虚增业务收入

审计组于2019年初，对某电机厂2018年度财务收支进行审计。在审计准备阶段，审计人员对该厂的基本情况进行了了解。通过了解得知，该厂前三年一直处于少量亏损状态，2018年实现了扭亏，并圆满完成上级主管部门下达的100万元利润指标，但该行业扭亏状况并不尽如人意。审计人员决定把收入作为审计重点。

分析：

审计人员首先审阅了该厂2018年各月的利润表，通过对报表的对比分析，发现两处疑点：第一，该厂2018年12月份实现的主营业务收入540万元，比其他各月增长近一倍；第二，10月份的其他业务收入有很大幅度的增加。这些迹象表明该厂可能存在着为完成利润指标，虚增收入的舞弊行为。

审查：

针对疑点，审计人员做了进一步的审查：

（1）在对12月份产品销售收入账户进行检查时，发现12月21日有一笔记录，摘要为：售SG180M－2电机300台，金额600万元，经审查这笔业务的记账凭证，其账务处理为：

借：应收账款　　6 000 000

　　贷：主营业务收入　　6 000 000

记账凭证后未附任何原始单据，而且应收账款也没有明确的付款单位。审计人员据此判断这可能是一笔虚拟的销售业务。为了核实这一问题，审计人员对SG180M－2产品进行了实地盘点，盘点发现库存产品的实际结存数量是416台，产成品明细账中的结存数量为116台，实物比账上整整多300台，这一检查结果基本上验证了审计人员对这笔假销售业务的判断。

（2）针对该厂10月份其他业务收入突增的现象，审计人员首先审查了其他业务收入账户中金额较大的记录，审查中发现10月26日有一笔“转让厂房、土地收入”150万元，账务处理是：

借：其他应收款　　1 500 000

　　贷：其他业务收入　　1 500 000

记账凭证后仍是未附任何单据。对于账中记录的转让厂房、土地事项，审计人员向该厂有关部门进行了查证。原来该厂由于多年效益不好，上级决定对其资产进行重组，打算将部分厂房、土地转让给某大型房地产公司，为此双方就转让一事进行了多次谈判，由于某些具体问题未能达成一致，这件事就没能进行下去。经济交易根本没有发生，该厂却虚计了这笔收入。

（3）当审计人员将这两个问题向该厂领导进行通报时，在查证的事实面前，他们也不得不承认，采取虚拟销售收入600万元，虚计转让厂房、土地收入150万元手段，

以完成当年利润指标的舞弊行为。

结论：

审计组认为，该厂在有关收入业务的账务处理中存在虚增收入750万元的问题。

第二节　企业隐瞒收入的审计

一、隐瞒收入舞弊概述

（一）隐瞒收入的含义

隐瞒收入，是指企业违反有关收入确认、计量的规定，采用违纪手法故意将本期已实现的各种收入隐匿起来，逃避财政、银行等部门的监督，致使国家资产、税收流失、企业财务状况失真的舞弊行为。

常见的隐瞒收入款项有：①产品、商品、材料、劳务等销售收入款；②固定资产变价收入款；③租金收入款；④利息收入款；⑤手续费、管理费、加工费等费用收入款；⑥呆账收入款；⑦税金收入款；⑧投资收益款；⑨补贴收入款等。

（二）隐瞒收入的主要手段

1. 利用应收账款项目来隐瞒收入

（1）将销售收入转入“预收账款”“其他应付款”科目挂账。这种手段是收到销货款后，不给对方开具发票或暂时不开发票，不体现销售收入，以达到延缓、滞后纳税的目的。对购货方不要求开具正式发票的销货款，在往来账项中挂账，时间一长，将收入转移出去，逃避纳税，达到偷漏税款的目的。如采用白条抵库、不开销售发票等方式，或虽开发票但不予记账的方式，在取得主营业务收入时不记收入账。

（2）伪造应收款项抵收入。企业销售的产品和商品构成其主要的收入来源，但是有些企业为了偷逃税款把商品、产品已发出且销售业务款已收取的业务不按规定的方式计入收入账，并且不按规定的要求结转成本，反而捏造事实编造借入款项的业务入账，将销货收入以公司负责人出具借条的形式又借给别的企业。

2. 利用不同的销售方式隐瞒收入

（1）利用委托代销业务隐瞒收入。采用收取手续费的方式委托代销商品时，委托方在交付商品时不应确认收入，而应在受托方将商品销售，并收到其开具的代销清单时，才可确认收入。但在实际工作中，企业为推迟缴纳税收，委托方通知受托方故意晚开代销清单的时间，有些即使货款已收到也按暂收处理。

（2）利用以货易货的方式隐瞒收入。企业间通过以货易货的方式进行生产经营时，有些企业采取账外经营的方式隐瞒收入，即进货不记账、成本不结转、收入不入账、利润留在账外，既逃掉了所得税，又无须交纳增值税等流转税。

（3）利用分期收款方式隐瞒收入。会计制度规定分期收款发出商品的销售要按合同约定的收款当日确定为收入。但是，企业为了推迟缴纳所得税，故意不按合同规定入账，更有甚者收到款也不入账。

3. 利用对收入的不合理处隐瞒收入

（1）用收入冲减费用。有些企业将款项已收到货物已发出的销售、预收款销售、委托代销销售不按规定作收入，而将其冲减营业外支出、管理费用、销售费用。如有些企业销售产品或商品以后，先把收取的货款挂在预收或应付款上，然后拖一段时间将其在销售费用、管理费用中对冲。

（2）交易全用现金收支。虽然企业现金管理制度对企业现金的收取范围、使用范围、库存现金的限额以及现金收付都有明确的规定，但是有些企业为了隐瞒收入，违反制度规定，把企业的进货和销货交易不通过银行，而全部直接进行现金收支。这样做不仅可以不记账隐瞒收入，而且还躲过了银行的监管。

（3）延后确认收入。延后确认收入是指符合收入确认条件应当在当期确认的收入，但违反国家有关收入确认的规定，当期不确认收入，推迟确认收入的时间，延后至以后各期予以确认。这也是一种收入操纵行为，经常发生在当前收入和利润处于良好状态的企业。企业可以在以后各期收入下降时，通过确认当期或以前各期的递延收入来高估以后各期的收入，以达到以丰补歉、平滑收入的目的，极易使报表使用者产生企业销售和利润平稳的错觉。

4. 收入款项不报账、少报账

（1）采用本单位收款票据（含发票、收据等）结算并隐匿收入。

①一票多用。即利用需要进行票据分割的机会，使用本单位收款票据收取若干笔收入款项后，只按收款票据所列金额向本单位报账，将其余收入款项侵吞。

票据分割，是指在多个客户共同交款但只开具一份总额发票或收据的情况下，复印总发票并加盖公章给各客户的作为结算票据的情形。例如：甲、乙、丙等多客户共同采购，但因某种原因发票只能开给甲客户，这种情况下，将总发票开给甲客户，然后通过复印发票加盖公章的方法，给乙、丙客户分割发票。

②涂改收款票据。即开出票据收款后，通过涂改金额，侵吞部分收入款项。这里有两种情形：一是出具收款票据后将本单位记账联金额涂改为比原金额小的数字，贪污差额；二是在出具票据后，将给客户的发票联金额涂改为比原金额大的数字，贪污差额。

③隐匿、销毁销货收款票据。即使用本单位的票据收款后，将票据的记账联隐匿或销毁，进而贪污全部收入款项。这种情形中由于销售票据没有入账，会导致已经卖出的库存商品无法进行出库核算，因而会导致库存商品的账实不符，即库存商品账簿余额大于实际商品结存额，或已经没有实际库存商品但库存账簿仍有结存记录。

④分填收款票据。即将应当套写的各联收款票据分别进行填写，结算联（收据联或发票联）金额正常填写，用于收取收入款项，记账联填写金额低于结算联金额，用于报账，贪污差额。

⑤大头小尾。是指利用汇总收入款项进行报账之机，按小于实际汇总金额的数字填列收入汇总表的合计金额，并据以报账，贪污部分收入款项。

（2）采用非法票据结算收取款项后不报账，贪污收入款项。

①白条收款。即使用未印制票据项目的空白纸张，填写收款内容及金额（有些会加盖单位公章）后据以向付款人结算，收取收入款项。

②使用其他非法票据向付款人收取收入款项。如：私购的收款票据（假发票等）；向其他单位或个人借用或从其他单位盗取的收款票据；本单位已停止使用的收款票据；盗用的本单位收款票据。

（3）伪造本单位非制式收款票据，侵吞收入。

较为典型的是金融从业人员侵吞利息收入款。由于银行结算利息通常是直接在计算机纸张上打印利息收入凭证，因而作案人能够以金融机构的名义制作利息收入凭证，但将收入款项转入个人控制的账户。

除上述利用结算票据截留收入外，很多作案人还会通过签订两套不同收入合同来隐匿收入。通常是向单位报账用的合同收入额低，给支付方的另一份合同标的额高，从而结合采用上述票据手段，将收入差额贪污。

5. 收入款项错报往来账项的作案方法

采用错报往来账项的作案方法，通常需要在收入票据方面进行作弊。例如：

（1）故意制作票据错误，改变结算方式或结算内容，报账时将已经结算收入账项报为代结算账项。比如，收入现金款项时，在发票上加盖转讫章，造成付款单位尚欠付该项款项的假象，导致收入账项变为待结算账项，直接侵吞收入的现金。

（2）涂改收款票据。即使用本单位的票据收款后，通过涂改结算对象、结算方式或收款原因等，将收入结算事项涂改为应付款项的账项，以便事后通过“还款”侵吞收入款项。比如，收取一笔销售收入款项，通过涂改已开出票据的抬头、结算原因，将其作为应付某单位或个人的账项报账，之后再以归还该单位或个人款项的名义将款项侵吞。

（3）分填收款票据。即将应同时套写的各联收款票据分别填写抬头、收款事项或结算方法，报账时用于冲抵作案人已领用的公款的往来账项，或伺机侵吞本次收入的款项。比如：将收回某单位应收账款的账项，通过分填收款收据将记账联和存根联抬头写成自己，通过报账冲销自己所欠单位的账项。

（4）故意错记账。即会计人员故意把收入账项进行错误记录，从而导致单位的某些债权不受账面余额的控制，或伺机侵吞本单位的收入款项。例如：会计人员故意将收入错记为本人交回单位欠款业务处理，从账面上看该会计人员已经不欠单位款项。

二、隐瞒收入审计的方法

1. 隐瞒收入及其审计的特点

被审计单位隐瞒收入的动机主要有：收入不入账，将收入款项存放账外，逃避财务监督，为个别人或少数人谋取利益，或列支不便在财务账中列支的支出；将收入挂在往来科目或记入资本公积等科目，或干脆推迟记账时间，把当期收入记入下一个会计期间，以调节利润水平，少交税金等。审计人员应加强对被审计单位高层领导的观察和了解，分析被审计单位的利润水平，从中发现审计线索。

隐瞒收入有不入账和记入其他账户两种表现形式，审计人员应区别对待，采用不同的审计方法。对于不入账的情况，更多地应采用从明细账之外的其他资料入手的方法，如外围调查、分析性复核、观察、询问和检查与收入相关的其他原始资料（如销售发票存根、货物发出记录）等。对于记入其他账户的，则应结合相关账户的审计，采用分析性复核、函证、询问和检查与收入相关的其他原始资料等。

2. 隐瞒收入审计的手段

（1）了解被审计单位基本情况，分析存在隐瞒收入舞弊行为的固有风险，判断有无发生隐瞒收入舞弊的动机。

采用调查了解、观察询问的方法，掌握被审计单位的基本情况。应了解的情况有：主要产品的品种、年生产能力、技术设备、产品主要销售对象及分布区域；产品是否畅销；库存情况；销售的结算方式等。

根据掌握情况，分析被审计单位存在隐瞒收入舞弊行为的固有风险。一般而言，以下类型的企业存在隐瞒收入舞弊行为的固有风险较高：

①已完成上级下达利润指标的企业。这些企业已完成上级下达的利润指标，如果近期新开发产品的销路好、附加值高、供不应求。企业负责人就有可能指使财会、销售及有关人员采用销售收入不及时入账的手法，将当期实现的销售收入在下期入账，或采用另开银行账户单独存储或存放在关联企业等多种手段，收入不入账，以将企业资金据为己有，随意支配。

②母公司下属的独立核算子公司是享受税收优惠政策的企业。这类母公司有可能为了偷逃税金，将自己的收入转移到子公司以享受税收优惠政策。

③销售额大，但税负高、资金紧张的企业。

④享受国家政策性亏损补贴的企业。

（2）了解被审计单位相关内部控制情况，必要时进行符合性测试，分析和评价内部控制的弱点。

隐瞒收入的内部控制目标、关键内部控制和审计测试如表 10－2 所示。

表 10－2 隐瞒收入的内部控制目标、关键内部控制和审计测试一览

内部控制目标	关键内部控制	常用的控制测试	常用的实质性程序
所有销售交易均已登记入账（完整性）	发运凭证（或提货单）均经事先编号并已经登记入账	检查发运凭证连续编号的完整性	将发运凭证与相关的销售发票和主营业务收入明细账及应收账款明细账中的分录进行核对
	销售发票均经事先编号，并已登记入账	检查销售发票连续编号的完整性	
销售交易的分类恰当（分类）	采用恰当的会计科目表	检查会计科目表是否适当	检查证明销售交易分类正确的原始证据，如销售合同等
	内部复核和核查	检查有关凭证上内部复核和核查的标记	

续表

内部控制目标	关键内部控制	常用的控制测试	常用的实质性程序
销售交易的记录及时（截止）	采用尽量能在销售发生时开具收款账单和登记入账的控制方法	检查尚未开具收款账单的发货和尚未登记入账的销售交易	比较核对销售交易登记入账的日期与发运凭证的日期
	每月末由独立人员对销售部门的销售记录、发运部门的发运记录和财务部门的销售交易入账情况作内部核查	检查有关凭证上内部核查的标记	

（3）进行分析性复核，了解被审计单位各类收入及其他相关账户有无异常变动情况。

在这里分析性复核是一个主要的审计方法和程序，通过分析性复核，可以发现企业有无隐瞒主营业务收入的迹象。当然，分析性复核不仅仅针对主营业务收入，还应包括对存货和主营业务成本进行分析性复核。

①对主营业务收入进行分析性复核。

主要从 3 个方面着手：

第一，对当年度主营业务收入与上年度的主营业务收入进行比较，分析对比主营业务收入在结构、单价上的变动，并分析变动是否合理。

第二，分析本年度各月主营业务收入的变动情况，分析重大波动原因。

第三，计算本年度及各个月份的销售利润率，并与同期和同行业平均水平进行比较，分析差异的原因。

②对存货和主营业务成本进行分析性复核。

要抓住 3 个环节：

第一，分析比较同一产品历史同期的单位生产成本及其料、工、费比例结构，查明有无重大波动。

第二，分析比较本年度与上年度主营业务成本总额，以及本年度各月份的主营业务成本金额，查明重大波动和异常情况的原因。

第三，分析销售成本率，并与企业历史数据及同行业平均水平进行比较，看有无重大差异，分析差异的原因。

隐瞒收入的迹象可以通过对存货和主营业务成本的分析性复核来揭露：因为如果企业隐瞒了主营业务收入，在进项税可抵扣的情况下企业一般不愿放弃可抵扣的进项税额，会将全部购入原材料、燃料计入存货成本。那么，与隐瞒主营业务收入部分相配比的主营业务成本一定会比正常情况下偏高。

（4）根据了解的情况和所做分析，估计可能发生隐瞒收入的领域和期间，确定审计方式。

（5）根据分析所获得的审计线索，实施实质性测试，以收集充分确凿的审计证据。

一般来说，可采用以下审计技术与方法：

第一，收入的账簿记录同相关会计凭证进行核对。

采用顺查法。检查销售业务的原始记录，从出库单到发票，并追查至相关的记账凭证及明细账，确定销售收入是否真实、销售记录是否完整。顺查时一定要检查其出库单、发票是否连续编号，各联是否一次书写完成，字迹是否为同一人书写，有无涂改痕迹，查明被审计单位是否存在少开发票、隐藏发票，从而隐瞒收入的问题；作废的出库单、发票是否按规定保留；内部控制制度是否完整并得到有效执行。如果发现有出库单未开发票，发票未入账，入库单、发票未连续编号或虽然连续编号但作废的出库单、发票未按规定保留，内部控制失效等迹象，都表明企业有隐瞒收入的可能。通过顺查全部的出库单、发票可以确定其提供出库单部分的隐瞒收入情况。

利用审阅、核对、盘点方法，从货物发运凭证、销售合同、销售发票入手，对照检查被审计单位收入明细账，检查相关收入明细账记录是否完整，同时注意检查是否有价格奇低的情况以及不按照销售合同规定的品种、单价、数量进行销售的业务，确定是否存在转移收入或企业基建、福利部门等领用产品不记收入的舞弊行为。

第二，对收入实施截止测试。抽查资产表日后若干天的收入的记账凭证与相关的发票、出库单、提货单、货运单等相核对：

检查资产负债表日后若干天的出库单（或销售发票），观察截止资产负债表日销售记录有无跨期的现象；

审阅结账日后的收入记录，与销售发票、发运单和运输凭证相核对，查明有无商品已发出而本期未计收入的情况；

调查重大跨期销售项目及其金额；

取得各银行账户期末的余额调节表，查明银行已收、企业未收的未达账项中是否有应记收入的项目；

取得被审计单位次年的若干月份的收入账，追查至原始凭证，查明是否有应记入被审计期间而记入次年的收入。

第三，盘点现金和存货。运用盘存法对现金和存货进行突击检查，将检查的结果与账面结存数进行核对，在调整未入账凭证后，分析产生差异的原因。如无正常原因相差悬殊，则存在隐瞒收入的可能性：如现金有长款，很可能是收入未入账造成的；存货盘盈很多，很可能是账外经营的存货；存货盘亏很多，很可能是购进存货全部计入成本，而与未入账的主营业务收入配比的存货难以核减造成的。

同时，通过计算，复核企业单位产品所需原材料、辅助材料的品种、数量。如存在单位产品材料消耗量过高、消耗材料品种异常的情况，则应结合存货盘点结果，追查是否存在出售材料不计收入的问题。

第四，观察。审计人员可以在被审计单位对其主营业务收入的管理内部控制制度的执行、存货的收发情况进行查看和调查，比如实际观察其入库、开票、发货等操作过程，或装扮成顾客直接购买，据此按图索骥，证实其账外经营是否存在。

第五，盘点固定资产，检查闲置资产、报废资产的处置情况，对照营业外收入账，核实企业出租、出售报废资产的各项收入入账情况。

第六，结合往来账款、资本公积和期间费用等科目的审计，采用函证、检查原始凭证等方法，查明是否存在将收入挂入往来账、记入资本公积和冲减期间费用的情况。

三、隐瞒收入审计案例

案例：隐瞒收入的查证

2019 年 3 月审计组对本市某轮胎厂 2012 年度财务收支进行审计。根据该厂厂长介绍：2018 年是该厂销售形势最好的一年，工人们抓住这一机遇，加班加点，第二季度该厂就实现了利润 9 500 万元，完成了上级下达的利润指标 9 000 万元，超额 500 万元。与去年同期相比，收入增长 5%，轮胎的年产量增长 20%，产成品库存比去年还下降了 1%。与此同时，该厂还对轮胎的生产工艺进行了改进，去掉了某种添加剂，使轮胎的生产工艺简单了，还提高了轮胎的耐磨程度。

分析：

听了厂长介绍的情况，又经过对利润、产量、销售收入增减幅度的简单计算、对比，审计组认为企业收入、利润、产量、库存等不配比。为此审计人员对企业利润的真实性产生了疑问，于是决定重点对此方面问题进行深入审查。审计组制定了以下审计方案：

（1）运用复算方法，检查完工产品成本、销售成本结转的正确性。

（2）采用分析、复核的方法，检查各项期间费用是否存在不合理增长因素。

（3）利用盘点、核对法，检查期末库存产成品是否账实相符，出入库数量的计算是否真实。

（4）运用审阅法，检查往来账有无异常变化，查看银行存款余额调节表有无大笔银行已收、企业未收款项。

审查：

根据审计方案，审计人员展开了具体审计工作：

（1）审计人员审阅材料明细账时发现，2016 年由于工艺改进，生产轮胎已停用的某种添加剂各月都有领用记录。调阅凭证，会计分录为：

借：生产成本

　　贷：原材料

经核对，2016 年全年车间共领用此种添加剂价值 86 万元。

（2）审阅产成品明细账时，对产成品出、入库数量进行了统计，用全年产成品出库数量乘以销售单价，粗略计算后与报表销售收入对比，金额相差 2 000 多万元。

（3）审阅银行存款余额调节表时，发现 11 月有六笔，合计金额为 1 800 多万元的企业未收、银行已收的未达账项至今挂账。

（4）查阅资本公积明细账，发现 2016 年 12 月一笔记录使资本公积增加了 900 万元。分录为：

借：银行存款　　　　9 000 000

贷：资本公积 9 000 000

针对查出的上述问题，审计人员首先询问了生产车间主任，车间主任简单介绍了轮胎的生产工艺和所需原材料的品种，并特别强调了添加剂在轮胎中的作用。车间主任介绍的情况与厂长介绍的情况互相矛盾，审计人员分析后，认为其中必有隐情。经过审计人员反复的政策宣传，在事实面前，车间主任道出了实情。为了弄点“活钱”，给大家发点奖金，车间部分领导决定，把领出的添加剂卖了，收到的钱以私人名义在银行办了一个活期存折，逢年过节给大家发过节费。

接着审计人员就六笔银行已收、企业未收的未达账项问题询问了财务科长，财务科长说，企业今年的销售形势好，利润指标也已完成，为了减少明年的压力，厂长让把10月份以后实现的销售收入放到明年，所以已经开出的销售发票和出库单都存在抽屉里，没做账务处理。至于资本公积增加的900万元，是收到的办公楼遮阳补偿款，准备给职工购宿舍。至此，问题真相大白了。

结论：

该厂采用多种手法，隐瞒收入，设置小金库，调节利润，漏交税金。

第三节　虚列成本费用审计的技术与方法

一、虚列成本费用概述

（一）虚列成本费用的含义

费用，是指企业为销售商品、提供劳务等日常活动所发生的经济利益流出；成本，是指企业为生产产品、提供劳务而发生的各种耗费。

虚列成本费用，是指企业违反国家有关规定，故意混淆成本费用核算的界限，虚增成本费用的舞弊行为。

（二）虚列成本费用的表现形式

虚列成本费用主要有以下表现形式：

1. 虚列直接材料费用

（1）提高材料单位价格，多结转材料成本。

（2）原材料以领代耗或办理假出库，虚增材料成本。

（3）期末不办理余料退库手续，加大材料成本。

（4）非定额损耗全部列入原材料、燃料及动力采购成本，虚增生产成本。

（5）委托加工收取“好处费”，多付材料余料不收回，加大委托加工材料成本。

（6）材料物资盘存，只列报盘亏、毁损，不处理盘盈，虚增成本费用。

（7）将购入固定资产“化整为零”，列入生产成本中的直接材料，虚增生产成本。

（8）人为提高成本差异率，虚增材料成本差异，多分摊材料成本。

(9) 以材料物资对外投资，记入材料成本，虚增产品成本。

2. 虚列直接人工费用

(1) 多计生产工时、虚列生产工人数，虚增直接人工费。

(2) 任意突破工资进成本额度，加大人工成本。

(3) 以各种补贴的名义，额外列支工资性费用，加大工资成本。

(4) 任意扩大工资总额，多提福利费，虚列人工费用。

(5) 福利性支出挤入成本费用，虚增成本。

3. 虚增制造费用

(1) 自制设备用料，不记入工程项目，全部记入制造费用，增加制造成本。

(2) 任意扩大折旧范围，缩短折旧年限，提高折旧率，多提折旧，加大制造费用。

(3) 将应由制造费用列支的开支记入期间费用。

(4) 固定资产大修理费用一次记入制造费用，已预提的修理费结转下年，虚增制造费用。

(5) 将实际发生的制造费用全部记入完工产品，不在完工与未完工产品之间进行分配，加大生产成本。

4. 虚转完工产品成本、销售成本

(1) 任意改变生产费用在完工产品与在产品间的分配方法；多计完工产品成本。

(2) 利用分步法少留在产品成本，虚转完工产品成本。

(3) 随意改变产品销售成本结转方法，虚转销售成本。

(4) 分期收款销售产品，不按比例结转已售产品成本，多结转销售成本。

(5) 任意提高商品销价比率，虚增当期销售成本。

(6) 采用其他形式虚转完工产品成本和销售成本。

5. 虚增期间费用

(1) 巧立名目，超标准列支业务招待费，虚增经营费用。

(2) 将固定资产改良支出列入管理费用。

(3) 购置交通、通信工具、照相器材列入管理费用，实物据为已有。

(4) 为控制利润增长，将应分期摊销的开支，一次记入管理费用。

(5) 任意改变低值易耗品摊销方法，增加摊销额，加大管理费用。

(6) 未经批准，擅自核销坏账及其他损失，多列费用，少报利润。

(7) 将自创无形资产价值一次记入管理费用。

(8) 以送客户“样品”为名，虚增产品销售费用，私分实物。

(9) 虚列广告费、展览费，套取现金、私设小金库。

(10) 虚列产品定货会议费，加大销售费用，损公肥私。

(11) 工程项目完工前利息支出挤占财务费用。

(12) 只结汇兑损失，不结汇兑收益，虚增财务费用。

(13) 多预提流动资金贷款利息，虚计财务费用。

(14) 以其他形式虚列期间费用。

二、虚列成本费用审计的技术与方法

（一）虚列成本费用及其审计的特点

产生虚列成本费用舞弊行为的动机主要有两类：一是从局部利益出发，虚列成本费用，少报利润，“以丰补歉”；或为满足本企业流动资金周转的需要，虚列成本费用，减少利润，从而少缴或不缴企业所得税。二是在虚列成本费用行为掩盖下，变企业财产为个人所有，利用经营管理存在的“漏洞”，吞噬企业财产，中饱私囊，从而加大成本费用。审计人员应加强对被审计单位高层领导的观察和了解，分析被审计单位的利润水平，从中发现审计线索。

虚列成本费用主要集中在生产成本和期间费用核算中，手法较多，隐蔽性强，但在账务上都会留有痕迹，审计人员应从账面记录入手，采用分析性复核、审阅、询问等多种审计方法来查找账内虚列的成本费用。

（二）虚列成本费用审计的技术与方法

1. 了解被审计单位基本情况，分析形成虚列成本费用的固有风险，判断有无形成虚列成本费用的动机

了解被审计单位所处环境和经营状况，分析被审计单位存在虚列成本费用舞弊行为的固有风险。一般而言，以下类型的企业存在虚列成本费用舞弊行为的固有风险较高：

（1）本期已完成上级下达利润指标的企业。这些企业已完成上级下达的利润指标，如果近期新开发产品的销路好、附加值高、供不应求。企业负责人就有可能指使财会、销售及有关人员采用虚列成本费用的手法，将虚列成本费用而形成的资金作为单位或个人的小金库，随意支配。

（2）享受亏损补贴的企业。企业亏损补贴又称国有企业计划亏损补贴，主要是指国家为了使国有企业能够按照国家计划生产、经营一些社会需要，但由于客观原因使生产经营出现亏损的产品，而向这些企业拨付的财政补贴。在企业的经营不存在硬性的业绩要求，而是可以获得亏损补贴的情况下，企业就有动机也有可能通过虚列成本费用使其享受补贴。

企业亏损补贴按企业的经营性质划分，可分为以下两类：

①国内经营企业亏损补贴。国内经营企业亏损补贴包括冶金、有色金属、煤炭、化工等计划价格水平偏低的原材料工业的亏损补贴，商业、粮食企业经营购销倒挂商品所需的经营费用补贴，以及农机、轻工、农垦、农牧等企业的政策性亏损补贴。

②外贸企业亏损补贴。外贸企业亏损补贴包括进口亏损补贴和出口亏损补贴。外贸企业按照国家的定价政策，以国际市场价格进口产品而按低于进口价格的国内同类产品价格投放国内市场，由此造成的亏损，国家财政通过进口补贴给予弥补。

出口补贴是指财政对外贸企业以低于收购价格的销价向国外出口产品所形成的亏

损给予的补贴。

近年来，我国外贸企业的出口竞争能力有所增强，外贸企业的出口亏损补贴已基本上取消，进口亏损补贴也减少到化肥、农药等个别商品。

2. 了解被审计单位相关内部控制情况，必要时进行符合性测试，分析和评价内部控制的弱点

虚列成本的内部控制目标、关键内部控制和审计测试如表 10－3 所示。

表 10－3 虚列成本的内部控制目标、关键内部控制和审计测试一览

内部控制目标	关键内部控制	常用的控制测试	常用的实质性程序
生产业务是根据管理层一般或特定的授权进行的（发生）	对以下三个关键点，应履行恰当手续，经过特别审批或一般审批：（1）生产指令的授权批准；（2）领料单的授权批准；（3）工薪的授权批准	检查凭证中是否包括这三个关键点的恰当审批；检查生产指令、领料单、工薪等是否经过授权	
记录的成本为实际发生的而非虚构的（发生）	成本的核算是以经过审核的生产通知单、领发料凭证、产量和工时记录、工薪费用分配表、材料费用分配表、制造费用分配表为依据的	检查有关成本的记账凭证是否附有生产通知单、领发料凭证、产量和工时记录、工薪费用分配表、材料费用分配表、制造费用分配表等，原始凭证的顺序编号是否完整	对成本实施分析程序；将成本明细账与生产通知单、领发料凭证、产量和工时记录、工薪费用分配表、材料费用分配表、制造费用分配表相核对
成本以正确的金额在恰当的会计期间及时记录于适当的账户（发生、完整性、准确性、计价和分摊）	采取适当的成本核算方法，并且前后各期一致；采用适当的费用分配方法，并且前后各期一致；采用适当的成本核算流程和账务处理流程；内部核查	选取样本测试各种费用的归集和分配以及成本的计算；测试是否按照规定的成本核算流程和账务处理流程进行核算和账务处理	对成本实施分析程序；抽查成本计算单，检查各种费用的归集和分配以及成本的计算是否正确；对重大在产品项目进行计价测试

3. 进行分析性复核，了解被审计单位的异常变动情况

审计人员可从以下几个方面分析被审计单位有无异常变动情况：

（1）根据对被审计单位的经营活动、供应商的发展历程、贸易条件、行业惯例和行业现状的了解，确定营业收入、营业成本、毛利以及存货周转和费用支出项目的期望值。

（2）根据本期存货余额组成、存货采购、生产水平与以前期间和预算的比较，定义营业收入、营业成本和存货可接受的重大差异额。

（3）审阅企业年度损益表和其他有关会计报表，了解企业年度内产品生产成本、产品销售成本、产品销售费用、管理费用、财务费用以及税负的总体水平，并与以前年度进行比较。

（4）比较存货余额和预期周转率。

（5）计算实际数和预计数之间的差异，并同管理层使用的关键业绩指标进行比较。

（6）通过询问管理层和员工，调查实质性分析程序得出的重大差异额是否表明存在重大错报风险，是否需要设计恰当的细节测试程序以识别和应对重大错报风险。

（7）形成结论，即实质性分析程序是否能够提供充分、适当的审计证据，或需要对交易和余额实施细节测试以获取进一步的审计证据。

实施实质性分析程序的目的在于获取支持相关审计目标的证据。因此，注册会计师在具体实施上述分析程序时还应注意以下几个方面：

（1）使用计算机辅助审计方法下载被审计单位存货主文档和总分类账户以便计算财务指标和经营指标，并将计算结果与期望值进行比较。例如，注册会计师利用所掌握的、适用于被审计单位的销售毛利率知识，判断各类产品的销售毛利率是否符合期望值，存货周转率或者周转能力是否随着重要存货项目的变化而变化。

（2）按区域分析被审计单位各月存货变动情况，并考虑存货变动情况是否与季节性变动和经济因素变动一致。审阅各个月份的月报表，对比分析一年中各个月份上述各项成本费用的变动情况，对其中有“突增”的月份、变动幅度较大的项目，要作为审计的重点。

（3）对周转缓慢或者长时间没有周转（如超过半年）以及出现负余额的存货项目单独摘录并列表。

（4）由于可能隐含着重要的潜在趋势，审计人员应当注意不要过分依赖计算的平均值。各个存货项目的潜在重大错报风险可能并不一致，实质性分析程序应该用来查明单项存货或分类别存货的一些指标关系。

（5）审阅企业现金流量表，了解企业获取现金的能力及其支付能力，分析企业财务状况的变动，特别要了解企业财务困难的局面，分析由此可能产生的虚列成本费用、降低利润，从而少缴或不缴企业所得税的行为。

（6）向企业劳动人事部门了解人员编制及分布情况、了解有关生产经营的岗位定编情况，掌握企业的实际工资水平；向技术工艺部门及资产管理部门询问企业生产经营中主要物料消耗、资产运营管理情况，掌握企业除工资成本以外的主要成本项目及其费用水平。

4. 确定审计方式

根据了解的情况和所作分析，估计可能产生虚列成本费用的领域和期间，确定审计方式。

5. 根据所获审计线索，实施详细测试，以收集充分确凿的审计证据

（1）运用询问、复核等方法检查被审计单位成本结转、费用摊销方法是否符合财务会计制度，执行中是否前后一致。具体审核项目是：材料成本的核算、低值易耗品及包装物的摊销、工资费用的分摊、固定资产折旧的提取、产品生产成本的结转、产品销售成本的结转等。检查中，对企业无原因的任意变更成本核算办法的行为，比如将材料成本、主营业务成本结转由先进先出法变为后进先出法、将固定资产折旧计提由直线法变为加速折旧法、将低值易耗品和包装物摊销方法由分次摊销变为一次摊销、将在产品计价方法由“在产品成本按完工产品成本计算”变为“不计算在产品成本”等要作为复算核实的重点，以查找虚列成本费用的舞弊行为。

（2）审计师应从被审计单位存货业务流程层面的主要交易流中选取样本，检查其支持性证据。例如，从存货采购、完工产品的转移、销售和销售退回记录中选取样本：

①检查支持性的供应商文件、生产成本分配表、完工产品报告、销售和销售退回文件；

②从供应商文件、生产成本分配表、完工产品报告、销售和销售退回文件中选取一个样本，追踪至存货总分类账户的相关分录；

③重新计算样本所涉及的金额，检查交易经授权批准而发生的证据。

（3）对期末前后发生的诸如采购、销售退回、销售、产品存货转移等主要交易流，实施截止测试。

确认本期末存货收发记录的最后一个顺序号码，并详细检查随后的记录，以检测在本会计期间的存货收发记录中是否存在更大的顺序号码，或因存货收发交易被漏记或错计入下一会计期间而在本期遗漏的顺序号码。

（4）对核算中发现的非正常现象，比如无原始凭证或原始凭证短缺和伪造的核算行为、费用报销凭据无审批或“白条”报销行为、同一成本项目一年内忽高忽低、费用发生额忽多忽少等，应根据审计人员所掌握的企业有关成本费用水平，并结合对内部控制系统中无效、失控环节的检查结果，针对具体项目进行对比、复核、分析，寻找线索和疑点，查证舞弊行为。

（5）对虚列成本费用将财产物资转到账外、或据为己有的，如将应属于固定资产范围的交通、通信工具，摄影、音像器材等通过“解体”发票进入成本费用核算，实物转到账外，或据为己有；原材料以领代耗，低值易耗品及包装物一次摊销出账，出售后形成“小金库”被小团体私分；利用产品销售费用、管理费用等账户，虚报各种费用支出，损公肥私；变卖追回或罚没的财产物资形成“小金库”等，审计人员应采用以下具体方法予以审查：

①根据审计人员所掌握的企业生产经营及物料消耗的主要项目，对列入物资采购核算的陌生项目、奇异项目，应审阅记账凭证及原始凭证；对照有关采购合同，查看是否属于生产经营所耗用的物资。

②对非企业生产经营所耗用物资，并已列入采购核算的项目，应追踪检查其是否进入成本费用核算及实物的去向，查找是否被少数人据为己有。

③审阅领料单和相关会计处理，特别是生产车间的领料单。查找是否存在以领代耗情况，如果发现有以领代耗情况，应追查相关材料物资的去向。

（6）追踪检查一次摊入成本费用的低值易耗品，包装物及工装模具的会计处理、实际耗用及相关管理程序，重点了解已出账物资的去向。

（7）逐项检查管理费中核销损失的内容，向被审计单位索取核销损失的审批文件，查找擅自核销损失、加大费用的行为，并追踪检查已核销的损失是否有诸如继续追索债权等后续行为。

（8）对产品销售费用及管理费用中列支的会议费、展销会费及展销品等核算内容，应逐项审阅记账凭证及原始凭证，必要时应向有关主办单位调查了解会议收费标准，向企业参加会议人员了解展销品的处理情况，查找虚列会议费和私分展销品或变卖后形成“小金库”行为的线索和疑点。

6. 形成初步审计结论，与被审计单位沟通后，形成最终审计结论

对审计工作底稿进行综合分析与评价，形成初步审计结论；与被审计单位有关人员进行沟通，征求他们对初步审计结论的意见；最终作出审计结论与审计决定。

三、虚列成本费用审计案例

案例：虚列成本费用的查证

2019 年 3 月，审计组对某货物运输企业进行 2018 年度财务审计。在检查该企业运营成本时发现，油料费支出（主要是汽油和柴油）每月为固定金额 60 万元。审计人员对此产生了疑问。

分析：

该企业各项运营成本都定有内部指标，而成本指标又都是根据利润目标而定的。运营成本中的油料费，则是在油料费用指标控制下，将各车队单车实际耗油成本汇总后形成的。怎么可能每月都保持一个固定数额呢？企业是否按费用指标全部进入了成本核算，有没有在“固定”费用下虚列的情况？根据审计人员的分析与判断，审计人员决定实施如下审计方案：

（1）将该运输企业正在运营的车辆进行分类，向有关生产技术管理部门了解各类车辆每公里单位定额耗油量；了解企业内部考核的成本费用指标，重点是油料费指标。

（2）任意抽查两个月（3 月和 12 月）作为样本，审阅各车队当月领出油料的凭据或加油记录，汇总计算该企业全月领料数量及金额；与油料库发出油料的凭据相对比（特别注意运输车辆以外的发出油料），检查发料与领料的一致性。

（3）最后核实这两个月实际油料费用与财务账面油料费用的差额，查证虚列油料成本的事实。

调查：

（1）审计人员首先了解到该企业新近调整并重新制定出的各种车型的油料单位消耗定额，同时了解到该企业内部考核指标中油料费指标为每月不超过 50 万元，遇特殊情况，经车辆调度科审批，可上浮 5 万元。该指标是按车型、车辆数及运营任务量分解到各车队的。

（2）审阅企业油库 3 月和 12 月两个月的油料出库记录，与负责成本核算的会计人员一同汇总计算每月各车队的耗油量及油料费用，分别为 46.5 万元和 50.2 万元。而这两个月的出库记录中，除有零星非运营耗油外，每月还有一张记载着“调拨”字样的出库单。

（3）审计人员扩大审核了剩余 10 个月该油库的油料出库记录，与上述两个月出奇的一致：车队每月的油料费用均在 45 万元与 50 万元之间波动；除零星非运营耗用外，每月照例都有一笔“调拨”字样的出库单。经核实每月三项出库金额的汇总，恰巧为运营成本中的油料费用60万元。原来企业内部成本考核指标形同虚设。

(4) 审计人员直接追问油料“调拨”的去向，油库负责人不得不道出真相。该运输企业有少量的对外加油业务，而对外加油成本全部通过每月出库单中的“调拨”单据，与车队加油单据一同汇总到企业运营成本中，对外加油的收入则留在油库的“小金库”中。

(5) 审计人员又向油库负责人索要“小金库”记录及存款账户。该负责人在万般无奈下拿出了卖油收入“流水账”及一个以油库主任名义开立的活期存折。

(6) 经询问、审核，该油库如此操作是在企业某主管财务副经理“指点”下进行的。截至审计检查日，已进行了一年零八个月，共虚列油料成本1 453 997.90元。对外出售后，累计取得售油收入1 570 317.73元，支出980 450元，主要用于发放奖金及招待费支出，余额589 867.73元。

结论：

该运输企业以领代耗，虚列油料费用、少计利润，少交企业所得税；将多领出的油料对外出售，形成“小金库”，造成国有资产流失。

第四节　少列成本费用审计的技术与方法

一、少列成本费用概述

1. 少列成本费用的含义

少列成本费用是被审计单位为了夸大成绩、窃取荣誉、骗取信赖、粉饰财务状况，少计当期生产成本、财务费用、管理费用，少结转主营业务成本的舞弊行为。

2. 少列成本费用舞弊的表现形式

(1) 少列生产成本。如将应列入生产成本的项目记入待摊费用、固定资产成本及在建工程等科目，或直接挂往来账。

(2) 少转完工产品成本。如产品完工入库后，采用改变产品成本计算方法等方式，少转完工产品成本。

(3) 少转主营业务成本。如不与主营业务收入配比，少转或不转主营业务成本。

(4) 少列其他业务支出。如在发生材料销售或提供劳务时，不与其他业务收入相配比，少转或不转相关的成本与费用。

(5) 少列销售费用。如将销售商品过程中发生的费用，记入长期待摊费用、冲减权益类项目或直接挂在往来账中。

(6) 少列管理费用。如将管理费用资本化，记入固定资产、在建工程、长期待摊费用等科目，或在应付福利费及权益类项目中列支，有的还直接挂在往来项目。

(7) 少列财务费用。如将财务费用资本化，记入固定资产、在建工程、长期待摊费用等科目，或冲减资本公积等权益类项目。

（8）少列营业外支出。如将应记入营业外支出的盘亏和毁损项目挂待处理财产损溢迟迟不予处理；不计或少记债务重组损失；不计或少计固定资产、无形资产和在建工程的减值准备；将捐赠支出、罚款支出和非常损失等挂入长期待摊费用或冲减资本公积等权益类项目等。

（9）其他。如将已交付使用的固定资产仍挂在在建工程上而不予结转，从而达到少提固定资产折旧，少列生产成本、销售费用和管理费用的目的等。

二、少列成本费用审计的技术与方法

一般来说，被审计单位少列成本费用都有很明确的动机，且会在账内留有线索。审计过程中，如果发现被审计单位有少列成本费用、虚报利润的动机，审计人员即可在简单了解和评价被审计单位相关内部控制之后，直接由相关账面记录入手，采用分析性复核、审阅和盘点等方法来查找账内少列的成本费用。

1. 了解被审计单位基本情况，分析与成本费用相关的固有风险，判断有无少列成本费用的动机

审计人员应了解被审计单位所处环境和经营状况，对以下几类企业予以重点关注：

（1）交易的数量和复杂性。制造类企业交易的数量庞大，业务复杂，这就增加了错误和舞弊的风险。

（2）成本基础的复杂性。制造类企业的成本基础是复杂的。虽然原材料和直接人工等直接费用的分配比较简单，但间接费用的分配就可能较为复杂，并且，同一行业中的不同企业也可能采用不同的认定和计量基础。

（3）产品的多元化。这可能要求聘请专家来验证其质量、状况或价值。另外，计算库存存货数量的方法也可能是不同的。例如，计量煤堆、筒仓里的谷物或糖、钻石或者其他贵重的宝石、化工品和药剂产品的存储量的方法都可能不一样。这并不是要求注册会计师每次清点存货都需要专家配合，如果存货容易辨认、存货数量容易清点，就无须专家帮助。

（4）某些存货项目的可变现净值难以确定。例如价格受全球经济供求关系影响的存货，由于其可变现净值难以确定，会影响存货采购价格和销售价格的确定，并将影响注册会计师对与存货计价认定有关的风险进行的评估。

（5）将存货存放在很多地点。大型企业可能将存货存放在很多地点，并且可以在不同的地点之间配送存货，这将增加商品途中毁损或遗失的风险，或者导致存货在两个地点被重复列示，也可能产生转移定价的错误或舞弊。

（6）寄存的存货。有时候存货虽然还存放在企业，但可能已经不归企业所有。反之，企业的存货也可能被寄存在其他企业。

2. 了解被审计单位有关成本核算和成本费用管理方面的内部控制制度及成本核算方法，必要时进行符合性测试，分析和评价内部控制的弱点及其可能存在的少列成本费用的环节

少列成本的内部控制目标、关键内部控制和审计测试如表 10－4 所示。

表 10－4　少列成本的内部控制目标、关键内部控制和审计测试一览

内部控制目标	关键内部控制	常用的控制测试	常用的实质性程序
所有耗费和物化劳动均已反映在成本中（完整性）	生产通知单、领发料凭证、产量和工时记录、工薪费用分配表、材料费用分配表、制造费用分配表均事先编号并已经登记入账	检查生产通知单、领发料凭证、产量和工时记录、工薪费用分配表、材料费用分配表、制造费用表分配表的顺序编号是否完整	对成本实施分析程序；将生产通知单、领发料凭证、产量和工时记录、工薪费用分配表、材料费用分配表、制造费用分配表与成本明细账相核对
成本以正确的金额在恰当的会计期间及时记录于适当的账户（发生、完整性、准确性、计价和分摊）	采取适当的成本核算方法，并且前后各期一致；采用适当的费用分配方法，并且前后各期一致；采用适当的成本核算流程和账务处理流程；内部核查	选取样本测试各种费用的归集和分配以及成本的计算；测试是否按照规定的成本核算流程和账务处理流程进行核算和账务处理	对成本实施分析程序；抽查成本计算单，检查各种费用的归集和分配以及成本的计算是否正确；对重大在产品项目进行计价测试
对存货实施保护措施，保管人员与记录、批准人员相互独立（存在、完整性）	存货保管人员与记录人员职务相分离	询问和观察存货与记录的接触控制以及相应的批准程序	

为了查明被审计单位是否存在少列成本费用问题，不管是否依赖其内部控制，审计人员都应采用调查询问和观察等方法，熟悉被审计单位产品的生产过程和费用的归集分配、成本计算、完工产品成本结转等业务及与之相关的内部控制，了解被审计单位产品生产过程中，原材料、半成品每经过一个工序后，其实物形态的变化，产品生产过程需要的时间以及每个工序所需要的时间等。这不仅是舞弊审计所需要的，也是常规的财务审计所必要的。

3. 进行分析性复核，确认成本费用的异常变动

审计人员可结合对收入的审计，判断被审计单位是否存在少列费用问题，一个单位如果存在虚增收入舞弊，往往可能同时存在少列成本费用问题。在进行分析性复核时，可采用将各类成本费用水平与上年度、计划、历史平均水平相比较，以判断有无异常的变动；将年度内各月份的成本费用水平进行比较，检查有无某些月份突增或突减的现象，以缩小审计范围；将各批或不同时期各品种产品成本的构成进行对比，分析某成本项目占全部成本的比重有无不正常降低的情况。

（1）对被审计单位的经营活动、供应商的发展历程、贸易条件、行业惯例和行业现状的了解，确定营业收入、营业成本、毛利以及存货周转和费用支出项目的期望值。

（2）本期存货余额组成、存货采购、生产水平与以前期间和预算的比较，定义营业收入、营业成本和存货可接受的重大差异额。

（3）被审计单位的各期产品销售利润率，分析销售利润率有无突增现象。如果本期销售利润率突增，而价格没有明显变化，则可能存在少计成本费用舞弊问题。此方

法是根据会计资料中的记录，计算某种产品的销售利润与销售收入之比。

如果计算结果是销售利润率突增、则可能存在少计产品的销售成本、少结转完工产品成本以至于少计产品原材料成本等问题，可以进一步分析产品成本构成的变化情况。

（4）产品成本构成的变化情况。某种产品成本的组成，一般来说有原材料、燃料、自制半成品、制造费用等。引起产品销售利润增加的原因，可能是组成产品成本的某一部分减少造成的，如果产品成本构成中的某一项或多项变化异常，而且是减少的，则应当作为少计成本的线索。

如果某成本项目占全部成本的比重有不正常的降低，应当进一步检查是否是由于少计成本费用造成的。

（5）询问管理层和员工，调查实质性分析程序得出的重大差异额是否表明存在重大错报风险，是否需要设计恰当的细节测试程序以识别和应对重大错报风险。

（6）结论，即实质性分析程序是否能够提供充分、适当的审计证据，或需要对交易和余额实施细节测试以获取进一步的审计证据。

4. 确定审计方式

根据了解的情况和所作分析，确认可能发生少列成本费用的领域和期间，确定审计方式。

5. 详细测试

一般来说，可采用以下审计技术与方法：

（1）审查生产成本和完工产品成本结转。

利用审阅法检查被审计单位的成本计算资料，检查在产品的数量、完工程度与其发生的成本的配比情况。重点是：

①观察每期投入的产品数量与其发生的成本是否配比，注意有无投入产品数量很多，相应的原材料、自制半成品、制造费用却很少的现象。如果有，则可能存在少计原材料、自制半成品领用，少计制造费用问题。

②检查在产品结存数量与其成本是否配比，如果在产品结存的数量很少，结存的在产品成本却很多，则可能存在少计完工产品成本问题。

③检查完工产品转出的数量与其成本是否配比，如果完工产品转出的数量很多，而转出的成本却很少，则会造成少计完工产品成本，在销售产品时少计销售成本。

④检查在产品中有成本而无实物对应问题，长时间少计完工产品成本，往往导致在产品有成本而无实物与之对应。

（2）单位销售成本的审查。

由于已销产品单位成本是根据每批完工入库产品的实际成本计算而来。而从产品生产完工入库到销售进入市场有一个过程，每批产品的实际生产成本也不尽相同，所以已销产品成本的计价一般不可能简单地一对一结转，通常选用加权平均法、先进先出法或个别计价法等方法计算结转。由于计价方法不同必然会导致结转的产品单位成本出现差异。但企业一旦选定采取某种方法计价，就不能随意变动。不能这个会计期间采用加权平均法计价，而在下一个会计期间采用先进先出法计价，从而达到调节已销产品销售成本的目的。

在审查时，首先应将本期发出产品结转的单位成本与期末库存商品单位成本进行比较，如果金额变化较大，应采用核对法进一步审查企业是否有利用成本计价方法的变更调节销售成本的行为。如果企业确有必要改变计价方法的，则还要检查企业在财务情况说明中是否予以说明原因以及分析其对财务状况及经营成果的影响。

（3）审查主营业务成本的结转。对照主营业务收入明细账，检查主营业务成本的结转是否与之配比，查明有无已计收入而没有结转成本的情况；对照产成品明细账，根据被审计单位确定的成本结转方法，复算其成本的结转，查明是否有少结转主营业务成本的情况；检查成本结转方法是否一贯，查明是否存在故意改变成本结转方法以少转主营业务成本的情况。

（4）审查其他业务支出明细分类账。审查其他业务支出各明细分类账的具体情况，分析各月波动情况是否正常；审查大额其他业务支出，查明异常现象和重大波动原因；借助于其他业务支出明细分类账，着重查明结转的成本和负担的费用是否与取得的收入相配比，有无人为多转多列或少转少算的情况。

（5）结合长期待摊费用、固定资产、在建工程、应付福利费、往来款项和权益内科目的审计，检查是否存在把应在销售费用、管理费用、财务费用和营业外支出等列支的成本费用及其他支出列入这些科目。

（6）检查长期挂账的待处理财务损溢和待摊费用，查明是否有该处理不处理、该摊销而不摊销，从而少计成本费用的情况。

（7）结合固定资产、无形资产和在建工程的审计，检查相关减值准备的计得是否充足；相关折旧计提的方法、时间以及计算是否存在问题，从而导致折旧额少提的情况。对于固定资产折旧的计提，主要审查下列方面是否符合相关规定：

①对固定资产折旧计提范围的审查。根据规定，除下列情况外，企业应对所有固定资产计提折旧：已提足折旧仍继续使用的固定资产；按照规定单独估价作为固定资产入账的土地。已达到预定可使用状态的固定资产，如果尚未竣工决算的，应按估计价值暂估入账，并计提折旧；待办理了竣工决算手续后，再按照实际成本调整原来的暂估价，同时调整原已计提的折旧额。

审查人员应根据固定资产登记簿和固定资产卡片，审查确定已提足折旧仍在继续使用的固定资产原价、已按照规定单独估价作为固定资产入账的土地的原价、调查了解并审查已达到预定可使用状态尚未办理竣工决算的固定资产估价入账的价值，从而确定企业固定资产折旧的计提范围。同时还要审查增减固定资产计提的折旧是否合理：当月增加的固定资产当月不提折旧，从下月起计提折旧；当月减少的固定资产，当月照提折旧，从下月起不提折旧。将折旧计提范围内的固定资产原值与折旧计算表核对，看其是否一致。

②固定资产折旧方法的审查。采用询问法和复算法，审查固定资产折旧计算表，确认企业选择的折旧方法是否正确、是否存在随意变更折旧方法的情况。企业可选用的折旧方法包括：年限平均法、工作量法、年数总和法、双倍余额递减法等。

③固定资产折旧额计算的审查。查账人员首先复算各类固定资产的折旧计算表。

根据各类（或分项）固定资产应提折旧的范围和选定的折旧方法复算各类（或分项）固定资产折旧额计算是否正确。然后审查折旧汇总表，复算汇总金额计算是否正确。

（8）因少列成本费用的舞弊行为往往较多发生在年底，审计人员应关注被审计单位年底的会计事项，特别是一些异常的和大额的会计处理。如：

借：材料成本差异

　　贷：本年利润

或者

借：生产成本——基本生产成本

　　贷：本年利润

6. 形成初步审计结论，与被审单位交换意见后，做出审计结论

对所获取的审计证据进行综合分析与评价，形成初步审计结论，并记录在审计工作底稿中。与被审计单位有关人员进行沟通，征求他们对初步审计结论的意见。作出审计结论与审计决定。

三、少列成本费用审计案例

案例：少列成本的查证

2019年初，审计组对某机床厂2018年度财务收支进行审计。在了解该机床厂基本情况时，厂长介绍说："2018年上半年，我们厂亏损了100万元。2018年下半年，上级给我们下达了450万元的利润指标，经过全厂职工的共同努力，2018年全厂共实现利润450.2万元，圆满地完成了利润指标"。

分析：

上半年还亏损100万元，到年底却盈利450.2万元，刚刚超过利润计划。该厂采取的是什么措施？用的是什么办法？审计人员对此产生了疑问。

针对这些疑问，审计人员确定了如下审计方案：

（1）运用审阅法，检查会计账务处理中有无异常的"借""贷"关系。特别是下半年本年利润的增加项目。

（2）运用分析性复核方法，检查下半年产品销售利润率是否存在不合理的增加。分析产品成本构成的变化，看是否存在少计某项或多项成本要素的问题。

（3）运用计算、复算方法，检查完工产品成本、销售成本结转的正确性。

（4）利用盘点的方法，检查期末在产品的数量是否账实相符，有无有成本而无实物对应的问题。

查证：

根据上述审计方案，审计人员的审计程序与过程如下：

（1）审计人员审阅本年利润明细账，发现2018年11月24日有一笔分录：

借：材料成本差异——原材料　　3 400 000

　　贷：产成品——某产品　　3 400 000

经查，2018 年这种产品期末余额为 0。

(2) 审计人员检查该厂成本计算单，发现年底在产品中有一种铣床期末成本为 68 万元，而在产品数量一栏没有数字。审计人员决定盘点在产品，经盘点，这种铣床早已完工转出，产品也已经销售，剩下的成本是这批铣床的制造费用，留在了生产成本中。

(3) 审计人员在审阅生产成本明细账时发现，一种车床的工装模具费上半年随完工产品有摊销，而从下半年开始完工产品不再摊销工装模具费。按照上半年的标准每台完工产品应摊销 3 000 元，2018 年下半年共完工转出车床 150 台。

针对上述问题，审计人员询问了该厂财务科长，财务科长介绍说：2018 年底厂实现利润与上级下达的指标还差 300 多万元，厂内材料成本差异是贷差，所以用材料成本差异冲减了产成品成本，调增了一块利润。至于铣床少转完工成本和少摊工装模具费问题，也都是由于为完成利润指标，采取了将一部分成本先甩在生产环节，留待以后再慢慢消化的办法。这些办法厂长也是同意的。

结论：

该厂采用多转材料成本差异、少转完工产品成本、少摊费用的方法，少列成本费用，虚增利润 400 多万元。

第十一章 财政收支专项审计

第一节　财政收入与支出概述

财政是同国家的产生和存在相联系。国家为了维持自身的存在和发挥职能，必须消耗一定的社会产品。但是，国家本身通常不直接从事生产活动，因而必须凭借自身拥有的政治权力，强制性地征收一部分社会产品，以满足各方面支出的需要。这种国家的收入和支出就是财政，它是国家凭借政治权力而进行的社会产品的分配。从这一概念的内容可以看出，财政是一种分配关系，是一种以国家为主体、在社会范围内集中性的分配关系。这就是财政的本质。

一、财政收入的含义与分类

（一）财政收入的含义

财政收入是国家为实现其职能，根据法令和法规所取得的非偿还性资金，是一级财政的资金来源。预算收入是政府财政收入的重要组成部分。预算收入是国家为了实现其职能，通过国家预算所集中的资金，是国家财政收入的重要组成部分，是进行社会主义现代化建设的财力保证。根据财政复式预算的编报要求，预算收入可分为公共预算收入、国有资产经营预算收入、社会保障收入等。各级政府财政会计，在年度预算执行过程中，应当积极配合各征收机关组织预算收入，监督预算收入及时、足额地缴入国库，加强预算收入的收纳、划分、报解和退库管理，协助国库工作，加速库款的集中，以保证有效地完成国家预算。

（二）财政收入的分类

1. 财政收入分类的依据

财政收入既是一个过程，又是一定量的货币资金。财政作为以国家为主体的分配活动，财政收入首先应理解为一个过程，这一过程是财政分配活动的一个阶段或一个环节，在其中形成特定的财政分配关系。在商品货币经济条件下，财政收入是以货币来度量的，从这个意义上来理解，财政收入又是一定量的货币收入，即国家占有的以货币表现的一定量的社会产品的价值，主要是剩余产品价值。

（1）财政收入进行分类的必要性。

对财政收入的分析是财政理论的重要组成部分。财政收入分析可以从多个角度进行，如财政收入的形式、来源、规模和结构等，而作为诸种分析顺利进行的条件，首先要对财政收入做科学的分类。财政收入分类的必要性导源于财政收入的复杂性，而财政收入的复杂性又使得财政收入分类十分困难。各国财政学者都十分重视财政收入分类，并有各种各样的分类主张。如有的将财政收入分为直接收入、间接收入和预期收入三类，有的将财政收入分为经常收入和临时收入两类，还有的将财政收入分为强制性收入和自由收入，公经济收入和私经济收入等。从某种角度出发，各种分类无疑都是有意义的，但在实际应用时必须从理论和实践价值上加以选择，因为有的分类未必是合理和科学的，有的分类则不一定符合实际需要。

（2）对财政收入进行分类的要求。

具有理论和实践价值的分类似乎应合乎两个方面的要求：一是要与财政收入的性质相吻合。由于财政收入既是一个分配过程，又是一定量的货币收入，具有两重性质，所以，财政收入分类应体现这一特点。二是要同各国实际相适应。如我国是发展中的社会主义国家，经济中的所有制结构和部门结构与其他国家有较大的差别，财政收入构成自然也与其他国家不同，财政收入分类必须反映这一现实。

（3）财政收入分类的标准。

按照上述分类的要求，我国财政收入分类应同时采用两个不同的标准：一是以财政收入的形式为标准，主要反映财政收入过程中不同的征集方式以及通过各种方式取得的收入在总收入中所占的比重；二是以财政收入的来源为标准，主要体现作为一定量的货币收入从何取得，并反映各种来源的经济性质及变化趋势。

2. 按财政收入形式的分类

按财政收入形式的分类通常把财政收入分为税收和其他收入两大类。这种分类的好处是突出了财政收入中的主体收入，即国家凭借政治权力占有的税收。但是，税收以外的收入虽少，它们的占有过程和体现的分配关系都是不同的。对其他财政收入还可以进一步划分为企业收入、债务收入和其他收入等。我国的财政统计分析中经常采用的就是这种分类方法。不过企业收入在 1994 年税制改革后，在财政收入统计中已经消失，而债务已不再列入经常收入；债务收支单独核算。

本书也是按这一分类方法对财政收入按照税收和其他收入进行分类，并对其相关管理原则进行分析说明。其他收入类包括排污费收入、城市水资源费收入、教育费附加收入等单项收入以及规费收入、事业收入和外事服务收入；国有资产管理收入、罚没收入等。其中规费收入（名词）是指国家机关为居民或团体提供特殊服务或实施行政管理所收取的手续费和工本费，如工商企业登记费、商标注册费、公证费等。

3. 按财政收入来源的分类

（1）按财政收入来源分类的意义。

无论国家以何种方式参与国民收入分配，财政收入过程总是和该国的经济制度和经济运行密切相关。如果把财政收入视为一定量的货币收入，它总是来自国民收入的分配和再分配。经济作为财政的基础和财政收入的最终来源，对财政分配过程和财政收入本身具有决定性的作用（意义）。按财政收入来源的分类，有助于研究财政与经济之间的制衡关系，有利于选择财政收入的规模和结构，并建立经济决定财政、财政影响经济的和谐运行机制。

（2）按财政收入来源的分类。

按财政收入来源的分类，包括两种不同的亚类：一是以财政收入来源中的所有制结构为标准，将财政收入分为国有经济收入、集体经济收入、中外合营经济收入、私营经济或外商独资经济收入、个体经济收入等。二是以财政收入来源中的部门结构为标准，将财政收入分为工业部门和农业部门收入，轻工业部门和重工业部门收入，生产部门和流通部门收入，第一产业部门、第二产业部门和第三产业部门收入等。

二、财政收入管理原则

（一）税收管理

税收管理就是国家的财政、税务、海关等职能部门（主体），为了实现税收分配的目标（目的），依据税收分配活动的特点与规律，对税收分配活动的全过程进行决策、计划、组织、协调和监督的一种管理活动。

我国税收的征收机关有税务、海关、财政等部门，税务机关征收各种工商税收，海关征收关税。《征管法》只适用于由税务机关征收的各种税收的征收管理。

农税征收机关负责征收的耕地占用税、契税的征收管理，由国务院另行规定；海关征收的关税及代征的增值税、消费税，适用其他法律、法规的规定。

值得注意的是，目前还有一部分费由税务机关征收，如教育费附加。这些费不适用《征管法》，不能采取《征管法》规定的措施，其具体管理办法由各种费的条例和规章决定。

（二）非税收入管理

为了加强政府对非税收入的管理，规范政府收支行为，健全公共财政职能，保护公民、法人和其他组织的合法权益，根据国家有关规定，财政部制定了《政府非税收入管理办法》，并于2016年颁布实施。

根据该管理办法，非税收入是政府财政收入的重要组成部分，应当纳入财政预算管理，实行分类分级管理。各级财政部门是非税收入的主管部门，财政部负责制定全国非税收入管理制度和政策，按管理权限审批设立非税收入，征缴、管理和监督中央非税收入，指导地方非税收入管理工作；县级以上地方财政部门负责制定本行政区域非税收入管理制度和政策，按管理权限审批设立非税收入，征缴、管理和监督本行政区域非税收入。

1. 设立和征收管理原则

（1）设立和征收非税收入，应当依据法律、法规的规定或者按下列管理权限予以批准：

①行政事业性收费按照国务院和省、自治区、直辖市（以下简称省级）人民政府及其财政、价格主管部门的规定设立和征收。

②政府性基金按照国务院和财政部的规定设立和征收。

③国有资源有偿使用收入、特许经营收入按照国务院和省级人民政府及其财政部门的规定设立和征收。

④国有资产有偿使用收入、国有资本收益由拥有国有资产（资本）产权的人民政府及其财政部门按照国有资产（资本）收益管理规定征收。

⑤彩票公益金按照国务院和财政部的规定筹集。

⑥中央银行收入按照相关法律法规征收。

⑦罚没收入按照法律、法规和规章的规定征收。

⑧主管部门集中收入、以政府名义接受的捐赠收入、政府收入的利息收入及其他非税收入按照同级人民政府及其财政部门的管理规定征收或者收取。

任何部门和单位不得违反规定设立非税收入项目或者设定非税收入的征收对象、范围、标准和期限。

（2）取消、停征、减征、免征或者缓征非税收入，以及调整非税收入的征收对象、范围、标准和期限，应当按照设立和征收非税收入的管理权限予以批准，不许越权批准。

取消法律、法规规定的非税收入项目，应当按照法定程序办理。

（3）非税收入可以由财政部门直接征收，也可以由财政部门委托的部门和单位（以下简称执收单位）征收。

未经财政部门批准，不得改变非税收入执收单位。

法律、法规对非税收入执收单位已有规定的，从其规定。

（4）执收单位应当履行下列职责：

①公示非税收入征收依据和具体征收事项，包括项目、对象、范围、标准、期限和方式等；

②严格按照规定的非税收入项目、征收范围和征收标准进行征收，及时足额上缴非税收入，并对欠缴、少缴收入实施催缴；

③记录、汇总、核对并按规定向同级财政部门报送非税收入征缴情况；

④编报非税收入年度收入预算；

⑤执行非税收入管理的其他有关规定。

（5）执收单位不得违规多征、提前征收或者减征、免征、缓征非税收入。

（6）各级财政部门应当加强非税收入执收管理和监督，不得向执收单位下达非税收入指标。

（7）公民、法人或者其他组织（以下简称缴纳义务人）应当按规定履行非税收入缴纳义务。

对违规设立非税收入项目、扩大征收范围、提高征收标准的，缴纳义务人有权拒绝缴纳并向有关部门举报。

（8）缴纳义务人因特殊情况需要缓缴、减缴、免缴非税收入的，应当向执收单位提出书面申请，并由执收单位报有关部门按照规定审批。

（9）非税收入应当全部上缴国库，任何部门、单位和个人不得截留、占用、挪用、坐支或者拖欠。

（10）非税收入收缴实行国库集中收缴制度。

（11）各级财政部门应当加快推进非税收入收缴电子化管理，逐步降低征收成本，提高收缴水平和效率。

2. 票据管理

非税收入票据是征收非税收入的法定凭证和会计核算的原始凭证，是财政、审计等部门进行监督检查的重要依据。

（1）非税收入票据种类包括非税收入通用票据、非税收入专用票据和非税收入一般缴款书。具体适用范围为：

①非税收入通用票据，是指执收单位征收非税收入时开具的通用凭证。

②非税收入专用票据，是指特定执收单位征收特定的非税收入时开具的专用凭证，主要包括行政事业性收费票据、政府性基金票据、国有资源（资产）收入票据、罚没票据等。

③非税收入一般缴款书，是指实施非税收入收缴管理制度改革的执收单位收缴非税收入时开具的通用凭证。

（2）各级财政部门应当通过加强非税收入票据管理，规范执收单位的征收行为，从源头上杜绝乱收费，并确保依法合规的非税收入及时足额上缴国库。

（3）非税收入票据实行凭证领取、分次限量、核旧领新制度。

执收单位使用非税收入票据，一般按照财务隶属关系向同级财政部门申领。

（4）除财政部另有规定以外，执收单位征收非税收入，应当向缴纳义务人开具财政部或者省级财政部门统一监（印）制的非税收入票据。

（5）对附加在价格上征收或者需要依法纳税的有关非税收入，执收单位应当按规定向缴纳义务人开具税务发票。

不开具前款规定票据的，缴纳义务人有权拒付款项。

（6）非税收入票据使用单位不得转让、出借、代开、买卖、擅自销毁、涂改非税收入票据；不得串用非税收入票据，不得将非税收入票据与其他票据互相替代。

（7）非税收入票据使用完毕，使用单位应当按顺序清理票据存根、装订成册、妥善保管。

非税收入票据存根的保存期限一般为 5 年。保存期满需要销毁的，报经原核发票据的财政部门查验后销毁。

3. 资金管理

非税收入应当依照法律、法规规定或者按照管理权限确定的收入归属和缴库要求，缴入相应级次国库。

非税收入实行分成的，应当按照事权与支出责任相适应的原则确定分成比例，并按下列管理权限予以批准：

（1）涉及中央与地方分成的非税收入，其分成比例由国务院或者财政部规定；

（2）涉及省级与市、县级分成的非税收入，其分成比例由省级人民政府或者其财政部门规定；

（3）涉及部门、单位之间分成的非税收入，其分成比例按照隶属关系由财政部或者省级财政部门规定。

未经国务院和省级人民政府及其财政部门批准，不得对非税收入实行分成或者调整分成比例。

非税收入应当通过国库单一账户体系收缴、存储、退付、清算和核算。

上下级政府分成的非税收入，由财政部门按照分级划解、及时清算的原则办理。

已上缴中央和地方财政的非税收入依照有关规定需要退付的，分别按照财政部和省级财政部门的规定执行。

根据非税收入不同性质，分别纳入一般公共预算、政府性基金预算和国有资本经营预算管理。

各级财政部门应当按照规定加强政府性基金、国有资本收益与一般公共预算资金统筹使用，建立健全预算绩效评价制度，提高资金使用效率。

4. 监督管理

（1）各级财政部门应当建立健全非税收入监督管理制度，加强非税收入政策执行情况的监督检查，依法处理非税收入违法违规行为。

（2）执收单位应当建立健全内部控制制度，接受财政部门和审计机关的监督检查，如实提供非税收入情况和相关资料。

（3）各级财政部门和执收单位应当通过政府网站和公共媒体等渠道，向社会公开非税收入项目名称、设立依据、征收方式和标准等，并加大预决算公开力度，提高非税收入透明度，接受公众监督。

（4）任何单位和个人有权监督和举报非税收入管理中的违法违规行为。

各级财政部门应当按职责受理、调查、处理举报或者投诉，并为举报人保密。

（5）对违反本办法规定设立、征收、缴纳、管理非税收入的行为，依照《中华人民共和国预算法》《财政违法行为处罚处分条例》和《违反行政事业性收费和罚没收入收支两条线管理规定行政处分暂行规定》等国家有关规定追究法律责任；涉嫌犯罪的，依法移送司法机关处理。

三、财政收入的核算

（一）预算收入的核算

各级政府财政会计办理预算收入的核算，主要是以同级国库报来的“预算收入日报表”和“分成收入计算日报表”以及所附的“缴款书”等原始凭证为依据。政府财政会计要对每天报来的上述原始凭证进行审核，经审核无误后才能进行会计核算。

1. 预算收入核算的会计科目

为了正确核算预算收入，政府财政会计应设置“一般预算收入”科目。该科目用来核算各级财政部门组织纳入预算的各项收入。“一般预算收入”科目属于收入类科目，其贷方登记从国库报来的各项预算收入增加数，当日预算收入为负数时，以红字记入（采用计算机记账时，用负数反映）；借方登记年终结转数。平时贷方余额反映预算收入累计数，月末，应将该科目贷方余额全数转入“一般预算结余”科目。“一般预算收入”科目应根据《政府预算收支科目》中的“一般预算收入科目”（不含一般预算调拨收入类）设置相应的明细科目。

由于库款的报解需要一定的邮递时间，年终就会存在国库经收处或各级国库已经在年前收纳，但尚未转划到支库或尚未报解到各该上级国库的各种收入，这些款项称为在途款。为了在年终决算中全面反映各级收入总额，各级财政总会计应设置“在途款”科目。该科目属于资产类科目，用来核算决算清理期内发生的上、下年度收入支出业务以及需要通过本科目过渡处理的资金数。借方登记发生数，贷方登记冲转数。

2. 预算收入的账务处理

政府财政会计收到国库报来的预算收入日报表时，经审核无误，应按所列当日预算收入数，借记“国库存款”科目，贷记“一般预算收入”科目；如果当日的收入数为负数，应以红字记入。月末，将“一般预算收入”科目的贷方余额转入“一般预算结余”科目，借记“一般预算收入”科目，贷记“一般预算结余”科目。

（二）补助收入的核算

1. 预算补助核算的会计科目

为了核算预算补助的收入，财政会计应设置“补助收入”科目。

“补助收入”科目属于收入类会计科目，用来核算上级财政部门拨来的补助款，包括税收返还收入、按财政体制规定由上级财政补助的款项、上级财政对本级的专项补助和临时性补助。该科目贷方登记实际收到的上级财政拨来的补助款，借方登记退还上级补助数及年终转出数，平时余额在贷方，反映上级补助收入累计数，年终时，该科目贷方余额应转入“一般预算结余”科目或“基金预算结余”科目。该科目应按补助资金性质设置明细账。

2. 补助收入的账务处理

财政会计在核算本级财政收到上级拨来的补助款时，应借记“国库存款”科目，贷记“补助收入”科目；财政部门与上级财政的往来款项中一部分转作上级补助收入时，应从“与上级往来”科目转入“补助收入”科目，借记“与上级往来”科目，贷记“补助收入”科目；财政部门退还上级补助时，应借记“补助收入”科目，贷记“国库存款”科目。年终，应按补助收入的资金性质，将“补助收入”科目余额分别转入“一般预算结余”科目和“基金预算结余”科目，如果上级补助款是属于一般预算资金，应借记“补助收入”科目，贷记“一般预算结余”科目；如果上级补助款属于基金预算资金，则应借记“补助收入”科目，贷记“基金预算结余”科目。

（三）基金预算收入的核算

1. 基金预算收入核算的要求

基金是一种专用性资金，在管理与核算上不同于一般的预算资金。财政会计在管理与核算基金预算收入时，应当遵循以下要求：

（1）先收后支，自求平衡。财政会计必须在已有基金预算收入数额的范围内办理基金预算支出，要求基金预算收入与基金预算支出在时间和数量上都收支平衡。

（2）专款专用，分项核算。基金预算收入应当专款专用，相应的基金预算收入应当用于相应的基金预算支出，各项基金预算收入与基金预算支出之间不能相互调剂使用。政府财政会计在核算基金预算收入时，要分项核算，按照政府预算收支科目中的基金预算收支科目设置明细账。

2. 基金预算收入的账务处理

为了核算各级财政部门管理的政府性基金预算收入，财政会计应设置“基金预算收入”科目。该科目属于收入类会计科目，贷方登记取得基金预算收入的数额，借方登记月末转入“基金预算结余”科目的数额，平时余额在贷方，反映当月基金预算收入累计数。月末时，应将该科目贷方余额全数转入“基金预算结余”科目。

财政会计在核算取得基金预算收入时，应借记“国库存款”科目，贷记“基金预算收入”科目；对于财政部明文规定在指定银行存储的基金，应按规定办理转存手续；基金预算收入在银行的存款利息收入，作为基金预算收入处理；月末转账时，将本科目贷方余额全数转入“基金预算结余”科目，借记“基金预算收入”科目，贷记“基金预算结余”科目。各项基金预算收入的入账应以缴入国库数或总预算会计实际收到数额为准。

（四）上解收入的核算

1. 上解收入核算的会计科目设置

财政会计为了核算预算上解的收入情况，应设置“上解收入”科目。

“上解收入”科目，属于收入类会计科目，用来核算下级财政上缴的预算上解款，具体包括：①按体制规定由国库在下级预算收入中直接划解给本级财政的款项；②按体制结算后下级财政补缴给本级财政的款项和各种专项上解款项。该科目贷方登记上解收入的增加数，借方登记退还数和年终结转数，平时余额在贷方，反映下级上解收入累计数。年终，该科目贷方余额应全数转入“一般预算结余”科目。该科目应按上解地区设置明细账。本级财政的“上解收入”应与所属下级财政的“上解支出”数额相等。

2. 上解收入的账务处理

财政会计在核算本级财政收到下级上解款时，应借记“国库存款”科目，贷记“上解收入”科目；如果发生收入退回，应按退回数，借记“上解收入”科目，贷记“国库存款”科目。年终，将“上解收入”科目的余额全数转入“一般预算结余”科目，借记“上解收入”科目，贷记“一般预算结余”科目。

四、财政支出的含义与分类

（一）财政支出的含义

财政支出（Public finance expenditure）通常是指国家为实现其各种职能，由财政部门按照预算计划，将国家集中的财政资金向有关部门和方面进行支付的活动，因此也称预算支出。在我国，由于存在预算外资金，所以财政支出的概念也就有狭义与广义之分：狭义的财政支出仅指预算内支出；广义的财政支出则包括预算内支出和预算外支出。如果没有特殊的说明，我们后面所说的财政支出，一般是指狭义的财政支出概念。

财政支出是财政分配活动的重要环节，财政支出的规模和结构可以反映政府职能的范围大小。

财政支出与财政收入一起构成财政分配的完整体系，财政支出是财政收入的归宿，它反映了政府政策的选择，体现了政府活动的方向和范围。所以，它是财政分配活动的重要环节。

（二）财政支出的分类

将财政支出的内容进行合理的归纳，以便准确反映和科学分析支出活动的性质、结构、规模以及支出的效益和产生的时间。分类方法有下列五种：

（1）按经济性质将财政支出分为生产性支出和非生产性支出。生产性支出指与社会物质生产直接相关的支出，如支持农村生产支出、农业部门基金支出、企业挖潜改造支出等，非生产性支出指与社会物质生产无直接关系的支出，如国防支出、武装警察部队支出、文教卫生事业支出、扶恤和社会福利救济支出等。按财政支出的经济性质，即按照财政支出是否能直接得到等价的补偿进行分类，可以把财政支出分为购买性支出和转移性支出。

购买性支出又称消耗性支出，是指政府购买商品和劳务，包括购买进行日常政务活动所需要的或者进行政府投资所需要的各种物品和劳务的支出，即由社会消费性支出和财政投资支出组成。它是政府的市场性再分配活动，对社会生产和就业的直接影响较大，执行资源配置的能力较强。在市场上遵循定价交换的原则，因此购买性支出体现的财政活动对政府能形成较强的效益约束，对与购买性支出发生关系的微观经济主体的预算约束是硬的。

转移性支出是指政府按照一定方式，将一部分财政资金无偿地、单方面转移给居民和其他受益者，主要由社会保障支出和财政补贴组成。它是政府的非市场性再分配活动，对收入分配的直接影响较大，执行收入分配的职能较强。

（2）按最终用途分类从静态的价值构成上财政支出分为补偿性支出、积累性支出与消费性支出。补偿性支出主要是对在生产过程中固定资产的耗费部分进行弥补的支出，如：挖潜改造资金。积累性支出指最终用于社会扩大再生产和增加社会储备的支出，如基本建设支出、工业交通部门基金支出、企业控潜发行支出等，这部分支出是社会扩大再生产的保证；消费支出指用于社会福利救济费等，这部分支出对提高整个社会的物质文化生活水平起着重大的作用。

从动态的再生产角度考察，则可分为投资性支出和消费性支出。

（3）按财政支出与国家职能关系可将财政支出分为：

①经济建设费支出，包括基本建设支出、流动资金支出、地质勘探支出、国家物资储备支出、工业交通部门基金支出、商贸部门基金支出等；

②社会文教费支出，包括科学事业费和卫生事业费支出等；

③行政管理费支出，包括公检法支出、武警部队支出等；

④其他支出，包括国防支出、债务支出、政策性补贴支出等。

（4）按国家预算收支科目将财政支出分为一般预算支出、基金预算支出、专用基金支出、资金调拨支出和财政周转金支出。财政总预算会计对财政支出的核算按国家预算支出科目分类。

（5）按财政支出产生效益的时间可以分为经常性支出和资本性支出：经常性支出是维持公共部门正常运转或保障人们基本生活所必需的支出，主要包括人员经费、公用经费和社会保障支出。特点是它的消耗会使社会直接受益或当期受益，直接构成了当期公共物品的成本，按照公平原则中当期公共物品受益与当期公共物品成本相对应的原则，经常性支出的弥补方式是税收。

资本性支出是用于购买或生产使用年限在一年以上的耐久品所需的支出，它们的耗费的结果将形成供一年以上的长期使用的固定资产。它的补偿方式有两种：一是税收，二是国债。

五、财政支出的确认原则

政府财政会计对一般预算支出的核算应以收付实现制为主要确认原则，这有利于如实反映当期财政资金的支出情况，有利于加强预算管理，提高预算资金的利用效率。但是，对于个别预算支出事项，可以采用权责发生制进行确认。根据现行制度规定，中央财政总预算会计的下列会计事项可以采用权责发生制进行确认：

（1）预算已经安排，由于政策性因素，当年未能实现的支出。如年初中央财政预算中已经安排，但在执行中由于国家计委未能按预算足额下达投资计划等原因，需根据权责发生制作结转处理。

（2）预算已经安排，由于用款进度的原因，当年未能实现的支出。如在实行国库单一账户核算情况下，由于用款进度的原因，年终有一部分资金留在政府财政会计账面上拨不出去，为了不虚增财政结余，需根据权责发生制作结转处理。

（3）动支中央预备费安排，因国务院审批较晚，当年未能及时拨付的支出。

（4）为平衡预算需要，当年未能实现的支出。

对于以上会计事项，由于年终结账前才能最后确定当年应支未支的数额，因此，在平时可不进行账务处理，待年终结账时，根据经确认的结转数额，再按照权责发生制进行账务处理。

六、财政支出的核算

（一）一般预算支出的核算

1. 一般预算支出核算的会计科目

为了核算一般预算支出，政府财政会计应设置“一般预算支出”科目，该科目属于支出类科目，用来核算各级政府财政会计办理的应由预算资金支付的各项支出。该科目借方登记支出发生数，贷方登记支出收回或年终转出数。平时余额为借方，反映预算支出累计数额，月末该科目借方余额应全部转入“一般预算结余”科目。“一般预算支出”科目应根据《政府预算收支科目》中的“一般预算支出科目”（不含一般预算调拨支出类）分“款”“项”设置明细账。

对于预算已经安排，但当年未能实现的支出，可设置“未付预算款”科目，该科目属于负债类科目，贷方登记年终未实现支出的预算资金数，借方登记结转数。

2. 一般预算支出的账务处理

政府财政会计办理各种预算直接支出时，应借记“一般预算支出”科目，贷记“国库存款”等有关科目；支出收回或冲销转账时，应借记“国库存款”等有关科目，贷记“一般预算支出”科目；月末时，“一般预算支出”科目的借方余额应全数转入“一般预算结余”科目，借记“一般预算结余”科目，贷记“一般预算支出”科目。

（二）基金预算支出的核算

基金预算支出是用基金预算收入安排的支出，其支出内容与基金预算收入相对应。基金预算支出的会计核算，可以比照一般预算支出的会计处理方法。

财政会计为了核算各级财政部门用基金预算收入安排的支出，应设置“基金预算支出”科目。该科目属于支出类会计科目，借方登记发生的基金预算支出数，贷方登记支出收回或冲销数，平时余额在借方，反映基金预算支出累计数。月末应将该科目借方余额全数转入“基金预算结余”科目。

财政会计在核算发生基金预算支出时，应借记“基金预算支出”科目，贷记“国库存款”或“其他财政存款”科目等；支出收回或冲销转账时，应借记有关科目，贷记“基金预算支出”科目，月末，“基金预算支出”科目借方余额转入“基金预算结余”科目时，应借记“基金预算结余”科目，贷记“基金预算支出”科目。

（三）专用基金支出的核算

专用基金支出是指用专用基金收入安排的支出。为了核算各级财政部门的专用基金支出，财政会计应设置“专用基金支出”科目。该科目借方登记发生的专用基金支出数，贷方登记专用基金支出的收回或转销数，平时余额在借方，反映专用基金支出累计数。月末，该科目余额应全数转入“专用基金结余”科目。

财政会计在核算发生专用基金支出时，应借记“专用基金支出”科目，贷记“其他财政存款”科目；在收回支出时，应做相反的会计分录。月末转账时，将“专用基金支出”科目余额转入“专用基金结余”科目，应借记“专用基金结余”科目，贷记“专用基金支出”科目。

（四）上解支出的核算

1. 预算上解支出核算的会计科目

财政会计为了核算预算上解的支出情况，应设置“上解支出”科目。

“上解支出”科目，属于支出类会计科目，用来核算解缴上级财政的款项，具体包括：①按体制由国库在本级预算收入中直接划解上级财政的款项；②按体制结算补解给上级财政款项和各种专项上解款项。该科目借方登记上解支出的增加数，贷方登记上解支出退还数和年终结转数，平时余额在借方，反映上解支出累计数。年终，该科目借方余额应转入“一般预算结余”科目。该科目一般不设明细账。

2. 上解支出的账务处理

财政会计在核算本级财政发生上解支出时，应借记“上解支出”科目，贷记“国库存款”科目；如果发生上解支出退还时，应按退还数，借记“国库存款”科目，贷记“上解支出”科目；年终，将“上解支出”科目余额转入“一般预算结余”科目时，借记“一般预算结余”科目，贷记“上解支出”科目。

（五）补助支出的核算

1. 补助支出核算的会计科目

为了核算预算补助的支出，财政会计应设置“补助支出”科目。

“补助支出”科目属于支出类会计科目，用来核算本级财政对下级财政的补助支出，包括税收返还支出、按财政体制结算应补助给下级财政的款项、专项补助或临时性补助。该科目借方登记补助支出的增加数，贷方登记补助支出的减少数，平时余额在借方，反映补助支出累计数。年终时，该科目借方余额应转入“一般预算结余”科目或“基金预算结余”科目。该科目应按补助地区及资金性质设置明细账。上级财政的“补助支出”与所属下级财政的“补助收入”的数额应相等。

2. 补助支出的账务处理

财政会计在核算本级财政对所属下级财政的补助支出时，如果是以预算收入拨付的补助支出，应借记“补助支出——一般预算补助”科目，贷记“国库存款”科目；如果是以预算外资金拨付的补助支出，应借记“补助支出——基金预算补助”科目，贷记“其他财政存款”科目；如果是本级财政将其与下级财政的往来款转作对下级的补助支出时，应借记“补助支出”科目，贷记“与下级往来”科目。如果本级财政收到对下级财政补助支出的退回，则应区别资金不同性质，分别借记“国库存款”科目或“其他财政存款”科目，贷记“补助支出”科目。年终，“补助支出”科目的借方余额应按资金的不同性质分别转入“一般预算结余”科目或“基金预算结余”科目，借记“一般预算结余”科目或“基金预算结余”科目，贷记“补助支出”科目。

七、财政内部控制的基本方法

财政内部控制的基本方法主要包括：不相容职务相互分离控制、集体决策控制、授权批准控制、会计核算控制、管理风险控制、内部报告控制、电子信息技术控制等。

（1）不相容职务相分离控制要求按照不相容职务相分离的原则，合理设置工作机构和工作岗位，明确岗位职责权限，使财政内部各项管理业务活动，都经过具有互相制约关系的两个或两个以上的控制环节才能完成，形成相互制衡机制。

不相容职务主要包括：授权批准、执行业务、会计记录、财产保管、审核监督等职务。

（2）集体决策控制要求涉及重大财政政策、重大财政收支预算调整、重大财政改革措施等方面的财政核心业务，应当报局党组或局长办公会议讨论，实行民主商议、集体决策。

（3）授权批准控制要求明确规定涉及管理业务的授权批准的范围、权限、程序、责任等内容，各级工作人员必须在授权范围内行使职权、办理业务和承担责任。

（4）会计核算控制要求会计核算人员依据《会计法》和国家统一的会计制度，明确会计凭证、会计账簿和财务会计报告的处理程序，建立和完善会计档案保管和会计工作交接办法，实行会计人员岗位责任制，充分发挥会计的监督职能。

（5）管理风险控制要求全员树立风险意识，针对各个风险控制点，建立有效的风险管理机制，通过风险预警、识别、评估、分析、报告等措施，全面防范和控制业务活动中存在的管理风险。

（6）内部报告控制要求建立和完善内部报告制度，全面反映财政资金运行情况，及时提供资金活动的重要信息，增强内部管理的时效性和针对性。

（7）电子信息技术控制要求运用电子信息技术手段建立内部管理控制系统，减少和消除人为操纵因素，确保控制措施的有效实施；同时要加强对业务信息系统开发与维护、数据输入与输出、文件储存与保管、网络安全等方面的控制。

第二节　隐瞒财政收入的审计

一、隐瞒财政收入概述

（一）隐瞒财政收入的含义

隐瞒财政收入，是指财政、税务、海关等国家财政收入征缴、管理部门有目的地将其已确认的财政收入不予征缴入库，或将已征缴的财政收入在其他账户挂账，未纳入预算核算和管理的舞弊行为。其主要特征：一是行为的主体为党和国家机关、人民团体、企事业单位及其负有直接责任的主管人员和其他直接责任者；二是主观上具有直接故意；三是客观上实施了隐瞒、截留应当上交国家的税金、利润或者其他财政收入的行为；四是侵犯的客体为国家财政管理秩序。

国家经济管理部门和行政机关隐瞒财政收入，不仅给国家经济收入造成损失，而且直接危害整个国家经济的健康发展，影响整个社会经济秩序的正常运行，同时还会带来更为恶劣的社会影响。从国家经济管理部门和行政机关隐瞒财政收入的动机来说，除有时是为了本单位的经济利益外，更多的是为了维护部门整体利益或地方的经济利益。

（二）隐瞒财政收入舞弊的表现形式

1. 财政部门隐瞒财政收入的表现形式

（1）财政部门通过将征收的国有资产收益存入财政周转金、暂存款等其他账户，不纳入预算管理的方法，隐瞒转移财政收入。

（2）在政府性基金征管过程中，财政部门自行减征免征应征缴入库的财政收入，或将基金缴入财政周转金、暂存款等其他账户，隐瞒、截留、转移财政收入。

（3）财政部门将收缴的罚没收入、行政性收费不纳入预算管理，而是挂在财政周转金、暂存款其他账户，以隐瞒、转移、截留收入。

（4）财政部门擅自改变国家规定的行政性收费收缴范围、标准及入库的期限、比例、级次和缴库办法，以隐瞒、转移、占用罚没收入和行政性收费。

（5）财政部门及其他代征代缴机关没有按规定将征缴的外商投资企业场地使用费、国有土地使用权有偿使用收入等其他预算收入及时足额缴入国库，而是利用暂存款账转移、隐瞒财政收入。

2. 税务部门隐瞒财政收入的表现形式

（1）税务部门任意下放减免税审批权限，擅自制定税收优惠、减免政策，或违规扩大税收减免范围，擅自放宽国家统一税收条件和范围，从而隐瞒应征缴的财政收入。

（2）税务部门人为调节税收收入，将税收收入滞留于企业，或不及时将税款入库，占压、截留、转移税款，从而隐瞒财政收入。

（3）税务部门通过违规手法退税，人为调节税收增长速度，隐瞒财政收入，“以丰补歉”。比如人为扩大出口退税范围；出口退税适用率不准确，造成多退流转税；违规扩大退税范围，应征未征等。

3. 海关部门隐瞒财政收入的表现形式

（1）海关在行政性收费管理过程中，将预算内收费列入预算外，转移、滞留、挪用预算内收费资金。

（2）海关税费收入及罚款收入没有及时足额入库，而是存放在过渡账户集中入库；或拖欠、转移、坐支罚没收入。

4. 本级预算单位隐瞒财政收入的表现形式

有预算收入上缴任务的单位，没有按照有关法律法规及时足额将应上缴的预算收入缴入国库；通过截留、转移等手段，隐瞒财政收入。

二、隐瞒、截留财政收入的主要手段

1. 挤占和虚列成本

（1）多提折旧、应付工资、应付福利费等费用。

（2）不按规定标准多提取预提费用，甚至不该预提的费用也预提。

（3）多摊销待摊费用、递延资产。

（4）领用的原材料生产中未耗用而算作耗用，虚减原材料，多计成本。

（5）对原材料等存货盘盈不作处理，让其长期挂在“待处理财产损溢”账上。

（6）假报原材料等存货盘亏，虚减原材料等存货，增加费用。

（7）把不属于生产成本、制造费用、产品销售费用、其他业务支出、管理费用、财务费用的支出做入这些支出内，或无任何凭据随意虚列这些支出。

（8）生产成本在完工产品与在产品之间不正确进行分配，多计算完工产品成本。

（9）多转产品销售成本，主要手段有：①产成品采用计划成本核算的，只结转计划成本，不结转低于计划成本的差异，甚至有的单位故意把计划成本调高；②改变产成品的计价方法，采用结转成本多的方法计价；③产成品未销售就结转产品销售成本，虚减产成品待以后作盘盈处理。

2. 乱列营业外支出

（1）把非营业外支出列入营业外支出。

（2）虚列营业外支出，如假报固定资产盘亏以增加营业外支出。

3. 隐瞒、截留营业收入和营业外收入

（1）将销售产品、出售原材料和边角料、出租包装物和固定资产、转让无形资产、投资收益等收入，或压下凭据不做账，或不做收入账而做在“应付账款”“预收账款”“其他应付款”等账上或冲减在建工程、递延资产、待摊费用等支出，或转入下属单位，或放入“小金库”中。

（2）将销售产成品、原材料、包装物、低值易耗品收入不做收入账，而直接冲减产成品、原材料、包装物、低值易耗品、材料成本差异账。

（3）无任何凭据随意冲减产品销售收入、其他业务收入、投资收益、营业外收入。

（4）对固定资产盘盈不作处理，让其长期挂在“待处理财产损溢”账上。

4. 隐瞒、截留应交税费

（1）采取各种手段，如向减税、免税单位转移产品和收入，隐瞒、截留应纳的税金。

（2）隐瞒、截留代征、代扣的税金。

5. 隐瞒、截留行政事业性收费和罚没收入

（1）行政事业单位隐瞒、截留应上交的行政事业性收费。

（2）执法单位隐瞒、截留或变相隐瞒、截留应上交的罚没收入，如将没收的小汽车不按规定作价处理而擅自留作单位公用。

三、隐瞒财政收入审计的技术与方法

（一）隐瞒财政收入及其审计的特点

由国家经济管理部门和行政机关对财政收入的征收具有政策性强、涉及面广的特点，且这些部门和机关管理的资金大都以货币资金的形态存在，针对这些特点，审计人员在审查被审计单位是否存在隐瞒财政收入时，可着重采用以下审计方法：

1. 审查会计凭证

对照隐瞒、截留财政收入的手段审查会计凭证是核实有无隐瞒、截留财政收入的主要方法。对原始凭证，主要审查其业务是否真实，经济内容是否合法，填制项目是否齐全，计算是否正确，报销手续是否完备等。对记账凭证，主要审查应附附件是否齐全，使用的会计科目是否正确，金额与所附附件是否相符，与账簿记录是否吻合等。通过对会计凭证的审查，核实有无采取某一或某些隐瞒、截留财政收入的手段进行隐瞒、截留财政收入的情况。

2. 银行账户入手法

财政税务等非企业性单位的资金大部分是以货币形态存在的，银行存款账户则是这些单位资金运作的集散中心，是资金流出的源头，收入的归集点。其他账户，比如预算收入、支出等则是资金运作状态的进一步说明。因此，银行账户入手法应是对财政税务等部门审计的首选方法，银行账户是审计的着手点。此方法的基本做法如下：

（1）全面了解被审计单位银行账户开设情况，通过被审单位自报和审计人员进一步核查，掌握被审计单位的所有银行账户。

（2）在掌握所有银行账户的基础上，根据账户中收入来源方的记载及复式记账原理，检查相对应的明细账、凭证等。

（3）根据账户支出方的记载，检查相对应的会计账户和凭证。

3. 审查收款票据

对单位使用的发票和收据包括代征、代扣税金的税票进行审查，主要审查已使用发票、收据的存根联是否齐全，有无缺号情况；所有开具了未作废的发票、收据的记账联是否都做了账，存根联与记账联上的数量、金额是否一致；未使用的发票、收据有无缺号情况，每份未使用的发票、收据其发票、收据联是否存在；核实有无采取把收入压下来不做账或放入“小金库”中等手段隐瞒、截留财政收入的情况。

4. 审查货币资金

对库存现金进行突击盘点，核对库存现金实有数与现金日记账和总账余额是否相符，并要特别注意审查出纳手中保管未入账的收支单据，核实有无采取把收入压下来不做账或放入“小金库”中等手段隐瞒、截留财政收入的情况。对银行存款进行审查，核实单位所有银行存款账户的账面余额与单位银行存款实有金额是否相符，未达账款是否由于正常原因所致，特别要注意一收一付金额相等的银行已入账的单位未达账款，核实有无采取把收入压下来不做账或转入下属单位、放入“小金库”中等手段隐瞒、截留财政收入的情况。

5. 政策法规入手法

财政税务等部门作为国家的行政机关，国家的经济政策、财经法规是其行政的依据和准则。从某种角度讲，这些部门既是财经法规的制定者，又是财经法规的具体执行、落实者，因此，对这些部门的审计，应在充分掌握经济政策、财经法规的基础上，将审计其财经法规的制定是否符合党和国家的方针、政策，其制定的“小法”是否符合法律、法规等“大法”，以及其在行使行政职能过程中是否严格执行既定的财经法规，作为审计的着手点。

6. 清查提取摊销费用

多提取折旧、应付工资、应付福利费、预提费用和多摊销待摊费用、递延资产是企业隐瞒、截留财政收入的主要手段之一，对提取摊销费用进行清查也是核实企业有无隐瞒、截留财政收入的主要方法之一。清查提取摊销费用主要是根据会计账簿、会计凭证，对照会计制度规定，核实提取、摊销的费用是否必要、允许，提取、摊销的依据是否真实、比例是否合规，计算是否无误，账务处理是否正确。

7. 盘点实物资产

对原材料、低值易耗品、产成品等存货和固定资产进行盘点，看账实是否相符，核实有无领用的原材料未耗用而算作耗用以虚减原材料多计成本的情况，有无假报原材料等存货盘亏而虚减原材料等存货以增加费用的情况，有无未销售产成品就结转其成本而虚减产成品以增加产品销售成本的情况，有无向减税、免税单位转移产品的情况，有无假报固定资产盘亏而虚减固定资产以增加营业外支出的情况。

8. 突出重点法

财税等部门的业务范围涉及的国家经济活动内容、事项十分庞大，审计部门要想全部审计是根本做不到的，所以，突出重点、抓住重点，是提高审计质量的保证。应具体突出以下几个重点：

（1）党和国家、社会关注的主要事项；

（2）近期重要的经济政策的执行和落实情况；

（3）被审计单位重要的业务事项；

（4）重点、大额资金的运作情况。

（二）隐瞒财政收入审计的具体方法

1. 了解被审计单位基本情况

了解被审计单位基本情况，分析发生隐瞒财政收入舞弊的固有风险，判断有无发生隐瞒财政收入舞弊的动机。

2. 了解被审计单位相关内部控制情况

了解被审计单位相关内部控制情况，必要时进行符合性测试，分析和评价内部控制的弱点。

3. 进行分析性复核

进行分析性复核，了解被审计单位有关各种收入项目有无异常变动情况。结合宏观经济形势，将被审计单位取得的各项收入与上年度、预算或计划相比较，查明是否存在异常波动，以发现审计线索。

4. 估计可能发生的隐瞒财政收入舞弊

根据了解情况和所作分析，估计可能发生的隐瞒财政收入舞弊，确定审计方式。

5. 实施详细测试

根据所获审计线索，实施详细测试，以收集充分确凿的审计证据。一般来说，可采用以下审计技术与方法：

（1）对财政部门隐瞒财政收入舞弊的详细测试。

①查证隐瞒国有资产收益问题。国有资产收益是指省级单位出租、出借、处置资产取得的收入和省级事业单位对外投资、担保等取得的收入扣除相关税金、评估费、拍卖佣金等费用后的部分。其范围主要包括：

资产出租出借收益。资产出租出借收益是指省级单位利用闲置的办公场所、门面房、场地、设备、设施等资产，采取出租、出借等方式，向承租人、所属企业等特定对象收取的租金、承包费、使用费、占用费、广告费、管理费等收入扣除相关税费后的收益。

对外投资收益。对外投资收益是指省级事业单位投资或利用单位资产与其他单位合资、投资等取得的收益。

资产处置收益。资产处置收益是指省级单位经批准将国有资产产权转让、资产置换、资产核销所取得的收益，包括资产出售收入、出让收入、置换差价收入、报废报损残值变价收入等扣除相关税费后的净收益。

其他国有资产收益。

可通过以下 4 个步骤：第一，通过财政部门、国有资产管理部门了解、掌握国有企业上缴收益的数额、上缴的比例、方式等基本情况。第二，审计财政部门编制的“国有资产收益上缴汇总表”和企业上缴收益缴款书，选择上缴数额突出或异常的企业，确定延伸审计对象。第三，对重点企业进行延伸审计。第四，审计财政部门国有资产收益收入账户、相关凭证、总预算会计报表，核对国有资产收益和各单位上缴数是否一致。

②查证隐瞒政府性基金收入问题。在掌握有关规章制度的基础上，通过检查财政部门开设银行账户情况，查证财政部门是否将基金收入转入“收入过渡户”；延伸审计向财政部门申报收入的代征单位，审核其记载基金收入的有关账表及凭证。

③查证隐瞒罚没性收入、行政性收费收入问题。在掌握各项罚没收入、行政性收费收入相关政策、法规的基础上，首先，审计政府和财政部门有关的文件，看各项行政性收费、罚没收入是否合法，有无乱收费乱罚款现象；其次，审计有关账、表、证，核实其收费数字的真实性；最后，选择重点执法、执收单位进行延伸审计，核对其账、表、证是否与财政部门记录相符。

④查证隐瞒其他收入问题。检查财政部门和代征机关的外商投资企业场地使用费、国有土地使用权有偿使用收入等收入账簿、凭证和缴款书，审计其是否按规定及时、足额征收应缴收入；延伸审计重点缴款单位，以查清这些收入是否及时上缴；检查征

收单位的财政专户，看其是否及时、足额上缴应交收入。财政部门的收入是否全额纳入预算管理。

对财政征缴的预算收入，均要通过审计银行账户开设情况，检查财政部门是否存在转移财政收入问题。

⑤结合财政专项周转金的审计，查明是否有将预算内收入存入财政专项周转金的情况。从周转金账户中剔除周转金当年收回的本金、利息和占用费，以及当年从上级财政借入的财政专项周转金，以验证财政各项周转金当年增加数是否与财政预算当年安排数相符，如有不符则查明原因，看有无将预算收入转入周转金账户，从而隐瞒财政收入的问题。

（2）对税务部门隐瞒财政收入舞弊的详细测试。

①查证税收政策执行中隐瞒财政收入问题。主要采取审阅法，检查地方政府、财政税务部门及其他综合经济管理部门有关税收方面的文件、批示等，审计其是否存在越权制定税收政策、开政策口子的问题。

②查证税务征收管理中隐瞒财政收入问题。审阅、核对税收会计报表、税收统计报表，检查税收报表是否完整，有无缺页缺表缺项现象，审计分税种分经济类型的统计报表与入库税金明细表和提退税金明细表之间是否一致、正确，检查有无通过人为控制提退税金，调节入库税金的情况。

将税收会计报表、入库明细表等与国家金库报表核对，检查税收入库数额及预算级次划分是否正确；将本期税收减免、提退拖欠等情况，与上年同期对比，检查有无异常增减，并分析其原因。

延伸审计是检查税务部门征收管理中隐瞒财政收入最主要的方法。延伸审计要把握两点，一是延伸单位数量不能少、范围不能窄；二是要选择纳税大户、税收收入征缴最多的地区进行延伸。以检查税务部门征管过程和税收基础管理过程中各种舞弊行为。延伸审计对象包括重点纳税大户、享受减免退税较多的单位、代征代扣数额较大的单位。

（3）对海关部门隐瞒财政收入舞弊的详细测试。

①通过审阅收费账目，检查预算外行政事业收费征收范围、征收标准是否正确，收费使用是否合规，是否将属于预算内的收费项目转为预算外收入，应缴费用是否及时足额上缴。

②审计税收缴款书，检查是否存在利用过渡账户集中、汇总入库问题；通过审核“海关专用缴款书”“变卖没收物品清单”和财务账目等资料，检查海关罚没收入是否及时、足额上缴财政。

（4）对本级预算单位隐瞒财政收入舞弊的详细测试。

对有上缴任务的本级预算单位，应首先从银行账户入手，掌握其行政性收费、罚没收入等应上缴财政资金的来龙去脉；然后审查行政性收费收据和相关账户、凭证，注意收据票号的连续性，查清行政单位收取的全部收入数额。最后对照国家有关规定，查证其是否将应上缴财政的收费收入全额上缴，有无转移、隐瞒财政收入问题。

6. 作出审计结论与审计决定

对审计工作底稿进行综合分析与评价，形成初步审计结论。与被审计单位有关人员进行沟通，征求他们对初步审计结论的意见，作出审计结论与审计决定。

四、隐瞒财政收入审计案例

案例1：国有资产收益应征未征，隐藏于企业

案例解析：

在对某市2019年本级预算执行进行审计时，审计人员将股份制企业国有股股利收入总计与年初下达计划任务数核对，发现两数非常接近。

分析：

两个数字大小接近，有两种可能，一是企业实际上缴的股利与年初计划确实接近。这说明年初计划制定的科学性强，企业发展较为平稳；二是有人为调节之嫌。特别是企业的外部经营环境变动较大的情况下，若两个数接近，则人为调节的可能性就更大。在这种情况下，审计组将国有资产收益列为重点，进行延伸审计。

审查：

查阅股份制企业国家股管理档案，结合“国有资产经营收益”等有关账证审计，从上缴国家股股利的变化及欠缴企业中选择重点企业延伸审计。延伸审计中发现某公司实际上缴股利大于国有资产管理局记载的上缴数。经进一步向公司会计人员了解和查阅公司往来账户，发现财政部门将该公司应上缴股利×××万元转作对其借款，并签有借款合同，期限半年，利息×××万元。至审计时，此笔借款早已到期，但本息仍滞留于企业。

结论：

经审计查证，该市财政部门采用将企业应上缴的股利直接转为对企业借款的作法，隐瞒财政收入。

根据《预算法》和财政部制定的《国有资产收益征缴办法》，审计机关作出处理决定：对滞留于公司的股利及利息收入共计×××万元，限期上缴国有资产管理局，并纳入预算统一管理。

案例2：税务部门为确保税收增长人为调节税收收入

案例解析：

审计机关对某省2013年本级预算执行审计时，发现收入与往年相比差异较大。

分析：

在本级预算执行情况审计中，对税务部门的审计主要审查税务部门对税源户管理等基础工作和税收征管情况。而延伸审计企业纳税情况，是审查税务部门征管情况的必要环节。为此，确定以为重点进行延伸审计。

审查：

在延伸审计的企业中，有5户在报表上记录大额应缴未缴营业税，5户合计1216

万元，经向企业查询，5户企业均反映未缴纳是由于征缴税务机关授意企业将税收留存企业，待次年征收。

结论：

该税务部门为确保以后年度税收收入平稳增长，采用“藏富于企业”的手法，隐瞒财政收入。

审计机关向税务部门核实后，根据《税收征收管理法》有关规定，决定由税务部门征缴其应征未征的营业税1 216万元，调整当年税收收入。

案例3：海关部门存放保证金多计利息隐瞒收入

案例解析：

审计机关对某海关2018年税费收支管理进行审计。

分析：

违规存放保证金，以获取高于人民银行所属专业银行的存款利息，是海关增收获利的最隐蔽的手法之一。因此，对海关税费收支管理审计中，保证金的存放应列为审计的重点内容。

审查：

通过对总关财务处税费收入总账（暂存款科目）和银行存款日记账明细科目（人民币存款、保证金存款、定额存款）审计，发现财务部门将大量保证金以“购银行定额存款”形式，转为建设银行、农业银行、交通银行等十余家银行和非银行金融机构的定额存款，定额存款期限短的12天，长的半年。月息在4.2%至7.2%之间。

结论：

根据海关总署《关于修改海关系统保证金财务管理办法的通知》规定，“各海关业务部门收取的保证金应按照国家规定及时存入人民银行所属专业银行，以确保资金安全和方便提取，保证金不得作为储蓄存款”。审计组认为该海关做法与国家统一规定不符，应予纠正。

第三节　虚列财政支出的审计

一、虚列财政支出概述

1. 虚列财政支出的含义

财政支出包括一般预算支出、基金预算支出、专用基金支出、补助支出、上解支出等。虚列财政支出，是指财政部门违反会计确认原则，以拨作支，并将列为支出的财政资金转入预算外或往来账户，造成支出不实的问题。

2. 虚列财政支出的主要表现

虚列支出挪用财政资金的现象在被审计单位普遍存在，这就考验审计人员如何从一个单位包罗万象的支出中查找审计线索，将虚列挪用的财政资金支出审计出来，对财政资金的使用范围控制在合理合法的开支范围内形成一个有力监督作用。

虚列财政支出一般发生在以下几种情况下：一是在预算执行过程中，有重大政策或预算调整，使支出项目减少；二是预算执行年度财政收入增长幅度较大，而又无具体的追加支出项目。虚列财政支出的主要表现形式：

（1）财政部门弄虚作假，重复列支拨款数。

（2）财政部门采取将预拨下年预算支出列为当年预算支出等做法，虚增预算支出，转移预算资金。

（3）在基本建设支出中，超项目范围、无计委等单位的文件批准而拨款，实际转移、隐瞒财政资金。

（4）财政部门将当年未使用的资金，以各种名义虚列支出。

（5）专项支出中扩大项目范围，转移财政资金。

（6）财政部门未经报批，擅自增加对本机关本系统的资金支出。

（7）财政部门在无项目指标、内容和无政策依据的情况下，将资金作为补助下级支出拨付下级单位。

（8）年终结算时，财政部门未经报批，擅自设置结算项目、制定结算办法，借助“其他补助”搞人为收支平衡；超过《预算法》规定的比例增设周转金；无预算结余指标虚列结转，人为减少净结余或加大赤字；结转下年支出项目超出财政部规定的项目范围；结转下年支出项目无资金保证。

（9）在决算批复方面，财政部门违反预算会计制度，以拨付接受财政拨款单位的资金数额为预算支出数，“以拨作支”，虚增支出转移资金。

二、虚列财政支出审计的技术与方法

（1）了解被审计单位基本情况，分析发生虚列财政支出舞弊的固有风险，判断有无发生虚列财政支出舞弊的动机。

审计组在对被审计单位的财政资金进行审计时，在关注其财务收支账表平衡基础上，重点关注其支出合理合法效益性。在审计财政资金支出时，判断是否存在虚列支出挪用财政资金的现象，应从以下六方面去评估该单位的风险：

①是否存在通过“三公”经费虚列支出，是否存在对出国（境）擅自更改行程或境外停留时间问题，超范围、超标准列支出国（境）费用；是否存在挤占其他支出用于车辆购置；是否存在公车私用，产生的费用在单位报账；是否超标准列支或由下属单位承担公务接待费；是否将接待费隐藏列支在商品其他服务支出科目或是会议费培训费科目中。

②是否存在通过会议费、培训费套取财政资金，是否严格执行会议和培训定点管理规定、严格履行会议和培训计划报批程序等措施，是否存在通过虚报会议和培训次数或是没有进行相关会议和培训，虚列支出，套取费用，甚至超标准支付相关费用。

③是否存在通过重复申报项目或多报人数等方式取得财政资金，或一些行政事业

性收费基金等非税收入未纳入预算管理，且将这些收入存放于账外，形成小金库。

④是否存在违反国库集中支付制度，采取办理虚假授权支付和虚列支出等形式，将财政资金从零余额账户直接转入其他账户随意使用，脱离财政监管，成为“账外账”。

⑤是否存在通过发放合同工工资套取财政资金。是否存在虚开办公费的发票或是税务代开猪肉小菜发票套取资金，是否存在基本支出中大额列支捐赠款和礼金。

⑥是否存在转移、挪用或套取财政资金发放劳务费、职工福利等问题，是否存在以活动名义发放津补贴或奖金、实物等。

（2）了解被审计单位相关内部控制情况，必要时进行符合性测试，分析和评价内部控制的弱点。

（3）进行分析性复核，了解被审计单位有关项目有无异常变动情况。

（4）根据了解情况和所作分析，估计可能发生的虚列财政支出舞弊，确定审计方式。

（5）根据分析所获得的审计线索，实施详细测试，以收集充分确凿的审计证据。一般来说，可采用以下审计技术方法：

①将财政部门编制的年度预算执行结果中列报的各项行政经费支出、各项事业经费支出、各项基建支出等支出数额，分别与财政总预算会计报表、总账、明细账、金库报表上对应的数字核对，查看是否相符，是否与预算数、各主管部门上报数相符，有无以拨作支。

②检查拨付基建资金是否有计委文件依据，追加基建项目拨款是否有正式批文。

③审计补助下级支出是否有政策、指标依据；延伸审计下级财政，查看下级财政是否按规定用途使用上级专项补助资金，以及上级专项补助资金的合理性。

④检查财政部门编制的预算调整方案和人民代表大会常务委员会的批件，有无擅自调整预算行为；通过银行账户审计，检查追加资金的来源是否正确；资金去向是否合理。

⑤审计下级财政年终结算具体项目的设置是否正确、合理，财政部门设置结算项目是否报批，结算申报材料和数字是否完整、准确。

（6）对审计工作底稿进行综合分析与评价，形成初步审计结论。

（7）与被审计单位有关人员进行沟通，征求他们对初步审计结论的意见。

（8）作出审计结论与审计决定。

三、虚列财政支出审计案例

案例：虚列财政支出的审计

某省审计机关在对本级2019年度预算执行情况审计时了解到，2003年该省政府已明令终止执行设立肉蛋菜奶风险基金，并要求将原肉蛋菜奶风险基金并入副食品风险基金，统筹使用。

分析：

政策法规入手法是预算执行审计的基本方法。因此，对变化了的政策或新制定的政策，都应列为审计的重点内容。

审查：

审计小组进户后，在对两种基金账户审计时发现，该省财政部门当年在执行副食品风险基金政策的同时，仍继续执行肉蛋菜奶风险基金政策。2019 年安排副食品风险基金 1. 32 亿元，当年末肉蛋菜奶风险基金结存 8 538 万元，且未并入副食品风险基金。在安排 2001 年补贴支出时，继续列支安排肉蛋菜奶风险基金 5 000 万元，使此项基金达到 1. 35 多亿元，在财政部门滞存，未安排使用。

结论：

财政部门继续执行已废止政策，造成多列支出。

第十二章

税收专项审计

第一节　主要税种审计

应交税费的审计是审计过程中的一个重点和难点，为了帮助审计小组做好应交税费的审计，提高审计效率，降低审计风险，本节对增值税、所得税这3个主要税种的审计中应执行的审计程序，提供一些建议，供审计小组参考。

本节所建议的审计程序是针对应交税费项目常见的重大错报风险设计的（每一项建议的实质性测试程序已注明所针对的重大错报风险和所涉及的认定）。由于各报告主体的情况各不相同，不可能涵盖应交税费项目所有的重大错报风险和所有应执行的审计程序，这些风险和建议的审计程序也不一定对所有报告主体都适用。审计小组应根据对报告主体的了解，确定其应交税费项目的重大错报风险和所适用的审计程序。

另外，本节中所描述的重大错报风险和所建议的审计程序都是概括性的，仅供审计小组参考。审计小组在使用过程中，应根据报告主体的实际情况，将对重大错报风险的描述和相关的审计程序予以具体化。

一、增值税审计

（一）现在通常执行的审计程序

对于增值税的审计，通常情况下审计人员会采取如下的程序：

（1）获取（或编制）反映期初余额、年度内活动（包括增值税进项税额、增值税销项税额、已付增值税等）和期末余额的应交增值税账户变动明细表。分别查看期初余额和期末余额与上一年度审计报告和总分类账是否相符。

（2）参照销售数据对增值税的销项税额执行实质性分析程序。

（3）测试本年度/审计期内的增值税进项税额，并调查异常的项目。

参照采购、运输费用、水电费用等数据，对增值税的进项税额执行实质性分析程序。

如不能执行分析性复核程序，则执行高估测试：

①从增值税进项税额的借项选取具代表性的审计样本；

②追查相关的增值税发票；

③重新计算增值税进项税额，确定其是否属于可抵扣的范围。

（4）选取本年度内的重大已付税额（和退税），并通过来自税务局的支持文件检查其有效性和真实性。

（5）测试本年度/审计期内的增值税进项税额转出，并调查异常的项目。

结合与在建工程新增相关的测试对应付福利的借项和存货损失等执行高估测试。检查过账到增值税负债账户的贷项，以对增值税进项税额转出进行低估测试。

参照出口销售数据，重新计算出口销售的增值税进项税额转出。

（6）检查与定期的期末余额相关的（本地税务局认可的）定期增值税纳税申报表。

（二）建议实施的审计程序

增值税在我国税法体系中占有重要地位，尤其在全面“营改增”实施以后，营业税在我国退出历史舞台，增值税对于各纳税实体的税收影响程度增加，上述目前通常实施的审计程序，并不能全面评估纳税实体的增值税风险。本节针对增值税审计程序，从计划阶段以及实质性阶段两方面提出建议实施的审计程序。

1. 计划阶段实施的程序

（1）结合对主体所属行业的了解，确定主体缴纳增值税是属于商品销售、加工修理修配劳务还是服务业试点营业税改增值税，是小规模纳税人还是一般纳税人，据此确定适用的税率和相应的会计处理。

（2）首次接受委托时，应取得主体的税务登记证、税种登记表、纳税申报表、减免税的政府批准文件等资料，以确定主体适用的税种、附加税费、计税基础、税率以及征免减税的范围和期限，如有税收优惠需要办理规定的审批和备案手续的，应检查相关手续是否完备。

后续审计时，检查任何重大波动及异常的实际税率，如果发现税率有变化，应索取相关的批准文件等证据。

（3）了解与增值税相关的业务流程及相关内部控制。

①结合对销售流程的了解，询问负责销售和税务的工作人员，了解销售发票的购买、保管、领用、开具和核销等流程，了解发生销售退回时红字发票的使用流程，以及在发生销售折扣折让、返利等情况时对发票和增值税的处理。

②结合对采购程序的了解，询问负责采购和税务的工作人员。了解进项税发票取得、保管、抵扣认证等程序。了解发生退货、折扣、返利等情况时的处理。

③了解是否存在出口退税、增值税返还等特殊交易事项：如有，了解相关的操作流程。

（4）了解增值税的记录和申报流程及相关内部控制：是否有专人负责增值税账户的登记、申报资料的填报等，会计处理和申报资料是否经过复核。申报是采用手工申报还是网上电子申报，具体申报的流程如何。

（5）了解与增值税缴纳相关的流程和内部控制：增值税如何缴纳，是否需要经过一定的申请和批准程序，缴纳后取得什么单据，如何记录入账等。

（6）了解本报告期间是否受到税务稽查，以及在近期内是否将会发生税务稽查。了解税务稽查发现的问题以及公司的处理情况。

（7）根据了解到的情况，确定是否存在重大风险、是否计划信赖内部控制，是否对内部控制有效性实施测试，应将上面所实施的所有程序及得出的结论以书面方式记录在工作底稿中。

（8）根据对审计风险的评估和确定的内控信赖策略，确定计划实施的内部控制测试和实质性测试程序。

2. 实质性测试程序

（1）获取（或编制）反映期初余额、年度内变动（包括增值税进项税额、增值税销项税额、增值税进项转出、已交增值税等）和期末余额的应交增值税账户变动明细表和增值税纳税申报表（针对的重大错报风险：主体账面记录的应交增值税不准确，没有真实反映其向税务机关申报的税金。涉及的认定：存在，完整性，权利和义务）。

①分别查看明细表的期初余额和期末余额与申报表的“上期留抵税额”或“期初未缴税额”及“期末留抵税额”或“期末未缴税额”是否相符，与总分类账期初及期末余额是否相符，以及期初余额与上一年度审计报告是否相符，如不相符，了解不相符的原因并判断是否合理。

②如非网上申报，应取得经税务机关盖章的纳税申报表（纸质版本）。

③如通过电子税务局进行网上申报，则应请主体登录电子税务局，查看网上申报的各项数据，并与主体提供的纸质申报表核对。

④将申报表中项目与账面记录中的对应项目核对。

（2）参照销售数据以及委托代销、受托代销、在建工程领用、对外投资、福利费、捐赠等项目中的视同销售收入，执行实质性分析程序或者抽取样本实施细节测试，检查增值税销项税额的计提是否正确。检查销售退回或折让等冲减销项税，是否已正确开具红字发票（针对的重大错报风险：对销售收入和视同销售收入、销售退回、折让等事项的税务处理不正确，导致应交增值税计提不正确。涉及的认定：完整性，权利和义务）。

（3）测试本年度/审计期内的增值税进项税额，并调查异常的项目。

考虑是否可以参照采购、运输费用、水电费用等数据，对增值税的进项税额执行实质性分析程序（针对的重大错报风险：对采购进项税的会计记录不准确，导致应交税费余额不正确。涉及的认定：完整性，权利和义务）。

如果无法执行实质性分析程序，或者认为实质性分析程序取得的证据不够充分，则抽取样本，执行高估测试（针对的重大错报风险：进项税抵扣无适当的文件支持，导致少计应交增值税。涉及的认定：完整性，权利和义务）：

①从增值税进项税额的借项选取具代表性的审计样本；

②追查相关的采购合同、增值税发票和货物入库记录（若适用），检查相关发票的发票联、抵扣联，必要时执行进一步程序确认相关发票是否已经认证，金额、发票抬头、数量等发票信息是否与合同和入库记录相符；

③重新计算增值税进项税额，确定其是否属于可抵扣的范围。

对进项税抵扣的完整性执行如下测试获取全部抵扣联或者抵扣认证的清单，抽查部分样本，检查账面记录是否已经抵扣（针对的重大错报风险：账面没有完整记录应抵扣的增值税进项税，导致多计应交增值税。涉及的认定：存在，权利和义务）。

（4）测试本年度/审计期内的增值税进项税额转出，并调查异常的项目（针对的重大错报风险：未按税法规定将不得抵扣的进项税从应交税费中转出，导致应交增值税少计。涉及的认定：完整性，权利和义务）。

结合与在建工程新增相关的测试、对应付福利的借项执行的高估测试和对存货损失等执行的高估测试，检查其中涉及相关增值税进项税是否已经贷记应交增值税（进项税），以对增值税进项税额转出进行低估测试。

参照经审计的出口销售数据，执行实质性分析程序（重新计算出口销售的增值税进项税额转出/应收出口退税），或者执行细节测试（抽样检查税务局批准退税的清单或者申报出口退税的文件等）。

（5）对混合销售收入或者适用税种存在疑虑的收入，与管理层讨论确定增值税应税收入的依据并评估其合理性，必要时与当地税务机关沟通（针对的重大错报风险：应税收入被错误归类为非应税收入或者相反，或者应税收入/非应税收入金额划分不正确，导致应交增值税金额不正确。涉及的认定：完整性，存在）。

（6）抽取本期发生的重大已付税款和退税，并通过检查完税/退税凭证和相应的银行单据等确认其真实性（针对的重大错报风险：账面记录的已交纳增值税/已收退税实际上没有全部缴纳/退回，导致应交增值税余额错误。涉及的认定：完整性，存在，权利和义务）。

（7）对期末尚未得到税务局认证的进项税余额（一般列报为其他应收款或者其他流动资产等），检查期后是否已得到认证。如尚未得到认证，应检查其相关的支持文件（进项税发票等），评估其真实性和可回收性。对未取得采购发票的暂估采购，检查其对增值税的处理是否正确（通常不确认暂估采购的增值税进项税，如确认，应作为一项流动资产反映。针对的重大错报风险：账面记录的可抵扣进项税实际上不能得到税务部门认可，导致可抵扣进项税多计。涉及的认定：可抵扣进项税的存在，权利和义务，计价和分摊）。

（8）理解增值税纳税期限，取得资产负债表日后的完税凭证，对应交增值税实际缴纳情况进行检查，并与资产负债表日的余额核对。如果发现在规定期限内实际缴纳的增值税与资产负债表日的余额不一致，应查明原因并评估其对报表的影响（针对的重大错报风险：期末账面反映的应交增值税余额不准确，与税务机关认定的应交金额不符。涉及的认定：存在，完整性，权利和义务）。

二、所得税审计

（一）现在通常执行的审计程序

对于所得税的审计，通常情况下审计人员会采取如下的程序：

（1）获取有关纳税的连续明细表，并测试调节项目与总分类账是否相符。

（2）检查任何的重大波动及异常的实际税率。

（3）就本期的应付税款/应收税款对选定的交易进行测试。

（4）检查本期所得税费用/纳税利益的计算。

（5）选取本年度内的重大已付税额（和退税），并通过来自税务局的支持文件检查其有效性和真实性。

（6）测试递延所得税账户。

①重新执行递延所得税的计算。

②测试递延所得税资产的计价。

（二）现在通常执行的审计程序

1. 计划阶段实施的程序

（1）首次接受委托时，应取得主体的税务登记证、税种登记表、纳税申报表、减免税的政府批准文件等资料，以确定主体适用的计税基础、税率以及征免减税的范围和期限，如有税收优惠需要办理规定的审批和备案手续的，应检查相关手续是否完备。后续审计时，检查任何重大波动及异常的实际税率，如果发现税率有变化，应索取相关的批准文件等证据。

（2）了解适用于报告主体所得税相关信息。

①了解企业所得税的征收方式：是查账征收还是核定征收？如果是核定征收，是定额征收和核定应税所得率征收？

②了解企业作为所得税汇算清缴主体的种类，是否属于试生产、试经营的纳税人？是否处在减税、免税期间的纳税人？是盈利或者亏损的纳税人？

③了解企业所得税预缴和汇算清缴的方式：是分月还是分季预缴？预缴和年度汇算清缴的时限是否应当地税务机关的要求需要遵从特殊规定？

④了解企业所得税的主管税务机关及缴纳机关：是国家税务局还是地方税务局？

⑤了解企业是否存在大量关联交易？了解其采用何种定价政策？

（3）了解所得税的记录和申报流程及相关内部控制是否有专人负责所得税账户的登记、申报资料的填报等，会计处理和申报资料是否经过复核。申报是采用手工申报还是网上电子申报，具体申报的流程如何。

（4）了解与所得税缴纳相关的流程和内部控制：所得税如何缴纳，缴纳后取得什么单据，如何记录入账等。

（5）了解本报告期间是否受到税务稽查，以及在近期内是否将会发生税务稽查。了解税务稽查发现的问题以及公司的处理情况。

（6）根据了解到的情况，确定是否存在重大风险、是否计划信赖内部控制，是否对内部控制有效性实施测试。应将上面所实施的所有程序及所得出的结论以书面方式记录本工作底稿中。

（7）根据对审计风险的评估和确定的内控依赖策略，确定计划实施的内部控制测试和实质性测试程序。

2. 实质性测试程序

（1）获取有关本期所得税的应交所得税账户明细表及所得税纳税申报表，所得税汇算清缴报告（如本期的汇算清缴报告尚未出具，则应取得上期的报告。针对的重大错报风险：主体账面记录的应交所得税不准确，没有真实反映其向税务机关申报的税金。涉及的认定：存在，完整性，权利和义务）。

①核对明细表的期初、期末余额及本期发生额与总分类账、上年报表及所得税汇算清缴报告等是否相符。如不相符，了解不相符的原因并判断是否合理。

②如非网上申报，应取得经税务机关盖章的纳税申报表（纸质版本）。

③如通过电子税务局进行网上申报，则应请主体登录电子税务局，查看网上申报的各项数据，并与主体提供的纸质申报表核对。

（2）就本期的已付税款/已收税款对选定的交易进行测试（针对的重大错报风险：账面记录的已交纳所得税/已收退税实际上没有全部缴纳/退回，导致应交所得税余额错误。涉及的认定：完整性，存在，权利和义务）。

选取本年度内的重大已付税额（和退税），并通过来自税务局的支持文件检查其有效性和真实性。

如非网上纳税，应取得主体税收缴款书、税收完税凭证（纸质版本），如通过电子税务局进行网上申报和纳税，则应请主体登录电子税务局，查看纳税记录，并检查相应的银行流水单。

（3）检查本期所得税费用/纳税利益的计算。

①取得主体编制的应交所得税测算表，根据经审计的应纳税所得额及适用税率，复核应交所得税的计算是否正确，是否进行了正确的会计处理（针对的重大错报风险因适用税率错误或者计算错误，导致本期应交所得税错报。涉及的认定：存在，完整性，权利和义务，计价和分摊）。

②汇总各报表项目的永久性差异和暂时性差异（包括报告主体提供的和在审计过程中发现的），重新编制从会计利润到应纳税所得额的调节表，并将结果与报告主体应交所得税测算表和《企业所得税年度纳税申报表附表三：纳税调整项目明细表》中（参见附件3）的调节项目核对，如发现差异应了解原因并执行适当的测试程序予以验证（针对的重大错报风险：错误地将不可抵扣费用/非应税收入作为可抵扣费用/应税收入，或者将可抵扣费用/应税收入作为不可抵扣费用/非应税收入，导致错误计算应交所得税。涉及的认定：存在，完整性，权利和义务，计价和分摊）。

（4）测试递延所得税。

①重新执行递延所得税的计算。

取得主体编制的递延所得税资产/负债增减变动记录表，结合对会计利润和应纳税所得调节表的审核对期末应纳税暂时性差异/可抵扣暂时性差异实施分析性复核，根据可抵扣暂时性差异/应纳税暂时性差异形成原因分析其预期转回时间，评估主体计算递延所得税所采用税率的合理性，据此重新执行递延所得税的计算，并与前述程序3、2）中发现的暂时性差异核对（针对的重大错报风险：因应纳税暂时性差异/可抵扣暂时性差异的计算不正确，或者因为错误选择适用税率，导致递延所得税资产/负债计算错误。涉及的认定：完整性，存在，计价和分摊）。

②测试递延所得税资产的计价，评价管理层对递延所得税资产可回收性的估计是否合理（针对的重大错报风险：对递延所得税资产可回收性的估计不正确，导致递延所得税资产的计算错误。涉及的认定：计价和分摊）。

（5）根据税务复核结果，考虑可能存在的或有税项，估计其可能性和测算相关金额，评估对财务报表的影响（针对的重大错报风险：未充分估计存在争议性的涉税事项（如关联交易的转移定价等）所产生的所得税负债，导致应交所得税金额不正确。所涉及的认定：完整性，权利和义务，计价和分摊）。

（6）了解本期是否有已结案或尚未结案的税务检查。如有，了解主体是否与税务机关存在任何争议，如有可能，还应直接询问税务机关其是否与主体存在任何的争议；如有，评估报告主体针对争议所做的会计处理是否适当（所针对的重大错报风险：税局已核定/将核定的额外税款（无论是否已支付）未予记录或记录的金额不正确；与额外核定或延迟缴纳的税款相关的处罚或利息未予记录或记录的金额不正确；与额外核定或延迟缴纳的税款相关的处罚或利息未予记录或记录的金额不正确。涉及的认定：完整性，权利和义务，计价和分摊）。

第二节 过头税审计

一、过头税概述

1. 过头税的含义

过头税，是指地方政府或财政、税务部门为完成年度财政收入预算，或上级下达的收入指标，在年度内各项财政收入应征尽征的情况下，过度地向民间征税的做法，包括时间上的过头和幅度上的过头两种。

时间上的过头是指，税务专管员为了完成税收任务，把来年、后年甚至是以后更多年份的税收提前收了上来；而幅度上的过头是收一些不该收的税，或者提高税率，随意罚款等。包括将国家的减免税费政策打折扣，还包括巧立名目增设新的收费项目，或者在已经实施的收费项目中过度监管和过度活动（over - activity）。

2. 过头税的征收方式

时间上“过头”主要有几种方式：

（1）本年度提前征收以后年度可能发生的税款，其数额在下一年初冲抵；

（2）税源不足的情况下，由财政垫付税款，日后再返还；

（3）本年度应该抵扣、退税的款项，故意从严审批，延期办理，至下一年再抵扣、退税，造成本期税收数额更大；

（4）借助“混库”等方式，延期上缴、截留不属于本级的税收；

（5）主体税种尚未征缴，先征缴代征税种。

幅度上“过头”主要有：①可高可低的自由裁量税率或罚款幅度，就高征收、处罚；②故意放纵违法违纪行为而不加以警示，以便从重处罚；③夸大企业的计税收入。另外，也有通过改变计征方式、包税摊派等方式收取“过头税”的现象。

3. 过头税的主要特点

一般而言，征收“过头税”的现象，有区域、税域、时段等方面的差异。国税部门税种坚实，征收指标硬性，地税的税基较小、征管比较分散、灵活，因此通过国税征收“过头税”多于地税。

就被征收对象来看，大型企业税收上缴较为规范、稳定，税务部门不容易“下手”，中小企业有求于税务部门较多，往往成为税务部门“盘剥”的对象。从时间上看，在年底，突击征收“过头税”较多；而越是经济困难时期，“过头税”越是突出。

“过头税”是不可持续的，直接影响财税体制的科学管理和健康发展，进而影响宏观经济决策。“过头税”以各种方式在各地不同程度地存在，有着复杂的制度、行为动因。

二、过头税审计的技术与方法

1. 了解被审计单位基本情况，分析发生虚假财政收入舞弊的固有风险，判断有无发生虚假财政收入舞弊的动机

过头税这种舞弊现象一般发生在贫困地区的财政、税务部门。特别是当这些地区具有上级政府或有关部门要求增加财政收入的压力时（如硬性规定财政收入增长指标），他们往往采取“寅吃卯粮”的手法，将次年收入提前到本年度征缴入库，以满足上级政府或财政、税务部门的指标要求。

如果地区财政状况连续几年都很困难，而上级政府或财政部门对其财政收入的增长又有硬性考核指标要求，这样的地区存在过头税舞弊行为的固有风险较大。

一方面，近年来经济危机频发，导致国际经济形势恶化，对我国经济造成较大影响，不仅直接出口受到冲击，其他方面的销售也受到不同程度的负面影响，国民收入水平整体下降，导致财政税收收入下降，对于出口贸易占据当地经济比例较大的地区影响最为显著。这些地区的财政、税务部门在面临税收收入考核的硬性要求时，有动机征收“过头税”，是“过头税”审计的重点。

另一方面，我国经济处于“调结构，促改革”的进程中，制造业、重工业等传统行业资本集中度较低、技术含量不高、污染较为严重，政策上的支持力度减小，加之其利润率一般较低，传统行业举步维艰，对税收收入的贡献必然下降。同时，高科技企业处于国家产业支持的行业优惠下，尤其是小微型高科技企业税收方面的减免税政策较多，短时间内税收贡献度也较低。因此，如果地区内传统行业以及小微型高科技企业较大，其税收压力可能会较大，也是“过头税”征收风险较大的领域。

2. 了解被审计单位相关内部控制情况，必要时进行符合性测试，分析和评价内部控制的弱点

对于“过头税”的征收中涉及的内部控制审计，主要评估该财政税收部门制定税收征收考核指标的程序以及其合理性与合法性，同时，评估税收征管部门对于纳税主体的权力行使过程是否存在强有力的监督制约机制。

3. 进行分析性复核，了解被审计单位有关项目有无异常变动情况

检查、对比财政部门预算收入报表和税收完成情况报表，分析是否存在财政收入集中于年底入库问题，如果存在年终征缴入库数相对较大现象，又经了解该地区确实面临增收的压力，则可基本确定有进一步核实其收入真实性的必要。

主要分析思路为：第一，分析当年各地税收收入完成情况，筛选出部分第四季度特别是十二月收入异常增长的地区；第二，从税收征管信息系统的数据库中筛选出当期税款“申报时间”“入库时间”和“税收所属期”与相应税种不匹配的数据；第三，对筛选出的疑点数据进行重点分析、判断和延伸核实。

4. 确定审计方式

根据了解的情况和所作分析，估计可能发生的“过头税”舞弊，确定审计方式。

5. 根据所获得的审计线索，实施详细测试，以收集充分确凿的审计证据

一般来说，可采用以下审计技术与方法：

（1）审查次年年初财政收入退库账簿和“收入退还书”及企业上报的退税申请书，查看有无超计划、无计划退库问题。

（2）次年未纳税的重点税源企业及提出退库申请书的企业，应列入重点延伸审计对象，开展进一步审查。

6. 作出审计结论与审计决定

对审计工作底稿进行综合分析与评价，形成初步审计结论。与被审计单位有关人员进行沟通，征求他们对初步审计结论的意见，作出审计结论与审计决定。

三、过头税审计案例

案例：查验过头税

2018 年某省审计厅对省辖县 2017 年度财政决算进行审计。在审查贫困地区某县之前，审计组了解到该县是被省列为消灭“赤字县”的重点县之一，以往年度的财务收支均为赤字，但在被审计年度出现了转机，财政收入有了较大幅度的提高，摘掉了“赤字县”的帽子。

分析：

“过头税”的舞弊行为一般常见于贫困地区。为兑现地方行政领导向上级做出的消灭赤字的承诺，或实现上级政府消灭赤字的硬性要求，贫困区、县常常会采用虚假增收的办法。因此，对这些地区财政收入的真实性审计应将有无虚假增收作为重点。

审查：

审计组进驻该县后，取得了该县上报的2017年度税收完成情况月报，发现该县2017年12月份税收收入增长幅度较大。于是，审计人员通过查阅税务部门的纳税登记和纳税人税收档案记录，选择了五个重点税源大户进行延伸审计。通过审查五户纳税企业2017年12月销售收入、应交税费等账户，发现其中四户企业于2017年12月在未形成相应收入的情况下，多交纳流转税共计5 625万元。经与企业进一步调查了解，四户企业均证明它们之所以缴纳“过头税”，是因为年底财政、税收部门领导已向企业打了招呼，为确保消灭该县财政赤字，要求企业于年底“突击”纳税。

结论：

该县采取“寅吃卯粮”的办法，虚增财政收入。

第三节 偷逃税金审计

一、偷逃税金概述

（一）偷逃税金的含义

偷逃税金是指纳税人采取伪造、变造、隐匿、擅自销毁账簿和记账凭证，在账簿上多列支出或者不列、少列收入，或者进行虚假的纳税申报等手段，不缴或少缴应纳税款的舞弊行为。

（二）偷逃税金的表现形式

偷逃税金的表现形式主要有：

1. 少计或不计收入

少计或不计收入的主要表现及具体内容如表12－1所示：

表12－1 少计或不计收入的主要表现及具体内容

序号	主要表现	具体内容
1	取得收入不入账或挂往来账	①产品销售收入、劳务服务收入、营运收入、工程价款结算收入；②财产转让收入；③利息收入；④出租固定资产、无形资产、包装物和其他财产取得的租金收入；⑤特许权转让收入；⑥营业外收入等
2	各种视同销售业务未按规定作为应税销售收入处理	①将货物交给他人代销；②销售代销货物；③将货物移送到不在同一县（市）的非独立核算机构用于销售；④将自产或委托加工的货物用于非应税项目、集体福利和个人消费；⑤将自产、委托加工或购进的货物用于对外投资、无偿捐赠及分发股利；⑥以物抵债，以旧换新等非货币性交易

续表

序号	主要表现	具体内容
3	关联企业间销售业务不按正常价格计算收入	比如压低售价，减少本企业的利润，将利润转给相关的低税率企业
4	虚列销售折扣、折让、退回以抵减销售收入	通过销售折扣、折让、退回等，人为压低收入，将相关的收入于下一个会计期间收回，或者通过相关企业收取，实现利益转移
5	价外费用不列作销售收入	将收取的价外费用，如额外收入的包装物费用、不用偿还的包装物押金等不计入收入

2. 虚列成本费用

（1）基建企业多列预提费用，以减少当期利润，推迟所得税实现时间。

（2）企业单位将下属单位各种费用作为本单位费用支出。

（3）投资方与被投资方，一套人马，两块牌子，重复列支费用。

（4）编制虚假工资单，多列工资，减少利润。

（5）以各种会议、业务活动、请客用餐等名义编制虚假报销凭证，虚列费用。

（6）业务招待费超支不作纳税调整。

（7）多提坏账准备金和各种跌价准备。

（8）多提三项经费（工会经费、职工福利费、职工教育经费）。

（9）资产性支出作为费用一次性列支。如购建固定资产支出、无形资产受让开发支出作为费用列支，递延资产作为费用一次性列支等。

（10）税法规定在税后扣除的项目在税前扣除。如存货跌价准备、固定资产减值准备、投资减值准备等按规定不能在税前扣除的，在计算应纳税所得额时未作调整处理。

（11）利用假发票多计固定资产，从而多提折旧费用。

（12）缩短固定资产使用年限或提高固定资产折旧率，从而多提折旧费用。

（13）扩大固定资产折旧范围，如对已变卖的、已提足折旧的固定资产继续提取折旧，对经营性租赁的固定资产计提折旧等。

（14）重复计算债券利息支出，增加财务费用。

（15）材料成本差异（贷方）长期挂账。

（16）购进材料重复计价。

（17）人为改变材料计价方法，虚增成本。

（18）提高材料成本差异分摊率，多摊材料成本差异。

3. 虚报盘亏、毁损

（1）多计原材料盘亏、毁损数额。

（2）利用清产核资多报待处理损失。

（3）原材料出售或转作他用按毁损入账。

4. 调节利润

（1）利用内部转移价格，转移利润。如将畅销产品低价销售给享受税收优惠的子公司。

（2）在享受优惠政策的地区内注册，区外经营。

（3）在税收优惠期提前记录实际上并未实现的利润。

5. 混淆税率和违规核算

（1）在销售总额不变的情况下，少报高税率货物销售额，多报低税率货物销售额，以偷逃税金。

（2）纳税人发生退货或索取折扣后，收到销货方开具的红字专用发票，未相应扣减进项税额。

二、偷逃增值税的主要手段

增值税是一种以法定增值额为计税依据所征收的一种税，它运用税款抵扣原则来消除重复征收，是我国目前最主要的税种，因此，偷逃增值税是税金审计的主要方面，应予以重点关注。偷逃增值税是指增值税纳税人采取伪造、变造、隐匿、擅自销毁账簿、记账凭证，少计销项税，虚增进项税，或者进行虚假纳税申报等手段，不缴或少缴应纳增值税款的行为。

1. 少计销项税

（1）把销售产品等含税收入票据压下来不做账，推迟申报纳税。

（2）把销售产品等含税收入放入“小金库”中，以偷逃增值税。

（3）把销售产品等含税收入不做收入和应交税费账，而冲减生产成本、制造费用、产品销售费用、其他业务支出、管理费用、财务费用、在建工程、递延资产、待摊费用等支出，不申报纳税。

（4）把销售产品等含税收入不做收入和应交税费账，而做在“应付账款”“预收账款”“其他应付款”“应收账款”“其他应收款”等账上，不申报纳税。

（5）价外收入不计提销项税。

（6）出售原材料、边角料、废旧物品等收入不计提销项税。

（7）按低于规定的税率计提销项税，以偷逃增值税。

（8）采取以物易物方式销售货物，不作销售处理计提销项税。

（9）采取以旧换新方式销售货物，不按新货物的同期销售价格确定销售额计提销项税或不作销售处理计提销项税。

（10）以货抵债的，不作销售处理计提销项税。

（11）将自产或委托加工的货物用于在建工程等非应税项目的，不视同销售货物计提销项税。

（12）将自产或委托加工的货物作为投资提供给其他企业或个人的，不视同销售货物计提销项税。

（13）将自产或委托加工的货物分配给股东或投资者的，不视同销售货物计提销项税。

（14）将自产或委托加工的货物用于集体福利或个人消费的，不视同销售货物计提销项税。

（15）将自产或委托加工的货物无偿赠送他人的（限额内用于公益、救济性捐赠以外），不视同销售货物计提销项税。

（16）随同产品出售包装物收入及逾期未退还的包装物押金，直接冲减“包装物”账，不计入销售收入提取销项税。

（17）化自产为加工，少提销项税，即只按销售额与原材料成本的差额计算销售收入，原材料成本直接用销售收入冲减。

（18）采取记账凭证金额小于所附附件所载销项税金额的手段，以少计销项税。

（19）免税项目多退销项税额，即不按不含税收入乘17%计算，而按含税收入直接乘17%从销项税额中退出。

（20）故意混淆征免税界限，把应税项目列入免税项目。

2. 虚增进项税

（1）没有购进货物，开具假的购进货物增值税发票，虚增进项税。

（2）虚开货物进价，多计进项税。

（3）因进货退回或折让而收回的增值税不从进项税中扣减。

（4）购进货物未按规定取得或保存增值税扣税凭据，而推算进项税申报抵扣。

（5）购入用于非应税项目、免税项目及集体福利或个人消费的货物，将其税计入进项税申报抵扣。

（6）购入货物改变用途用于非应税项目、免税项目及集体福利或个人消费的，不将相应的进项税转出，而仍申报抵扣。

（7）购入货物作为投资或捐赠转出时，不将相应的进项税转出，而仍申报抵扣。

（8）非正常损失产品、在产品或外购货物，不将相应的进项税转出，而仍申报抵扣。

（9）将购置机器设备等固定资产，特别是按规定一次性计入生产成本的固定资产已交的税金计入进项税申报抵扣。

（10）被收购货物的对象是经营单位而不是农民个人，而采用专用收购凭证计算进项税申报抵扣。

（11）向小规模纳税人购入货物，因小规模纳税人只能代开6%的增值税，而运费可据实抵扣10%的进项税，故采取降低进价、扩大运费的手段以虚增进项税。

（12）非法从运输企业、个体户手中弄来运费发票，甚至干脆用白条运费发票据以计算进项税申报抵扣。

（13）供货单位返还给企业的利润或奖励，直接冲减有关费用或作营业外收入，不将相应的进项税转出。

（14）多提可以作为进项税抵扣的如电费等预提费用，以虚增进项税，甚至有的单位冲转多提如电费等预提费用时又不如数转出多提的进项税。

（15）采取记账凭证金额大于所附增值税专用发票税款抵扣联金额的手段，以虚增进项税。

（16）有二级单位的企业，有的进项税既在一级单位申报抵扣，又在二级单位申报抵扣，造成重复抵扣进项税额。

（17）货物未入库，也未付款，但专用发票先到，企业就按发票注明的税金作进项税申报抵扣。

（18）将办理申报纳税期间收到的专用发票提前到上期计算进项税申报抵扣，以减少申报期内的应交税费。

3. 其他手段

（1）查补增值税的入库，不按规定调整账务，而借记“应交税费——应交增值税（已交税金）”，贷记“银行存款”。这样，企业在缴纳下期增值税时，就不知不觉地将查补的税款如数抵顶了回去。

（2）采取记账时张冠李戴以虚减销项税或虚增进项税的手段偷逃增值税，如会计凭证上为“贷：应交税费——应交增值税（销项税额）10 000 元”，而记账时则将此记入“管理费用”账户的贷方，又如会计凭证上为“借：产品销售费用 6 000 元”，而记账时则将此记入“应交税费——应交增值税（进项税额）”的借方。

（3）采取有增加销项税会计凭证不记或少记账，无增加进项税会计凭证记增加进项税账或不按会计凭证上增加进项税的金额多记账的手段偷逃增值税。

（4）不如实进行纳税申报，即少报销项税、进项税额转出或多报进项税、已交增值税以达到偷逃增值税的目的。

（5）偷逃增值税后，谎称会计资料遗失或因某种灾害损毁，以掩盖偷逃增值税的行为。

三、偷逃税金审计的特点及一般程序

1. 偷逃税金及其审计的特点

从偷逃税金的目的来看，舞弊单位偷逃税金的目的很简单，就是为了少交或不交税，以损害国家利益来满足小集体利益。对于国有企事业单位而言，尽管偷逃税金相关账务处理由财会人员直接进行，但一般都是得到了单位领导指使或默许。参与者们存在着侥幸心理，一旦舞弊成功，则单位集体获利，因而，对偷逃税金的意见在单位内部一般是一致的，仅因偷逃税金而造成的内部利益冲突较少，所以，对偷逃税金的举报不会太多。而内部控制有其固有限制，偷逃税金是故意舞弊行为，属于明知故犯，而且往往是串通舞弊，所以单从内控簿弱环节分析也不易发现问题。

另外，由于各税种在税基上的关联性，某一种舞弊形式可能导致多种税收的流失。如仅隐瞒收入一种舞弊形式可能导致增值税、消费税、房产税、企业所得税等各主要税种的流失。这要求我们在审计某种形式的舞弊行为时，要与对其他舞弊行为的审计相结合，同时针对各税种舞弊的相同点和不同点，进行综合分析和研究。

从偷逃税金的手段来看，被审计单位偷逃税金的手段主要有四种，即直接减少应纳税额；隐瞒应纳税业务；故意混淆税率和少计收入多列费用。

直接减少应纳税额主要是在“应交税费”账户上作弊。由于该账户比较直观，对此舞弊行为的审查可从两方面入手，一是通过分析性复核等方法确定“应交税费”贷方发生额的总体合理性，并与对相关业务的审计结合；二是通过“应交税费”借方发生额追查至记账凭证和原始凭证，查明是否已向税收征管机构缴纳，是否存在直接转至往来账户的情况。

对于隐瞒应纳税业务舞弊，应通过向被审计单位有关人员询问、调查和查询工商、税务部门的有关资料，到生产经营现场察看等，掌握被审计单位经营的业务范围。比如，通过了解被审计单位固定资产总体状况，可以得出被审计单位可能进行的经营活动及经营规模；通过对被审计单位经营规模的了解可判断被审计单位是否存在固定资产闲置现象，闲置固定资产是否进行了出租，是否有租金收入，是否按规定上缴增值税及房产税等，然后再结合会计资料进行检查。

对于故意混淆税率进行偷漏税的，审计人员应了解被审计单位的具体经营品种。比如对于粮食经营企业，应了解其是否同时也从事副食业或其他行业，若存在兼营现象，则应仔细审查按粮食销售计算的应纳税所得额中，是否存在副食业混入其中从低计税的问题等。

对于少计收入、虚列成本和费用问题，则应结合常规审计，根据被审计单位生产经营规模，估算每期收入和成本的正常数额，与被审计单位实际发生额进行比较，对差异较大的月份进行重点检查。

2. 偷逃税金审计的一般程序

偷逃税金审计的一般程序是：

（1）根据税务部门对审计单位的纳税鉴定、工商部门的营业执照和被审计单位提供的各种报表，初步掌握被审计单位的经营范围、经营项目、经营方式及经营状况。

（2）了解被审计单位的内部控制，必要时进行符合性测试，找出容易产生偷漏税的领域与环节。

（3）运用比较、分析方法估算被审计单位合理经营业绩，并与其实际经营业绩进行比较，寻找审计线索。

（4）找有关人员询问，并根据询问结果印证所获得的各种文件、资料，进一步确定怀疑对象。

（5）运用审阅、核对、函证、盘点、追查等审计方法，对怀疑对象和容易产生偷漏税的重点领域与环节进行有重点的检查。

（6）调整计算应交税费，确定偷逃税金额。

（7）将上述情况计入审计工作底稿，并对审计过程中发现的问题进行综合分析与评价，形成初步审计结论。

（8）与被审计单位有关人员进行沟通，征求他们对初步审计结论的意见。

（9）作出审计结论与审计决定。

四、偷逃税金审计的具体方法

（一）审前准备阶段的技术与方法

通过各种途径、方法尽可能收集被审计单位的有关信息、资料，以充分掌握与被审计单位生产、经营有关的情况，主要包括：

（1）收集被审计单位的各种财务报表，首先，进行报表分析，主要分析各报表之间及报表内各栏目间的钩稽关系，审查各项税金缴纳数额与报表所反映的收入、利润等情况是否相符；若相符，则进一步分析报表所反映的收入与成本费用的配比性，并将本期报表数字与上期或上年同期数进行比较，观察是否存在收入、利润、成本费用等的突增突减的异常情况。比如在销售旺季，成本费用并未减少，而销售收入却大幅度下降等，若存在这类情况，则需要我们在以后的审计中对收入情况加以注意。

（2）查看税务机关给被审计单位的纳税鉴定，查看核定的各税种是否均已缴纳了税金；查看工商部门下发的营业执照中规定的经营范围，观察被审计单位的会计资料是否全面涵盖了经营范围内所有经营项目，对于会计资料中未记载的经营项目，可通过询问、实地观察等方法判断其是否确实未开展经营，有无为偷逃税金而隐瞒应税项目的现象。

（3）与被审计单位领导、财务、销售、统计、库存管理等部门人员进行座谈或向其询问，了解其具体经营项目、经营方式及经营状况，并注意分析各部门的说法是否一致。对于说法不一致的问题，应作为以后审计的重点。比如，在询问过程中，库存管理部门反映全年中存在部分时间仓库利用率不足的现象，但财务账上所反映的“库存商品”科目每月数额都很庞大。对此，我们就需要进行分析，弄清原因，查明有无为隐瞒收入故意不转成本的现象。

（4）调阅以前年度审计档案中对被审计单位的各项评价，并索取会计师事务所对该单位的审计报告，查看其以前年度的财务管理是否规范，有无经常偷漏税金的情况，以判断其财务资料的可信赖程度。

（5）对内控制度进行测试，找出容易偷漏税金的薄弱点。通过对会计部门凭证管理的合规性、账簿记载的完整性及不相容职务分离状况等情况对会计部门进行内控评价；通过测试业务、管理、采购、仓库、生产、销售等部门的内部控制状况及它们与财务部门联系的方式来评价被审计单位的内部控制制度的整体情况。

（6）实地观察被审计单位的车间、门市部、仓库等机构，了解被审计单位的实际经营项目、经营规模、经营状况，看其是否与财务账记载大致相符，有无实际经营与财务记录脱节的现象。

（7）运用分析性复核方法，对涉及各税种的审计项目进行趋势、比率及比较分析，寻找可能存在的问题及领域，为确定审计重点提供依据。常用方法主要有：趋势分析法、结构百分比分析法、比率分析法、逻辑分析法等。

（二）实施阶段的审计技术与方法

根据审计准备阶段确定的审计对象，有计划、有重点、有步骤地实施审计。通常应对以下几个方面进行重点审查：

1. 收入

由于不记、少记收入，会引起增值税、所得税等各主要税种的流失，因而对收入的审计是进行偷逃税金审计的重点，可以从以下几方面着手进行审计：

（1）对收入情况进行统计归纳，主要包括：商品或服务的类型、经营方式、销售主要地区和对象等，以掌握被审计单位经营状况，初步判断应纳税额总体规模。

（2）对合同订单及生产经营状况进行系统分析，初步审查被审计单位提供的报表、账簿等资料记载收入类别的完整性和准确性，并初步评价增值税、消费税、房产税适用税目、税率的准确性。

（3）确认收入会计处理的正确性，主要包括：

①抽样检查销售业务，从原始凭证到记账凭证对销售、应收账款、现金、银行存款、应收票据、存货等明细账的全过程进行审查，核实其记录、过账、加总是否正确，有无漏记收入现象。

②抽样审查应税收入在不同税目间、应税与免税项目之间是否准确划分，是否存在高税率的收入记入低税率项目，减少国家税收情况。

③检查被审计单位是否存在“以物易物”交易，账务处理是否正确，有无不作销售处理或少记销售收入，变相逃税现象。

（4）审查收入确认是否正确，如采用直接收款销售方式、预收款销售方式、委托代销、分期收款等销售方式时是否按财务规定的方法、期限确认收入；将自产、委托加工的货物用于集体福利、投资、个人消费、捐赠、分发股利等是否按销售货物计算应缴纳增值税。

（5）审查收入计价的合理性，防止被审计单位通过少记价格隐瞒收入总额，进行偷税。

①索取产（商）品及服务价格目录，抽查销售发票及业务明细账以验证计价的正确性。

②审查价格浮动是否合理，所发生的销售价格折让是否按规定程序审批，入账是否合规。

③运用比较法，对同行业价格进行比较分析，对历史同期及年内各期进行比较，审查是否存在价格明显偏低的现象。

④注意产品销售的对象，对于被审计单位与关联企业间的销售，应审查是否按正常交易定价，查明有无低价结算转移收入的现象。

⑤查阅销售合同和销售发票，审查价外费用是否按规定全额入账。

（6）检查决算日前后若干日的出库单和销售发票，结合收入、往来等账户进行分析，观察截至决算日止的销售收入记录是否完整，有无年底故意“甩收入”，以调节利润，不缴或少缴企业所得税的现象。

2. 成本费用

主要检查被审计单位是否存在运用不正当方式，虚列或多计成本费用，偷逃企业所得税的现象。具体包括：

（1）销售成本方面

①用抽查法审查产品销售成本计算方法是否符合税法规定并前后期统一，有无通过计算方法的变动，故意多计销售成本的现象。

②运用复核法，从销售成本、产成品的钩稽关系验算销售成本的总体准确性，钩

稽关系公式为：

$$产品销售成本 = 生产成本 + 在产品年初余额 - 在产品年末余额 + 产成品年初余额 - 产成品年末余额$$

③抽样检查销售成本明细账，复核计入销售成本的产品品种、规格、数量与销售收入的口径是否一致，是否符合配比原则，有无将不属于本期的销售成本记入本期的现象。

④结合存货、收入项目的审计，抽查销货退回是否相应冲减了销售成本，有无销货退回成本不转出、少计利润的情况。

⑤检查享受优惠政策的纳税人是否将销售成本转入无优惠政策的下属企业，以达到总体上偷逃企业所得税的现象。

⑥选取年末两个月的销售成本进行重点审查，检查是否存在人为操纵销售成本，调节利润总额的情况。

（2）生产成本方面

①获取或编制生产成本明细表，分别列示各项主要费用及各产品的单位成本，采用分析性复核方法，将其与预算数、上期数、同行业平均数比较，分析增减变动情况，如有异常变动，查明原因。

②用核对法将生产成本明细账与总账、报表相核对，检查其是否相符。

③材料费用的审计。首先，审查生产成本明细账借方的有关内容、数额，与对应的材料类贷方内容、数额核对，并追查至领料单、退料单和材料费用分配表等凭证资料，核实分配对象、分配数量是否真实，分配方法是否恰当，有无重复计算材料费用及采用其他手段多计材料费用的情况。其次，确认材料计价是否正确：在实际成本计价条件下，通过抽查材料费用分配表、领料单等凭证验算发出成本的计算是否正确，计算方法是否遵循了一贯性原则；在计划成本计价的条件下，抽查材料成本差异计算表及有关领料单等凭证，验证成本差异率及差异额的计算是否正确。

④工资及福利费审计，可结合管理费用审计进行。

（3）制造费用方面

①运用核对法，将全年制造费用总额与生产成本账户核对，检查是否一致。

②对制造费用的分配进行检查，若发现制造费用分配不合理，则重新测算制造费用分配率，并对年末在产品与产成品进行调整，以查明有无通过分配制造费用，人为调节在产品与产成品数额，影响被审计单位利润的情况。

③审查制造费用中的数额较大项目、例外项目是否合理，有无故意虚增制造费用情况。

（4）销售费用方面

①分析各月销售费用与销售收入比例及趋势是否合理，如有不正常波动，应追踪查明原因，作出正确处理。

②检查记入产（商）品销售费用的范围是否符合税法规定，并选择重要的或异常的明细项目追查至原始凭证，检查是否与销售有关，有无将其他费用支出混入销售费用的情况。

③检查国内运输费用是否合理扣减了进项税额，以避免企业多计销售费用，少缴企业所得税。

（5）管理费用方面

①运用分析性复核，将本年度管理费用与历年同期比较，与同年各月比较，并与费用预算比较，观察其是否合理，如不合理，应追查原因。

②索取被审计单位人员清单及人事部门的档案记录，并结合应付工资科目，必要时追查现金支票存根和银行对账单，验证人员工资支出的真实性，并通过人均工资乘以人员总数进行复算，验证工资列支的准确性，查明有无造假工资单，多列职工人数或多计人均工资额，造成多列工资、形成小金库、偷漏税金等严重问题。

③抽查业务招待费明细账中金额大的项目，追查支出原始凭证及货币资金账目的会计记录，从支出的项目、内容、用途、数量和金额上，分析审查是否与被审计单位的业务有关，并查看被审计单位是否将业务招待费性质项目列入其他费用账簿，以逃避列支限额限制。

④抽查提取的三项费用（工会经费、职工福利费和职工教育经费）的提取基数和提取比例是否符合规定，是否确实用于相应用途，有无故意多提而造成虚列支出的现象。

⑤对于总公司为分公司列支费用的情况应给予注意，应详细审查列支内容是否真实，必要时，可延伸审查分公司财务记录，查看分公司是否也列支同笔费用，造成双方重复列支的现象。

⑥结合固定资产科目，对计入管理费用的累计折旧进行抽查，检查各类固定资产计提基数及折旧率计算是否正确，折旧方法在各会计期间是否一致，防止被审计单位通过人为改变折旧率或折旧方法多提折旧，达到减少本年利润，少缴企业所得税的目的。

另外，应结合固定资产台账，查看是否存在固定资产已提足折旧仍继续提取，造成多计费用，减少利润以偷逃企业所得税的情况。

⑦抽查其他列入管理费用的支出是否真实、合理、正确。

（6）财务费用方面

①抽查各银行账户或应收票据的利息通知单，审查被审计单位已实现的利息收入是否均已入账。期前已计提的利息在实际收到时，是否冲转应收账款。

②抽查重大的筹资手续费和其他筹资费用项目，追查有关凭证，审查其真实性；若涉及代扣代缴增值税事项，应审查是否已代扣代缴。

3. 盘亏、毁损

（1）查看报批手续是否完备，是否经过国有资产管理部门认可并有主管领导签字，有无自行列支盘亏、毁损现象。

（2）调阅库存商品盘点表，通过向仓库管理人员询问和到仓库进行实地察看等方法，调查其盘亏、毁损的真正原因，以检查企业是否存在多计库存商品盘亏、毁损数额，以达到多列费用支出，少计利润，偷漏企业所得税的目的。

4. 投资收益

（1）运用核对法将短期投资、长期投资中各明细账项目核对，审查投资各项目是否已全部入账，有无隐瞒部分项目不入账的问题。

（2）调阅有关文件、合同，评估各类项目在正常情况下应从何时起产生收益，如未产生收益应追查原因，并在必要时进行函证或到被投资单位调查原因；如果产生收益则应查看其是否及时、足额入账，有无隐瞒入账、少计投资收益数额的问题。

（3）审查选用投资收益计算方法，即“成本法”或“权益法”的合理性、合规性，查看其账务处理是否正确，有无将投资收益混入其他往来科目，推迟有关收益实现时间，以拖延税金交纳的现象。

5. 调节利润

（1）滥用税收优惠政策，变相逃税

①查看各销售对象情况，比较将产（商）品销售给子公司及关联单位的价格与销售给无利益关系公司的价格，审查有无直接将畅销产品低价销售给享受优惠的子公司，达到公司总体上偷逃税收的目的。

②对于在享受税收优惠政策地区注册的工业企业，应查看其生产车间所在位置及经营规模，注意其是否存在区内注册、区外经营，以变相逃税的现象。

③审查优惠期行将结束的企业时，应重点查看企业成本费用的结转情况，可结合各往来账户进行检查，查看企业是否按规定结转当期成本，有无将成本挂于往来账户或在其他不享受优惠政策企业摊销，变相占有国家税款，并在以后不享受税收优惠时形成亏损而少纳税的情况。

（2）均衡利润行为

①查看无形资产、待摊费用、低值易耗品摊销、递延资产等科目，观察是否按法定期限和摊销比例进行摊销，有无故意在亏损年度少摊或不摊，获利年度多摊以减少利润额，少缴企业所得税的情况。

②查看往来账户，观察所记载内容是否正确，有无将收入或费用挂在其中，把往来账户作为调节利润的“蓄水池”，以少缴所得税的情况。

五、偷逃税金审计案例

案例：偷逃税金审计

2019 年 3 月，审计组对某国有商业企业 2018 年财务收支进行审计。在听取财会人员、业务人员、管理人员等的情况介绍后，审计组审核了各有关账表和进货、销售、库存以及价格等资料，并对该企业 2017 年和 2018 年的年度和各月份损益表进行了综合对比，发现以下情况：

（1）商品销售收入净额 2018 年为 25 080 000 元，比 2017 年减少 1 320 000 元，下降 5%。

（2）2017 年商品销售成本 22 440 000 元，占同年商品销售收入净额的 85%；2018 年商品销售成本 22 300 003 元，占同年销售收入净额的 88.92%；增长 3.92%。

（3）2017 年毛利 3 960 000 元，占同年商品销售收入净额的 15%；2018 年毛利 2 780 000 元，占同年销售收入净额的 11.08%；2018 年毛利比 2017 年减少 1 180 000

元，下降29.8%。

(4) 2018年费用（经营、管理、财务费用等）总计1 346 000元，占同年净收入的5.22%；比上年度增长0.12%。

(5) 利润总额2018年为386 000元，比2017年减少977 600元，下降71.6%。

(6) 其他各项目基本持平，均无较大变化。

分析：

该企业2018年经营状况基本良好，经查实，商品销售结构虽有变化，但销售数量、销售价格与2017年相比均无较大变化，税率未调整，财产无大额损失，因此2018年的经营成果应当是丰硕的，效益应有所提高。但从实际数据来看，商品销售成本升高，利润大幅度下降；毛利水平下降，费用率上升。这显然是一种极不正常的现象。审计人员判断，问题可能出在三个方面：一是商品销售额减少；二是商品销售成本提高；三是费用增加，应从这些方面深入查找原因。根据经验，任意截留收入，增加成本，减少利润的账务处理，往往集中在年终结账之前，因此决定采用逆查法，对上述三个方面顺藤摸瓜。

审查：

经过审查仓库的商品库存、销售发货明细账和财务的销售明细账，以及有关销售往来，发现：

(1) 该企业先后3次采用将基层报来的销货款不作销售入账，而是直接转入“预收账款——××户”的手法截留销售收入，共计302 800元。

(2) 该企业先后3次采用不把销售款作实现收入入账，而是作为收回应收账款处理的手法截留销售收入共计205 000元。

(3) 2018年11月28日凭证395号，××商业企业退货一批，价值85 000元，企业开出红票，但经审查，该企业未予冲减销售成本，而是转入“应付账款——××户”。

(4) 2018年12月25日凭证386号，将已实现的利润256 000元，除保留16 000元上报外，其余240 000元直接结转应付账款。经审查，该企业用类似手法先后共3次直接截留利润356 000元。

(5) 2018年10月8日凭证128号，销售商品一批，应结转销售成本125 000元，实际用提高商品平均进价的手法增加销售成本25 000元。经审查，该企业以同样手法先后5次共增加销售成本154 000元，而相应地减少了利润。

审计人员将上述的各项数据与有关财会人员逐一对证，核实无误。

综上所述，该企业共截留销售收入507 800元（302 800 + 205 000）；截留利润356 000元；任意加大销售成本239 000元（85 000 + 154 000）。

以上共减少利润1 102 800元（507 800 + 356 000 + 239 000），偷逃所得税363 924元（1 102 800 × 33%）。

结论：

该企业采用销售不入账、不冲减销售成本、加大销售成本等手法，截留利润，偷逃所得税36万多元。

第十三章

专项资金审计

第一节　专项资金概述

一、专项资金的含义

专项资金是指国家或有关部门或上级部门下拨行政事业单位具有专门指定用途或特殊用途的资金，包括行业性专项资金、专项拨款、专用基金、专项借款、专项周转金。

二、专项资金管理的一般原则

专项资金在项目设置和管理方面具有相关的程序和管理规范，有规定的设置目的、征集方法、征集范围、计算标准、运行方式和使用范围等。

专项资金由财政部门和资金管理部门，按照计划和预算管理要求，逐级拨付给资金使用部门，具有严格的计划性和预算性。

专项资金在使用方面具有特殊目的性。每项专项资金都与特定工作目标紧密相联，使用专项资金就是为了完成特定的工作任务。

专项资金管理的一般原则是：

（1）专项资金实行“专人管理、专户储存、专账核算、专项使用”。

（2）资金的拨付本着专款专用的原则，严格执行项目资金批准的使用计划和项目批复内容，不准擅自调项、扩项、缩项，更不准拆借、挪用、挤占和随意扣压；资金拨付动向，按不同专项资金的要求执行，不准任意改变；特殊情况，必须请示。

（3）严格专项资金初审、审核、审核制度，不准缺项和越程序办理手续，各类专项资金审批程序，以该专项资金审批表所列内容和文件要求为准。

（4）专项资金报账拨付要附真实、有效、合法的凭证。

（5）加强审计监督，实行单项工程决算审计，整体项目验收审计，年度资金收支审计。

（6）对专项资金要定期或不定期进行督查，确保项目资金专款专用，要全程参与项目验收和采购项目交接。

三、专项资金审计的误区

在会计核算方面，由于企业、事业、行政单位的经济活动形式各具特点，不同专项资金在会计核算基础、核算原则、科目设置等方面不尽相同，但专款专用、分项核算的基本原则是一致的。各单位必须按照会计核算的明晰性原则，设置专项资金的明细科目，对专项资金进行明细核算。

专项资金的特点决定了挪用专项资金的审计方法。划拨专项资金是由政府各主管部门按照预算级次逐级分配下拨给使用单位，资金的流动方向自上而下；征集专项资金则相反，其资金流动方向是自下而上。挪用专项资金审计的基本方法就是沿着资金流动方向逐级追踪审计。

专项资金具有项目多、金额大、使用范围广的特点，主要包括扶贫、农林水、教科文卫、交通能源和开发等资金。在实际工作中，对各项专项资金的审计有时不够全面深入，其主要原因是往往忽视了专项资金审计的几个重要环节：

1. 注重账簿审计，忽视实际项目的审计

审计往往只是将被审计单位的专项资金收支总账、明细账和记账凭证等会计资料送达审计组，审计完后即为审计结束。即使到实地察看工程，也是走马观花，没有认真丈量、记录，也没有计算材料实际用量与账面决算数所使用数量是否一致，看是否有高估冒算或实际使用量小于决算量的现象。

2. 注重账面的收支凭证

专项资金审计的传统方法是看账面收支凭证是否合理、合法、合规，而对银行票据的真实性和银行对账单的核对工作容易忽视。由于某些配套资金不能足额到位，多数采用配套资金空运行方式，即真拨付、后转回、账面反映配套资金到位了，而实际上根本没有到位，在实际工作中，只要查阅开户行银行对账单所反映的收支明细与被审计单位银行账收支栏目，就可能反映同等金额的一收一支，而且时间相近；还有一种情况是被审计单位账上反映现金增加而银行对账单没有记录付出，则采用现金支票存根联入账，提款联没有取款、主观上也不想取款，客观上也无款可取。只要加强对银行票据系列的审核力度，弄虚作假的现象便一目了然。

3. 重视资金使用，忽视资金使用效益

主要看资金是否全部支出，全部支出即视为专项资金专款专用，没有被挤占、挪用，忽略了该项资金的使用经济效益，有的即便在审计报告中有所反映，也总是很勉强，其数据不够准确真实。形成的主要原因：一是某些地区或部门为了争取上级专项资金早日投入，项目立项具有盲目性、随意性，缺乏对当地经济社会等现实环境的可行性论证，从而降低了资金使用效益；二是工程项目竣工时间较短，还没有发挥应有的作用，效益不明显；三是由于审计人员少，时间短，根本不可能深入实地调查了解，往往是“从书本到书本”的反映效益；四是注意资金到位率，忽视资金到位的时间性。在对各项专项资金审计中，审计人员总是查找上级财政部门和主管部门联合下达的专项资金的指标文件，然后与同级财政部门专项资金额进行对比，计算资金到位率，比例大则资金足额到位，比例小则到位小，并在审计中予以评价。但是，较多当年下达的专项资金的指标，由于财力有限调剂其他用途，下拨渠道不畅等，拖欠到年底，有的甚至到第二年底才勉强拨付完毕，资金到位时间迟缓，严重影响工程项目设施建设。以上四个环节的审计是一个有机的整体，应同等对待，相互对应，互为牵制。这样才能在专项资金审计中客观、公正、真实地反映资金收支的全貌。

四、专项资金存在的主要问题

随着构建和谐社会的进程加快和实施惠民政策的不断深入，现在各种专项资金项目越来越多，数额越来越大，然而，根据来自各方面的反映，专项资金管理使用中存在不少问题，影响了专项资金作用的发挥，我们必须加大监督检查力度，严肃查处专项资金管理使用中的违法乱纪行为。

1. 将专项资金挤占挪作他用

专项资金不专用是比较普遍的问题，有的挪作单位公用开支，有的挪作发放单位人员工资，有的挪作购买小汽车或建设、装修办公楼，有的用于弥补其他专项资金不足等。

2. 截留专项资金

有的掌管专项资金的部门截留专项资金给自己单位使用或给其他单位、个人使用，其截留的主要手段有直接截留专项资金不下拨，下拨专项资金后又直接或以借款、收回借款的名义收回，拿发票到接受专项资金拨款的单位去报销变相截留，下拨专项资金后指定要付多少给其他单位或个人用于非专项资金用途的开支等。

3. 滞留专项资金

有的掌管专项资金的部门不及时将全部或部分专项资金下拨而滞留在账上甚至挪用专项资金，有的专项资金使用单位将全部或部分专项资金滞留在账上不及时安排使用甚至挪用专项资金。

4. 挥霍浪费专项资金

将专项资金用于大吃大喝、玩乐逍遥、送礼应酬、滥发钱物、外出旅游等开支。

5. 私分贪污专项资金

掌管专项资金的人员，利用职务上的便利，私分、侵占、盗窃、骗取或以其他方式非法占有专项资金。

6. 将专项资金挪归自己或他人使用

掌管专项资金的人员，利用职务上的便利，将专项资金挪归自己或他人使用。

7. 用专项资金私设“小金库”

将全部或部分专项资金不入账、随意从账上转出专项资金、用虚假票据从专项资金中报销出现金用于私设“小金库”。

8. 将专项资金公款私存

将专项资金不纳入正常的财务管理，而以会计、出纳或其他人员个人的名义存入银行。

9. 骗取专项资金

有的不具备获得或不具备获得这么多项目专项资金的单位，采取弄虚作假的手段获得或多获得项目专项资金。

10. 配套资金不到位

有的专项资金是需要有配套资金的，有的单位在争取专项资金时就承诺配套资金到位，而专项资金拨到后配套资金却少到位甚至不到位。

五、专项资金的检查方法

1. 资金去向追踪法

按照检查权限，从掌管专项资金的部门开始，追查专项资金的去向，一直追踪到资金的最终去处，看专项资金是否用于了规定的专项用途，有无掌管专项资金的部门截留或滞留专项资金的情况，有无使用专项资金的单位将专项资金挤占挪作他用、挥霍浪费专项资金、将专项资金用于私设“小金库”或公款私存、不及时安排专项资金使用、骗取专项资金的情况，有无私分贪污、个人挪用专项资金的情况。

2. 支出当否判断法

对专项资金的支出进行分析判断，看是否合理合法，是否用于了规定的专项用途，有无将专项资金挤占挪作他用、将专项资金付还给掌管专项资金部门、挥霍浪费、私分贪污或骗取专项资金的情况。

3. 票据真假辨别法

利用虚假票据进行舞弊是专项资金管理使用中比较普遍存在的问题。对专项资金支出票据的真假进行辨别，看是否有利用虚假票据实施将专项资金挤占挪作他用或付还给掌管专项资金部门、挥霍浪费专项资金、将专项资金用于私设“小金库”、私分贪污专项资金的情况。

4. 奇异现象追查法

对专项资金检查中发现的奇异数字、奇异时间、奇异地点、奇异往来账目、奇异银行账号、奇异联系单位等奇异现象进行追查，看是否存在违规违纪违法使用专项资金的情况。

5. 深入实地核实法

有的专项资金是要实施工程的，对这类专项资金的检查，要深入工程实地去核实。

看是否实施了工程，工程质量是否达到要求，实施工程的规模与专项资金的数额是否相符。检查中，要注意使用专项资金的单位采取“张冠李戴”的手段，用其他资金实施的工程进行顶替的情况。

6. 相关人员询问法

通过找相关人员进行询问调查，如找被检查单位的会计、出纳等业务人员及分管领导，特别是比较熟悉情况、作风正派、敢说实话的人询问调查，以了解专项资金的管理使用情况，发现或核实专项资金管理使用中存在的问题。在询问调查过程中，要掌握方法和策略，以取得好的询问调查效果。

第二节　挪用专项资金审计

一、挪用专项资金概述

1. 挪用专项资金的含义

挪用专项资金则是指单位或个人未经合法批准，改变国家专项资金原定使用途径和范围，擅自调拨或使用专项资金。

2. 挪用专项资金的主要表现形式

挪用专项资金主要有以下几种表现形式：

（1）主管部门或转拨资金的部门在资金下拨或转拨过程中挪用专项资金，如将专项资金下拨至非用款单位，或直接挪用转拨资金。

（2）将经常性经费与项目经费混合核算挤占挪用专项资金。少数行政事业单位由于财政预算意识淡薄，超预算超标准列支经常性经费，造成大额超支。而对财政投入的项目专项资金，却没有按相关文件要求使用，导致专项资金结余较大。被审计单位为将结余的专项资金转化为经常性经费，有意将经常性经费与专项资金混合核算，从中混水摸鱼，即在同一核算科目中将专项资金的结余弥补经常性经费的超支，并于年底统一结转到经常性经费结余科目，从而挤占挪用专项资金。

（3）专项资金的代收代管单位将各种基金挪作他用。如将代为管理的各类基金、社会保险金用于高风险性的投资、本单位高档消费、填补市政项目资金缺口等；社会保险基金代管单位将代管基金以个人名义存储或用于出借、炒股，取得出借资金及炒股收入不入账等。

（4）将专款结余转作单位基金挤占挪用专项资金。个别行政事业单位虽然按照相关会计制度规定对专项资金进行单独核算，也未将不属于专项资金使用范围的费用直接列作专项支出，但却采取另外一种手法挤占挪用专项资金，即没有按预算规定使用财政专项资金，人为地调节专项资金结余。然后，将其调账转移变成单位的经常性基金，即年终经常性经费结转保持收支平衡，而专项资金结余较大的情况下，人为地将其调整增加单位的事业基金，作为单位经费的“蓄水池”，待以后年度经费超支时再调出弥补超支数额。

（5）专项资金使用单位将专项资金用于非规定用途。如将本系统的专项预算资金拨给本机关财务用于本机关医疗费开支；将专项预算经费拨给下属非预算拨款单位；专项经费挪用于投资房地产开发；将购买业务专用设备的专项资金用于购买汽车或对外投资等。

（6）经常性经费或事业费超支挤占挪用专项资金。一些行政事业单位采取间接的方式挤占挪用专项资金。其操作的主要手法是首先，拨入专项资金之后，在形式上单独核算其收支及结余情况。但没有按规定设立专项资金专户，把专项资金与经常性经费同时存放在一个银行存款账户。然后以列支经常性经费支出为由，违规使用结余的专项资金列作经常性经费支出核算，造成经常性经费大额超支。从账面上反映经常性经费支出超数额并没有直接在专项资金中列支，但实际上是使用专款结余的银行存款支付形式上的经常性经费支出超数额，间接地挤占挪用专项资金。

（7）将公用经费列作专款支出挤占挪用专项资金。个别行政事业单位由于经常性经费超支较大，为了减少超支数额，以支付各种项目费用为由将经常性的部分费用列作专项资金支出，直接挤占挪用专项资金，其主要表现形式有：一是以项目会议费为由将接待费列作专项资金支出；二是以项目业务费为由将部分餐费列作专款支出；三是将应作经常性支出的汽车修理费列作专款支出；四是将不应纳入项目支出范围的单位各种设备购置价款列作专项资金支出；五是超范围超标准化专项资金中列支各种管理费和劳务费。

（8）以虚列多报项目资金手法挤占挪用专项资金。少数行政事业单位把财政专项资金当作“唐僧肉”，并采取各种手段以虚假会计资料虚列多报项目费用：一是采取少培训多报账的手法向主管部门多报领各种培训财政补助专项资金；二是年底突击将专款结余拨付下属单位或本单位的其他银行账户；三是到税务部门代开发票或从供货单位开具假发票等套取专项资金；四是编造虚假的财政支助农民补助费用发放表套取现金。

（9）将专款作经常性收入或往来账核算挤占部用专项资金，个别单位违反相关会计制度和财政专项资金管理的相关规定，把财政或主管部门拨入的专项资金登记为经常性收入或作往来账核算，从中挤占挪用专项资金。其具体核算手法分别为：一是将部分金额较小或资金用途不明确的项目专项资金列作经常性拨入经费或事业收入核算，但却将其相应的项目支出费用列作专款支出核算；二是将上级业务部门和其他部门拨入的财政专项资金或本单位项目资金专户转入的专项资金结余列作往来账核算，并将单位的部分经常性经费支出直接冲减作住来账核算的专项资金。

二、挪用专项资金审计的技术与方法

1. 有举报时的审计技术与方法

审计机关在接到关于挪用专项资金的举报材料后，应当作出初步分析，分析内容包括：举报资料中所指明的具体单位、舞弊表现、被挪用专项资金的具体项目和资金去向、主要知情人员情况等。审计人员应在分析的基础上确定审计方向和重点，具体审计可按以下步骤进行：

（1）向被审计单位的主管部门了解专项资金的计划、预算和资金拨付情况，掌握专项资金的具体用途和被审计单位专项资金收入情况，为专项资金审计做好基础工作。

（2）进驻被审计单位，按照一般审计程序审查有关专项资金的核算资料，调查专项工作的完成进度，审查专项资金使用和转拨情况，对举报资料提供的线索进行重点审查。

（3）调查被挪用专项资金的具体去向和具体用途，取得审计证据，作出审计评价。

2. 无举报时的审计技术与方法

在无举报的情况下，审计人员要发现并查清挪用专项资金的情况，必须在常规审计过程中保持应有的职业谨慎，采用以下审计技术与方法：

（1）了解被审计单位的基本情况，分析被审计单位所处环境和基本财务状况，分析评价与挪用专项资金相关的固有风险。

（2）了解被审计单位的内部控制情况，必要时进行符合性测试，分析和评价内部控制的弱点。

针对被审计部门专项资金的内部控制，审计过程中应重点关注以下几点：

（1）享受专项资金的部门是否已经建立严格的资金拨付授权批准制度，明确授权批准方式、权限、程序、责任和相关控制措施，严格规定支付审核、支付办理、财务核算岗位人员的职责范围和工作要求，加强印章的管理，确保财政资金安全、规范运行。

（2）是否已经建立专项资金管理制度，加强财政专项资金预算的编制、审核工作，采取适当措施，确保资金分配的“公开、公平、公正”，加强专项资金使用的检查监督，不断提高专项资金使用效益。

（3）是否已经建立财政票据管理制度，加强行政事业单位票据的申印、购领、发放、使用、核销、销毁等方面的管理，严肃查处违反财政票据管理规定的行为。

（4）是否已经建立财政监督检查机制，强化财政监督职能，规范财政监督行为，提高财政监督管理的质量和效能。

3. 分析性复核

进行分析性复核，了解被审计单位专项资金的划拨和使用是否存在异常情况。

4. 实施详细测试

依据上述程序所获审计线索，实施详细测试，收集充分确凿的审计证据。

（1）对于划拨专项资金，应取得专项资金的计划、预算，以及反映资金分配拨付等的会计核算资料，掌握与专项资金相关的专项工作任务的项目内容、具体单位、具体地点和专项资金的具体用途；对于征集专项资金，应先了解征集的具体标准，征集范围，专项资金上缴方式和期限，以及主要管理方式等情况。

（2）取得主管部门分配、转拨专项资金的有关会计资料，将会计记录与专项资金计划和预算相互核对，确认专项资金是否按照计划和预算及时足额分配转拨给项目执行单位，查明有无超出计划和预算范围向无关单位拨款的情况。

（3）审查主管部门货币资金账户，核实应拨出的专项资金是否确实拨付，查明是否存在挂账挪用的情况。

（4）取得资金使用部门与专项资金支出有关的会计资料，审核其支出项目内容是否与计划和预算相符，查明是否存在超出计划和预算规定范围的支出。

（5）审查主管部门的资金往来账户中是否存在所属单位上缴专项资金计入往来账户挂账或挪用的问题。

（6）将专项资金使用、代管单位的相关会计资料，与专项资金的计划和预算，以及主管部门资金分配的资料相互核对，查明是否存在超计划预算规定范围使用专项资金和将专项资金转移或挪用于非专项工作项目上的情况。

（7）审查专项资金使用单位的专项资金支出明细账户，检查实际支出中是否存在不合理、超标准和超范围的开支。

（8）实地观察、验证专项资金使用结果。对于能够形成实物资产的专项资金支出，应根据专项工作方案，进行实物观察、验证。审计时可以运用现场观察、抽样推算、盘点、审阅验收报告等方法。

5. 确认和评价专项资金的挪用情况

依据所收集的证据，根据有关法律法规和专项资金计划、预算、专项资金管理等方面的规定，确认和评价专项资金的挪用情况。

6. 作出审计结论与审计决定

将审计过程和结果记录于审计工作底稿，并对审计过程中发现的问题进行综合分析与评价，形成初步审计结论。

与被审计单位有关人员进行沟通，征求他们对初步审计结论的意见，作出审计结论与审计决定。

三、挪用专项资金审计案例

案例：挪用专项资金审计

某市审计机关决定对该市2019年城镇绿化养护专项资金进行审查。该专项资金由市财政部门按照专项工作计划和预算，拨付六区县财政局，由区县财政局分配转拨项目执行单位。市财政部门按照审计机关要求提供了项目计划和资金拨付实施方案等专项资金的详细预算资料。审计人员在某县财政局检查拨出专项资金账户时，发现在城镇绿化养护资金账户中有拨付市政部门雨污水分流工程资金20万元账务记录，审计人员对此提出疑义。

分析：

县属市政部门不是城镇绿化养护资金项目的执行单位，该部门所需资金应由县财政局在本县经费支出中拨付。县财政局将专项资金拨给非项目执行单位，表明该县财政局没有严格执行专项资金拨款预算，并且，还可能存在其他问题。为此，审计组决定，对该县财政局城镇绿化养护资金的划拨和绿化主管部门对城镇绿化养护资金使用进行详细审计。

审查：

经过详细审查，审计人员又发现以下问题：

1. 该县财政局在城镇绿化养护资金账户中将55万元拨给该局所属饭店用于装修。

2. 该县绿化主管部门在使用城镇绿化养护资金时有以下违规问题：

（1）在城镇绿化养护专项资金账户中列支出国考察费10万元；

（2）将城镇绿化养护专项资金125万元出借给该部门所属风景区开发公司；

（3）将城镇绿化养护专项资金135万元用作该部门所属花卉经营公司注册资金。

结论：

上述支出均未用于城镇绿化养护目的。县财政局和绿化主管部门将专项资金拨给或借给非项目执行单位，违反了专项资金应专款专用的原则，属挪用专项资金行为。

第三节　截留专项资金审计

一、截留专项资金概述

1. 截留专项资金的含义

专项资金是指国家或有关部门或上级部门下拨行政事业单位具有专门指定用途或特殊用途的资金，包括行业性专项资金、专项拨款、专用基金、专项借款、专项周转金。

截留专项资金是指单位或个人违反规定擅自扣留应解缴款项、物品或未下拨应拨款项。

2. 截留专项资金的表现形式

截留专项资金主要有以下几种表现形式：

（1）拥有分配、管理本部门和本系统专项资金职权的主管部门，在专项资金项目的分解、转拨过程中，出于局部利益考虑和因资金紧张等，违反规定，推迟转拨或不将专项资金转拨给项目执行单位。

（2）具有行政性收费和罚没收入的执法部门，不按资金管理规定和应上缴期限足额及时上缴专项资金，把应上缴的专项资金截留于本单位用于货币资金周转。

（3）代收或代征专项资金的单位，违反规定，截留或延迟上缴专项资金。

（4）专项资金拨付不及时。有关部门专款安排的时间与项目实施的时间相差甚远，影响了项目实施的进度，使项目难以发挥预期效益；有些上一年度的专项资金在下一年度才拨付，专项资金未能及时下拨，结余过大，也会影响专项资金在当年发挥作用。

二、截留专项资金审计的技术与方法

1. 专项资金及截留专项资金审计特点

专项资金在项目设置和管理方面具有相关的程序和管理规范，有规定的设置目的、征集方法、征集范围、计算标准、运行方式和使用范围等。

专项资金由财政部门和资金管理部门，按照计划和预算管理要求，逐级拨付给资金使用部门，具有严格的计划性和预算性。

专项资金在使用方面具有特殊目的性。每项专项资金都与特定工作目标紧密相联，使用专项资金就是为了完成特定的工作任务。

在会计核算方面，由于企业、事业、行政单位的经济活动形式各具特点，不同专项资金在会计核算基础、核算原则、科目设置等方面不尽相同，但专款专用、分项核算的基本原则是一致的。各单位必须按照会计核算的明晰性原则，设置专项资金的明细科目，对专项资金进行明细核算。

专项资金的特点决定了截留专项资金的审计方法。划拨专项资金是由政府各主管部门按照预算级次逐级分配下拨给使用单位，资金的流动方向自下而上；征集专项资金的资金流动方向是自上而下。因此，截留专项资金审计的基本方法是沿着资金流动方向逐级追踪审计。

2. 有举报时的审计技术与方法

截留专项资金的举报资料一般来自资金经管部门和资金具体使用部门，信息的准确性较强。审计人员应当根据举报资料提供的有关线索，从以下几个方面进行审计：

（1）向主管部门调查，取得专项资金计划、预算资料和专项工作计划资料，或有关收费和罚没收入项目的管理规定。

（2）根据举报资料提供的线索检查有关单位的会计资料。

（3）按照相关法律法规和计划、预算等管理规定，衡量、确认截留专项资金事实，作出审计结论和决定。

3. 无举报时的审计技术与方法

在无举报的情况下，审计人员要发现并查清截留专项资金的情况，必须在常规审计过程中保持应有的职业谨慎，采用以下审计技术与方法：

（1）了解被审计单位的基本情况，分析被审计单位所处经济环境和财务状况，分析评价与截留专项资金有关的固有风险。

（2）了解被审计单位的内部控制情况，必要时进行符合性测试，分析和评价内部控制的弱点。

针对被审计部门专项资金的内部控制，审计过程中应重点关注以下几点：

①享受专项资金的部门是否已经建立严格的资金拨付授权批准制度，明确授权批准方式、权限、程序、责任和相关控制措施，严格规定支付审核、支付办理、财务核算岗位人员的职责范围和工作要求，加强印章的管理，确保财政资金安全、规范运行。

②是否已经建立专项资金管理制度，加强财政专项资金预算的编制、审核工作，采取适当措施，确保资金分配的“公开、公平、公正”，加强专项资金使用的检查监督，不断提高专项资金使用效益。

③是否已经建立财政票据管理制度，加强行政事业单位票据的申印、购领、发放、使用、核销、销毁等方面的管理，严肃查处违反财政票据管理规定的行为。

④是否已经建立财政监督检查机制，强化财政监督职能，规范财政监督行为，提

高财政监督管理的质量和效能。

（3）进行分析性复核，了解被审计单位专项资金的划拨和使用是否存在异常情况。

（4）依据上述程序所获审计线索，实施详细测试，收集充分确凿的审计证据。

①取得主管部门分配、转拨专项资金计划和预算，专项工作和专项资金用款进度计划，以及有关专项收费和罚没项目的管理规定。

②取得主管部门或资金划拨单位与专项资金有关的会计资料，检查专项资金收入、支出、转拨事项，查明专项资金是否按照计划任务要求的进度及时转拨，是否存在不转拨、拖延转拨的情况。

③取得被审计单位与专项管理的行政性收费和罚没收入相关的会计资料，检查相关收入是否及时入账，并按照有关管理规定及时上缴入库；查明是否存在截留不缴或不按规定期限上缴的情况。检查相关票据使用和管理情况，查明是否存在取得收入不及时缴纳财务部门管理的问题。

④检查货币资金账户和资金往来账户，查明是否存在虚假拨出资金；将征集或收集的专项资金截留于往来账户和虚假上缴资金等问题。

⑤实地观察、验证专项资金使用结果。对于能够形成实物资产的专项资金支出，应根据专项工作方案，进行实物观察、验证。审计时可以运用现场观察、抽样推算、盘点、审阅验收报告等方法。

（5）依据所收集的证据，根据有关法律法规和专项资金计划、预算、专项资金管理等方面的规定，确认和评价专项资金的截留情况。

（6）将审计过程记录于审计工作底稿，并对审计过程中发现的问题进行综合分析与评价，形成初步审计结论。

（7）与被审计单位有关人员进行沟通，征求他们对初步审计结论的意见。

（8）作出审计结论与审计决定。

三、截留专项资金审计案例

案例：截留专项资金

审计组对某县2019年绿化美化造林专项资金进行审计。

该县的绿化主管部门是项目执行单位，具体负责按计划组织实施本区县的绿化造林项目。绿化美化造林专项资金由上级财政部门下拨给县财政局，并由其按工作计划和专项资金预算分配拨付有关部门。

审计人员抽样选取了某完工项目，进行实地观察，发现部分地区造林工程项目质量不符合项目实施方案的要求，排灌设施未按要求施工，植树的行距和株距明显大于其他完工项目，林木的整体形象不佳。询问该项目责任单位有关人员，回答造成这种状况的主要原因是他们的造林资金不足，许多地块是项目单位自己垫付资金完成的，因而质量较差。

分析：

从已掌握的情况得知，上级财政部门的绿化美化专项资金已经及时下拨给了该县财政局，可以保障项目使用，但是被抽查的项目执行点却没有按时足额收到资金，影响了工程质量。这说明在资金转拨环节上可能存在问题，需要进一步审查。

审查：

审计组决定在审查会计资料时，把县财政局作为第一环节。

按照绿化美化造林工作计划的要求，该专项资金应于一季度末之前拨付到项目执行单位，以保障资金及时使用。财政局会计账簿上显示，2 月份上级财政部门的绿化美化专项资金已经拨付到县财政局。在检查拨出专项资金账户时，审计人员发现，至 9 月份期末，该县财政局尚有 1 659 万元的绿化美化专项资金没有按照计划要求的期限下拨给项目执行单位，截留的专项资金占应拨金额的 79%，严重影响了造林工作任务的顺利完成。

项目执行单位的造林工作受到季节气候等自然条件约束，为完成工作计划要求的造林面积，县绿化管理部门在资金不足的条件下放松了对工程质量的要求，降低部分地块的工程设计标准。

结论：

该县财政局截留造林专项资金，影响了绿化美化造林工程的质量。

第十四章

建设项目的专项审计

第一节 建设项目审计概述

一、建设项目的含义与基本特征

1. 建设项目的含义

基本建设工程项目，亦称建设项目（construction project），是指按一个总体设计组织施工，建成后具有完整的系统，可以独立地形成生产能力或者使用价值的建设工程。一般以一个企业（或联合企业）事业单位或独立工程作为一个建设项目。

根据国家审计署2001年公布的《审计机关国家建设项目审计准则》，国家建设项目，是指以国有资产投资或者融资为主（即占控股或者主导地位）的基本建设项目和技术改造项目。与国家建设项目直接有关的建设、勘察、设计、施工、监理、采购、供货等单位的财务收支，应当接受审计机关的审计监督。

2. 建设项目的基本特征

建设项目的基本特征如下：

（1）在一个总体设计或初步设计范围内，由一个或若干个互相有内在联系的单项工程所组成，建设中实行统一核算、统一管理。

（2）在一定的约束条件下，以形成固定资产为特定目标。约束条件有时间约束即有建设工期目标，资源约束即有投资总量目标，质量约束即一个建设项目都有预期的生产能力（如公路的通行能力）技术水平（如使用功能的强度、平整度、抗滑能力等）或使用效益目标。

（3）需要遵循必要的建设程序和特定的建设过程。即一个建设项目从提出建设的设想、建议、方案选择、评估、决策、勘察、设计、施工一直到竣工、投入使用，均有一个有序的全过程。

（4）按照特定的任务，具有一次性特点的组织形式。其表现是投资的一次性投入，建设地点的一次性固定，设计单一，施工单件。

（5）具有投资限额标准。即只有达到一定限额投资的才作为建设项目，不满限额标准的称为零星固定资产购置。

二、建设项目审计的主要内容

根据2010年国务院发布的《中华人民共和国审计法实施条例》第二十条，审计机关对建设项目的审计主要针对建设项目的总预算或者概算的执行情况、年度预算的执行情况和年度决算、单项工程结算、项目竣工决算，依法进行审计监督；对建设项目进行审计时，可以对直接有关的设计、施工、供货等单位取得建设项目资金的真实性、合法性进行调查。

按照审计署发布的《审计机关国家建设项目审计准则》的具体要求，国家建设项目审计的主要内容包括如下几个方面：

1. 审计对象

审计对象为建设单位（含项目法人，下同），必要时，可以依照法定审计程序对勘察、设计、施工、监理、采购、供货等单位与国家建设项目有关的财务收支进行审计监督。

2. 主要审计内容

建设项目审计的主要内容如表14－1所示。

表14－1　建设项目主要审计内容表

序号	审计方向	主要内容
1	建设项目预算审计	审计机关应当对国家建设项目总预算或者概算的执行情况、年度预算的执行情况和年度决算、项目竣工决算的真实、合法、效益情况，进行审计监督
2	建设前期工作审计	审计机关对国家建设项目的建设程序、资金来源和其他前期工作进行审计时，应当检查建设程序、建设资金筹集、征地拆迁等前期工作的真实性和合法性
3	建设资金审计	审计机关对建设资金管理与使用情况进行审计时，应当检查建设资金到位情况和资金管理与使用的真实性和合法性
4	招投标及工程承发包审计	审计机关根据需要对国家建设项目的勘察、设计、施工、监理、采购、供货等方面招标投标和工程承发包情况进行审计时，应当检查招标投标程序及其结果的合法性，以及工程承发包的合法性和有效性

续表

序号	审计方向	主要内容
5	合同审计	审计机关根据需要对与国家建设项目有关的合同进行审计时，应当检查合同的订立、效力、履行、变更和转让、终止的真实性和合法性
6	项目概算审计	审计机关对国家建设项目概算执行情况进行审计时，应当检查概算审批、执行、调整的真实性和合法性
7	环境保护	审计机关根据需要对国家建设项目环境保护情况进行审计时，应当检查环境保护设施与主体工程建设的同步性以及实施的有效性
8	投资效益	审计机关根据需要对国家建设项目投资效益进行审计时，应当依据有关经济、技术及社会、环境指标，评价国家建设项目投资决策的有效性，分析影响投资效益的因素
9	项目工程质量管理审计	审计机关根据需要对国家建设项目工程质量管理进行审计时，应当检查勘察、设计、建设、施工和监理等单位资质的真实性和合法性，以及对工程质量管理的有效性
10	全过程跟踪审计	对财政性资金投入较大或者关系国计民生的国家建设项目，审计机关可以对其前期准备、建设实施、竣工投产的全过程进行跟踪审计

三、建设项目内部控制审计

在对建设项目运用具体手段进行审计时，对于被审计单位的内部控制进行评估是选择有针对性的实质性审计程序的重要过程之一。

一般而言，对于建设项目的内部控制进行评估主要涉及的方面如表 14－2 所示。

表 14－2　建设项目内部控制的主要内容调查表

序号	调查内容	是	否	备注
一	建设项目建设程序			
1	是否立项			
2	是否具有可行性研究报告			
3	是否科学决策			
二	建设项目前期决策			
1	建设项目前期决策是否科学			
2	建设项目前期决策程序是否合理			
3	建设项目的建设是否必要			
4	编制可行性研究报告的单位和批准单位是否具备相应的资格			
5	可行性研究报告的内容是否完整			
6	项目建设的条件是否具备			
…				

第二节　挪用建设资金审计的技术与方法

一、挪用建设资金概述

1. 挪用建设资金的含义

建设资金是指建设单位为了进行基本建设项目的建设而筹集的资金，包括国家财政性资金、国债资金、国家政策性贷款、国内商业银行贷款、国外金融机构贷款等。根据国家建设资金管理规定，建设资金必须专款专用，不得用于建设项目以外的用途。

根据我国《刑法》和有关司法解释规定，挪用资金罪，是指公司、企业或者其他单位的工作人员利用职务上的便利，挪用本单位资金归个人使用或者借贷给他人，数额较大、超过3个月未还的，或者虽未超过3个月，但数额较大、进行营利活动的，或者进行非法活动的行为。本罪的前身是1995年2月28日全国人大常委会颁布的《关于惩治违反公司法的犯罪的决定》中第11条所规定的公司、企业人员挪用单位资金罪。

挪用建设资金是指建设单位为了给单位或个人谋取私利，违反国家建设资金管理规定，将建设资金用于与建设项目无关的用途。

2. 挪用建设资金的形式

挪用建设资金主要有以下几种表现形式：

（1）挪用建设资金建设楼堂馆所、职工住宅。

（2）挪用建设资金搞房地产开发。

（3）挪用建设资金用于对外投资。

（4）挪用建设资金注册新公司，创办经济实体。

（5）将建设资金用于企业生产经营。

（6）建设单位同时承建两个建设项目，将甲项目资金挪用于乙项目。

（7）将建设资金用于放贷，赚取利息。

（8）将建设资金借给上级、下级或其他关系单位无偿使用。

（9）将建设资金用于集资或赞助。

（10）将建设资金用于与建设项目无关的其他支出。

二、挪用建设资金审计的技术与方法

1. 挪用建设资金及其审计的特点

建设单位挪用建设资金有两个特点：一是建设单位挪用资金一般均通过应收、应付等往来账户进行；二是会计凭证后一般不附原始资料。因此，审计挪用建设资金问题主要是运用分析、检查和询问等方法，重点审查应收、应付款账户，查明应收、应付的原因。

2. 有举报时的审计技术与方法

审计机关在接到关于挪用建设资金的举报材料后，应当作出初步分析，分析内容包括：举报材料中所指明的具体单位、舞弊表现、被挪用建设资金的具体项目和资金去向、主要知情人员情况等，在分析的基础上确定审计方向和重点，具体审计可按以下步骤进行：

（1）向被审计单位的主管部门了解建设资金的计划、预算和资金拨付情况，掌握建设资金的具体用途和被审计单位建设资金收入的入账和使用情况，为建设资金审计做好基础工作。

（2）进驻被审计单位，按照一般审计程序审查有关建设资金的核算资料，调查建设项目的完成进度，审查建设资金转拨和使用情况，对举报材料中提供的线索进行重点审查。

（3）调查被挪用建设资金的具体去向和具体用途，取得审计证据，作出审计评价。

3. 无举报时的审计技术与方法

在无举报的情况下，审计人员要发现并查清挪用建设资金的情况，必须在常规审计过程中保持应有的职业谨慎，采用以下审计技术与方法：

（1）了解被审计单位的基本情况，分析被审计单位所处经济环境和基本财务状况，分析评价与挪用建设资金相关的固有风险。

（2）了解被审计单位的内部控制情况，必要时进行符合性测试，分析和评价内部控制的弱点。

（3）进行分析性复核，了解被审计单位建设资金的使用是否存在异常情况。

（4）依据上述程序所获审计线索，实施详细测试，收集充分确凿的审计证据。

①审阅与建设资金相关的应收、应付款项明细账，对大数额、整位数的款项逐笔进行重点审查，分析其资金使用是否合理、合法，专款专用。对有疑问的款项，应向被审计单位询问，了解款项的支付原因，同时还要向被审计单位索要款项支付的有关资料，如合同、协议等，以做进一步的证实。必要时，审计人员应该对提供建设资金的单位的会计账目进行审查。

②取得专项资金计划和预算，对照有关会计记录，确认专项资金是否按照计划和预算及时足额转拨给项目执行单位，查明有无超出计划和预算范围向无关单位拨款的情况；审查资金使用部门建设资金支出账户，审核其支出项目内容是否与计划和预算相符，是否存在超出计划和预算规定范围的支出。

③审查建设资金支出明细账户，检查实际支出中是否存在不合理、超标准和超范围的开支。

④实地观察、验证建设工程项目的完成进度与竣工验收情况。

（5）依据所收集的证据，根据有关法律法规和建设资金计划、预算、专项资金管理等方面的规定，确认和评价建设资金的挪用情况。

（6）将审计过程记录于审计工作底稿，并对审计中发现的问题进行综合分析与评价，形成初步审计结论。

（7）与被审计单位有关人员进行沟通，征求他们对初步审计结论的意见。

（8）作出审计结论与审计决定。

三、挪用建设资金审计案例

案例1：将建设资金用于放贷，赚取利息

2019年3月，审计人员审查某公路项目的往来账目时，发现建设单位2017年12月与××房地产开发公司有一笔业务往来，金额3 000万元，账务处理为：

借：其他应收款——××房地产公司　　30 000 000

　贷：银行存款　　30 000 000

该笔款项于2018年12月归还。审计人员同时还发现建设单位2018年12月收到100万元利息，在“其他应收款——利息”科目挂账。审查会计凭证，未发现有关这两笔业务的原始记录。

分析：

××房地产开发公司与该建设项目无任何关系，为什么会有往来账款呢？100万元利息收入与该笔往来款项有什么关系？

审查：

审计人员就这两笔业务向被审计单位询问后得知，该公路项目是重点建设项目，资金到位及时，由于其他一些原因，工程进度较慢，造成部分资金闲置。建设单位认为，反正资金也是闲置，不如借出去赚点利息。100万元正是该笔借款收取的利息。

结论：

项目单位将建设资金3 000万元用于放贷，属挪用建设资金行为，违反了国家关于建设资金的管理规定。

案例2：无偿出借建设资金

2018年6月，审计组审计某水利建设项目，发现“其他应收款——××培训中心”科目借方余额为1 000万元，追踪至原始凭证，发现该笔业务是2018年4月发生的，未附任何情况说明。

分析：

××培训中心与建设单位是什么关系？为什么到审计时这笔应收款还未收回呢？

审查：

经向被审计单位了解情况后得知，该培训中心为建设单位上级主管部门所属，正在扩建，由于资金紧张，工程进度受到影响，上级主管部门指示让建设单位从水利建设资金中暂借一部分资金给培训中心。由于资金使用单位是上级部门，因而没有利息。

结论：

项目单位此种做法属于挪用水利建设资金，项目单位必须在规定期限内追回被挪用的1 000万元建设资金。

案例3：将建设资金挪入流通领域，搞商贸活动

2018年6月审计某自来水厂工程项目。审计人员在审查建设单位其他应收款账目时发现，“其他应收款——××商贸公司”借方余额2 000万元。此笔业务发生日期为2018年4月，至此已一年零两个月。审计人员在审查其他账目中，未发现与此单位有业务经济往来，这引起了审计人员的怀疑。

分析：

长达一年零两个月的往来款未收回，而且双方没有业务经济往来关系，只能是转移建设资金，另有他用。据此，制定审计方案：

（1）延伸审计，去××商贸公司实地查验，查明2 000万元资金的用途及其与项目建设的关系。

（2）向被审单位了解情况，为何将2 000万元建设资金转给“××商贸公司”。

审查：

依上述审计方案，审查过程如下：

（1）在对××商贸公司的延伸审计中，审计人员了解到，该商贸公司为自来水厂下属三产单位。2 000万元资金已于2018年5月转入唐山钢铁公司××供销公司，2018年6月转回。

（2）向自来水厂了解情况，转出2 000万元资金是为了解决自来水厂工程项目所需钢材。经查，唐山钢铁公司××供销公司未向该自来水厂提供过钢材。

（3）去唐山钢铁公司××供销公司了解情况，该公司向审计人员提交了双方签订的合同。合同内容是：自来水厂××商贸公司向唐山钢铁公司××供销公司投资2 000万元资金用于钢材经营，投资期一年，利润为200万元。2 000万元资金已于2018年6月还给自来水厂××商贸公司。由于合作经营钢材效益未达到设想目标，所以，仅向自来水厂××商贸公司分配利润80万元（现金支付）。

结论：

自来水厂将工程建设资金用于对外投资，属挪用建设资金行为。自来水厂××商贸公司应将2 000万元建设资金归还水厂建设项目。对80万元现金不知去向问题，移交检察机关另案处理。

第三节　概算不实审计的技术与方法

一、概算不实概述

（一）概算不实的含义

一个建设项目的概算（也称总概算）是由建设项目委托设计单位根据设计方案、定额、费用和价格等编制的，包括从项目筹建直到竣工验收全部建设费用的总和，一

般由建筑安装工程费用、设备和工具购置费用、工程建设其他费用、预备费、建设期投资贷款利息及经营项目铺底流动资金等组成。建设项目概算是考核设计方案的经济性和合理性的重要指标。设计概算经审定后，则是确定基本建设投资，编制基本建设计划，实行招投标，控制建设成本和考核工程造价的主要依据。

建设项目概算必须以建设工程所在地的建设条件为根据，正确选用定额、费用和价格等各项编制依据，完整、准确地反映设计内容。

概算不实是指编制或审定的概算不符合建设工程所在地的建设条件，选用依据不合理，不能完整、准确地反映设计内容。

（二）概算不实的表现形式

概算不实主要指多列概算，有以下五种基本表现形式：

1. 概算编制的依据不合法、不合规

（1）简化基建程序，在无批准的设计任务书或可行性研究报告的情况下编制概算。

（2）违反国家规定，高套、混套定额，擅自提高取费标准。

2. 建筑安装工程费用不真实、不准确

（1）分部分项工程量计算不正确，重复计算、多列项。

（2）套用定额、指标不正确，将安装工程中所用定额和指标，用于建设工程的取费。

（3）安装工程中，将专业工艺设备与其他设备混淆，增加设备价值，扩大取费基数。

（4）建筑安装工程取费不正确。

3. 设备、工器具、备品备件购置不真实、不正确

（1）列入概算的设备、工器具、备品备件购置数量超出批准的初步设计范围。

（2）设备、工器具、备品备件，不按种类、规格、型号要求列示。

（3）超范围、超数量、超标准购置备品备件。

（4）违反规定以设备总价为基数，高估冒算备品备件费用。

（5）将不应列入的费用列入，多报材料消耗、多计加工费用。

（6）设备运杂费的计算基数和费用不正确。

（7）将不应列入设备购置费的引进技术和进口项目其他费用列入设备购置费。

4. 工程建设其他费用计算不正确

（1）将国家规定种类费用以外的其他费用列入总概算。

（2）将一些乱摊派、乱收费支出列入总概算。

（3）多列虚列试运转费，或只列试运转费用，不列试运转收入。

（4）取费基数和费率选用不合规。

5. 预备费计算不正确

（1）对引进技术和进口设备按全部费用作为取费基数。

（2）不按国家规定的预备费内容执行，在设备、材料、市场价格下降的情况下，仍按供不应求的畸形价格高估冒算价差预备费。

二、概算不实审计的技术与方法

1. 概算不实及其审计的特点

从概算的编制来看，概算主要有两种情况：一种是有批准的设计任务书和可行性研究报告的，对此审计人员应注意对工程直接费、间接费和其他费用的全面审查；另一种是没有设计任务书，包括用可行性研究代替初步设计和用可行性研究代替设计任务书。对此，审计人员应在对设计概算量、价、费审查的基础上，注意从经济分析的角度，对比其设计所采用的生产工艺技术是否先进合理，投资效益是否良好。

从概算不实的形成来看，概算不实主要形成于单位工程设计概算、综合概算与总概算、调整概算、超概算等四个环节。在单位工程设计概算环节，其主要舞弊方法包括：高估冒算工程量，错套、高套、重套定额，违反规定的概算定额单价，扩大取费基数，提高费率，购买计划外设备等。在综合概算与总概算环节，其主要舞弊方法是：将其他工程和费用重复计入综合概算和总概算，任意扩大预备费计算基数和费率，多计预备费等。在调整概算环节，其主要舞弊方法包括：违反规定进行设计变更，扩大或缩小建设规模，提高建设标准，设计变更后概算不进行调整形成重复列支等。在超概算环节，其主要舞弊方法是：任意扩大建设规模，提高建设标准，多购设备；乱收费、乱摊派等。审计人员应针对不同环节概算不实舞弊的不同方法，加强与总经济师、总会计师、总工程师、项目主任等有关人员的联系，分别采用不同的审计技术与方法。

2. 概算不实审计的一般程序

（1）掌握基本情况。审查设计概算必须熟悉设计概算的组成内容；掌握编制依据和编制方法；弄清所建项目的规模、设计能力和工艺流程；熟悉和了解被审计工程的设计图纸和说明书的主要内容；弄清概算所列工程费用的构成；弄清概算各表和设计文字说明之间的关系，同时还要收集概算定额、指标等有关文件资料。

（2）进行对比分析。利用规定的概算定额、指标及有关技术经济指标与设计概算进行对比分析。根据设计和概算列明的工程项目，从工程性质、结构类型、建筑面积、占地面积、生产规模、设备数量、费用构成、投资比例、造价指标、劳动定员等方面与国内外同类工程进行比较分析，从中找出差距，为审计提供线索。

（3）进行详细测试，收集审计证据。在分析对比基础上，深入现场进一步调查，查清工程建设的内外条件，查清设计是否经济合理，概算采用的定额、指标、价格、费用与现行规定有哪些不符，核实扩大规模的具体情况，确认多估投资或预留缺口的情况。

（4）编制审计工作底稿。将审计过程记录于审计工作底稿，并对审计过程中发现的问题进行综合分析与评价，形成初步审计结论。

（5）与被审计单位有关人员进行沟通，征求他们对初步审计结论的意见。

（6）作出审计结论与审计处理。概算审计完毕，要进行审计分析，对概算中不合理部分及时进行调整与修正，撰写审计报告，作出审计结论，并进行审计处理。

三、概算不实审计技术与方法

概算不实是建设项目中的常见问题，审计人员应按概算不实的主要环节和表现形式，采用不同的审计技术与方法。

（一）单位工程设计概算的审计

在进行单位工程设计概算审计时，应熟悉项目所在地区和有关部门编制概算的规定，掌握其编制依据、编制程序和编制方法，从分析技术经济指标入手，确定审计重点。

1. 建筑安装工程量审计

建筑安装工程量审计的目的在于检查概算所列工程量是否符合设计要求的尺寸、数量、概算定额及单位估价表中所规定的工程量计算规则和有关规定，以保证正确地计算工程量，防止和揭露重算、漏算和错算的现象。

对于工程量的审计一般采用详查法或抽查法。

（1）详查法。对单位工程概算逐笔审查，与原概算进行核对。

（2）重点抽查法。选择数量多、价值大或容易出错的部分，运用三算（指设计概算、施工图预算、竣工决算）对比，将出入较大的部分作为重点。如果抽查发现问题多并且数额大，就应进行详细审查。

2. 建筑安装工程费用审计

（1）工程概算单价审计。对于采用地区统一单位估价表编制单位工程概算的，主要应审查单价的选套和单价换算，防止错套、高套、重套和漏套。对单价做换算的分项工程要审查定额是否允许换算，换算方法是否正确。凡定额规定不允许换算的，一律不得擅自换算。随着科技的发展和技术进步，大量的新工艺、新技术、新材料被采用，使建设工程定额相对置后。对于设计图纸上采用的新材料，往往无定额项目可查，就需按类似子目的材料定额用量换算材料单价。

（2）其他直接费和间接费的审计。第一，要审计计算基数是否正确，防止用直接费代替人工费作为计算基数。第二，要审查费用标准，防止低级别的企业选套级别高的企业的费率；防止低类别的工程选套高类别的工程费率；防止分包工程套总包工程费率；防止地区类别低的工程套地区类别高的工程的费率；防止大型人工土石方工程选套一般土建工程的费率。

（3）计划利润的审计。一方面要选择正确的计算基数，不能混淆和遗漏；另一方面要按不同工程类别选择不同的计划利润率，不能就高不就低。

（4）税金的审计。审查的重点主要包括税金计算基数和计算标准两方面。要注意不含税工程造价是否遗漏，是否扣除了临时设施费、劳保支出费等不计税的部分。要注意计税标准的计算是否准确，所在地不同的企业是否采用了相同的计税标准。

3. 设备、工具购置费的审计

设备、工具购置费，是投资项目概算造价的重要组成部分，对于现代工业项目，设备购置费占总造价的比重很大，加强对设备、工具购置费的审查，可以有效地控制工程造价。

设备、工具购置费的审查重点是其数量是否和设计要求相一致，核实设备原价，防止出现计划外多购设备。

4. 工程建设其他费用的审计

工程建设其他费用的审计重点是列入工程建设其他费用的项目是否应该计取，计算方法是否恰当。应从计算基数和费用标准两方面进行审核。

（二）综合概算与总概算的审计

1. 综合概算审计

综合概算主要包括建筑安装工程概算和其他费用概算两个方面。在完成建筑安装工程概算和其他费用概算审计的基础上，进行综合概算的审计。

综合概算主要审查单位工程项目是否齐全，费用划分是否正确，数字计算是否准确，技术经济指标是否合理。要重点审查进入费用部分综合概算是否重复。

按照规定应分别进入综合概算和总概算的其他工程和费用，不得重复。因此要逐项核对综合概算费用项目和总概算费用项目，审查费用列项的合理性，不得重复。

审查各项技术经济指标是否合理，要从建设周期、原材料来源、生产条件、生产能力、产品销路、资金收回和赢利等因素综合分析、审查技术经济指标的合理性。

2. 总概算的审计

总概算是由综合概算汇总并加上预备费编制而成，在综合概算审计的基础上，进行总概算的审计。对总概算的审计主要是审查总概算内容的完整性，审查其是否完整地反映了初步设计的全部内容，设计内的项目有无漏项，设计外的项目是否列入；审查概算投资是否完整地包括建设项目从筹建到竣工投产的全部费用。审查总概算与综合概算的数字是否吻合一致。

一般应重点审查：

（1）总概算编制依据的合规性和合理性。设计图纸，建筑安装工程定额、设备材料预算价格、施工组织设计、各项费用标准以及计算规则，必须符合国家和各级主管部门的规定。为此，应审查初步设计总概算是否经审核批准；编制概算所套用的定额、费率、税率是否适用，定额与取费之间是否配套；审查有关费用列项是否合规；审查预备费费率选用是否正确，预备费的计算基数是否准确。

（2）总概算各项技术经济指标。技术经济指标包括综合指标和单项指标，是概算价值的综合反映。建设项目技术经济指标的审查，可以结合平时积累的经验数据对工程的经济指标进行对比分析，以找出投资高低的原因。

（3）审查套用的没有具体规定的各种费用标准的合理性。对于没有具体规定的各种费用标准应重点审查其是否经主管部门批准，判定其合理性与合规性。

概算审查后，要进行审计分析，对概算中不合理部分及时进行调整与修正，并要求工程项目严格执行审计后的设计概算。

（三）调整概算的审计

1. 调整概算的审计

调整概算是对原概算中不符合建设项目实际需要部分的修正和补充。对调整概算的审计应重点审查其合法性、合理性和准确性。

审查调整概算是否依照国家规定的编制定额、标准由有资质单位编制，是否经有权部门批准，设计变更的内容是否符合规定，手续是否齐全；影响项目建设规模的单项工程的投资调整和建设内容变更是否按照规定程序报批，有无擅自扩大建设规模和提高建设标准的问题。

2. 设计变更后调整概算的审计

设计变更调整概算是指由于设计变更，增加或减少了某些工程细项或工程量，因而对原编制的设计概算进行相应的调整。审计调整概算时，应审核设计变更的内容是否符合规定，与定额和相应取费中相应项目的内容是否重复，与原编设计概算有无重复列项，变更手续是否齐全，对于比较重要的设计变更，应有设计单位有关人员签字才能生效。设计变更资料应齐全完整，内容清楚。

（四）超概算的审计

对于超概算的审计应从勘察设计、工程管理、外部条件等方面进行。审计重点是：

（1）审查勘察设计是否采用多方案，设计资料是否充分、准确、可靠，采用的设计、材料和所要求的施工条件是否符合实际，满足建设和生产的需要。

（2）审查建设项目的设计标准是否符合设计规范并满足项目的功能需要，有无任意扩大建设规模，提高建设标准，多购设备等超概算行为。

（3）审查勘察设计部门是否按规定标准收取设计费，有无以科技咨询为由重复收费问题。

（4）审查建设单位工程开支范围是否包括不合理开支和管理不善开支。各级地方政府、部门、单位有无巧立名目乱收费、乱摊派。

对于以各种手段违反规定超概算的问题，要依法查处，以促进建设项目设计概算编制质量的提高，进一步合理、有效的使用建设资金。

四、概算不实审计案例

案例1：多计工程量，多列概算

2018年，B市为增强泄水排洪能力，美化环境，投资3.57亿元，对全长8公里的河道进行清淤、加宽、衬砌、修建闸坝等，工程分两期建设。2017年3月，当一、二期工程完成85%和55%时，审计组对其进行在建审计。审计中发现，设计图纸计算工程量低于设计概算。

分析：

国家建设项目工程概算编制办法规定，初步设计概算应以设计图纸为依据计算工程量及相关费用。此项工程的初步设计概算为何高于其设计图纸所列的标准？

审查：

审计人员采用详查法，依据当地适用的工程量计算规则和有关规定，对工程量和有关费用进行计算，并将计算结果与设计概算逐项核对，发现以下多计工程量问题：

(1) 多计挖土方 16 万立方米；

(2) 多计河底衬砌预制砼方砖 4.1 万平方米；

(3) 多计砼基础 0.43 万立方米；

(4) 多计清淤泥 10.29 万立方米；

(5) 多计铺碎石 19.19 万平方米；

(6) 多计挖运弃料 1.92 万立方米。

以上折合资金共计 1 298.19 万元（其中直接费 755.68 万元、以直接费为基数计算的其他费用 542.51 万元）。

结论：

项目单位通过多计工程量多列概算 1 298.19 万元，造成概算不实，应予以核减。

案例 2：提高取费标准，重复取费虚列工程概算

C 市为建设清洁、优美、生态平衡的文明城市，于 2014 年至 2018 年投资 9 亿元人民币，兴建南部城区污水截流工程。该市审计局于 2018 年 4 月派出审计组对工程进行在建审计，重点审查了总体工程调整概算，建设资金和部分拆迁等资料。

审计中发现以下问题：

(1) 调整概算中的污水截流单项工程概算和以此为基础计算的总概算中均列入基本预备费和价差预备费，两项合计 4 882.7 万元（其中基本预备费 1 256.7 万元，价差预备费 3 626 万元）；

(2) 污水干线工程调整概算中列入工程监理费 53.6 万元，占工程造价的 2%。根据当地主管部门有关文件规定，工程监理费率应为 1.8%。

以上情况引起了审计人员的注意。

分析：

面对发现的问题，审计人员作出以下分析：

(1) 预备费是对工程总体设置的，主要用于批准的初步设计概算范围内所增加的工程费用、设备材料价差等。设计概算编制部门在单项工程概算和工程总概算中同时列入预备费是没有根据的。

(2) 工程监理费取费标准由当地主管部门文件规定，不得调整。

审查：

根据以上情况，审计人员对该工程在施工图预算、设计变更、工程洽商和支付工程款等方面进行了审查、计算和核对，发现工程仅提高取费标准和重复取费的金额就高达 4 936 万元。

结论：

项目单位采用提高取费标准和重复取费手段，虚列概算，造成建设项目概算不实，应予以核减。

案例3：虚列特殊材料和设备价格，多列工程概算

S市为改善大气环境，缓解用电紧张状况，决定在某电厂一期工程基础上，投资8亿元增建一台20万千瓦发电供热机组，即二期工程，以满足安全、可靠、稳定发电和供热的要求。工程于2016年7月1日开工，2018年10月24日完成168小时试运行，交付生产。由于涨价等因素，概算总投资调整为12亿元。审计组于2019年4月9日至2019年4月26日，对其进行在建审计。

审计二期工程调整总概算时发现，不应由二期工程负担的一期工程输煤、储煤系统改造费和环保系统完善费共计1.16亿元列入二期调整总概算。

分析：

项目建设单位在调整概算中，为何要将属于一期的单项工程列入二期呢？在调整概算的其他项目中是否也存在类似问题呢？

审查：

针对这种情况审计组决定对调整总概算进行全面详查。经逐项计算、核对还发现了以下问题：

（1）在调整概算中列入联合试运转费、工程费、三材价差、价差预备费、地下物及地上物拆迁费和特殊材料价差等，共计1.624 1亿元，经计算核实应为1.298 3亿元，冒算3 258万元。

（2）虚列预算审查费和投资方向调节税82万元。

结论：

以上做法属于多列概算，应核减工程概算1.494亿元（11 600万元+3 258万元+82万元）。

第四节　建设项目竣工决算不实审计的技术与方法

一、建设竣工决算不实概述

（一）建设竣工决算不实的含义

建设项目竣工决算审计是建设项目审计的一个重要环节，它是指建设项目正式竣工验收前，由审计人员依法对建设项目竣工决算的正确性、真实性、合法性和实现的经济效益、社会效益及环境效益进行的检查、评价和鉴证。其主要的目的是保障建设资金合理、合法使用，正确评价投资效果，促进总结建设经验，提高建设项目管理水平。

建设项目竣工决算是全面反映项目建设全过程的财务情况，正确核定新增固定资产价值，总结竣工项目建设成本的文件，是办理固定资产交付手续的依据。建设项目竣工决算不实是指建设单位编制的建设项目竣工决算不能反映建设项目实际情况，没有真实反映项目建设过程和建设成果。编制不实建设项目竣工决算是指建设单位为了小集团或个人利益，违反国家财经法规，在工程项目建设及最终决算过程中，采用造假账，造假决算等手法以掩饰其侵占、挤占国家资财行为的舞弊。建设项目竣工决算不实不仅会歪曲建设项目的建设成果，而且会侵害国家或集体利益，造成国有资产的流失或浪费。

（二）建设项目竣工决算不实的表现形式

建设项目竣工决算不实，主要有以下 8 种表现形式：

1. 编制竣工决算的建设项目不具备编制竣工决算条件

如未完尾工投资超过批准的初步设计概算总投资 5% 以上的建设项目。

2. 编制的竣工决算不符合规定的竣工决算编制办法

根据竣工决算编制办法，建设单位应在全面清理各项财产、物资和债权、债务的基础上，以在会计账面反映的累计完成建筑安装工程投资、设备投资、待摊投资等为依据编制竣工决算。

由于会计账面混乱，有些单位只记录完成投资额，没有设置建筑安装工程投资、设备投资、待摊投资等明细账，致使无法按账面记载整理出固定资产登记对象，而只能采用以初步设计概算所列明细建筑项目、设备数量造价为基数，分摊会计账面完成总投资后的数据编制竣工决算。这样的竣工决算所列示的明细资产价值不准确，资产数量由于设计变更也会有出入，因而编制的竣工决算内容不能反映其真实情况。

3. 编入决算的预留未完结尾项目计价不实

（1）不实行投资包干责任制的建设项目，为骗取基建结余资金，虚列预留未完结尾项目投资。

（2）实行投资包干责任制的建设项目，为骗取投资包干结余，少列或不列预留未完结尾项目投资。

4. 编入决算的资产计价不实

为了能在财产交付使用后，加速计提折旧，在编制竣工决算时，将“移交使用的资产明细表”内的房屋、建筑物价值少列（因其折旧年限长）；相应的多列机械设备价值（因其折旧年限短）。

5. 不认真清理债务债权，造成竣工决算不实

按规定在编制竣工决算前，建设单位应在认真清理债权、债务的基础上编制竣工决算。而有的建设单位不认真清理债权债务，特别是债权（应收款），常以无法收回为理由自行转销，增加决算造价，这既增加了固定资产造价，多提折旧，又容易滋生贪污和贿赂等腐败行为。

6. 在工程项目建设过程中，侵占建设资金，造成编制的竣工决算不真实

（1）虚增建设成本，而将资金用于批准的设计概算所规定的建设内容以外。

（2）将贷款项目的建设资金挪用于流通领域，搞商贸活动，或挪用于其他建设项目，从而增加项目的贷款利息支出。

（3）用建设资金搞集资、赞助等。

7. 在工程项目建设过程中，挤占建设成本，造成编制的竣工决算不真实

（1）扩大成本开支范围。

（2）将其他工程费用列入项目建设成本。

（3）将生产用设备、材料列入建设成本。

（4）以试生产为名，长期拖延办理资产移交手续。

（5）联合负荷试运转，只计费用不计收入。

二、建设项目竣工决算不实审计的方法

（一）建设项目竣工决算不实的特点以及主要依据

1. 建设项目竣工决算不实的特点

建设项目竣工决算是以货币形式反映的基本建设的最终成果。这一成果是否真实，取决于其形成来源资料的真实性。

建设项目竣工决算资料主要有二类：一是经主管部门批准的最终的调整概算（其中包括设计变更及技术、经济洽商）等工程资料；二是会计账面记录的累计完成的建筑安装工程投资、设备投资、待摊投资等财务资料。因此，对上述两类资料真实性的审计，就是建设项目竣工决算真实性审计的重点。

建设项目竣工决算不实，表现在两个阶段：一是在项目建设过程中挤占建设成本、侵占建设资金，造成账面不实；二是对于在竣工决算时形成的虚列、多列尾工项目，不按账面累计完成的建筑安装工程投资、设备投资、待摊投资等实际发生的财务资料编制竣工决算。

2. 建设项目竣工决算不实的主要依据

竣工决算的审计依据包括：

（1）工程竣工报告和工程验收单；

（2）工程施工合同和有关规定；

（3）经审批的施工图预算；

（4）经审批的补充修正预算；

（5）预算外费用现场签证；

（6）材料、设备和其他各项费用的调整依据；

（7）有关定额、费用调整的补充项目；

（8）建设、设计单位修改或变更设计的通知单；

（9）建设单位、施工单位合签的图纸会审记录；

（10）隐蔽工程检查验收记录。

（二）建设项目竣工决算不实审计的主要内容

审计人员对建设项目实施建设项目竣工决算审计业务的内容视具体情况和项目的行业特点而确定。其基本审计内容主要包括以下方面：

（1）审查竣工决算编制依据。审核决算依据是否齐全、是否符合有关规定、是否存在遗留问题。

（2）审查是否按规定的时间及时进行竣工决算的编报。现行制度规定，建设项目的竣工决算应在项目办理竣工验收后的一个月内编报。

（3）审核竣工决算资料的齐全性和真实性。有关财务报表、主要附表是否齐全，表中各项目的内容填列是否完整、正确、真实，各表之间应该一致的数字是否相符；竣工情况说明书所列项目内容是否全面、真实。

（4）审核建设单位的竣工验收工作是否符合有关规定，决算编制工作有无专门的人员，各项清理工作是否彻底和全面。

（5）审查项目建设是否按照批准的初步设计进行，各单位工程是否严格按照批准的概算内容进行，有无概算外项目和提高建设标准、扩大建设规模的问题；有无重大质量事故和经济损失。

（6）工程施工发生计划调整、设计变更有无批准调整计划的文件和变更设计的手续；设计变更和现场签证是否合理，有关手续是否符合规定。

（7）审查在工程实施过程中有关设备和材料的变化情况、建筑经济政策的变化情况、补充合同的内容变化等是否正常，调整是否合理。

（8）审查交付使用财产是否真实和完整，是否符合交付条件，移交手续是否齐全、合规。审查竣工决算中所列的交付使用资产价值是否真实、准确，其构成是否合理；应计入交付使用资产成本的报废工程损失、坏账损失和非常损失等，是否已按规定程序报经有关部门批准；应分摊计入交付使用资产成本的待摊投资，是否已按规定的方法分摊计入交付使用资产成本，其分摊标准是否合理；有无多报、重报、虚报交付使用资产价值的情况等。同时核实在建工程完成额，查明未能全部完成和及时交付使用的原因。

（9）审查建设项目的资金来源和投资支出是否真实、合法，基本建设结余资金是否真实、准确。审核建设单位是否按照规定渠道取得基本建设资金，检查有无任意挪用其他资金和非法集资等情况；竣工决算表中所列的各项基本建设拨款或贷款额，是否反映了从开始建设起至竣工为止的累计数，历年的拨款或贷款之和是否超过核定的拨款或贷款总额。竣工决算表中所列的基本建设结余资金数额是否与竣工年度决算中的数额相符，且数字是否真实、准确。剩余的设备、材料及其他物资的处理，资金的收回是否得当；投资支出是否合理，有无扩大开支范围、提高开支标准以及存在贪污、受贿、索贿、铺张浪费等违纪的情况。

（10）审查建设成本节约和超支的原因。根据设计概算或基本建设投资包干指标，审查竣工项目的建设成本节约或超支的具体原因。首先将建设总成本及其构成项目的实际数分别与概算数进行比较，以审查建设总成本及其项目的节约或超支情况，然后，进一步审查建设总成本及其构成项目的节约或超支的具体原因。

（11）审查转出投资、应核销投资和应核销支出的列支依据是否充分，手续是否完备，内容是否真实，核销是否合规，有无虚列投资的问题。

（12）审查建设工期。审查是否按计划开工和竣工，查明建设速度加快或延缓的原因，明确责任。

（13）审查工程质量。审核是否符合工程质量检验评定标准和验收规范，有无不符合质量要求的工程，有无报废工程。

（14）审查、评价投资效益。从物资使用、新增生产能力、预测投资回收期等方面评价投资效益。

（15）审查、核实尾工工程的未完工程量，防止将新增项目列为尾工项目和增加新的工程内容。

（三）建设项目竣工决算不实审计的技术与方法

1. 了解竣工决算工作的基本情况

了解基建项目竣工决算工作的基本情况及工作进度，分析评价与之相关的固有风险。

2. 了解被审计单位的内部控制情况

了解被审计单位的内部控制情况，必要时进行符合性测试，分析和评价内部控制的弱点。重点审查建设单位竣工验收工作是否符合规范，工程技术资料，竣工图纸、设备档案是否齐全，检查建设项目基建程序的上报及批复情况。

3. 分析性复核

进行分析性复核，了解编入建设项目竣工决算的各项目资产价值是否存在异常情况。

4. 实施详细测试

依据上述程序所获得的审计线索，实施详细测试，收集充分确凿的审计证据。

（1）结合财务资料审查竣工决算说明书及其编制依据，审查竣工决算反映的内容和引用的数据是否真实准确。

（2）根据各类合同文件、财务账面累计余额、最终批复的设计概算，逐项核对“竣工工程概况表”“竣工财务决算表”“交付使用资产总表”“交付使用资产明细表”。

①检查“交付使用资产明细表”中所列各明细项目的金额，是否依据会计账簿中建筑安装工程投资、设备投资及待摊投资等分摊、结转而得。

②依据最终批复的设计概算中所列的明细项目，核对“交付使用资产明细表”中所列各项目，检查是否相符。

③依据最终批复的设计概算总投资，核对预留尾工项目投资，看其是否在概算总投资5%以内。

（3）检查预留的尾工项目，重点审查尾工的内容、数量及投资。

①对照最终批复的设计概算，核查建设单位预留尾工项目的内容，验明其是否包含在设计概算内。

②对尾工的工程量要根据工程图纸，逐项计算核对。

③现场勘察是否留有尾工项目的建设场地，该尾工项目是否为工艺流程所必需。

（4）审查“交付使用资产明细表”中，房屋、建筑物和机械设备所列金额。

①“交付使用资产明细表”中，房屋、建筑物和机械设备价值是否为建筑安装工程投资和设备投资的账面累计余额加待摊投资的分摊金额。

②重点审查待摊投资是否按建筑安装工程投资和设备投资所占比重进行分摊。有无多摊设备价值，少摊房屋、建筑物价值的问题。

（5）审查建设单位在办理建设项目竣工决算前，是否对债权、债务，特别是债权（应收款）进行了认真清理。

①在审查应收款时，应按账龄进行分类。对不能收回的，应分析收不回的原因。

②采取函证的方式了解对方单位的情况，若函证没有结果或结果有疑点的，可直接去对方单位进行延伸审计。

③对审查后认为确实无法收回的应收款，检查其核销是否经上级部门批准。

（6）审查实行投资包干建设项目的竣工结余资金的真实性。

①对库存材料和库存设备进行盘点，落实数量、规格、型号，检查待处理的设备、材料作价是否合理。

②检查应收、应付款中是否有无法收回或支付的款项，其处理是否合规。

③确定竣工结余资金的数额，与待摊投资中列支的数额进行核对，检查两者是否相符。

基本建设结余资金＝累计拨（贷）款额－累计完成投资额

＝库存物资额＋应收款项－应付款项＋货币资金额

（7）审查建设过程中是否侵占建设资金。

①将建筑安装工程投资、设备投资、待摊投资所列支的项目，与批准的初步设计概算中所列项目内容进行逐项核对，检查有无超出设计概算的项目在上述账目中列支的问题。若有，即是侵占建设资金。

②审查往来款项，对与项目建设无关的往来款应重点审查，必要时可延伸至对方单位，检查有无将项目的建设资金挪用于流通领域，搞商贸活动。若有，即是侵占建设资金。

③逐项审查待摊投资的各项支出，是否存在搞集资、赞助的问题。

（8）审查建设过程中挤占建设成本。

①依据现行《国有建设单位会计制度》待摊投资开支范围的规定，核对待摊投资的各项支出，检查是否存在超范围开支。

②依据最终批复的设计概算中的“材料、设备明细清单”，核对建筑安装工程投资和设备投资账户中列示的主要材料用量和设备数量，检查是否存在虚增材料、设备用量，将多余部分用于生产经营。

③审阅基建账户是否有联合负荷试运转收入，若有，则审查待摊投资中“联合试运转费”项目，审查其是否为联合试运转收入冲减试运转支出后的净支出。

（9）检查建设项目免税文件及应交税费账户，查明是否存在偷漏固定资产投资方向调节税、印花税、城镇土地使用税、耕地占用税等问题。

5. 编制审计工作底稿

将审计过程记录于审计工作底稿，并对审计过程中发现的问题进行综合分析与评价，形成初步审计结论。

6. 作出审计结论

与被审计单位有关人员进行沟通，征求他们对初步审计结论的意见。作出审计结论与审计处理。

三、建设项目竣工决算不实审计案例

案例：建设项目竣工决算不实审计案例

审计组对某电厂扩建工程项目进行竣工决算审计。审计人员在建筑安装工程投资账户中发现，列支尾工工程投资 1 100 万元（包括：出灰，宿舍两个单项工程），该工程概算总投资为18 400 万元，尾工投资是概算总投资的6%，而按规定预留尾工不得超过概算总投资的5%。这一情况引起了审计人员的重视。

分析：

预留尾工超过规定比例，应检查尾工数量的真实性。

为此，制定审计方案如下：

（1）认真审阅设计概算，落实尾工工程的建设内容。

（2）在核实概算的基础上，对预留的“出灰、宿舍”两个单项工程，进行工程量和定额单价套用两个方面的计算及核对，核实尾工工程的数量和投资额。

审查：

依据上述方案，审计人员对设计概算进行了认真核对，审查结果是：设计概算中根本就不存在上述预留的“出灰、宿舍”两个单项工程的建设内容。

审计人员与被审计单位交换意见才得知，预留的“出灰、宿舍”两个单项工程投资 1 100 万元，是为了待电厂工程竣工决算后用于旧办公楼装修。

由于设计概算中没有“出灰、宿舍”两个单项工程，因此无须对工程量进行核实和计算。

结论：

竣工决算列支在建筑安装工程投资账户的尾工工程投资不实，应调减 1 100 万元。

第十五章

发票审计

第一节 发票的构成及规定

一、发票的定义

发票是指在购销商品，提供劳务或者接受劳务以及从事其他经营活动中，开具、收取的收付款凭证。其基本内容包括：发票的名称、字轨号码、联次及用途，客户名称、开户银行及账号，商品名称或经营项目，计量单位、数量、单价、大小写金额，开票人，开票日期，开票单位（个人）名称（章）等。

发票的各项内容必须根据企业间客观存在的经济业务填列，任何单位、个人不得私自伪造、篡改、涂抹发票项目，更不能凭空捏造发票内容。对发票任何形式的伪造、篡改和涂抹均构成经济犯罪。

二、增值税发票的识别

1. 增值税专用发票

增值税专用发票是由国家税务总局监制设计印制的，只限于增值税一般纳税人领购使用的，既作为纳税人反映经济活动中的重要会计凭证又是兼记销货方纳税义务和购货方进项税额的合法证明；是增值税计算和管理中重要的决定性的合法的专用发票。

（1）增值税专用发票的构成。

《增值税专用发票》包括三联和六联两种。

三联的包括：第一联为记账联；第二联为抵扣联；第三联为发票联。

六联的包括：第一联为记账联；第二联为抵扣联；第三联为发票联；第四联、第五联、第六联为副联。

（2）增值税专用发票使用标准。

①字迹清楚，不得涂改。如填写有误，应另行开具专用发票，并在误填的专用发票上注明“误填作废”四字。如专用发票开具后因购货方不索取而成为废票的，也应按填写有误办理。

②项目填写齐全。

③票、物相符，票面金额与实际收取的金额相符。

④各项目内容正确无误。

⑤全部联次一次填开，上、下联的内容和金额一致。开具专用发票，必须在“金额”“税额”栏合计（小写）数前用“¥”符号封顶，在“价税合计（大写）”栏大写合计数前用“¥”符号封顶。

购销双方单位名称必须详细填写，不得简写。如果单位名称较长，可在“名称”栏分上下两行填写，必要时可出该栏的上下横线。

⑥发票联和抵扣联加盖发票专用章，不得加盖其他财务印章。根据不同版本的专用发票，财务专用章或发票专用章分别加盖在专用发票的左下角或右下角，覆盖“开票单位”一栏。发票专用章使用红色印泥。

⑦纳税人开具专用发票必须预先加盖专用发票销货单位栏戳记。不得手工填写“销货单位”栏，用手工填写的，属于未按规定开具专用发票，购货方不得作为扣税凭证。专用发票销货单位栏戳记用蓝色印泥。

税务机关代开专用发票，除加盖纳税人财务专用章外，必须同时加盖税务机关代开增值税专用发票章，专用章加盖在专用发票底端的中间位置，使用红色印泥。凡未加盖上述专用章的，购货方一律不得作为抵扣凭证。

⑧按照规定的时限开具专用发票。

⑨不得开具伪造的专用发票。

⑩不得拆本使用专用发票。

开具的专用发票有不符合上列要求者，不得作为扣税凭证，购买方有权拒收。

2. 增值税普通发票

增值税普通发票，是将除商业零售以外的增值税一般纳税人纳入增值税防伪税控系统开具和管理，也就是说一般纳税人可以使用同一套增值税防伪税控系统开具增值税专用发票、增值税普通发票等，俗称“一机多票”。

（1）增值税普通发票的构成。

《增值税普通发票》包括二联和五联两种。

二联：第一联为记账联；第二联为发票联。

五联：第一联为记账联；第二联为发票联；第三联、第四联、第五联为副联。

（2）增值税普通发票相关规定。

增值税普通发票代码的编码原则与专用发票基本一致，发票左上角10位代码的含义：第1－4位代表各省；第5－6位代表制版年度；第7位代表印制批次；第8位代表发票种类，普通发票用"6"表示；第9位代表几联版，普通发票二联版用"2"表示，普通发票五联版用"5"表示；第10位代表金额版本号"0"表示电脑版。

增值税普通发票第二联（发票联）采用防伪纸张印制。代码采用专用防伪油墨印刷，号码的字型为专用异型体。各联次的颜色依次为蓝、橙、绿蓝、黄绿和紫红色。

凡纳入"一机多票"系统（包括试运行）的一般纳税人，自纳入之日起，一律使用全国统一的增值税普通发票，并通过防伪税控系统开具。对于一般纳税人已领购但尚未使用的旧版普通发票，由主管税务机关限期缴销或退回税务机关；经税务机关批准使用印有本单位名称发票的一般纳税人，允许其暂缓纳入"一机多票"系统，以避免库存发票的浪费，但最迟不得超过2005年年底。

3. 专用发票与普通发票的区别

增值税专用发票是我国为了推行新的增值税制度而使用的新型发票，与日常经营过程中所使用的普通发票相比，有如下区别：

（1）发票的印制要求不同。

根据新的《税收征管法》第二十二条规定：增值税专用发票由国务院税务主管部门指定的企业印制；其他发票，按照国务院主管部门的规定，分别由省、自治区、直辖市国家税务局、地方税务局指定企业印制。未经前款规定的税务机关指定，不得印制发票。

（2）发票使用的主体不同。

增值税专用发票一般只能由增值税一般纳税人领购使用，小规模纳税人需要使用的，只能经税务机关批准后由当地的税务机关代开；普通发票则可以由从事经营活动并办理了税务登记的各种纳税人领购使用，未办理税务登记的纳税人也可以向税务机关申请领购使用普通发票。

（3）发票的内容不同。

增值税专用发票除了具备购买单位、销售单位、商品或者服务的名称、商品或者劳务的数量和计量单位、单价和价款、开票单位、收款人、开票日期等普通发票所具备的内容外，还包括纳税人税务登记号、不含增值税金额、适用税率、应纳增值税额等内容。

（4）发票的联次不同。

增值税专用发票有四个联次和七个联次两种，第一联为存根联（用于留存备查），第二联为发票联（用于购买方记账），第三联为抵扣联（用作购买方扣税凭证），第四联为记账联（用于销售方记账），七联次的其他三联为备用联，分别作为企业出门证、检查和仓库留存用；普通发票则只有三联，第一联为存根联，第二联为发票联，第三联为记账联。

（5）发票的作用不同。

增值税专用发票不仅是购销双方收付款的凭证，而且可以用作购买方扣除增值税的凭证；而普通发票除运费、收购农副产品、废旧物资的按法定税率作抵扣外，其他的一律不予作抵扣用。

4. 增值税发票开具问题的公告

为进一步加强增值税发票管理，保障全面推开营业税改征增值税试点工作顺利实施，保护纳税人合法权益，营造健康公平的税收环境，国家税务总局在2017年5月19日发布了关于增值税发票开具有关问题公告。

（1）自2017年7月1日起，购买方为企业的，索取增值税普通发票时，应向销售方提供纳税人识别号或统一社会信用代码；销售方为其开具增值税普通发票时，应在“购买方纳税人识别号”栏填写购买方的纳税人识别号或统一社会信用代码。不符合规定的发票，不得作为税收凭证。

（2）销售方开具增值税发票时，发票内容应按照实际销售情况如实开具，不得根据购买方要求填开与实际交易不符的内容。销售方开具发票时，通过销售平台系统与增值税发票税控系统后台对接，导入相关信息开票的，系统导入的开票数据内容应与实际交易相符，如不相符应及时修改完善销售平台系统。

第二节　假发票的识别

一、虚假发票内涵

虚假发票是指一切单位和个人在购销商品、提供劳务或接受劳务、服务以及从事其他经营活动，所提供给对方的收付款的虚假书面证明，因而不能成为财务收支的法定凭证、会计核算的原始依据，也不能成为审计机关、税务机关执法检查的重要依据。发票是证明经济业务发生主要原始凭证之一，虚假发票内容与实际发生经济业务不相符，其存在不仅为各种贪污舞弊创造了条件，而且还会扭曲经济信息，扰乱经济秩序，进而影响社会主义经济的健康发展。

虚假发票是指具有下列两者情形之一的：

（1）假发票：发票本身是假的，属于伪造的、非税务机关监制的“假发票”；

（2）真票虚开：发票是真的，但反映的经济业务是虚假的或与实际不符的，伪造经济业务事实；发票是真的，经济业务也是真的，但开票方不是从税务机关领购的，而是从其他单位或个人购买或借用的。如：真票虚开、非法代开、借用；混淆票种的适用范围；大头小尾；开具过期、作废票。

二、虚假发票常见类型及特征

1. 常见问题类型

（1）在印章上，主要表现：一是印章模糊不清或无印章；二是使用已倒闭经营企业的公章；三是印章特别清晰，有违使用常理；四是发票上加盖了发票专用章、财务专用章以外的其他印章。

（2）在发票代码上，主要表现：一是开票单位所在地与地区代码对应的地市不一致；二是代码显示年份在实际发票开具时间之后；三是跨行业开具发票；四是票面最高开票限额与代码显示不一致。

（3）在发票号码上，主要表现：发票号码和开票日期逻辑关系上存在问题。一是被查单位从某一购货单位开具的购货发票，号码是连续的，但日期却先后颠倒或相差甚远；二是发票号码是同一本上的发票，而印章却是不同的销货单位；三是被查单位同一天从某销货单位开具购货内容相同发票，但发票号码相差甚远或不是出自同一本发票。

（4）在密码上，主要表现：不同发票号码显示密码相同。

（5）在金额上，主要表现：发票金额较大、较整，没有零头或者几张发票合计是一个整数。

（6）在复写上，主要表现：复写的字迹不清、颜色和位置不同。例如：发票字迹、笔体、笔画的粗细、压痕不一致，有用药剂退色、橡皮擦、小刀刮等涂改痕迹；一式多份复写发票的正面和反面不符合复写的规律，有用钢笔或圆珠笔填写等现象。

（7）在开具上，主要表现：套开发票与真实发票在发票代码、号码、发售单位上完全一致，在流向上相同，但是发票的填开项目，特别是金额、内容（货物名称）等不一致。

（8）在范围上，主要表现：超范围使用发票列支，发生国税业务取得地税版发票，发生地税业务取得国税版发票；取得已过使用期限的旧版作废发票列支；取得行政事业单位资金往来结算收据列支。

2. 虚假发票特征

一般来说，虚假发票可能具有如下特征（一项或多项）：

（1）票面字迹不一致。

（2）票面留有涂改痕迹。

（3）票面金额有疑点，如金额为大额整数，或是大小写金额写在消除横线或斜线上。

（4）票面项目填写不全，如单位、日期、品名、单价、规格等含糊不清或干脆不填写。

（5）背面复写透痕不清晰，且填写有出格、压字现象。

（6）发票内容与企业经营范围无关。

（7）发票开出单位与所盖印章不一致。

（8）发票与企业生产、销售实际情况自相矛盾。

（9）发票上下联不一致，出现大头小尾现象。

（10）发票名称与报销内容不相符，出现跨行业开票情况。

（11）发票审批手续不齐全，有的是财务人员自行审批，有的只有审批人而无经办人员。

（12）发票开出日期与报账日期相距甚远。

第三节 虚假发票的审计方法

一、虚假发票的自查方法

1. 查看发票监制章

查看增值税业务是否取得套印国税机关监制章的国税发票，例如：采购商品、修理车辆、租赁费、设备调试费、房屋租赁费、餐饮费、住宿费等；查看财政收费项目是否取得套印财政部门监制章的财政票据，例如：社会保险、各项规费、高速公路通行费等。

2. 查看荧光油墨

查看普通发票的发票监制章和发票字迹号码是否采用有色荧光油墨套印，印色是否为大红色，用紫外线灯照射是否有橘红色反应。

3. 查看发票抬头

查看购货单位同实际收货单位、付款单位的名称是否相符；审查同一供货单位，特别是个体工商户，是否使用了不同单位的发票。

4. 查看发票填写项目情况

查看发票报销联的抬头、时间、数量、单价、金额填写是否齐全；查看发票物品名称是否具体、正确、清楚。

5. 查看开票单位名称

查看开票单位名称是否与发货单位、收款单位的名称相符，例如：收款方与发货开票单位不一致，收款方为个人但开票方为单位。

6. 查看发票兑奖区和密码区

查看发票的兑奖区或密码区，是否由覆盖层覆盖，是否不能刮开或很难刮开；查看发票密码是否唯一，不同发票的发票号码和密码是否重复。

7. 查看发票用纸

查看手写版普通发票的发票联、抵扣联是否采用专用水印纸印制，是否能用肉眼看到发票联水印纸上的菱形水印图案，中间是否标有“SW”汉语拼音字母，发票联是否加印底纹；查看通用定额发票（除行业定额发票外），是否加印底纹。

8. 查看发票笔迹

查看发票抬头、日期、品名、数量、单价、大小写金额的字迹、笔体、笔画的粗细、压痕是否一致、是否一次套写，有无用药剂退色、用橡皮擦、小刀刮等涂改痕迹。

9. 查看发票复写

查看公路、内河货物运输统一发票、不动产销售发票、建筑业统一发票、机动车销售统一发票等使用干式复写纸印制的发票，复写的字迹颜色是否相同；查看发票的正面和反面，本应一式多份复写的是否符合复写的实际情况，背面有无局部复写的痕迹，发票的第二联是否用钢笔或圆珠笔填写。

二、审计发票的审计

审计虚假发票应从发票的合法性、真实性、合理性以及报销手续的完整性等四个方面入手。

1. 审计发票自身的合法性

根据《发票管理办法》和《实施细则》规定，除国有金融、保险、邮政、电信、铁路、航空、交通等部门的专业凭证，经国家税务总局及省级税务机关批准，可由国务院主管部门或省级主管部门自行管理外，其他单位和个人使用的发票一律由国家税务总局及其省级税务机关统一管理，一律套印全国统一发票监制章或省级税务机关的发票监制章。审计中，凡符合上述规定的，视为合法凭证，反之则视为非法凭证。审计人员要界定发票本身的真伪，需要有丰富的发票知识和敏锐的目光。若对发票自身合法性有疑问，审计人员可采用直接核对法或函调法，直接请当地税务机关或出具发票的地方税务机关的专业人员核对，以鉴定发票的合法性。

2. 审计发票内容的真实性

发票自身合法，但发票内容不真实，即发票所载内容并不是以企业间真实的业务往来为依据填列的，对这种虚假发票，审计人员必须查清，采用的具体方法包括：

（1）笔迹鉴别法。一是要看票面字迹是否一致。若不一致，则有多人所写嫌疑，应当考虑其真伪问题；二是看票面字迹是否连贯、流畅。发票是多联式、由复写纸套写而成的，正常情况下从头到尾，书写应当连贯流畅，否则，便不是一次套写而成，很可能发票的存根联与报销凭证不一致，存在大头小尾现象。

（2）票面规范确认法。按规定，发票填写错误应作废重开，因此票面应无涂改、挖补、乱擦痕迹，若有，则应查明原因；票面项目填写要齐全，若有空项，则应向财务人员问清原因；此外，发票金额大小写若书写跳行、出格、压字等现象均可视为票面不规范，应引起审计人员的高度警觉。

（3）金额判断法。一是要看所开出的单价与所购商品市场价格或批发价格是否合乎常规，防止个人从中渔利现象；二是要将大额整数发票与其所载经济业务内容联系起来进行判断，查看相应附件，必要时验证实物，以弄清真相，防止企业以虚开大额整数发票的方法转移、套取资金。

（4）逻辑分析法。有的发票从票面上看似乎没有问题，但把购进货物与供货单位的经营范围联系起来进行核对时，就有可能发现破绽，如商品零售发票开出了“房屋修缮费”、建材销售发票开出了“烟酒”等，对这类发票稍加分析即可确认为不真实报销凭证。

（5）证、物核对法。发票内容与开票单位经营范围无关时，可采用此方法来查看实物，判断发票是否真实。对于可能发生的实物已消耗掉从而无物可查的情况，可用核对仓库保管的出入库登记台账的方法进行证物核对。

（6）合同对照法。即将企业生产销货合同与销货发票相对照，查看有无为完成收入、利润等指标而虚开大额销售发票的行为。

（7）询问核对法。审计人员若在经过分析核对后对一些发票仍有疑点，可询问有关人员。

3. 审计发票的合理性

（1）审计发票的合理性包括审计发票所载业务内容与企业生产经营活动是否有联系，商品价格是否合理，商品数量是否与企业规模相匹配等。审计时可以借鉴发票真实性审计方法，重点在合理性上进行分析。一般而言，购买商品买贱不买贵，就近不就远，因此，审查价格合理性时，对供货单位较远、数额较大的开支，要注意看商品价格与本地市场行情的差距，价格低于本地市场为合理，反之则不正常；如价格与本地市场行情一致，应进一步比较商品质量；若发生质次、价高，舍近求远采购商品，则有可能存在着经办人拿回扣、好处费等问题，需进一步查证。

（2）审查发票开出日期与报账日期相距长短的合理性，时间相同或接近为合理；时间相距较远或发票未注明时间的则可能存在舞弊行为。

（3）时间对照法。即判断多张发票日期与票号的合理性。如某单位总务利用女出纳员休产假兼任出纳工作之便，于2016年5月15日报销会务费1.1万元，票号为×××012，而该单位同年3月28日报销餐费1.10万元，票号为同一本发票的×××025号，两张发票报销金额相同，日期颠倒，票号相反，显失合理，经调查取证系总务向宾馆荒称发票丢失要求补开，会务费；1.10万元为重复报销被总务占为己有。

（4）金额分析法。即判断经济事项与发票数量、单价、金额的合理性。如某单位开两天交流会，租用氢气球5个，而发票却成了“租用氢气球5个2 500元，运费150元”，2 500元足以购买5个氢气球。经查证：实际租金为1 000元，多报销1 500元为经办人侵吞。

（5）发票使用法。即判断经济事项与发票使用的合理性。如某单位一下属机构，建设综合市场并有部分店面出租，一次性预收经营者10年租金，单独设账，下属单位主管领导与经办人同建筑商互相勾结，采用收款收据多开建筑工程结算款13万元，被下属单位主管和经办人私分挥霍掉。

4. 审查发票报销手续的完整性

审计时，结合单位内控制度，查看经办人、批准人等各自是否签字，批准人有无越权审批，对无经办人、批准人签字的发票要严格审查。主管领导签字的多为上级报销费用，应予以追查。

三、虚假发票审计案例

案例：虚假发票审计

审计组在对某单位利用世界银行贷款进行房地产开发项目进行审计时，在“开发成本”中发现了对方科目为“应付账款”的项目。当审计人员进一步追踪到记账凭证和原始凭证时，却发现该记账凭证后没有附任何原始凭证。

审计人员接着又查看了几笔相同的会计记录，结果情况相同，均无原始凭证作支持。为此，审计人员找来项目单位财务人员，要求作出解释。项目单位财务人员支支唔唔说不清楚，时而说是因对方是公司集团内部的供货单位，所以在财务往来上不太严格，没有开具相应单据；时而又说是记账人员疏忽，忘了附有单据，相关单据在某某人手中。审计人员认为其中必有文章。

分析：

按规定，世界银行贷款项目要严格执行“提款报账”制度，即项目单位发生各项费用，先用国内配套资金垫付，然后再用相应单据报世界银行审核，若审核确认为合理支出，世界银行便按贷款协议规定拨付一定比例资金进行回补。在这一制度下，项目单位往往由于配套资金不足、不及时到位等原因，出现无原始票据，未支出已报账或虚开发票，更改已使用过的发票，虚报冒领银行贷款的行为。据此，审计人员认为该项目单位可能存在虚汗发票，虚报冒领世界银行贷款问题，遂决定进行进一步审查。

审查：

审计人员对另外一部分反映开发成本，对方科目为“银行存款”的会计凭证及原始凭证进行审核。审核发现，这些会计分录虽然凭证齐全，记账凭证所填金额与支票存根金额相符，但与发票金额不符，大大小于施工单位开具发票所填金额。经计算，项目单位实际支付金额为33 618 958. 22元，发票金额为43 617 793. 02元，差额高达9 998 834. 80元。对此，审计人员又一次询问项目财务人员，得到的回答是：这部分差额就是上述挂在应付账款上的金额，即：发票已经开出，并用于向世行申请提款报账，而项目单位并未实际发生的开发成本。

事已至此，项目单位只得将事情的前因后果和盘托出：该公司开发的小区面积较大，且基建项目前期投入也大，企业资金周转出现困难，已大量拖欠施工单位工程款，于是经与施工单位协商先由施工单位把发票开出，项目单位持发票向世界银行报账，进行资金回补，再将款项付给施工单位。对发票金额与实际支付金额的差额，项目单位于另外的时间计入“应付账款”，以便日后还款时随时冲减。

审计人员对开发成本、银行存款、其他应付款等科目进行核对，发现发票金额与实际支付金额差额与反映在其他应付款账上的金额相符，为9 998 834. 80元，且项目单位已将这部分未发生的款项持施工单位开的发票向世行报账，并已全部回补。

结论：

该单位不尊重客观经济业务事实，虚开发票，冒领世界银行贷款，违反了《中华人民共和国发票管理办法》和世界银行关于提款报账的要求。

第十六章

反洗钱审计

第一节　反洗钱概述

一、洗钱的含义及渊源

1. 洗钱的含义

“洗钱”一词的原意是指行为人采用一定的手段和途径，掩饰、隐瞒犯罪所得或收益的来源与性质的反侦查活动。现代的含义已经扩大至所有采用一定的手段和途径，掩饰、隐瞒所得或收益的性质与来源的行为——无论这种所得或收益是否属于犯罪所得。简单来说，就是将犯罪收益伪装起来使之看起来合法的行为。

根据我国反洗钱法的规定，洗钱是指将毒品犯罪、黑社会性质的组织犯罪、恐怖活动犯罪、走私犯罪、贪污贿赂犯罪、破坏金融管理秩序犯罪、金融诈骗犯罪等犯罪所得及其产生的收益，通过各种手段掩饰、隐瞒其来源和性质，使其在形式上合法化的行为。

2. 洗钱的由来

早在金属铸币流行时代，精明的商人使用化学药剂清洗硬币污渍，使之不被拒收地重新流通，是为“洗钱”最原始的含义。

而现代“洗钱”概念则假借其义，通常是指将犯罪所得的“不干净”资金或财产，经各种交易。清洗干净。使其表面合法化，以逃避法律制裁，得以安然享用的行为。

“洗钱”一词真正与犯罪产生瓜葛，源自20世纪20年代美国芝加哥警方成功破获的一起黑社会组织犯罪。该组织为美国芝加哥黑手党，其金融专家“艾尔·卡朋”以开洗衣店作掩护，边贩卖毒品，边经营洗衣业务，并利用洗衣店可直接收取现金的便利、将贩毒收入混进正当的营业所得向税务当局申报纳税后，贩毒收入即摇身变成合法的经营收入，洗衣店老板则可再办几家洗衣店，扩大犯罪的庇护所，或进行更大规模的贩毒。此时，洗衣店里毒资的真实面目被掩盖了。

20世纪30年代，美国人迈耶·兰斯基通过在瑞士银行开立账户以所谓的贷款方式贿赂路易斯安那州州长胡宜·龙，被认为是最早的跨国洗钱活动。

20世纪70年代，“洗钱”作为一个术语开始适用于法律领域。

二、洗钱的步骤与方法

（一）洗钱的步骤

洗钱过程错综复杂，手法变化多端，但归根结底，洗钱就是犯罪组织设法隐藏犯罪线索、隐瞒罪犯身份、改变犯罪收入形态、销毁犯罪证据的过程。而完成洗钱的全过程必须经历如下三个阶段：

1. 放置（Placement）阶段

该阶段主要是将犯罪收益放进金融体系内，隐瞒犯罪收入来源，改变收入形态，以便易于携带和控制，不留痕迹地“改头换面”。如将大额现金“化整为零”存入银行；以非法资财作抵（质）押开立信用证、保函或取得银行贷款；投资现金流量高的餐饮娱乐服务业；用黑钱赃款购买保单、有价证券、房地产，以及昂贵的金银钻玉、古玩字画和艺术珍品等。

（1）洗钱者通过以下手段处理巨额现金。

①将钱存入银行并防止被察觉；

②利用非银行的金融机构；

③利用非金融机构；

④将现金走私出境。

在这个阶段洗钱行为最容易被发现。钱一存入，就有了调查线索。此时采取法律手段最为有效。

（2）放置阶段的典型特征。

①用假名开立账户；

②向使用假名的收款人开出支票；

③用该账户为虚构的人购买支票；

④用假名提取现金。

2. 分层（Layering）阶段

该阶段是将犯罪收益转换成另一种形式，主要通过实施复杂多样的金融交易，反复而频繁地转移资金，模糊犯罪收益的真实来源和性质，离析犯罪收益与犯罪者的联系，使反洗钱机构难以确定罪犯与公民、犯罪收益与合法资金，达到混淆视听的目的，例如从现金换成支票、贵重金属、股票、保险储蓄、物业等。

在此阶段洗钱者将非法所得与其源头进一步分离，进行一系列的资金交易，其频率、金额和复杂程度均与合法交易类似，经常是使资金在几个国家之间流动，并且经常与放置阶段互相重叠。

主要手法有：借助空壳公司，以虚拟贸易为名在不同国家（地区）的不同银行间频繁地划转资金；利用期权和期货等金融衍生工具特有的吸引力进行洗钱交易；利用离岸金融中心、“保密天堂”（执行银行保密法的国家和地区）中东的“哈瓦拉”或我国的“地下钱庄”（非正规汇款体系）转移犯罪资金，等等。

3. 融合（Integration）阶段

该阶段主要指经过不同的掩饰后，将清洗后的财产如合法财产般融入经济体系，即将黑钱融入合法经济，是洗钱的最后阶段，罪犯将黑钱投资于合法生意，从而使黑钱具有了表面合法的性质，很难判别资金来源合法与否。

经上述两个环节的洗清，犯罪收入的非法特征越来越不明显，甚至能名正言顺地与合法资金混同，融入国民经济肌体，任由犯罪分子重新归拢与聚集“资金”，自由支配与享用“财富”。至此，犯罪收入完成“洗清”的全过程，堂而皇之地披上了合法的外衣。以上三个阶段经常互相重叠，反复出现，加重追查非法得益及其来源的困难度。

反洗钱实践表明：三个洗钱阶段时而泾渭分明，时而交叉重叠，千差万别、错综复杂。一般情况下，放置阶段是洗钱过程的第一步，也是洗钱最脆弱、最困难的阶段；如何将犯罪所得的大量现金变为易于携带控制，又能隐瞒来源并规避打击，是洗钱面临的首要问题。对反洗钱来讲，堵住黑钱赃款流入金融机构和特定非金融机构是反洗钱的第一步，也是最关键的一步。因为犯罪收入一旦进入分层阶段，极易在全球范围内划转流动，“黑色”会消失得无影无踪。黑钱一旦流出境外，反洗钱当局对洗钱的控制鞭长莫及，追查、打击与制裁将步履维艰。

（二）洗钱的一般方法

洗钱的步骤首先必须以某种名义储存，然后透过一连串的交易或是转账，进入合法名义之下，因为各国政府多半针对洗钱行为有所管制，金融机构会将一定金额（通常由法律规定）以上的交易呈报主管机关，为了逃避监视，其中一种手段是将大笔的金钱分开存入数个以他人名义开设的账户，这些账户彼此互不相关，之后再透过汇款、开立支票……方式转入犯罪者的名下，由于每笔交易的金额不大，而且往往还透过跨国方式交易，甚至利用某些国家或地区可以开设保密账户或公司之便，使稽查困难，另一种方式是利用假名设立数个公司，将犯罪所得透过这些公司虚假的交易，例如将不值钱的东西以高价贩售给另一家公司，最后转入犯罪者的名下，表面上看起来正当合法，实际上只是为了转移金钱所做的假交易，也有人直接将金钱购买美术品、古董、不记名债券等高价商品，转移到犯罪者手上后再伺机脱手换取金钱。

常见的洗钱方法有：

1. 旅行支票

海关会对于通关者携带的现金要求申报，未申报者超过限制者没收，但不会对携带旅行支票者做金额的限制，重点在于无背书转让给第三者，因为支票被存入银行兑现，最终会回到原发票人的手中。

2. 在赌场以代币间接兑换

在赌场中兑换成代币，再将代币直接交付给洗钱的受益人。再由他去将代币兑换回现金（通常需要5%左右的手续费），在外可声称在赌场内赌赢的。这样可以避免透过纸钞上的编号直接追查到洗钱的受益人。常用于各国可将代币兑换回现金的职业赌场。

3. 无记名有价证券

通过购买不记名的有价证券等，可以起到隐瞒非法收入的作用。

4. 古董珠宝或具价值收藏品

利用低买高卖的假买卖，将钱以合法的交易方式，洗到目的账号。此方式亦常用于收贿的收钱方式；或购买具价值的古董珠宝或收藏品，再讹称为自家收藏品在市场上放售，一般会购买没有记号的物品如文物、邮票或历史悠久的名厂乐器。

5. 购买保险

将大笔金额投保，期间亦可不断提升保金，转换保险计划，待一定年数后取回，届时可疑的因素已遭淡化。

6. 基金会

不肖政客，成立基金会，假捐赠给基金会，诱骗企业捐款，再掏空。企业或财团，利用假捐赠给自己能掌控的基金会，左手搬钱到右手，逃漏所得税。政客或企业利用赈灾名义募款，可是募到的善款私自挪用，或用各种名目扣住善款于私人户头。在跨国洗钱活动中，以各地不同慈善名义的基金会中互相转换款额。

7. 跨国多次转汇与结清旧账户

利用转汇的相关单据有保存期限的漏洞。

8. 直接跨国搬运

利用专机或具有海关免验的身份者，直接把钱搬到外国，常用100美元的纸钞方式运送。

9. 人头账户

由于最怕黑吃黑，怕人头到银行声称存折与提款卡与印章丢失，另行申请新的存折与提款卡并变更印鉴，进行盗领。所以通常用于人头本身所不知的外国开户。

10. 外币活存账户

使用多次小额存款的方式存入，再到外国提领外币。俗称“蚂蚁搬砖”，常配合“人头账户”使用。

11. 跨国交易

常见于无实体商品的产业。利用交易金额造假灌水的方式，先透过合法的方式将金钱汇往外国掮客的账户，再通过外国账户分钱，分清原本的交易金额、掮客的佣金与原本要洗出去的钱；或利用各地的商品贸易，例如以过高金额购买普通消费品，将大量款项汇到国外账户，装作用以支付买货款项。反过来亦可将商品高价出售，让国外的洗钱伙伴将款项汇进国内。

12. 地下汇兑

常见于不肖的卖珠宝金饰的银楼。除了非法兑换外币以外，甚至可将现金兑换为外国的无记名与背书的支票，供客户至外国的账户存入。

13. 跨国企业的资金调度

常见于金融业，银行或保险业等，常以大批的现金纸钞进行跨国搬运。例如以麻绳捆绑、纸箱方式搬运。

14. 百货公司的礼券

具有高度的流通性，但由于具有不易兑换回现金的特性，故需有一定的人脉，才方便消化礼券。例如转卖给各公司的员工福利机构，将礼券做为其各公司员工的节假日奖金方式发放。就这样把礼券洗到不知情的第三者手中，原礼券持有人则取回接近等值的现金。

15. 假借他人名义炒楼

使用他人名义购买房地产，向承包商或开发商以市价五至七折买入，以现金支付。然后在短期内快速脱手（例如预售屋在交屋前），获利约50% －100%。

16. 假借贷

常用于收贿或贪污。收钱的人持有对方开立的远期兑现的本票或支票。即使被查到这张本票或支票，可声称为借贷关系。等风头过了或不在其位，没有明显的对价关系时，再把本票或支票转手给第三者，或是扎进银行兑现。或是贪污被抓包的人说要还钱，但开立本票或支票，只要没有兑现就没有真正的还钱。

17. 伪币或伪钞

将伪币或伪钞，通过多次小金额消费行为，或是利用自动贩卖机找零行为，或是纸钞兑换成硬币的机器。将伪币或伪钞洗成真钱。

三、贪污贿赂案中的洗钱犯罪

（一）洗钱案的含义

由于贪污贿赂案件都会涉及非法所得，因而作案人为了掩饰、隐瞒巨额非法所得的性质与来源，都有可能通过洗钱进行反侦查活动。

洗钱案件，是指涉及洗钱活动的案件。包括洗钱犯罪案件、非法定上游犯罪的犯罪所得洗钱案件、合法收入的洗钱案件。

1. 洗钱犯罪案件

洗钱犯罪案件是指刑法规定了上游犯罪行为的洗钱案件。

目前我国刑法规定的上游犯罪包括：

（1）毒品犯罪；

（2）黑社会性质的组织犯罪；
（3）恐怖活动犯罪；
（4）走私犯罪；
（5）贪污贿赂犯罪；
（6）破坏金融管理秩序犯罪；
（7）金融诈骗犯罪。

按照我国刑法规定，对上述犯罪所得及其产生的收益进行洗钱，构成洗钱罪。

2. 非法定上游犯罪的违法、犯罪所得洗钱案件

几乎所有经济违法、犯罪所得都可以通过洗钱来掩饰、隐瞒所得或收益的性质与来源。因此，除刑法规定洗钱犯罪案件外，其他的经济违法、犯罪案件也可能存在洗钱问题，这类案件也就称为广义的洗钱案件。例如：在刑法修正案（六）颁布之前，我国洗钱罪的上游犯罪未包括贪污贿赂犯罪，但洗钱早已存在于贪污贿赂案件中，且给贪污贿赂案件的侦查和认定带来过很多麻烦。在贪污贿赂案件中，挪用公款案件虽然不属于法定洗钱罪的上游犯罪，但作案人也会采用洗钱方法来割裂挪用公款与公款真实用途直接的关联，或掩饰、隐瞒挪用公款犯罪产生的非法收益的性质和来源。

3. 合法收入的洗钱案件

合法收入的洗钱案件，是指为了财产分割、逃避纳税等原因，行为人采用一定的手段和途径掩饰、隐瞒合法所得或收益的性质与来源的案件。例如：离婚过程中通过洗钱掩饰、隐瞒合法经营所得，从而“减少”合法财产的数额，达到隐瞒夫妻共同财产的洗钱目的。又如：企业所有者通过地下钱庄把合法收入转移到境外，从而“减少”纳税所得，达到偷税的目的。

（二）贪污贿赂案件洗钱的类型

洗钱一词的来源与犯罪者通过连锁洗衣店进行洗钱有关，而实际上洗钱的程序也与洗衣程序也有些近似之处。贪污贿赂案件中的洗钱类型，可以按照洗钱的程序和方法不同分为“干洗”和“水洗”两种。

1.“干洗”

“干洗”的基本程序分为两步：

第一步，溶解“污渍”，主要是利用一系列的虚假合同或票据等直接“改变”收入的主体、性质，从而将非法收入中的“污渍”溶解。

第二步，去除被溶解的“污渍”和“溶解剂”痕迹，主要是通过一系列的交易过程，完善合同和票据的“合法性”，彻底“改变”款项的法律属性，使之“彻底合法化”。

例如，甲国有公司通过A银行开出信用证，从境外购得5 000余吨某种原料。原料进口后，国际价格开始飞涨，这本来将会为甲国有公司带来丰厚的利润，但该公司负责人通过采用“干洗”手段，将该批原料的利润差贪污归已。为了防止被追究，通过银行等相关人员的“配合”，在非法占有这批原料利润的过程中进行了洗钱，属于典型的“干洗”。

第一步：材料运抵本公司后，为了解决未来销售收入主体问题，以本公司名义与乙外贸公司签订两份虚假合同，谎称这批材料系乙外贸公司委托甲国有公司购进并代为保管，合同日期倒签至进口合同之前。这一步骤的主要作用在于将国有公司的购进材料业务转换为乙外贸公司的商品采购业务，为后来产生的销售材料的收入归属问题埋下了伏笔，即销售材料产生的销售收入已经不再归甲国有公司所有，而是归乙外贸公司所有。

第二步：以乙外贸公司的名义贷款支付甲公司购该笔材料用的到期信用证。贷款支付信用证过程：由甲国有公司担保，乙外贸公司从G银行开出受益人为关联单位的1 800万元的银行承兑汇票；乙外贸公司持承兑汇票并以该票为抵押到z银行贷款，z银行从A银行拆借200万美元再委托A银行贷给乙外贸公司；乙外贸公司获得贷款后，指示A银行用该笔贷款为甲国有公司支付信用证。该步骤完成后，从表面上看该笔原料的货款完全是由乙外贸公司支付的，乙外贸公司也就完全占有了该笔原料（只是暂存于甲国有公司）。

半年后，作案人估计材料涨价已经到了高位，便指示本公司销售部门在一周内将材料销售，收入款项2 500万元全部转入乙外贸公司账户，该款项的分配结果是：支付A银行1 800万元，其中的1 700万元用于归还到期的200万美元贷款（100万元作为A银行参与洗钱的收益）；支付外贸公司150万元，作为外贸公司参与洗钱的收益；甲国有公司负责人获赃款500万元。

上述案件侦破中，反贪人员在检查A银行签发信用证、拆借资金、受委托贷款、支付到期信用证、收回贷款以及余款涉及的财务会计资料中发现了破绽：一是信用证是由甲国有公司申请签发的，到期时A银行没有提示甲国有公司存入信用证款项，而是直接垫付且没有将垫付业务转为甲国有公司的过期贷款，待多天以后直接利用所谓乙外贸公司的贷款账项冲销了代垫信用证账项；二是银行之间不应当发生委托贷款业务，但Z银行却委托A银行贷款给乙外贸公司；三是A银行账面上反映了归还甲国有单位的余款100万元，但反贪人员认为A银行在洗钱中发挥了作用，肯定会留有洗钱费用，便通过追查A银行账项发现了该款项已经转入其小金库案发后重新调账的事实，证实其确实收取了一笔洗钱费用；四是在追查2 500万元存入乙外贸公司的银行账户时，发现该账户是乙外贸公司刚刚开立的账户，且预留印鉴与其基本账户预留印鉴不一样，除了该项存、取业务一年中没有发生其他业务。追查乙外贸公司，发现该公司在（作案一年多后）案发时，仍然没有将这笔业务作为自己进口销售业务处理，收取的150万元洗钱收益也没有进行账务处理，从而证实了这笔2 500万元业务不是该公司的正常业务。

2. “水洗”

“水洗”的基本程序分为三步：

首先，将赃款转入可用于洗钱的机构（浸泡），即将赃款通过一定的途径和金融工具存入银行等金融机构或其他可以为其转款的机构（如地下钱庄）。这一步的作用在于使赃款能够进入洗钱程序，款项存入相关单位后，也就与其他款项进行了混合，既增加了辨明原先的“污渍”的难度，也为进一步的洗钱活动奠定了基础。

其次，通过资金运作除去赃款的流转痕迹（洗涤），即通过一系列的复杂转款过程，使款项远离其源头。这一步可能采取的具体手段很多，其作用在于能够将赃款脱离原有的控制形式，去掉可辨认的特征。

最后，在资金运作的终端将款项收回（甩干），即通过终端机构将已经脱离源头的赃款余额（除去洗钱费用）收回，再以合法转账交易形式转入流通领域。当这一过程完成时，赃款已经以另一面目出现，且已改变了其来源和性质。

“干洗”与“水洗”最主要的区别即是否直接改变收入的主体和性质。“干洗”是直接改变收入的主体和性质，而水洗则是利用不断地转款，致使最后形成的款项远离其来源。在贪污贿赂案件的侦查中，“干洗”的过程比较容易查明，洗钱前后的款项关联关系非常明确，但在证明洗钱性质时往往会遇到麻烦，并会殃及对贪污贿赂犯罪性质的认定；而“水洗”只要能够证明洗钱过程，赃款的性质自然会被还原，但在实际侦查中却难以查明洗钱过程，导致追赃或查证扣押款项的来源时发生困难。

（三）贪污贿赂犯罪的洗钱途径与洗钱手段

随着经济形式的多样化发展，贪污贿赂犯罪的洗钱途径越来越多。从洗钱可以利用的机构看，已经包括了银行、证券交易商、期货交易商、黄金交易商、赌场、当铺、农村信用社、黄金交易市场、外汇交易市场、企业交易市场、保险公司和各种贸易公司等；从洗钱可利用的方法看，包括了利用金融账户、利用经营活动、利用各类投资进行“资本运作”、利用洗钱组织等。

常见的洗钱手段主要有：

1. 利用金融账户

广义的金融账户包括了银行、非银行金融机构为客户开立的存款账户。多数洗钱活动都需要借助于金融账户进行，但作为一种独立的洗钱手段，如果犯罪嫌疑人能够开立一个非真实身份的金融账户，便可能实现洗钱或作为进一步洗钱的首要环节。例如，将赃款存入假名账户后，可以使赃款与控制该赃款的贪污贿赂作案人在形式上进行分离，导致侦查部门无法通过直接查询银行来找到其存放赃款的账户；又如：如果需要进一步采用其他手段进行洗钱（如：投资、经营、旅游、转存地下钱庄等），侦查部门追查到该账户时，也难以将其与贪污贿赂作案人相联系。一些银行工作人员为了达到拉存款或其他目的，可能会协助作案人洗钱。

2. 将赃款赃物转换为可直接利用的现金或金融票据

贪污贿赂作案人所获取的股票、债券、贵重金属、名人字画以及房屋、交通工具等不动产，常常无法直接转化为现金等可以自由使用的资产，因为一旦直接转化就可能导致案发。例如，某国有单位负责人和会计收受他人贿赂的房产各一套，价值200万元，在过户销售过程中由于缺乏真实购房款的资金流，被有关部门发现导致案发。为了将这些贪污贿赂所得变现，作案人可以通过质押、抵押方式，将这些财产置换为现金或金融票据。比如，通过质押借款获取现金，到期不归还借款，赃物便被出借资金的人合法占有，而贪污贿赂作案人也就完成了赃物到现金的洗钱过程。又如，通过抵押赃物来获取银行承兑汇票，到期不支付银行的汇票款，银行则合法占有了抵押赃物，而贪污贿赂作案人早就通过贴现等方法获取了现金。这个过程中如果抵押或质押单位协助洗钱，其抵押或质押物价值高于部分贷款、金融票据的部分则归其占有（对作案人而言属于洗钱费用）。

3. 通过转账结算方式转移资金

转账结算方式转移资金的方式很多，既可以是通过多次签发金融凭证转移资产，经过多次转账导致赃款脱离原有的痕迹，也可以通过虚假、瑕疵交易转账结算，改变账款的归属。例如，签发转账结算凭证将款项分散的转入看上去属于不同主体控制的账户中，再从这些账户以不同的转账结算方式转来转去，最后集中到当事人控制的账户。如果不借助于相关单位的往来账户资料，很难判明资金关系。

案例：

某国有公司负责人多次将本单位的库存物资卖出，先后形成了1 000余万元的收入，每次收入款项都交由其情妇存于多个银行存款账户，这些银行存款账户既有本公司下属机构的账外存款账户，也有其情妇开设的私营公司的经营账户，经过多次转账后最终将赃款集中转入个人控制的房地产公司。反贪人员找到存入赃款的这些账户，并试图通过追踪款项收付记录的方法查明赃款的下落，但由于缺少相关单位核算这些账户资金往来关系的账证资料，最终未能查明赃款下落。该案侦查一年后，侦查人员才发现这是一种洗钱活动，随即组织了司法会计鉴定，通过鉴定揭示了存入赃款与赃款最终下落之间的关系，突破了洗钱造成的侦查障碍。

4. 将资金转往境外，即通过洗钱将赃款转出出境

将资金转往境外的常见作案方法有：

（1）贪污贿赂作案人以他人名义直接通过银行将赃款汇至境外银行账户。

（2）贪污贿赂作案人将人民币交给境内洗钱组织，洗钱组织通过境外的“公司”在境外支付给贪污贿赂作案人外币。

（3）贪污贿赂作案人利用外贸经营业务，通过在境外设立离岸公司或与境外公司勾结，以高价进口，低价出口的方式，将赃款转出出境。其中，高价进口货物洗钱，是指以高于境外合同价格的方式进口货物，向境外支付款项后将多支付的差额存于境外；低价出口货物洗钱，是指以低于一般出口货物的价格向境外销售，然后将境外支付正常价格的差价存于境外。

（4）贪污贿赂作案人利用职务便利，与国外签订虚假的投资协议，将赃款以单位对外投资的名义汇至境外后直接占有。

（5）贪污贿赂作案人采用走私方式直接将赃款现金通过人身夹带、交通工具夹带等方式带出境外。

5. 将赃款混入经营收入

贪污贿赂作案人通过个人或家人控制的饭店、旅馆、连锁洗衣店、连锁超市、娱乐场所等服务行业及日常大量使用现金的行业，将赃款混入合法收入之中，从而形成“合法经营收入”。

6. 通过购置卖出房产等不动产洗钱

通常是以采用合同外支付价款的方式，购置不动产，再以正常价格卖出，造成个人买卖不动产获取利润的假象。

7. 通过网上交易洗钱

通过网上交易洗钱，包括通过网上银行账户转账洗钱、通过网上赌博洗钱、通过开设网上经营公司洗钱等。

四、贪污贿赂犯罪与洗钱的关系

在讨论贪污案件中洗钱的查账对策时，我们需要明确贪污贿赂案件与洗钱的一些关系。

首先，洗钱是贪污贿赂作案人可能采用的一种反侦查手段。贪污贿赂作案人通常是在案发后采取一系列反侦查手段来对抗侦查，而洗钱则是贪污贿赂作案人在案发前（甚至作案过程中）就可以采取的反侦查手段。贪污贿赂作案人通过干洗在“改变”赃款性质的同时，也“改变”了贪污、贿赂犯罪行为的性质——合法经营行为；通过水洗，可以混淆贪污贿赂所得与合法所得的关系或无法查证赃款下落，进而导致侦查无法顺利进行。

其次，贪污贿赂中的洗钱不一定需要其他人的帮助也能够完成，而目前我国刑法关于洗钱犯罪的规定主要是针对帮助贪污贿赂作案人进行洗钱的情形。

这些情形包括：

（1）他人提供资金账户的；

（2）协助将财产转换为现金、金融票据、有价证券的；

（2）通过转账或者其他结算方式协助资金转移的；

（3）协助将资金汇往境外的；

（5）以其他方法掩饰、隐瞒犯罪所得及其收益的来源和性质的。

因此，反贪人员在发现对贪污贿赂所得进行洗钱的情形时，应当特别注意作案人洗钱活动是否得到了他人的协助，确认存在协助者的情形需要追究协助者的洗钱刑事责任。

最后，由于许多洗钱活动是与贪污贿赂犯罪活动并行的，协助洗钱人可能事先已与贪污贿赂作案人形成了共谋，这种情形中协助洗钱的人实际上已不再是单独的洗钱犯罪问题，而是贪污贿赂案件的共犯，因此，反贪人员在检查相关财务会计记录时，应当特别关注协助洗钱人在案件中出现的时间、办理的手续以及这些手续对贪污贿赂犯罪本身的影响，进而考虑是否属于共犯情形。当然，如果协助洗钱人明显的是在贪污贿赂犯罪得逞后出现的，则只能构成洗钱罪的主体。

五、反洗钱审计中的专业判断建立的途径

现代审计的特征是在对被审计单位内部控制系统进行测试基础上的一种抽样审计，

时时刻刻会用到审计专业判断，而在反洗钱审计中就显得更加重要，尤其在对可疑交易线索进行审计时，专业判断的准确程度会严重影响到最终的审计结果。

（一）审计重要性专业判断：可疑交易线索分析的有效方法

在反洗钱审计分析过程中：审计重要性的确定必须是针对会计报表使用者决策而言，具有会计报表和相关账户、交易两个层次，而界定离不开特定的应用环境，还必须运用专业的判断，当然利用重要性的评估确定可容忍误差也是一项重要内容，在独立审计中，账户层次的重要性水平就是实质性测试的可容忍误差。由此可以看出，重要性的确定是一项重要的审计内容，要经过复杂的专业判断过程；其目的是为了提高审计效率、保证审计质量。

1. 审计重要性专业判断：对可疑交易进行数量和质量分析

审计重要性具有数量和质量两个方面的特征，在反洗钱审计分析中也会遇到同样的问题。对于洗钱犯罪分子而言，往往会通过较大金额尽快将不法收入转移，所以对大额资金进行监测是一项重要的反洗钱措施。同时，这也是我国《人民币大额和可疑支付交易报告管理办法》中对于大额交易进行报送分析的原因，但洗钱犯罪分子为了逃避监测而将大额资金分解为若干笔小额资金进行交易也是非常普遍的。在实际工作中，反洗钱审计人员往往把精力放在大额交易的报送上，在一定程度上忽略了对小额可疑交易的监测。将重要性专业判断引入反洗钱审计领域将会起到积极作用。审计人员可以从重要性的质和量两个方面进行综合分析，从量上分析是金额重要性监测，从质上分析是可疑重要性监测。从而克服当前大额和可疑分析各自独立分别监测分开报送的形式。

2. 审计重要性专业判断：对可疑交易线索进行风险分析

在反洗钱审计实务中应该充分运用三种重要性水平与审计风险之间的关系，即实际重要性与审计风险之间成反向关系；计划重要性水平与审计风险成同向关系；评价重要性水平的过高或过低都会增加审计风险。所以，在反洗钱审计领域对可疑交易线索进行分析中，对于重要性的分析也应该深入进行，并且评估其与反洗钱分析风险之间的关系，以评价分析工作的成效。具体运用过程中，可疑交易线索分析过程中计划运用的重要性水平是在实际重要性水平评估的结果上确定的。如何确定全国总体重要性水平及各地区不同的重要性水平是一个复杂的专业判断过程。

（二）审计风险专业判断：确定反洗钱审计责任的途径

如果被审计单位卷入洗钱犯罪，会严重影响企业的持续经营，加大审计风险。因此，审计人员应当对被审计单位卷入洗钱犯罪的可能性和危害性进行评估，并对由此而产生的审计风险进行专业判断。国家会计师联合会反洗钱指引（第二版）中，要求会计师事务所在评估洗钱导致的审计风险以决定审计程序时，应当对被审计单位经营中遵循风险、经营风险、信誉风险、战略风险予以特别关注。审计风险的评估，需要审计人员进行专业判断。如果被审计单位很好地遵循了相关法律的要求，建立起了完善的反洗钱内部控制体系和大额可疑交易报告制度，那么审计风险就小，反之，由洗钱犯罪所导致的审计风险将加大。针对此种情况审计人员应在编制审计计划时予以充分关注。

（三）审计证据收集专业判断：决定反洗钱审计结果的依据

审计人员在执业过程中应特别注意收集如下审计证据：

（1）被审计单位日常资金收付与企业经营特点严重不符；

（2）收款人与付款人是同一人并在短期内频繁收付；

（3）资金收付流向与企业经营范围严重背离；

（4）开户、销户次数频繁，并往往在销户前有大笔资金收付；

（5）频繁发生资金分散转入、集中转出或集中转入、分散转出；

（6）存取现金的次数、数额明显与正常现金收付背离。

（四）审计分析程序专业判断：确定反洗钱审计重点的有效途径

反洗钱审计要突出分析程序的使用和关联性业务环节的稽核，审计人员要利用例行年度审计把好第一关，筛选企业是否有洗钱嫌疑，再使用针对性的审计方法进行取证查处洗钱的途径，制止企业再洗钱。首先，审计人员以分析程序为主，将被审计单位与同行业其他企业进行比较测试，从而发现会计核算、现金流量、企业财务指标、关联企业之间的资金往来有无异常的可疑点并确定使用传统的审计方法还是将审计重点放在询证或实地盘查关联企业业务为主的审计策略。其次，加强企业间同业财务指标的比较，重视出口业务相关环节凭证的真实性稽核，在审计中不仅要对初次接受审计客户采取全面、重点、多种方法并用来收集审计证据，使其会计信息的真实性从多方位得到验证。对一些老客户，尤其是现金流量异常的、业绩和企业形象不符的企业除了采取本单位当期财务会计核算的稽查外，更应该将企业的财务指标进行不同期间的比较及同行业之间的比较，关注跨国关联业务的资金流向，并在审计过程中要取得海关、国际出口货物运输公司、出口退税部门、国家外汇管理局、银行等部门的支持，对出口业务凭证要加大抽查的范围，并注意将这些凭证收集起来进行核对，从而达到稽核出这些原始凭证所代表的业务是否真实、正确的目的。

六、反洗钱审计中的注意事项

由于洗钱是一种案发前进行的反贪侦查活动，因而贪污贿赂案件中一旦存在洗钱，势必会影响到侦查活动的开展。因此，反贪人员在办理大额贪污贿赂案件时应当注意下列与调查洗钱问题有关的事项，以便及时侦破和查证案件。

1. 及早发现洗钱

司法实践已经证明，在涉及洗钱问题的贪污贿赂案件的侦查中，发现洗钱活动越早对侦查越有利，反贪人员在查账中发现下列财务会计记录时应当及早对是否存在洗钱问题作出判断。

（1）数额巨大，资金流向复杂；

（2）在查账中发现资金流向中出现或多次出现大额现金交易；

（3）在查账中发现资金流入的银行存款等金融账户缺少相关单位会计控制，即在相关单位都找不到核算该银行账户资金业务的账证资料，或者这些账户都属于个人存款账户；

（4）案件事实涉及的相关单位的交易合同以及金融票据中记载了虚假财务事实，且有单位或个人在未实际参与交易的情况下从中获取了利益。

2. 及时调取全部金融凭证

反贪查账中，一旦发现巨额赃款被存入无相关单位核算资料控制的银行存款账户，无论这一账户是单位账户还是个人账户，首次查询金融机构时就应当要求调取达一定金额以上的所有发生额凭证，以便于分析赃款流向。反贪人员应当尽量避免三番五次就一个账户不断查询调取金融凭证，既耽误查账时间，也不利于金融机构提供配合。

3. 及时增加查账力量

有些“水洗”案件会涉及的大量单位的财务会计资料，因而需要较多的反贪人员分头查账。反贪部门一旦发现通过“水洗”进行大量洗钱活动的情形，应当及时增加查账力量，必要时可以指派司法会计师或邀请有关单位与案件无利害关系的财务会计人员参与查账。

4. 注意及时组织司法会计鉴定

由于洗钱往往会混淆资金关系、单位及个人之间的财务关系，才能“浑水摸鱼”。这种情况下，通常需要司法会计鉴定来厘清相关的资金关系、财务关系以及洗钱参与者的所得等事实，而由于洗钱关系可能十分复杂，司法会计鉴定需要的时间较长。为了不影响办案进度，反贪人员一旦发现洗钱情形时，应当考虑及时组织司法会计鉴定，来解决洗钱涉及的财务会计问题。

5. 注意查明协助洗钱人获取的非法所得额

除贪污贿赂作案人外，参与洗钱者大部分都是有利可图的。这就要求反贪人员需要根据参与洗钱的单位、个人接触涉案资金的过程和作用，认真分析相关资金流转的合理性，进而发现参与者可能获取的非法所得。

第二节　利用金融机构洗钱的审计

银行是洗钱者最常光顾之地。哪家银行也不愿背上“洗钱”的恶名！如何识别洗钱者？巴塞尔银行委员会发布的《防止犯罪分子利用银行系统从事洗钱活动》的“原则声明”和《银行客户尽职调查》的咨询文件做了很好的回答：“了解你的客户”（KYC）。这是银行防止洗钱最为重要的一点。同时，面对反洗钱监管当局的要求，如何履行反洗钱职责，也是银行最关心的事。

从国际国内与反洗钱相关的法律法规和相关案例中不难发现，洗钱行为手段多样，但也有其内在的规律可循。根据国际上已积累的几十年实践经验，洗钱者易在金融法律体系尚不健全的国家和地区活动，并趋于选择成本低、安全性高、风险小、便捷性强的方式，例如，目前在我国，金融机构尤其是商业银行已成为洗钱的主要渠道。

现阶段，根据我国国情，国家审计机关在商业银行审计中进行反洗钱审计的审计目标应定位在：通过检查确认银行在反洗钱内部控制制度的制定、执行等各个环节存在的缺陷，促进银行加强管理、降低经营风险；通过对银行交易数据的检查，发现洗钱等金融犯罪活动的线索，联合其他监管机构对此类范围活动进行打击，以维护公众利益，保障金融安全。

一、金融机构反洗钱义务与责任

1. 金融机构反洗钱义务

根据《中华人民共和国反洗钱法》的规定，金融机构具有反洗钱的义务，并主要体现在以下方面：

（1）根据反洗钱法第十五条，金融机构应当依照反洗钱法的规定建立健全反洗钱内部控制制度，金融机构的负责人应当对反洗钱内部控制制度的有效实施负责。

金融机构应当设立反洗钱专门机构或者指定内设机构负责反洗钱工作。

（2）根据反洗钱法第十六条，金融机构应当按照规定建立客户身份识别制度。

金融机构在与客户建立业务关系或者为客户提供规定金额以上的现金汇款、现钞兑换、票据兑付等一次性金融服务时，应当要求客户出示真实有效的身份证件或者其他身份证明文件，进行核对并登记。

客户由他人代理办理业务的，金融机构应当同时对代理人和被代理人的身份证件或者其他身份证明文件进行核对并登记。

与客户建立人身保险、信托等业务关系，合同的受益人不是客户本人的，金融机构还应当对受益人的身份证件或者其他身份证明文件进行核对并登记。

金融机构不得为身份不明的客户提供服务或者与其进行交易，不得为客户开立匿名账户或者假名账户。

金融机构对先前获得的客户身份资料的真实性、有效性或者完整性有疑问的，应当重新识别客户身份。

任何单位和个人在与金融机构建立业务关系或者要求金融机构为其提供一次性金融服务时，都应当提供真实有效的身份证件或者其他身份证明文件。

（3）根据反洗钱法第十七条，金融机构通过第三方识别客户身份的，应当确保第三方已经采取符合本法要求的客户身份识别措施；第三方未采取符合本法要求的客户身份识别措施的，由该金融机构承担未履行客户身份识别义务的责任。

（4）根据反洗钱法第十八条，金融机构进行客户身份识别，认为必要时，可以向公安、工商行政管理等部门核实客户的有关身份信息。

（5）根据反洗钱法第十九条，金融机构应当按照规定建立客户身份资料和交易记录保存制度。

在业务关系存续期间，客户身份资料发生变更的，应当及时更新客户身份资料。

客户身份资料在业务关系结束后、客户交易信息在交易结束后，应当至少保存五年。

金融机构破产和解散时，应当将客户身份资料和客户交易信息移交国务院有关部门指定的机构。

（6）根据反洗钱法第二十条，金融机构应当按照规定执行大额交易和可疑交易报告制度。

金融机构办理的单笔交易或者在规定期限内的累计交易超过规定金额或者发现可疑交易的，应当及时向反洗钱信息中心报告。

（7）根据反洗钱法第二十一条，金融机构建立客户身份识别制度、客户身份资料和交易记录保存制度的具体办法，由国务院反洗钱行政主管部门会同国务院有关金融监督管理机构制定。金融机构大额交易和可疑交易报告的具体办法，由国务院反洗钱行政主管部门制定。

（8）根据反洗钱法第二十二条，金融机构应当按照反洗钱预防、监控制度的要求，开展反洗钱培训和宣传工作。

2. 金融机构反洗钱责任

（1）根据反洗钱法第三十一条，金融机构有下列行为之一的，由国务院反洗钱行政主管部门或者其授权的设区的市一级以上派出机构责令限期改正；情节严重的，建议有关金融监督管理机构依法责令金融机构对直接负责的董事、高级管理人员和其他直接责任人员给予纪律处分：

①未按照规定建立反洗钱内部控制制度的；

②未按照规定设立反洗钱专门机构或者指定内设机构负责反洗钱工作的；

③未按照规定对职工进行反洗钱培训的。

（2）根据反洗钱法第三十二条，金融机构有下列行为之一的，由国务院反洗钱行政主管部门或者其授权的设区的市一级以上派出机构责令限期改正；情节严重的，处二十万元以上五十万元以下罚款，并对直接负责的董事、高级管理人员和其他直接责任人员，处一万元以上五万元以下罚款：

①未按照规定履行客户身份识别义务的；

②未按照规定保存客户身份资料和交易记录的；

③未按照规定报送大额交易报告或者可疑交易报告的；

④与身份不明的客户进行交易或者为客户开立匿名账户、假名账户的；

⑤违反保密规定，泄露有关信息的；

⑥拒绝、阻碍反洗钱检查、调查的；

⑦拒绝提供调查材料或者故意提供虚假材料的。

金融机构有前款行为，致使洗钱后果发生的，处五十万元以上五百万元以下罚款，并对直接负责的董事、高级管理人员和其他直接责任人员处五万元以上五十万元以下罚款；情节特别严重的，反洗钱行政主管部门可以建议有关金融监督管理机构责令停业整顿或者吊销其经营许可证。

对有前两款规定情形的金融机构直接负责的董事、高级管理人员和其他直接责任人员，反洗钱行政主管部门可以建议有关金融监督管理机构依法责令金融机构给予纪律处分，或者建议依法取消其任职资格、禁止其从事有关金融行业工作。

二、金融机构反洗钱内部控制审计

在审计方式方法上，同其他审计事项一样，对涉嫌洗钱行为的审计同样是风险基础审计，即在对被审计商业银行进行反洗钱内部控制制度的评价和测试的基础上，对可疑账户、可疑交易、可疑活动进行实质性检查，具体步骤包括：

1. 合规性审计

国际上，根据巴塞尔协议和其他国际金融机构的建议，银行反洗钱的有效途径包括三个方面，一是建立可疑交易报告制度；二是建立一套有效的反洗钱工作机制；三是遵循"了解你的客户（Know Your Client）"原则。在我国，中国人民银行也制定了《金融机构反洗钱规定》《人民币大额和可疑资金支付交易报告管理办法》和《金融机构大额和可疑外汇资金交易报告管理办法》等规定。

根据国际上已积累的经验和我国的具体情况，建议审计人员在商业银行反洗钱内部控制制度的合规性审计中应注意以下几个方面：一、在控制环境方面，审计人员应对被审计单位关于反洗钱和可疑交易制度的整体情况进行评价，具体包括了解银行高级主管和经理层的正直程度、价值观和能力；被审计单位是否通过适当的途径将反洗钱的观念和重要意义传达给员工；员工是否明确地知道可疑交易报告制度，确切地知晓可疑的交易；员工是否能够辨别和报告可疑交易等。审计人员可以通过调阅相应的会议纪录等方法完成此项审计程序。

2. 在控制活动方面，审计人员应检查被审计单位是否建立了反洗钱的工作机制和程序

具体包括被审计单位是否制定了可疑交易报告的实施细则和操作执行的具体程序；是否成立了专门部门负责日常的反洗钱工作；是否对可疑交易的风险进行评估，柜员在各自岗位是否能够预知会遇到某种异常交易；是否建立了发现—报告—检查—反馈的有效机制；是否有独立的部门对可疑交易及相关报告进行定期检查等。审计人员可以采取询问前台柜员和检查相关资料的方法完成审计程序。

3. 在经营理念方面，审计人员应检查被审计单位是否遵循了"了解你的客户"的原则

该原则要求银行应该熟悉自己的客户，对于陌生的临时客户应保持警惕。洗钱分子在洗钱过程中往往会想方设法隐藏自己的身份和资金的来源，如使用虚假的企业资料、个人身份开立的账户进行洗钱活动。同时洗钱持续的时间通常也很短。因此审计人员应该根据自己的职业判断，对银行客户特别是短期大客户的开户资料进行核实，必要时延伸有关部门。

三、金融机构反洗钱实质性检查

实质性检查在对银行的内部控制制度进行合规性检查后，审计人员确定此银行的内部控制制度的可信赖程度，然后进入实质性检查阶段，进行相应地分析和抽查。与其他金融犯罪活动不同，洗钱行为通常不会引起财务决算报表的变化，因为洗钱活动主要是通过银行进行资金的转移，不会引起银行资产和收益的增加或减少。同时银行的账户成千上万，每笔的交易更是不计其数，因此，一般意义上的报表分析很难发现洗钱的蛛丝马迹。但洗钱是一种有规律的犯罪活动，具有一些普遍特征，这些特征通过可疑的账户和交易体现出来，并且大部分能够通过数据库查询语言进行描述。同时近年来审计署在商业银行的计算机审计积累了大量的实践经验，能够下载和转换银行的交易流水和账户信息等电子数据。

正是具备了上述两个条件，审计人员完全可以利用计算机审计技术对涉嫌洗钱的行为进行审计。基本的思路是首先将洗钱的特征进行量化，其次建立相应的审计模型对银行的交易数据进行筛选，最后对选出来的账户和交易进行综合并做出职业判断，具体做法如下：

1. 量化可疑交易

中国人民银行《金融机构反洗钱规定》和两个报告办法中对可能是洗钱活动大额和可疑交易特征进行了描述，如“个人银行结算账户之间以及个人银行结算账户与单位银行结算账户之间金额20万元以上的款项划转”“金额20万元以上的单笔现金收付”和“个人银行结算账户短期内累计100万元以上现金收付”等特征。审计人员应通过数据库语言刻画这些特征，建立相应的模型对银行交易数据进行分析。

2. 量化可疑账户

由于洗钱活动的主要目的是将非法资金和所得转移到银行，并通过银行迅速转移。目的决定手段，可疑账户必然在短期内集中大量流进流出资金，而不会沉淀在银行系统内。因此审计人员应重点关注那些短期内资金流入和流出基本相等、资金量比较大、发生笔数比较多的账户。通过量化这些特征，并结合相应的职业判断，审计人员可建立相应的模型对银行交易数据进行检索。

综合分析。审计人员要对检索出来的可疑账户和可疑交易进行综合分析，其中最为关键的是判断资金的名义用途和实际用途是否相符，同时根据这些账户的开户资料、注册资本、个人资料以及资金来源和去向，进一步判断、核实这些账户是否真正涉嫌洗钱。

最后，审计人员在综合分析的基础上，有的放矢，通过审计延伸等方法进行取证核实，若发现重要的线索，及时报告上级或通知有关部门，进而采取有效措施对局势进行控制，从而有力地打击犯罪行为，维护公众利益、保障金融安全。

四、利用银行账户洗钱的审计方法

有些银行存款账户是作案人或协助洗钱人专门为洗钱而开立的。审计人员可以通过检查该账户的对账单（或银行分户账页），根据下列特征分析判断查账所涉及的银行账户是否属于这类账户：

一是专门为了本案洗钱所开设的存款账户的特征主要表现为开户时间正巧与第一笔赃款进入时间相吻合，且之后除赃款外无其他资金进入该账户。

二是整笔大额资金进出，但都没有实际的经济交易事项。

三是转账存入的资金大都被提取了现金。

审计人员在查询利用银行转账洗钱的账户时，由于可能存在着银行工作人员协助作案的情形或其他原因，导致出现查询结果不真实、不能提供查询结果或者无法直接根据查询结果确认赃款去向的情形，对此可以考虑采取相应的对策。

（1）审计人员对涉及金额较大现金交易业务，应当主动质疑其业务属性的真实性，因为这类业务可能系转账业务，但账面、存取款凭证显示为现金交易业务。对此，审计人员可以通过检查银行的现金流水账，如果发现流水账在连续登记的反方发生额中出现相同金额的情形，可以调出反方发生额的记账依据（存、取款凭证），并根据其他侦查所得信息分析判断该存款人与犯罪嫌疑人、洗钱协助者是否存在社会关系，如果存在联系，这笔存、取款业务之间就可能存在关联。

（2）银行工作人员参与洗钱的，可能导致银行转账资料不完备，记录不真实或存在重要遗漏等情形。审计人员解决这类问题的途径包括：一是通过司法会计鉴定，确认“遗失”资料应当记录的内容；二是要求金融机构启用计算机备份资料，通过原始记录获取真实信息；三是通过检查计算机记录，找出参与洗钱的银行工作人员。

（3）金融机构所获洗钱收益的追查。审计人员可以通过检查与洗钱活动有关的借贷款合同、信用证资料、银行承兑汇票资料、金融机构专门特设的对公存款账户，发现金融机构收取洗钱费用线索。然后，通过检查金融机构的利息收入、手续费收入等账户资料，或通过追查赃款去向，收集证明金融机构获取洗钱费用的证据。

（4）侦查中金融机构不配合查询。审计人员在沟通无效的情况下可以考虑采取强制性措施。例如：直接进库查账；查封、搜查银行档案库；指派电子证据专家组到场协助等。

（5）对将赃款转入的混合业务账户的，通常需要收集该账户一定金额以上的所有发生额的票据，并通过司法会计鉴定，确认赃款与已查明用途之间的关联。反贪人员通常需要根据案情、账户流转业务的数量、大部分业务的金额等来确定需要调取票据的金额下限。

（6）对假名账户，可以通过检查开户资料，发现银行经办人，并注意分析其参与洗钱的可能性。

五、利用证券、期货账户洗钱的审计方法

犯罪嫌疑人通过证券、期货交易账户洗钱的，可能会专门为了洗钱开立并直接存入赃款，且之后除赃款外无其他资金进入该账户；也有的情形借用了他人的“休眠”账户——较长时间（通常半年以上）无资金存取及证券、期货交易的。对存入证券、期货账户洗钱的，应当及时提取证券、期货交易材料，并通过检查证券资金对账表或期货客户资金结算表，判断是否可能系专门为洗钱而专门开立的账户。

犯罪嫌疑人为了说明自己巨额资产的来源，也可能会主动说明自己是通过证券、期货投资形成的，还可能提供相应的书证。

首先，无论是否系专门为本案洗钱设立的账户，审计人员都应当根据相关线索查找到犯罪嫌疑人的证券、期货投资所用资金账户，并根据该记录从证券、期货公司的会计（档案）部门找出资金存、取凭证。根据存款凭证追查存款是否来源于赃款，或根据取款凭证追查款项的去向。

其次，审计人员可以根据客户保证金存、取资料以及款项来源和去向的查账结果，编制“存、取款汇总表”，确认洗钱数额及资金关联。

最后，对证券、期货交易的损益结果进行司法会计鉴定，以证实或排除犯罪嫌疑人的巨额财产是否来源于证券期货交易的收益，揭露其通过证券、期货投资洗钱的真实面目。

第三节　利用经营活动洗钱的审计

一、利用经营收入洗钱的方式

利用经营收入或者经营活动进行洗钱活动主要是利用现金密集行业，开展显失公平的进出口贸易，甚至注册皮包公司，开展虚拟交易。洗钱案件嫌疑人对已经获取的赃款，可以利用经营单位的经营收入洗钱，最方便的方法是设立由其能够控制的以现金收入为主的经营单位，他们以赌场、娱乐场所、酒吧、金银首饰店作掩护，通过虚假的交易将犯罪收益宣布为经营的合法收入。例如：注册连锁店，由于连锁店分布较广，收入及效益也不便评价，因而很容易将赃款转化为个人“合法收入”；酒吧、饭店、宾馆、超市、夜总会等服务行业和日常大量使用现金的行业都可以方便地采用这种方式洗钱；也有作案人会选择通过设立若干个人或家人控制的空壳公司，通过伪造经营账项，将赃款变为这些公司的所谓营业收入。通过开展一些与标的极不相称的进出口贸易，实现洗钱的目的，或者是以皮包公司伪造的经营业绩，把犯罪收入变成合法的经营收入，这也是犯罪分子常用的手段。

洗钱案件嫌疑人个人对已经获取的赃物，可以利用个人或家人控制的拍卖公司、商业公司、当铺等进行销售，将其置换为以经营收入名义产生的现金。

二、利用经营收入洗钱的审计对策

审计人员发现或怀疑存在利用经营收入洗钱的情形时，可以考虑采取下列对策：

（1）通过检查经营单位注册登记资料，查阅相关设立人的人事档案或户籍资料等，了解经营单位与作案人的社会关系，进而推测经营单位可能采用处理洗钱的具体方式和途径，作为侦查假定；

（2）应当及时查封经营单位的财务会计资料，并通过检查其相关年份的“损益表”，发现经营单位收入、成本、利润等方面不正常期间，作为进一步检查收入票据的依据，必要时可以通过司法会计师的检验工作发现由于处理洗钱账项而造成的账面差异；

（3）通过检查商业单位经营商品的库存账簿，可能发现由于处理虚假收入账项而导致库存账簿记载的余额出现红数（即贷方余额）情形，并及时检查相关商品的实际库存状况，证实因虚假销售造成库存商品虚长库的情形；

（4）对洗钱较多的经营单位或以洗钱为主要收入来源的公司，结合搜查，可能发现经营单位及相关人员的办公、住所以及洗钱交易记录（如账外账形式存在的洗钱交易记录，这类较多情形中是在经营者的电脑资料中）；

（5）通过检查经营单位记账所用发票，发现并核实虚假销售收入情形。如果是非现金收入，应当及时记录汇总，以便集中检查往来账项和银行资料。在追查银行转账结算形成的收入时，运气好的话还可能直接发现这类收人来自于赃款。对直接将赃款从来源单位转入洗钱经营单位的，可以通过检查来源单位的付款凭证、实物账目或费用账目，查明其支付购货款或费用的虚假性，借以揭露洗钱经营单位经营收入的虚假性。

三、利用“资本运作”洗钱的查证对策

这里所谓利用“资本运作”洗钱，是指贪污贿赂作案人通过银行、公司等单位反复转款后，然后将赃款向经营性单位进行的投资的洗钱方式。这种洗钱方式的常见做法有两种情形：

一种情形是制造贷款破产假象，即作案人利用其职务便利从银行贷款，然后采用金融账户洗钱，注册自己控制的公司，导致本单位资不抵债后，让银行申请办理单位破产，再以自己控制的公司的名义购买破产资产进行个人经营；

另一种情形是将公款直接变为个人投资，即将本单位公款以支付预付款、投资等名义转入其他公司、境外公司，然后经过套现等方法改变资金来源，再将款项以个人名义增加个人对本单位的投资，逐步将本单位转为个人企业，或者以个人名义投资其他公司。较为典型的案例是国有企业的高管人员通过洗钱将企业掏空后要求进行改制，然后用洗后的钱作为改制时的个人投资。

审计人员侦查公司、企业高管人员巨额贪污、受贿案件中，在查账中发现案发单位存在巨额债权损失账项，应当追查债权所形成的巨额资金的下落。追查中通常采用以款追账，即通过银行追查款项的去向查找相关单位的账项，查明相关往来关系的真实性。实际查账中，有些情形比较容易查明，即相关单位将收到的款项作为负债进行处理，在作案人款项收回时冲销负债；有些情形则可能比较麻烦，即相关单位将收到的款项作为负债进行处理，在作案人款项收回时却作为债权处理，即从账面上看这两笔款项业务之间没有关联。审计人员遇有后一种情形时，应当注意查找相关单位与案发单位之间就收付款项业务有无购销合同或投资协议。如果不存在合同或协议，则可以通过被查单位的银行存款记录来直接证明收付款之间的关联；如果存在合同或协议的，则应当通过检查财务会计资料，查明该合同或协议内容的真实性，进而通过揭示合同或协议的虚假性以及被查单位存款的实际情况，来证明收付款业务之间的关联。

审计人员在发现巨额投资款项与犯罪嫌疑人有关，或者怀疑与犯罪嫌疑人有关，应当可以通过逆查投资款项来源的方法来查明“资本运作”的过程：

（1）通过检查投资企业的验资记录，追查注册资金的实际来源。涉及巨额现金的，应当注意检查巨额现金的出处银行，进而查明以现金交易业务为名的转款洗钱过程，从而发现银行转账资料，最终查明所谓投资款与赃款之间的联系。

（2）通过检查相关单位的财务会计资料，发现、收集能够证明企业的投资者、作案人、其他参与洗钱人之间的关联关系。

（3）对以投资利润分配形式获取洗钱所得款项的，可以通过司法会计鉴定，查明相关单位的盈亏情况及所谓利润分配情况，获取相关鉴定意见，证实犯罪嫌疑人获取盈利分配的虚假性，从而揭露作案人将其巨额财产辩解为经营性投资的虚假性。

第四节　利用洗钱组织洗钱的审计

一、洗钱组织及识别方法

1. 洗钱组织概述

洗钱组织有两类：一类是所谓地下钱庄。另一类则是以洗钱为主业的组织。

所谓地下钱庄，是指以吸收存款、放高利贷、跨境汇款等为主要业务的非法金融机构。由于其存款和放贷业务量较大，从事洗钱活动较为隐蔽，不易被反洗钱机构所发现。这类组织的形式往往有着非常复杂的关联方公司结构，既可以以境内贸易为掩护，将赃款分散于关联公司后再进行集中，完成境内洗钱；也可以以进出口贸易为掩护，将赃款洗到境外。

以洗钱为主业的组织，其特点是不进行吸储、放贷业务，而是专门为他人洗钱为主业。这种组织也可以分为两种，一种是建立广泛的表面上看起来没有投资关联的虚假贸易公司，通过虚假贸易往来进行洗钱，且不定期关闭一些虚假贸易公司，另行注册新的公司继续经营洗钱业务；另一种是专门从事跨境汇款业务的组织，他们在境内和境外分别收取款项，不进行实际的汇款业务，而是在境内、外分别对冲汇款业务。例如：境内有人需要将款项汇往境外，可以直接交人民币，然后洗钱组织通知境外按特定汇率支付外币，待境外有人要将款项汇入境内，同样可以交外币，在境内支付人民币。

洗钱案件作案人一旦利用洗钱组织进行洗钱，则可能会导致案件侦查困难，因而审计人员在发现巨额赃款被转移至不正常公司或银行账户后，应当注意及时识别是否与洗钱组织有关，以便及时通报公安机关协助配合，在破获洗钱组织的同时，即时查明赃款的下落或查明扣押款项与赃款的关系。否则的话，有可能被陷入洗钱组织编制的款项“旅游”怪圈，在浪费了大量侦查人力、财力后仍然无法查明相关案件事实，甚至会导致放弃贪污贿赂案件的侦查。

2. 洗钱组织的识别

洗钱组织（特别是地下钱庄）往往有经过注册的公司，通过“经营上的往来关系”，收取赃款，支付“新钱”。在办理巨额贪污贿赂案件中，审计人员发现大额的资金被转移至无业务关联的公司时，应当注意识别这类公司是否属于洗钱组织的公司。因为一旦款项进入了洗钱组织，就需要增加人力，并需要判断涉案款项的下落是否能够查明。

属于洗钱组织设立的公司在经营上常常具备下列特点：

第一，注册公司的洗钱组织，从其名称、知名度、注册资本看，经营规模应当不算太大，但其银行账户却会出现大额的资金流动业务；

第二，大量款项被分散到很多公司，而这些公司往往无法找到，他们“打一枪换一个地方”，如果能够找到该公司，查账中会发现很少有实质性的商品或劳务经营内容；

第三，从可以查到的洗钱组织的银行账户的存取资金看，这类公司往往与境内外公司和零售商保持着密切的资金往来关系；

第四，从可以查到的洗钱组织的银行账户发生额看，具有央行《人民币大额和可疑支付交易报告管理办法》《金融机构大额和可疑外汇资金交易报告管理办法》规定的可疑交易情况；

第五，在追查赃款流向时可能发现与洗钱组织相关联的企业，很多都是在短时间“经营”后即“歇业”，或被工商部门吊销执照。

在查处贪污贿赂犯罪案件中，如果发现大量的赃款被转入相关公司后即被再次转移，就应当关注该公司是否在洗钱。

无公司机构专门办理跨境“汇款”业务的洗钱组织，其特点是境内有大量的高额人民币业务进出个人结算户或信用卡账户，与《人民币大额和可疑支付交易报告管理办法》规定的可疑交易情况完全吻合。

二、对利用洗钱组织洗钱的审计对策

审计人员发现可疑洗钱组织，应当有针对性地采取一系列查账对策。

（1）根据已掌握的资金转移线索，迅速对其中一两笔大额资金进行追踪检查，摸清该组织洗钱的方式方法及途径。

（2）通过检查该洗钱组织（单位）的资产负债表、损益表以及往来明细账目，迅速确认该公司存在大量与经营无关的资金进行流通的事实和证据。

（3）通过检查其实收资本账户资料以及工商登记，迅速确认相关公司的投资者是谁，以便及时控制洗钱者。还可以通过公安、检察系统的信息网络，了解该公司以往是否存在洗钱前科，以进一步确认洗钱组织的性质。

（4）及时查封、扣押洗钱组织（单位）的财务会计资料，及时冻结该单位及关联人的银行账户，防止洗钱证据的灭失。应当特别注意扣押洗钱组织工作人员使用的计算机，这是因为从目前的案例看，很多洗钱组织的洗钱记录都会保留在计算机的Excel文件中。

（5）检查洗钱组织（单位）往来账户资料，其中：借、贷方发生额均无该单位经营事项的账户，可能是洗钱的特设账户，通过检查借方发生额凭证，查明资金去向；对贷方发生额为人民币业务，借方发生额为外汇业务的明细账户，应当通过检查其借方发生额凭证，查明洗钱组织协助将资金汇往境外的事实。